L'HISTOIRE ROMAINE A ROME

PAR

J. J. AMPÈRE

DE L'ACADÉMIE FRANÇAISE, DE L'ACADÉMIE DES INSCRIPTIONS
DE L'ACADÉMIE D'ARCHÉOLOGIE DE ROME
DE LA CRUSCA, ETC., ETC

TOME PREMIER

PARIS
MICHEL LÉVY FRÈRES, LIBRAIRES-ÉDITEURS
2 BIS, RUE VIVIENNE

1862

L'HISTOIRE
ROMAINE
A ROME

DU MÊME AUTEUR

CÉSAR

SCÈNES HISTORIQUES

Un volume in-8°.

PROMENADE EN AMÉRIQUE

ÉTATS-UNIS — CUBA — MEXIQUE

Troisième édition. — Deux volumes in-8°.

PARIS. — IMPRIMERIE SIMON RAÇON ET C°, RUE D'ERFURTH.

INTRODUCTION

On récrira toujours l'histoire; car l'idéal histotorique, pas plus que l'idéal de l'art ou de la poésie, ne sera jamais complétement réalisé. Il semble qu'il ne devrait pas en être ainsi, il semble que les faits étant connus, on pourrait écrire, une fois pour toutes, une histoire définitive. Mais les faits ne sont pas l'histoire, ils n'en sont que l'enveloppe, comme le marbre, de la statue; de même que le sculpteur doit dégager la statue du marbre qui l'enveloppe, l'historien doit faire sortir des faits la forme et la vie.

Qui connaîtrait toutes les causes des événements,

qui pénétrerait dans le caractère des hommes et dans l'esprit des temps, qui pourrait découvrir l'enchaînement de ces causes, ranimer les hommes, faire revivre les temps, celui-là serait en état d'écrire une histoire définitive; mais celui-là ne serait pas un homme, car il aurait une clairvoyance et un pouvoir de résurrection sans limites, il serait dieu.

La clairvoyance des hommes est bornée et leur pouvoir de résurrection a des limites. Il en résulte que nul ne comprend un temps et ne le revivifie tout entier; chacun pénètre par un côté dans le passé; chacun apporte sa lumière dans cet abîme qui aura toujours ses ténèbres, et concourt à cette reconstruction des siècles que nul n'achèvera.

Je crois avoir aperçu sous un jour nouveau l'histoire du peuple romain, en la contemplant du sein de Rome même. La Grèce est la patrie naturelle de la poésie, j'ai autrefois étudié la poésie grecque en Grèce; Rome est le pays de l'histoire, je suis venu écrire l'histoire de Rome, à Rome.

Sur ce sol mémorable où j'ai vécu, j'ai demandé une intelligence plus nette et plus vive de la vie du peuple romain à la topographie, aux monuments, au spectacle du présent lui-même, qui à Rome contient des débris et comme des ruines du passé.

La disposition et la physionomie des lieux n'est pas sans intérêt pour l'histoire. Les événements observés sur place sont mieux déterminés et plus vivants. Leur souvenir acquiert une précision et une réalité qui les rend présents et comme visibles ; si un récit fait dans ces conditions ne gagne pas lui-même en précision et en réalité, ce sera la faute de l'historien.

Comme en visitant une contrée on arrive à un sentiment plus intime et plus vrai, même des faits que les livres pourraient enseigner, ainsi on atteint mieux à un passé dont on touche les restes, et ce que j'appellerai la présence réelle aide à le recomposer.

Pour moi, j'avoue que je n'avais jamais eu une vue claire des scènes du Forum avant d'avoir déterminé exactement la disposition respective du Comitium, où se réunissaient les patriciens; du Forum proprement dit, réservé aux tribus plébéiennes; de la curie, lieu des assemblées du sénat, dominant le Comitium; de la tribune, placée entre le Comitium et le Forum. Cette disposition bien comprise, l'histoire de ces débats orageux des deux ordres qui fut toute l'histoire intérieure de Rome au temps de sa liberté apparaît comme un drame animé dont pas un détail n'échappe au spectateur, dont son âme partage toutes les agitations et suit toutes les vicissitudes.

Le jeu même des institutions politiques de Rome est mieux compris quand on sait où se tenaient les diverses assemblées ; la distinction des comices par curies, par centuries, par tribus est mieux saisie par l'esprit, quand on va du Comitium au champ de Mars et qu'on revient au Forum. Et puis, la vivacité de l'impression, si elle est juste, ne fait-elle pas partie de sa vérité? Le but de l'histoire est de nous transporter au sein des faits qu'elle raconte ; en les étudiant là où ils s'accomplirent, nous sommes plus complétement transportés au milieu d'eux. Ils prennent alors une évidence singulière ; on voit ce qu'on lit. Est-ce donc la même chose de lire le récit de la mort de Servius Tullius, de la mort de Virginie, du dévouement des Fabius, ou de se dire : c'est ici que, suivant la tradition, Tullie fit passer son char sur le cadavre de son père ; c'est de ce côté du Forum, près des boutiques qui étaient là, que Virginius frappa sa fille ; voilà le chemin que prirent les Fabius pour aller à la porte Carmentale. A qui pourrait-il être indifférent de reconnaître l'endroit par où les Gaulois furent au moment de surprendre le Capitole, de savoir où était le champ de Cincinnatus, où tombèrent les Gracques, où César fut frappé ? N'est-ce pas faire revivre pour soi ces événements célèbres, que de suivre le char de Tullie, les pas de Virginius, le chemin des Fabius, l'ascension nocturne des Gaulois, de visiter Cincinnatus dans son champ, d'accompagner Gracchus dans sa fuite, d'escorter César, allant de la Regia, sa demeure, tomber dans la curie de Pompée, peut-être au pied de cette statue qu'on peut voir encore.

Ce n'est pas tout. L'imagination, excitée par le spectacle des lieux, anime l'intelligence; ce que l'on voit aide à découvrir ce qu'on ne voit pas, et d'un sol longtemps contemplé avec l'émotion et la curiosité qu'il inspire, sortent des enseignements inattendus.

Ces enseignements peuvent être d'une nature très-positive : l'état des lieux, surtout leur état ancien, explique souvent les faits dont ils ont été le théâtre. Quand il est conforme aux traditions qui s'y rattachent, il établit sinon la vérité, l'antiquité de ces traditions, il prouve du moins qu'elles sont indigènes et n'ont pas été imaginées après coup.

Des résultats importants peuvent naître de l'étude attentive des localités historiques ; le rôle considérable qu'ont joué les Sabins et le faible rôle qu'ont joué les Romains dans la formation de la société romaine m'ont été révélés d'abord par la petitesse du Palatin.

On peut, sur une carte, se former une idée très-juste de l'extension respective des collines de Rome; mais elle frappe tout autrement quand, durant des années, on a contemplé et parcouru ces collines; ce qui le prouve, c'est que jusqu'ici elle n'avait jamais frappé personne, et que des conséquences, pour moi évidentes, de ces données topographiques, n'en avaient pas été tirées.

Les monuments aussi, soit encore présents par leurs ruines, soit dont l'emplacement seul est connu, offrent à l'histoire des éclaircissements que rien ne saurait remplacer; ils parlent aux yeux ou à l'imagination, ils disent ce qui n'est aussi bien dit nulle part.

Un pan de mur à demi écroulé qui se tient par la force du ciment, un bout de voie rencontré dans la campagne déserte, une ligne d'aqueduc qui la traverse à l'horizon, un tronçon de statue, un fragment de bas-relief où respirent la simplicité et la fermeté, en apprennent plus que bien des phrases sur la puissance et l'énergie du peuple romain.

Ces débris de constructions, ces tronçons de statues reportent immédiatement la pensée vers le siècle dont elles expriment le génie particulier, et donnent une intuition rapide et sûre de ce génie!

L'architecture est, comme les inscriptions et les médailles, un témoin contemporain, qui dépose de ce qu'il a vu, et qui souvent donne un démenti sans réplique aux conclusions présentées par les avocats de tel ou tel système, dans ce débat sur le passé, toujours pendant au tribunal de la postérité. On peut nier l'existence de Romulus dans une université d'Allemagne ; c'est plus difficile quand on voit de ses yeux un mur qui n'a pu être que le mur de la petite Rome du Palatin. On peut contester de loin au peuple étrusque l'influence sur la civilisation romaine que les anciens lui attribuent ; mais on est ramené à les croire en voyant de ses yeux combien l'architecture étrusque ressemble à celle de l'époque des rois ; en retrouvant dans celle-ci l'appareil des murs qu'on a observés à Fiésole ou à Volterra, et dans l'indestructible voûte de l'égout de Tarquin, la voûte étrusque. On est plus frappé aussi de la proximité de cette civilisation antérieure, quand tous les jours, en passant le Tibre, on va dans l'antique Étrurie. Comment douter de l'agrandissement de Rome sous les rois étrusques, lorsqu'on mesure la différence de la bourgade de Romulus, bornée au Palatin et de la ville des Tarquins qui embrasse huit collines? Comment ne pas sentir fortement la différence de la république et de l'empire en comparant la simplicité, la sévérité des petits temples de la première avec la splendeur des édifices gigantesques du second? Les matériaux même des constructions font apparaître soudain le caractère de l'âge qu'ils indiquent. Le rude Pépérin reporte à l'époque des rois et de la république; en présence des marbres de la Grèce, de l'Asie, de l'Afrique, on reconnaît un luxe cosmopolite comme la domination romaine qui embrasse alors le monde.

Outre l'esprit général d'un temps qu'elle fait connaître, l'histoire des monuments se rattache souvent à un événement particulier ou à un ensemble d'événements dont elle dessine la physionomie et précise le sens. Les trois enceintes de Rome correspondent à trois moments de sa destinée : à son berceau, à sa première grandeur et à sa ruine. L'absence de murailles au temps où la domination de Rome semble assurée est un signe de sa puissance et de sa sécurité. Celles qu'élève Aurélien annoncent que l'heure de la sécurité est passée et que Rome commence à se sentir menacée par les barbares.

Un reste de l'égout de Tarquin subsiste pour attester la grandeur de son règne et les durs travaux imposés à la multitude qui amenèrent sa chute; pour marquer la fin de la tyrannie et le commencement de la liberté.

Sous la république, chaque temple rappelle une victoire à l'occasion de laquelle il a été voué et inauguré; la création ou la continuation des routes, qui partent de Rome et vont de tous côtés, marquent la direction et le progrès de la conquête. L'histoire de la tribune est toute l'histoire de la liberté romaine; d'abord voisine du Comitium patricien vers lequel les orateurs, même en parlant au forum plébéien, se tournaient toujours jusqu'à Caïus Gracchus, elle fut transportée dans le bas forum par César, qui voulait en toute chose séparer Rome de son passé, et réduire la démocratie à elle-même pour en avoir meilleur marché. César mourut, mais, avant de mourir, il avait tué la liberté; la tribune devait en suivre le sort, et comme elle expirer sur les marches du temple de César, symbole du despotisme divinisé.

Les lieux et les monuments peuvent donc raviver en nous le sentiment historique en l'éclairant; ils sont donc tout ensemble la poésie et le commentaire de l'histoire.

Mais pour pouvoir en faire usage, il fallait les bien connaître et savoir où les trouver ; pour suivre d'un pas assuré l'histoire sur son terrain, il fallait que ce terrain fut solide; pour l'éclaircir par les monuments, il fallait que la place de ces monuments fut fixée d'une manière certaine. Ici, avant d'arriver à mon sujet, j'ai rencontré sur ma route un travail préparatoire qui présentait de grandes difficultés ; car les dénominations des monuments leur ont été données longtemps au hasard, et souvent contre le témoignage exprès des auteurs qui en parlent. Comme ils disent que le temple de Jupiter Tonnant était sur le Capitole, on le plaçait au pied du Capitole ; comme ils nous apprennent que le temple de Vesta était voisin de l'extrémité du Forum, on le reconnaissait dans un édifice très-éloigné du Forum; comme nous savons que l'on déterminait l'heure de midi en regardant le soleil du haut des marches de la Curie, on mettait la Curie au sud du Forum, de sorte qu'on eût tourné le dos au soleil pour le regarder. On voyait dans les trois colonnes d'un temple les restes de la Grecostase, qui n'était point un temple, et le temple de la Paix dans les restes d'une basilique. On retrouvait le temple de Romulus et de Rémus et le cirque de Flore, qui n'ont jamais existé. Il a fallu, avant d'établir les rapports de l'histoire avec les monuments, commencer par les mettre ou les remettre à leur place. Les opinions des antiquaires sur ces problèmes topographiques que je devais résoudre avant de pouvoir commencer sérieusement mon histoire, les opinions des antiquaires ne manquaient pas, car sur presque tous les points il y en avait plusieurs. Il fallait choisir, il fallait se prononcer entre les savants italiens et les savants allemands. Celui-ci mettait le Forum dans un sens, celui-là dans un autre. Chacun, comme César, déplaçait la tribune à sa manière. Je croyais mettre la main sur le Capitole, mais le Capitole m'échappait ; son rocher immobile (*immobile saxum*) était lui-même déplacé : le sol de mon histoire chancelait, se dérobait sous mes pieds ; j'ai dû prononcer sur tous ces débats, juger consciencieusement tous ces procès dont les dossiers étaient énormes, adoptant tantôt les conclusions d'une des parties, tantôt celles de l'autre ; quelquefois, bien que rarement, j'ai dû les rejeter toutes et adopter une conclusion nouvelle. Dans mes décisions, je me suis toujours appuyé sur le texte de la loi, c'est-à-dire sur les passages des auteurs anciens qui ne permettaient aucun doute et sur la déposition des témoins, c'est-à-dire sur le témoignage des lieux et de ce qui reste des monuments. Je ne dirai pas au lecteur par quelles anxiétés d'esprit j'ai passé avant d'arriver à une certitude à peu près complète sur toutes les questions importantes. Il m'a fallu, pour cela, plusieurs années d'une étude consciencieuse faite sur les lieux, et d'une confrontation vingt fois répétée de tous les textes qui les concernent. On en verra le résultat dans les trois plans de Rome ancienne, à trois époques différentes, qui accompagnent cet ouvrage[1]. Je ne devais pas entrer dans la discussion de ces questions topographiques, car ce livre suppose leur solution, mais n'est point destiné à la fournir. Je n'ai pu cependant me dispenser, sur tous les points controversés, de donner en note les principaux motifs de ma décision. Ceux qui auront le tort de me croire sur parole, pourront se dispenser de lire ces notes ; je leur demanderai seulement de jeter de temps en temps un coup-d'œil sur mes plans, et de se mettre une fois pour toutes dans la tête la forme et la relation réciproque des collines de Rome.

[1] La forme des collines de Rome est donnée très-exactement dans ces plans, d'après l'excellente carte des environs de Rome, faite par les officiers d'état-major français. Rome se trouve sur cette carte, mais dans de très-petites dimensions ; M. Mojon, aide de camp du général de Goyon, a bien voulu, par amitié pour moi, la tracer sur une plus grande échelle.

Je suis parvenu, grâce à ce travail, à m'orienter dans la Rome ancienne à peu près comme dans une ville où j'aurais vécu. J'y ai vécu, pour ainsi dire, m'y promenant sans cesse en esprit, tandis que je parcourais la Rome actuelle, qui disparaissait devant moi pour me laisser voir à chaque pas un temple, un portique, une basilique, un palais; suivant une rue antique souvent indiquée encore aujourd'hui par une rue moderne; rencontrant Cicéron dans le *vicolo* qui conduisait de la voie sacrée à la maison de Clodius, son voisin et son ennemi, ou Horace, à l'endroit où il fut abordé par le fâcheux, tandis qu'il musait parmi les boutiques de la voie sacrée, endroit que je sais à très-peu de chose près, et d'où je me suis diverti plus d'une fois à l'accompagner, poursuivi de son fléau, au-delà du Tibre et jusqu'aux jardins de César. Je connais la demeure et, si j'osais dire, l'adresse de la plupart des hommes célèbres de la République et de l'Empire, — sans parler de celle des rois, — l'adresse de Valerius Publicola, de Manlius, de Scipion l'Africain, de Pompée, de Sylla, de Lucullus, de Crassus. Je pourrais, sans trop demander mon chemin, aller chercher Ennius dans sa pauvre maison de l'Aventin, où il vivait servi par une seule esclave; Térence, dans ses beaux jardins hors de la porte Capène; et, en revenant de chez Pline le jeune, établi en grand seigneur sur l'Esquilin, apercevoir le pauvre Martial gravissant la montée boueuse de la bruyante Subura, ou bien l'aller trouver chez lui, sur le Quirinal dans la petite rue étroite où il habitait un troisième étage.

Outre les lieux et les édifices publics ou privés dont la position est connue, on trouve à Rome d'autres monuments qui nous rendent une autre portion de la vie antique : ce sont les statues qui remplissent les musées, les galeries, les villas. Elles nous offrent tous les types des personnages divins, et nous pouvons, grâce à eux, replacer dans chaque temple l'image de la divinité à laquelle il était consacré. Là, nous rencontrons aussi l'élite de la population romaine, les personnages les plus illustres sont représentés par leurs statues ou leurs bustes; tous ces portraits des hommes et des femmes célèbres de Rome, en nous offrant la reproduction de leurs traits, nous donnent comme un équivalent de leurs personnes. Si nous avons besoin d'eux, ils viennent passer devant nous et introduire sur la scène du drame les acteurs. Au bout d'un certain nombre de visites dans les collections, tous sont devenus des connaissances ; on s'accoutume à vivre familièrement au milieu d'eux, et par la pensée on les replace dans leur maison, comme les dieux dans leurs temples. A force de les voir et revoir, on se pénètre de leur caractère que leur physionomie révèle presque toujours et que leur fréquentation habituelle fait connaître à l'historien presque aussi bien que celui de ses contemporains. A force de les regarder, on finit par lire leur âme dans leurs traits.

Les œuvres de la sculpture rassemblées à Rome en plus grand nombre que partout ailleurs, complètent encore autrement la notion de son histoire, dont l'histoire de l'art fait partie.

En effet, on retrouve à Rome toutes les phases de l'art romain.

On peut le dire de l'architecture, puisqu'on y voit des monuments du temps des rois, du temps de la république et du temps de l'empire.

On peut le dire aussi de la sculpture. Toutes les époques de la sculpture romaine, qui fut d'abord étrusque, puis grecque, y sont représentées. On peut y suivre son origine, ses progrès, sa décadence, depuis la Louve de bronze jusqu'à la Vénus du Capitole, depuis la Vénus du Capitole jusqu'aux grossiers bas-reliefs, aux statues barbares de l'arc de Constantin, et dans cette série de portraits impériaux qui commence par l'admirable portrait du jeune Octave pour finir par la tête informe du tyran Magnence.

On peut aussi, sans sortir de Rome, se faire une idée des principaux types de l'art grec et des plus célèbres ouvrages de Phidias, de Polyclète, de Myron, de Praxitèle, de Lysippe, dont on y rencontre des copies qui souvent sont elles-mêmes des chefs-d'œuvres. Cela est encore un retour vers la Rome ancienne, dans laquelle la conquête avait rassemblés ces chefs-d'œuvres. Leurs reproductions antiques décorent le Vatican, demeure des papes, comme ils décoraient le Palatin, demeure des empereurs, et l'on a une image, je crois, fort ressemblante de l'aspect qu'ils donnaient aux portiques, dans l'aspect que le goût de Winckelmann, homme accoutumé à la contemplation de la plus belle antiquité, a donné au portique élégant de la villa Albani.

Les villas modernes sont elles-mêmes une reproduction assez fidèle des villas de l'antiquité. Souvent elles sont situées au même endroit, comme à Rome la villa des Medicis, qui a succédé aux jardins de Lucullus; la villa Massimi, aux jardins de Salluste, et la villa Pamphili, à ceux de Galba; comme à Frascati, les villas charmantes semées sur les pentes de Tusculum, ainsi qu'au temps de Cicéron.

Depuis ce temps jusqu'à nos jours, les villas n'ont pas beaucoup changé. C'est le même mélange de statues, d'eaux et de verdure ; ce sont encore les arbres taillés en murailles vertes. Se promener dans une villa de Rome, c'est se promener dans l'antiquité.

Enfin, la portion vivante de Rome représente aussi à sa manière cette antiquité qu'on y trouve partout. Les temps et les gouvernements l'ont changée à bien des égards, mais le type physique est resté. Tout le monde a reconnu ici dans les rues le profil des consuls romains et des impératrices romaines. Dans les montagnes voisines, la ressemblance est plus frappante encore, et là surtout il s'y joint celle de telle ou telle partie du vêtement ou de la chaussure, de tel usage, de tel jeu, de telle dévotion même. Je n'ai jamais négligé d'indiquer ces piquantes analogies, qui sont des réminiscences. Je n'ai point voulu par là confondre le paganisme avec le christianisme, ni les rapprocher ; mais montrer ce qui appartenait à mon sujet : l'antique paganisme romain vivant encore en partie dans la Rome moderne.

Armé de ce triple flambeau, guidé par l'étude des lieux, des monuments et des mœurs, je me suis enfoncé dans les ténèbres de l'antiquité romaine. J'ai même osé remonter au delà de Romulus, et tenté de faire l'histoire du sol romain avant Rome.

Je crois être parvenu non-seulement à retrouver les traces des établissements antérieurs à celui de Romulus, mais à reconnaître l'étendue, à déterminer la place, à faire pour ainsi dire la carte topographique de ces établissements que fondèrent des Latins sur le Capitole, des Sicules sur le Palatin, des Ligures sur l'Esquilin, des Pélasges et des Sabins Aborigènes sur les huit collines qui devaient composer la Rome de l'histoire.

Et, parmi les monuments dont il reste des ruines, j'en ai trouvé qui, par leur première origine, bien éloignée de leur construction dernière, se rapportent à ce passé antéromain.

Les huit colonnes du temple de Saturne marquent la place où s'éleva l'autel de Saturne à l'époque du règne de ce dieu, c'est-à-dire à l'époque où la vie sédentaire du cultivateur remplaça dans le Latium la vie errante du chasseur.

Les trois colonnes du temple de Castor et Pollux se dressent dans un lieu consacré très-anciennement par le culte des Dioscures. Ce culte, aussi bien que celui de Pan, auquel fut voué primitivement l'antre Lupercal, de Déméter, de Vesta, de Vulcain, dont les sanctuaires furent remplacés depuis par les temples de Cérès et de Vesta, par l'autel du Vulcanal, ce culte faisait partie de la religion de ces mystérieux Pélasges qui apparaissent dans un âge antérieur à la civilisation hellénique en Grèce et en Asie, qui n'ont laissé en Italie qu'une grande mémoire, des murs gigantesques, et quelques noms de lieux, entre autres celui de *Roma*.

Les environs du Palatin, où ont été ces sanctuaires, formaient le centre religieux de la Rome pélasgique, comme le Quirinal était le centre religieux de la Rome des Sabins primitifs ou Aborigènes; les Pélasges et les Sabins primitifs eurent une forteresse sur le Palatin et une autre sur le Janicule, comme la ville des Sicules et des Ligures avait occupé le Palatin et l'Esquilin, qui formaient alors sept collines et s'appelaient le Septimontium; comme le mont de Saturne, qui porta depuis le nom de Capitole, avait été habité par des Latins, et le fut plus tard, aussi bien que le Cælius, par des Étrusques.

Ainsi, à Rome, chaque colline a son histoire avant que l'histoire romaine ait commencé.

Cette résurrection de la Rome, ou plutôt des Romes primitives, rattachée à l'étude des localités et à l'origine des monuments, donne aux souvenirs de la ville éternelle un âge de plus[1].

Je ne pouvais retrancher d'une histoire romaine à Rome cette préface, dans laquelle la considération des lieux joue un si grand rôle. Peut-être trouvera-t-on quelque attrait de découverte dans ces régions lointaines du passé sur lesquelles la tradition poétique a jeté son charme, et qui, par un usage, par un trait de mœurs qui subsistent, par une superstition encore vivante, viennent toucher au présent. Ceux qui, malgré mes efforts pour donner à un tel sujet l'intérêt de curiosité et d'imagination qu'il avait pour moi, s'effrayeraient de l'aborder, peuvent sauter par-dessus ces curieuses origines de Rome et ne commencer qu'à Romulus.

L'histoire des rois est aussi une histoire toute locale. La formation même de la société romaine et l'organisation politique du peuple romain se rattachent aux destinées des diverses collines. Romu-

---

[1] Souvent, pour retrouver la trace des antiques populations, je me suis servi de l'indication que me donnait de l'existence d'un vieux culte un temple dont la dédicace était plus nouvelle, parce que les auteurs offrent beaucoup d'exemples d'édifices qu'on dit construits quand ils ne sont que *rebâtis*, et qu'on dédie à une divinité à laquelle ils étaient antérieurement consacrés. Cette remarque a été faite par Becker.

INTRODUCTION.

lus, et par conséquent les Romains, ne possèdent que le Palatin ; les Sabins règnent sur tout le reste. De là l'inégalité nécessaire et réelle, bien que méconnue, de la race latine et de la race sabine; de là trois rois sabins après Romulus; de là la part beaucoup plus considérable qu'on ne l'a cru jusqu'ici des Sabins dans la religion, la constitution, la population même de Rome.

A Rome, presque tous les grands cultes sont sabins; le patriciat, impossible parmi les bandits du Palatin, est sabin ; la plupart des grandes familles sont sabines. Parmi tous les hommes célèbres de la république, un seul peut-être est d'extraction latine, César.

Le Palatin, la seule colline originairement romaine de Rome et une des plus petites, est flanqué de deux collines beaucoup plus étendues, le Cælius et l'Aventin.

Ces deux collines ne tardent pas à devenir latines comme lui, après que Tullus Hostilius a transporté sur le Cælius les Albains, parmi lesquels sont les Jules, et qu'Ancus Martius a établi sur l'Aventin les populations de plusieurs villes du Latium.

Ces populations vaincues, et pour cette raison ne jouissant pas de l'égalité politique, sont les plébéiens primitifs, comme l'a vu Niebuhr : le Cælius et l'Aventin sont leur berceau.

Les Romains, qui ont été refoulés sur le Palatin, mais qui n'ont pas été vaincus; les Romains, jusque-là dépendants des Sabins, s'appuient désormais sur des populations latines comme eux et auxquelles ils donnent leur nom. Le Palatin s'appuie sur ses deux voisins, le Cælius et l'Aventin.

En regard des cinq collines sabines : le Quirinal et le Capitole, unis alors par une langue de terre qui n'a disparu qu'au temps de Trajan, le Viminal, qui est peu de chose, l'Esquilin et le Janicule, sont trois collines latines : le Palatin, le Cælius et l'Aventin, ces deux dernières, l'Aventin surtout, fort considérables.

Ces trois collines sont plébéiennes, puisqu'elles sont latines. Le Palatin, pour la raison que je viens de dire, bien que la plus petite, est la principale des trois.

Mais voilà qu'aux rois sabins succèdent des rois étrusques. Le nouveau Capitole étrusque détrône le vieux Capitole sabin du Quirinal.

Que feront les rois étrusques? Ils feront ce qu'ont fait les anciens rois de France quand ils émancipaient les communes pour résister aux seigneurs, ce qu'ont fait les barons d'Angleterre quand ils se mirent à la tête des communes pour lutter contre les rois.

Ils chercheront, contre ce qui est fort et qu'ils craignent, un appui dans ce qui est faible et qu'ils ne craignent point.

Ils chercheront un appui dans la plebs latine contre l'aristocratie sabine. Le Capitole étrusque fraternisera avec le Palatin romain, la royauté étrusque avec les plébéiens de l'Aventin et du Cælius.

Sous le premier Tarquin, les tentatives de fusion entre les deux races échoueront en partie contre les résistances sabines.

Mais le second roi étrusque, Mastarna, ce *condottiere* qui a porté le nom de Servius Tullius, accomplira cette fusion par la substitution des tribus locales aux tribus nationales, par sa constitution à la grecque, fondée sur le principe du cens, dans laquelle les distinctions de race et de naissance sont effacées, et l'unique mesure des droits politiques est la propriété.

Chose bien remarquable, le même roi qui fonde l'unité politique de Rome crée son unité matérielle en renfermant les huit collines dans une seule enceinte.

Tarquin le Superbe voudra détruire l'œuvre de Servius, et il périra.

Tel est le rôle politique de la royauté étrusque.

C'est aussi un rôle civilisateur. Les Étrusques étaient beaucoup plus civilisés que les Sabins et les Latins.

On le voit par les grands monuments qu'ils élevèrent : le temple de Jupiter et le cirque. Ils entourent le Forum de portiques, construisent ce vaste système d'égouts dont il subsiste un si imposant débris, l'extrémité de la *Cloaca Maxima*.

Tarquin le Superbe décime l'aristocratie sabine et écrase les plébéiens latins de travaux intolérables. Patriciens et plébéiens, Sabins et Latins, s'unissent contre lui. Sa chute, opérée en commun, scelle l'union et consomme la fusion des deux races.

Tels sont, brièvement indiqués, les résultats auxquels m'a conduit l'étude des faits, contrôlée par l'observation des lieux.

Je dois dire que ce contrôle a été favorable à la vérité de l'histoire primitive de Rome. Pour moi, cette histoire, qu'aujourd'hui quelques-uns rejettent absolument, bien que remplie d'inexactitudes et de lacunes, est vraie dans son ensemble.

Il n'a pas fallu un grand effort d'esprit pour s'apercevoir que beaucoup de choses dans cette histoire étaient impossibles et absurdes; on n'avait pas attendu pour cela Niebuhr, dont la gloire n'est point, comme on le dit souvent, d'avoir rejeté ce que d'autres avaient rejeté avant lui : sa gloire est d'avoir cherché, avec l'admirable sagacité dont il était doué, à reconstituer l'organisation politique de Rome à cette époque dont il semblait parfois ne vouloir rien connaître, tentative dans laquelle il a échoué souvent et quelquefois a merveilleusement réussi.

Mais ne pas tout croire, est-ce une raison de tout nier? Qui donne le droit de repousser les témoignages que nous a transmis l'antiquité et auxquels l'antiquité a ajouté foi? Pourquoi tout serait-il faux dans les origines de Rome, même dans ce que nous apprennent sur les populations qui ont précédé Romulus, les traditions recueillies par Caton, Varron, Verrius Flaccus, pourvu que nous apportions dans la discussion une critique prudente qui, j'en conviens, leur a souvent manqué? Quel intérêt avaient-ils à faire figurer dans les antécédents de Rome des peuples obscurs comme les Sicules, les Ligures, les Aborigènes, des peuples, de leur temps, étrangers à l'Italie comme les Pélasges, s'il ne leur était arrivé, par des voies que nous ignorons, quelque débris plus ou moins altéré de vieux souvenirs?

Ces témoignages ont pris pour moi une grande valeur quand je les ai trouvés conformes à l'état ancien des lieux, rappelé lui-même par d'antiques solennités religieuses, comme la fête du Septimontium, rapportée à sept collines qui ne sont pas les sept ou plutôt les huit collines de l'histoire; comme les sacrifices dans les chapelles des Argéens, attachés à des sommets depuis lors abaissés ou disparus.

Des monuments même restent de cet âge primordial. La venue des Pélasges est confirmée par les murs pélasgiques découverts en Italie et tout près de Rome, confirmation d'autant plus frappante, que les auteurs qui racontent les migrations des Pélasges n'ont pas connu ou n'ont pas remarqué l'existence de ces murs et leur ressemblance avec ceux de l'Asie et de la Grèce.

Je dirai la même chose de tout ce qui, dans l'histoire de Romulus, n'appartient pas au merveilleux. Pourquoi les Romains auraient-ils imaginé pour leur ville une origine, si vraisemblable du reste, mais si peu glorieuse, en supposant qu'elle avait été d'abord un asile de brigands et de réfugiés? Quand on se fabrique une généalogie, ce n'est pas ainsi qu'on procède, et je crois aux parchemins des familles féodales dont les aïeux ont détroussé sur la grande route ou ont été pendus.

Ici encore la tradition est confirmée par un aspect des lieux qui n'existait plus à l'époque où on l'aurait inventée, et qui lui donne une date plus ancienne et une certaine authenticité. A cette époque, la vallée entre le Palatin et le Quirinal avait été desséchée par les Tarquins; les eaux ne venaient plus noyer le pied du Palatin; on n'eût pas fait apporter par les eaux les enfants exposés, jusqu'à l'antre Lupercal.

Ce que la tradition nous apprend de la demeure des différents rois, et que la postérité n'avait nul intérêt à supposer gratuitement, me paraît devoir être pris en considération; car toutes ces demeures sont dans un rapport très-frappant avec le rôle attribué à ces rois, avec leur provenance réelle, même quand cette provenance, que l'induction découvre, n'a pas été connue de l'antiquité.

Enfin presque tout dans la tradition primitive de Rome a un caractère indigène. C'est évidemment une tradition native qui appartient à la race, parce qu'elle tient au sol. N'y voir, comme l'a fait par exemple M. Schlegel, que des fables grecques importées, c'est en méconnaître la nature.

Je croirai cela quand je croirai qu'on a apporté l'Illissus à Rome et qu'il s'est appelé le Tibre.

Le grand argument que font valoir ceux qui n'admettent rien de l'histoire de Rome sous les rois, c'est qu'il n'y avait pas d'historiens à cette époque. Cela est certain, et Beaufort ne les a pas attendus pour établir que, jusqu'à la seconde guerre punique, Rome n'a point eu d'historiens véritables. S'ensuit-il donc qu'on ne sache absolument rien de l'histoire romaine avant Annibal?

C'est le cas de dire que qui veut trop prouver ne prouve rien; car, si la conclusion qu'on tire de l'absence incontestable d'historiens proprement dits à Rome avant le sixième siècle est rigoureuse, ce n'est pas seulement l'époque des rois qu'il faut supprimer, mais trois siècles à peu près de la république.

Il faut nier Brutus, dont la statue était au Capitole, et dont le buste, qui paraît si ressemblant, y est encore; Coriolan, quand le temple de la Fortune des femmes, situé à quatre milles de Rome, marquait l'endroit où des femmes l'avaient arrêté; Spurius Cassius, dont la maison rasée fut remplacée par le temple de Tellus, dans lequel le sénat s'assembla après la mort de César; Spurius Mælius, dont la maison, également rasée, avait laissé son nom à un lieu appelé Æquimælium ; les Fabius, dont le départ funeste avait légué au chemin qui aboutissait à la porte Carmentale un tel renom de malheur, qu'au temps d'Ovide on évitait d'y passer ; Virginie, tuée par son père avec un couteau de boucher pris dans une des boutiques neuves, au nord du Forum, auprès du temple de Vénus Cloacine, dans un lieu qu'on indiquait encore avec précision au temps de Tite Live ; il faut nier la prise de Rome par les Gaulois et la rançon payée par les Romains, rançon dont ils ont cherché à sauver la honte, mais dont ils n'étaient pas intéressés à imaginer le mensonge ; il faut supprimer l'aqueduc d'Appius et la voie Appienne, aussi bien que la prison d'Ancus et l'égout de Tarquin ; on ne doit pas plus croire à Pyrrhus qu'à Romulus.

Le bon sens se révolte contre cette radiation téméraire de cinq siècles de l'histoire romaine admis par les Romains, et, dans leur ensemble, par les plus savants hommes et les plus grands génies des temps modernes ; il se révolte surtout quand on lit ces choses non dans le cabinet d'un savant allemand ou d'un homme d'État d'Angleterre, si distingués qu'ils soient, mais à Rome, en présence des lieux dont la configuration ancienne est toujours parfaitement d'accord avec le récit des historiens ; en présence des monuments dont les débris sont également d'accord avec ces récits, récits qui peuvent être aussi incomplets, mais ne sont pas plus imaginaires que les ruines, et que la crédulité des âges n'a pas davantage construits.

C'est que l'histoire n'est pas seulement dans les historiens; c'est que si, avant le sixième siècle, Rome n'a pas eu d'histoire proprement dite, elle a eu la tradition orale, les documents publics et privés; elle a eu des récits traditionnels et des chants historiques, les traités et les actes publics, les annales des pontifes, les éloges des morts et les mémoires des familles. L'histoire n'existait pas, mais on possédait les sources de l'histoire.

La tradition orale mérite une certaine confiance; si en se transmettant elle s'altère, elle conserve souvent avec une ténacité incroyable des portions de vérité. Trop facilement admise au dix-septième siècle et trop légèrement rejetée au dix-huitième, elle est pour l'impartialité du dix-neuvième l'objet, non d'une crédulité aveugle, mais d'une critique sérieuse. Cette critique distingue avec soin la tradition naïve, sincère, instructive par là même dans ses involontaires erreurs, et la fiction qui invente ou falsifie sciemment. La tradition orale a, sous son nom germanique de *Saga* (ce qu'on dit), pris dans ce siècle une importance véritable ; elle est venue se placer entre les chants populaires, qui sont la *Saga* chantée, et l'histoire véritable, qui commence toujours par elle. Les *Sagas* scandinaves, transmises de bouche en bouche, ont fourni beaucoup d'éléments à l'ancienne histoire du Nord. De véritables *Sagas* recueillies par Hérodote, qui s'exprime souvent ainsi : On dit, on rapporte...., traitées d'abord de contes en l'air, ont été reconnues pour vraies. La *Saga* ou récit traditionnel tient une grande place dans la première période de l'histoire romaine ; je l'ai acceptée avec réserve, et sauf à la vérifier, mais sans trop de défiance, quand elle était vraisemblable, quand elle s'accordait avec l'état ancien de la société ou des lieux, quand elle était attestée par l'existence d'un monument, la durée d'un culte, quelquefois la persistance d'un nom.

On peut dire des chants primitifs ce que j'ai dit du récit traditionnel. Ils contiennent toujours une portion de vérité, quoique peut-être moins grande, car l'imagination y a plus de part. Mais dans ces chants-là l'imagination n'invente pas l'ensemble des faits comme il arrive dans les poésies artificielles des âges avancés. Le poëte raconte ce qu'il a vu ou entendu à des contemporains qui le savent comme lui et ne goûteraient point une pure fiction. Il chante pour tous, et il est la voix de tous ; la muse primitive est fille de Mnémosyne, la Mémoire; le poëte est le gardien du passé, dont ses chants sont l'écho.

De tels chants ont existé à Rome, Caton nous l'atteste. Ils n'ont jamais été rassemblés en un corps d'épopée, ils sont toujours restés détachés comme les ballades héroïques de la Scandinavie et de l'Espagne ; ils ont été jusqu'à la fin ce que furent dans l'origine les chants isolés qui ont servi à former l'Iliade et les Niebelungen ; s'ils ont passé dans les annales romaines encore à leur état primitif, avant d'avoir été remaniés et fondus par un poëte épique, leur valeur n'en est que plus grande.

Les familles avaient aussi leurs traditions particulières, qu'elles conservaient avec soin, aussi bien que leurs *arbres généalogiques*, les images de leurs ancêtres et les inscriptions qui les accompagnaient. Ces traditions se perpétuaient par les oraisons funèbres dans lesquelles les familles célébraient la gloire des défunts illustres, comme le montre l'exemple de César, qui, prononçant l'éloge de sa tante Marcia, avait soin de rappeler qu'elle descendait du roi Ancus et que les Jules venaient en droite ligne de Vénus. On voit que tout n'était pas authentique dans ces généalogies, et Cicéron remarque que la vanité des familles a beaucoup corrompu l'histoire. Cela ne prouve point que les éloges funèbres ne l'aient pas servie. Bien que Bossuet ait trop célébré les vertus de la princesse palatine, ses oraisons funèbres seraient des documents précieux à défaut d'une histoire du siècle de Louis XIV, et l'éloge du grand Condé ne renseignerait pas trop mal sur Rocroy.

La vanité des familles romaines a dû aussi falsifier quelques détails des événements racontés dans leurs *Mémoires*. Mais la falsification de faits trèsconnus ne pouvait être bien grande et n'empêche pas que les *Mémoires* aient dû contenir beaucoup de ces traits caractéristiques d'un homme et d'un temps, qui ont permis aux anciens annalistes et par suite à Tite Live, à Denys d'Halicarnasse, à Plutarque, venus après eux, de peindre les personnages et de retracer les faits historiques avec cette vivacité, et, si je puis dire ainsi, cette individualité qui à elle seule éloigne l'idée d'une histoire imaginaire, car l'imagination livrée à elle-même est toujours vague et abstraite, la réalité seule est précise et vivante.

Comme l'a si bien dit Boileau :

> Le faux est toujours fade, ennuyeux, languissant,
> Mais la nature est vraie et d'abord on la sent.

La fausseté partielle des récits conservés dans les familles n'ôte donc point à ces récits, pris en masse, leur valeur historique. Les jugements quelquefois follement injustes de Saint-Simon n'altèrent pas la véracité générale de ses mémoires. On a fait une thèse pour relever les inexactitudes de César dans ses Commentaires ; quand la thèse aurait raison sur tous les points, il ne faudrait pas pour cela brûler les Commentaires, et on aurait toujours beaucoup à y apprendre.

Enfin il y eut, dès l'origine, à Rome, sinon une histoire officielle, du moins des annales officielles rédigées par le grand prêtre, où furent consignés tous les événements qui, par un côté ou un autre, tenaient à la religion, — et à Rome presque tout tenait à la religion : — l'érection des temples, l'introduction des nouveaux cultes, les prodiges, qui étaient souvent des événements naturels, comme un hiver rigoureux, une maladie contagieuse, une famine, enfin des faits dans lesquels nous ne verrions rien de religieux : la cherté du blé. D'autres recueils officiels[1] contenaient la suite des magistratures et par là les éléments d'une chronologie. A leur tête il faut citer les fastes consulaires et triomphaux, dont une grande partie a été retrouvée gravée sur des tables de marbre qu'on peut voir au Capitole; dans les fastes triomphaux sont indiqués les noms des peuples que le triomphateur a vaincus : véritables annales de la conquête romaine! Joignez à cela les lois et les traités gravés sur le bronze et conservés dans les temples, dont plusieurs sont cités comme remontant au temps des rois, et encore existant sous l'empire, ce qui prouve qu'ils ne périrent pas tous dans l'incendie de Rome par les Gaulois, lequel n'atteignit point le Capitole, où un certain nombre de ces monuments furent toujours déposés, et vous comprendrez comment la vérité historique a pu se trouver dans les annalistes qui ont puisé à toutes ces sources et dans les écrivains qui ont écrit d'après les annalistes, comme Tite Live et Denys d'Halicarnasse.

J'ai donc eu le droit de faire entrer dans mon histoire les cinq premiers siècles de Rome, et il aurait été cruel pour moi d'y renoncer, car durant ces

---

[1] *Libri lintei, Livre des magistrats, table des censeurs.*

siècles l'histoire romaine m'appartenait tout entière ; sous les rois elle n'a jamais dépassé beaucoup l'horizon que la vue embrasse du haut du Capitole, et ne l'a guère dépassé non plus pendant le premier âge de la république. J'ai donc pu, souvent par ma fenêtre, suivre le peuple romain dans sa vie orageuse du Forum, du Comitium, de la curie, du champ de Mars, que j'avais sous les yeux, et dans ses guerres et ses conquêtes, dont mon regard embrassait presque toujours le théâtre ; mais maintenant ce théâtre en s'agrandissant s'éloigne et va m'échapper. A partir du sixième siècle, l'histoire romaine quitte Rome et ses environs; elle va dans l'Italie centrale et méridionale, en Macédoine, en Grèce, en Orient; je ne puis l'y suivre, car elle n'est plus à Rome.

Cependant elle revient aussi quelquefois m'y chercher : Annibal apparaît sous les murs. Scipion, accusé dans le Forum, monte au Capitole; si je ne trouve pas à Rome son tombeau, j'y trouve la sépulture de sa famille, sa maison et son image.

Et puis même ces guerres lointaines ne seront pas entièrement étrangères à notre récit, car elles auront un contre-coup à Rome. Le Forum s'émeut de ce qui se passe au bout du monde; un temple s'élève pour chaque triomphe; les triomphes eux-mêmes viendront nous apporter un reflet magnifique des conquêtes les plus lointaines du peuple romain. Sans sortir de Rome, nous assisterons à l'effet qu'y produiront les défaites et les victoires, au désespoir dompté par le courage après la bataille de Cannes, à l'enthousiasme populaire qui accueillera le vainqueur d'Asdrubal. Nous apprendrons l'histoire militaire de ces temps comme un citoyen qui serait demeuré dans Rome l'aurait apprise.

Mais tandis que les guerres glorieuses se poursuivent au loin, les dissensions civiles ne nous rendront que trop l'histoire, l'histoire véritable du dernier siècle de la république, l'histoire des dissensions fatales et de la corruption toujours croissante qui ont amené sa fin.

La scène de ces dissensions est à Rome. C'est sur le Capitole au pied du temple de la Bonne Foi, que les patriciens inaugurent l'assassinat politique en égorgeant Tibérius Gracchus. Son frère Caïus se réfugia vainement sur le mont Aventin, cette forteresse plébéienne où un de ses ancêtres avait élevé un temple à la liberté et d'où il fut contraint de fuir pour aller tomber au delà du Tibre, dans un bois sacré, comme il en était digne, disait Cornélie avec orgueil.

C'est à Rome que les deux terribles représentants de l'aristocratie et de la démocratie, Sylla et Marius, se livrent, sur le mont Esquilin, un combat dans lequel Marius est vaincu en présence du trophée élevé à sa victoire sur les Cimbres. Nous n'avons pas à suivre Marius dans le marais de Minturnes et sur les ruines de Carthage, mais nous le voyons arriver sur le mont Janicule, furieux de ce qu'il a souffert. Rome, pendant qu'il y séjourne, est noyée dans le sang. Sylla revient à son tour, il écrase à la porte Colline l'armée de l'Italie soulevée contre la tyrannie de Rome, et qui venait, comme elle disait, étouffer la louve dans son marais. Quatre mille prisonniers sont égorgés dans la villa Publica; les proscriptions commencent; le bassin de Servilius, à l'entrée du Forum, est hérissé de têtes coupées.

Tel est l'aspect que Rome a pris pendant les proscriptions. Quand Sylla est allé dans son grand tombeau du champ de Mars attendre César et Auguste, ses voisins de sépulture et ses successeurs à la toute-puissance, qu'il a eu l'audace de déposer, la vie publique reparaît; le Forum, muet et sanglant sous Sylla, appartient de nouveau à la parole, ou au moins la parole le dispute à la violence. C'est le dernier âge de la république, c'est l'époque de César et de Pompée, de Caton et de Cicéron, époque d'un intérêt incomparable, où la liberté qui va périr enfante encore de grandes luttes, de grands caractères, de grands hommes ; époque dont j'ai cherché ailleurs (*César, scènes historiques.*) à mettre en relief, mieux que je ne pouvais le faire en passant dans cette histoire, le mouvement et la vie.

La république meurt chez elle et sa brillante agonie se passe à Rome. Ici tous les intérêts que peut présenter le point de vue historique propre à ce livre se trouvent réunis.

Les lieux des événements ne sont jamais ignorés, et les personnages de ce temps ne sauraient faire un pas sans qu'il nous soit possible de les suivre ; nous pouvons les surprendre à domicile, car la demeure de presque tous nous est connue et le choix de ces demeures n'est pas chose indifférente. César, descendant des Jules et de Vénus, le plus grand seigneur de Rome, ayant compris très-jeune que la démocratie, quand elle n'est pas fière, était l'alliée naturelle de la tyrannie, a jeté les yeux sur elle pour en faire son instrument, et il est allé se loger dans le quartier populaire de la Subura. Pompée, grand général, mais, dans la vie civile, très-vain et un peu niais, Pompée, d'extraction médiocre et chef parvenu de l'aristocratie, s'est bien gardé d'en faire autant; il habite le quartier élégant des Carines. Il me semble que cette affaire de logement peut à elle seule faire juger les deux hommes.

Les monuments jouent un rôle important dans la lutte des ambitions qui se disputent la république. Pompée élève son théâtre[1], premier grand édifice public offert par un particulier aux plaisirs du peuple. A cette captation magnifique, César répond en ouvrant son forum. Il oppose le forum de César à celui du peuple romain. Pompée, toujours vaniteux, avait élevé au sommet des gradins de son théâtre un temple à Vénus victorieuse, car il pensait sans cesse à ses victoires, si complaisamment énumérées dans une inscription placée par lui dans son temple de Minerve, celui auquel l'église de la *Minerve* doit son nom. César, toujours habile, mit dans son forum le temple de Vénus genitrix, de Vénus mère, ce qui semblait plus modeste et était plus superbe, car cette Vénus était la mère d'Énée, et, ce qu'il rappelait indirectement, l'aïeule de César.

[1] Ce théâtre, placé dans le champ de Mars, à l'est des monuments antérieurement construits, achève de dessiner le sens du mouvement monumental accompli pendant le sixième et le septième siècles, aux environs du cirque Flaminien ; le théâtre de Pompée était à l'extrémité de ce quartier de temples et de portiques. Les monuments d'Agrippa vinrent ensuite et se placèrent dans l'espace qui restait libre au nord.

Le forum de César est la seule œuvre monumentale qu'il ait eu le temps d'exécuter, la seule par conséquent dont on puisse espérer de trouver des restes. Mais d'autres monuments ne sont que des pensées de César réalisées après lui. Il faut lui rendre non-seulement la curie et la basilique Juliennes, qui portèrent du moins son nom, mais le grand temple de Mars, qu'il voulait élever et qui fut le temple de Mars vengeur; son théâtre, qui fut le théâtre de Marcellus; le Colisée même, dont il avait conçu le projet, projet qui ne fut mis à exécution que sous les Flaviens. L'aspect du Tibre au-dessus de Rome rappelle que César voulait changer son cours, et, le portant à droite, gagner ainsi l'espace d'un champ de Mars nouveau, pour pouvoir construire dans l'ancien une Rome nouvelle.

A côté de ces marques de sa grandeur, on trouve aussi dans les monuments de Rome des souvenirs moins beaux pour lui. La basilique Æmilia fut bâtie par Æmilius Paullus avec les millions de César, qui l'avait acheté, comme il avait acheté Curion, auteur du fameux théâtre mobile. La première basilique avait été bâtie par Caton l'Ancien; on avait passé de Caton à Æmilius Paullus et à Curion.

Enfin huit colonnes du temple de Saturne, de ce vieux temple de l'âge d'or, sont encore debout pour rappeler le vol avec effraction au moyen duquel César mit la main sur le trésor public. De ces deux monuments, l'un est le fruit de ses corruptions, l'autre le témoin de ses violences.

Tout le drame de sa mort est écrit, pour ainsi dire, sur le sol de Rome.

César a été mis à mort dans la curie de Pompée, qui tenait à son théâtre. Le corps de César a été brûlé au pied des rostres qu'il avait transportés vers l'extrémité orientale du Forum, non loin de la Regia, sa seconde demeure, et près desquels un temple lui fut érigé après sa mort.

Le Forum, à cette époque, a repris l'importance qu'il avait eue autrefois; elle allait disparaître avec la liberté.

Mais alors l'histoire du temps y est presque tout entière. Pompée y vient intimider Cicéron plaidant pour Milon. Il y paraît dans la tribune à côté de César pour appuyer ses lois démagogiques, avec une candeur de mauvais citoyen dont Caton lui annonce en vain les suites pour lui-même. Caton y lutte énergiquement contre la multitude gagnée à César; il y est traîné des rostres jusqu'à l'arc de Fabius; le corps du factieux Clodius y est brûlé, et une partie des édifices du Forum est incendiée à cette occasion; Cicéron y est tour à tour applaudi et insulté. A l'ancienne tribune de la république il prononça le plus grand nombre de ses discours; à la nouvelle tribune établie par César il prononça ses véhémentes philippiques contre Antoine. Antoine y répondit en faisant placer la tête coupée du grand orateur dans cette même tribune.

L'empire, dont César fut le véritable fondateur, l'empire approche, et on le sent venir. Le théâtre de Pompée voit des combats et des exhibitions d'animaux étrangers, comme en verra le Colisée; la statue de Pompée, si c'est bien la sienne, en style héroïque et portant un globe dans sa main, semble une statue d'empereur; l'existence des citoyens opulents s'entoure d'un luxe qui est loin de l'austérité républicaine; l'usage du marbre s'introduit dans la décoration de leurs maisons; les jardins de Lucullus, de Crassus, de Salluste, sont déjà de l'époque qui va suivre, à tel point que tous trois ont pu devenir des jardins impériaux. Demain, le portique de Métellus sera le portique d'Octavie. Ainsi, en étudiant les monuments de Rome, on passe de la république à l'empire comme les Romains y passèrent eux-mêmes, sans s'en apercevoir.

Cette transition s'opéra facilement, grâce à la lassitude universelle et à l'hypocrisie consommée d'Auguste.

Mon jugement sur Auguste est celui de Machiavel, de Montesquieu, de Voltaire, de Gibbon; mais le préjugé des colléges est contre moi.

Il s'est établi aussi depuis quelque temps une mode de réhabiliter l'empire romain, car il avait besoin de réhabilitation. Je me suis permis de ne pas tenir compte de ce paradoxe; j'en suis resté à l'opinion commune, voilà ma hardiesse; on avait mis le cœur à droite, je l'ai remis à gauche: ce n'est pas ma faute s'il ne convient point à tout le monde qu'il soit à sa place.

L'apologie de l'empire romain serait-elle dictée par une préférence universelle pour l'empire, alors elle serait, selon moi, bien maladroite; car plus on admirerait ailleurs cette forme de gouvernement, plus on devrait, ce me semble, défendre tout autre empire de ressembler à celui-là.

C'est l'aveuglement des partis de prendre, pour la cause qu'ils ont embrassée, la responsabilité d'iniquités dont il vaudrait mieux la dire innocente. C'est ainsi que certains catholiques revendiquent la Saint-Barthélemy et certains républicains la Terreur. Il me semble que si quelqu'un devait manifester hautement l'horreur de la Saint-Barthélemy, ce sont les catholiques; que si quelqu'un devait flétrir avec violence les crimes de la Terreur, ce sont les républicains. Pour moi, c'est parce que je suis libéral que je déteste le mal fait au nom de la liberté; c'est parce que je suis de la démocratie que je me sens particulièrement indigné contre les égarements ou les abaissements de la démocratie.

Quant à Auguste, nous avons, pour le juger, Tacite, Suétone et Plutarque. Si ces auteurs nous faisaient défaut, nous aurions ses monuments et ses portraits.

Ce qui nous reste de ses monuments est caractéristique. Le théâtre de Marcellus, l'entrée du portique d'Octavie, les trois colonnes du temple de Mars vengeur, montrent qu'une transition s'accomplit dans l'art romain, comme dans la société romaine; le premier de ces monuments retient encore la simplicité toute grecque de l'architecture républicaine; les deux autres, et surtout le troisième, inaugurent la magnificence vraiment romaine de l'ère impériale. Mais il en est un plus significatif encore : c'est le mur d'enceinte du forum d'Auguste: ce mur est une *illustration* d'un passage de Suétone. Suétone nous apprend qu'Auguste, ne voulant point user du droit d'expropriation forcée contre des particuliers qui ne se souciaient pas de vendre leur terrain, aima mieux donner une forme irrégulière à son forum. Le mur de ce forum existe encore, et il se détourne en effet, témoignant d'un de ces ménagements dont usait Auguste pour masquer son usurpation de tous les droits. Il est curieux de trouver là un produit et une image de la politique d'Auguste, oblique aussi et biaisant toujours, comme la muraille de son forum.

La politique d'Auguste paraît encore dans le soin de donner le nom des membres de sa famille, de Livie, sa femme, d'Octavie, sa sœur, de Lucius et Caius, ses petits-fils, aux édifices construits par lui, pour attacher la reconnaissance des Romains à la dynastie qu'il espérait, mais qu'il ne put fonder.

Elle paraît surtout dans le soin qu'il eut constamment de continuer les plans de César, d'achever sa basilique et sa curie, de dédier à la vengeance tirée de ses meurtriers le temple de Mars qu'il avait projeté et qu'Auguste consacra à Mars vengeur, de placer son propre forum auprès du forum de César, s'efforçant toujours de s'accoler à cette grande mémoire.

Auguste, qui avait été cruel quand la cruauté lui avait été utile, cessa de l'être dès qu'elle ne lui servit plus à rien, et l'univers oublia qu'il l'avait été.

L'histoire semble parfois l'oublier aussi ; mais on est forcé de se le rappeler en présence de ses portraits, dans lesquels, quand la flatterie ne les a pas trop idéalisés, on retrouve toujours un air méchant et faux : l'air méchant d'Octave, l'air faux d'Auguste.

Des nombreux édifices d'Agrippa, le plus célèbre et le seul conservé est le Panthéon, dédié à Auguste par une adulation dont son affectation de modestie repoussa l'hommage excessif. La rude expression du visage d'Agrippa étonne chez ce serviteur éminent d'Auguste, qui eut toujours tant de soin de lui complaire en s'effaçant devant lui ; mais peut-être cet air était-il pris à dessein et ne fut-il qu'une habileté de plus.

A Rome, le despotisme porta rapidement ses fruits naturels. Après Auguste vint Tibère, après Tibère, Caligula.

Tibère continua Auguste. Ce fut la même politique avec un caractère plus sombre, et cette différence qu'Auguste fut cruel au commencement et Tibère à la fin. Auguste, qui affectait pour sa demeure comme pour ses vêtements, la modestie et la simplicité, était allé habiter, dans une partie assez retirée du Palatin, la maison de l'orateur Hortensius. Tibère se logea tout près, plus à l'ouest. On ne parle pas de la magnificence de cette demeure, et je doute qu'elle ait été grande. Tibère vécut loin de Rome, d'où sa figure est absente. Il y bâtit peu. Le camp des prétoriens, dont l'enceinte et les baraques subsistent, fut construit par Séjan dans l'absence de Tibère et peut-être contre lui.

Après le despotisme prudent d'Auguste et de Tibère vient le despotisme désordonné de Caligula. Ses traits sont beaux, mais sa physionomie dure et cruelle. Il jette un regard farouche sur le monde. Le coin nord-ouest du Palatin, où étaient les maisons des principaux citoyens, à la fin de la république, fut envahi par le palais de Caligula. Le pouvoir absolu, qui s'était déguisé jusque-là, se montrait maintenant la face découverte; de là un pont insensé, jeté obliquement sur le Forum, fut rejoindre le Capitole, pour que le dieu Caligula pût aller commodément converser avec son collègue Jupiter; ce pont touchait le temple de Castor et Pollux, entre les images desquels l'empereur fou allait fraternellement s'asseoir.

Claude, homme bizarre, humain et cruel tour à tour, éloquent et stupide, qui savait à fond l'histoire étrusque et ne savait pas ce que faisait Messaline; qui se plaisait au spectacle de la torture et abolit les sacrifices humains en Gaule; qui s'emportait contre les gladiateurs lorsqu'ils refusaient de mourir, et le premier fit une loi pour protéger les esclaves contre leurs maîtres; Claude passe tout simplement pour un imbécile. Il est impossible d'être de cet avis en voyant sa figure, qui ne manque ni d'élévation, ni d'intelligence. L'abjection où l'on maintint sa jeunesse déprava une nature grossière, mais douée à certains égards. Quelques-uns de ses bustes expriment une profonde tristesse, comme s'il sentait douloureusement sa dégradation. Ces bustes m'ont forcé de faire une étude nouvelle sur cet homme singulier.

Les travaux utiles accomplis par Claude m'avertissaient aussi, malgré ses *absences*, de ne pas le prendre pour un idiot; car un idiot eût été l'auteur des deux plus grands ouvrages de l'empire : le port d'Ostie et l'émissaire du lac Fucin, que l'on travaille aujourd'hui à rétablir.

Le jardin des Passionnistes sur le Cælius, d'où l'on a une si admirable vue, est planté sur l'emplacement d'un temple élevé à Claude par Agrippine. Ce temple était plus vaste qu'aucun de ceux qu'on avait élevés jusqu'alors. Ce n'était pas, de la part d'Agrippine, faire trop pour un mari qu'elle avait *fait dieu*.

En ce qui concerne Claude, l'histoire monumentale rectifie ou du moins complète l'histoire écrite;

quant à Néron, ces deux histoires se confirment l'une l'autre admirablement : ses portraits ressemblent à son caractère, dont le fond était la vanité d'un artiste manqué. Ces portraits sont de deux sortes : dans les uns, Néron a l'air béat d'un acteur applaudi; dans les autres, l'air féroce d'un auteur sifflé; il est aussi représenté en Apollon, idéal de l'apothéose qu'il rêvait.

Son seul monument est le palais des *Mille et une nuits* qu'il construisit pour son usage. La *Maison dorée*, comme un *sérail* d'Asie, renfermait des palais, des étangs, des forêts. Elle commençait sur le Palatin, à côté de la modeste maison d'Auguste; le despotisme dissimulé de celui-ci avait fait place à un despotisme tout oriental, sans mesure comme sans pudeur ; à cette maison de peu d'étendue dont les colonnes étaient formées d'une pierre grisâtre, touchait la Maison dorée, dont le nom indique la splendeur, et qui couvrait un tiers de la ville.

Après Néron passent Galba, Othon et Vitellius, leur histoire est courte comme le fut leur puissance; heureusement leurs portraits sont là pour les faire bien connaître.

L'énergie et la cruauté de Galba se retrouvent dans la dureté de ses traits.

INTRODUCTION.

Othon est beau ; sa beauté, qui commença sa fortune, se fait voir dans les portraits de l'ami de Néron et de l'amant de Poppée.

Vitellius est gras, mais il ne faut pas voir en lui seulement le goinfre inoffensif; un buste souvent reproduit, admirable d'exécution, mais qui peut-être appartient à la renaissance, a fait prévaloir sa réputation de sensualité sur le renom de cruauté qu'il méritait aussi bien et que d'autres portraits lui restituent.

Ces trois empereurs n'ont point laissé de monuments ; cela même est un monument de la brièveté de leur empire.

Le Forum, dont la vue évoquait de si beaux souvenirs, est hanté dès lors par de hideuses mémoires : le meurtre cruel du cruel Galba, le meurtre ignoble de l'ignoble Vitellius.

Une famille de parvenus sabins, les Flaviens, relève d'abord l'âme attristée et comme humiliée par le spectacle de ces misérables empereurs que la soldatesque proclame et que la populace égorge.

Jamais physionomie n'exprima mieux que la physionomie matoise de Vespasien la nature d'un personnage historique ; Vespasien, habile, prosaïque, ironique, qui savait administrer et mépriser les hommes. Celui qui en mourant se moquait de sa propre divinité, a eu les honneurs d'un temple en partie conservé.

Némésis, qui a passé son niveau sur tant de monuments consacrés par l'adulation, semble avoir été désarmée par ce railleur de sa propre apothéose.

Titus, dont les commencements furent mauvais, dont le règne fut court et insignifiant, a dans l'histoire une réputation au moins très-exagérée de beauté et de suprême bonté ; ses portraits les moins idéalisés, surtout sa statue du Vatican, par la vulgarité de sa personne et l'expression plus narquoise qu'élevée de ses traits, démentent cette double erreur.

Domitien fut peut-être le plus pervers des empereurs ; car, comme ses portraits l'attestent et comme le ferait supposer son attachement au culte de la déesse de la Sagesse, à laquelle il dédia son forum, il était intelligent. Un équitable mensonge a fait donner à ce forum où la figure de Minerve se voit encore, le nom du sage Nerva qui, dans un règne trop court, ne put avoir que le temps de l'achever.

La plus grande ruine de Rome est celle de cet amphithéâtre auquel travaillèrent les trois Flaviens, qui porta toujours leur nom dans l'antiquité et s'est appelé, depuis les bas temps seulement, le Colisée.

Cet amphithéâtre et les thermes de Titus nous révèlent toute la politique de cette famille habile. La mémoire de Néron, encore chère à la multitude, qui aime si facilement les tyrans, importunait les Flaviens ; ils voulurent en finir avec cette mémoire. Le Colisée fit disparaître les célèbres étangs de Néron, les thermes de Titus s'élevèrent sur un de ses palais, et on se hâta d'enfouir dans les chambres de ce palais, comblées de décombres et dont on ne se donna pas même le temps de retirer les objets les plus précieux, le souvenir et la popularité de Néron.

Nerva est le premier des bons et Trajan le premier des grands empereurs romains ; après lui il y en eut deux autres, les deux Antonins. Trois sur soixante-dix, tel est à Rome le bilan des gloires morales de l'empire.

Cette fois, par exception, l'iconographie est trompeuse : la grandeur de l'âme de Trajan ne se reflète pas dans ses traits assez vulgaires, mais elle éclate dans les monuments de son règne comme dans les actes de sa vie. On peut reconstruire par la pensée, à l'aide des débris qui en restent, son forum et sa basilique. Quand on contemple la colonne de marbre encore intacte qui portait sa statue et s'élevait sur sa cendre, œuvre où tout est admirable, la matière, la construction, les bas-reliefs, on se réjouit que tant de magnificence, d'art et de goût, consacré à un souverain qui en était si digne, ait été conservé par la naïve dévotion du moyen âge, qui croyait que Dieu avait ressuscité Trajan à cause de ses vertus, afin qu'il eût le temps de se faire chrétien. Ici, ce que nous apprend l'histoire romaine est parfaitement d'accord avec ce que nous enseigne l'histoire de l'art et l'histoire des ruines.

Parce qu'Adrien a succédé à Trajan et parce que les Antonins ont succédé à Adrien, il faut se garder de le confondre avec lui et avec eux. Adrien fut un *dilettante* spirituel, mais un prince corrompu et méchant; les chefs-d'œuvre qui ont reproduit les traits d'Antinoüs, le nom de ce favori écrit en hiéroglyphes sur un obélisque à côté de celui de l'impératrice Sabine, proclament l'impudeur d'une honteuse passion affichée à la face du monde. La bouche et le regard d'Adrien expriment, avec la finesse et la pénétration, la sécheresse et la dureté. Les restes du beau temple de Vénus et de Rome, dont Adrien fut l'architecte, rappellent le meurtre d'Apollodore, mis à mort pour punir une épigramme. Dans la villa Adrienne, ce produit et pour ainsi dire ce recueil de ses souvenirs de voyage, apparaît vivement, parmi les ombrages et les ruines, la maladie affreuse et vengeresse qui vint l'y frapper et qui lui faisait désirer de mourir sans l'oser. Juste accomplissement de l'arrêt d'un vieillard qui, condamné par lui sans motif, avait demandé aux dieux de condamner Adrien à vouloir et à ne pouvoir mourir.

Son mausolée, lui-même un souvenir d'Orient, ce monument d'une grandeur inutile et le pont qu'il fit construire uniquement pour arriver à ce mausolée achèvent de peindre la vanité égoïste de son âme par la vanité colossale de son sépulcre.

On voit à côté des empereurs les portraits de leurs femmes, de leurs mères, de leurs sœurs, de leurs filles. Je préférerais, aux images de toutes ces impératrices et de toutes ces princesses, celle de la mère des Gracques, qui était dans le portique d'Octavie.

Cependant on s'arrête avec respect devant la première Agrippine, l'épouse de Germanicus, assise avec une si noble simplicité et dont le visage exprime si bien la fermeté virile. L'autre Agrippine, la mère de Néron, nous présente une beauté plus parfaite, beauté coupable qu'elle fit servir à son ambition pour séduire un vieil oncle et peut-être un fils. Poppée est bien la jolie idole que devait élever puis briser un caprice de Néron. Julie, fille de Titus, laide et vaine, ne nous offre rien qui puisse excuser le caprice incestueux de Domitien; de plus, elle a une affreuse coiffure, dont la bizarrerie disgracieuse avertit que le goût s'en va. Plautine, la femme, Marciane, la sœur, Matidie, la nièce de Trajan, ne sont guère mieux coiffées; elles ont l'air honnête et commun. Seule de la famille, Sabine respire la distinction et l'élégance : ce fut une personne lettrée qu'on accusa de trop aimer les gens de lettres.

Les épouses d'Antonin et de Marc-Aurèle, bien que *mariées à la philosophie*, ne s'en montrèrent pas assez éprises dans la personne de leurs époux. Antonin le sut et s'y résigna ; Marc-Aurèle l'ignora toujours. On voit à Rome le temple d'Antonin et de la première Faustine et leur apothéose. On y voit aussi celle de la seconde : elle était charmante; en regardant son portrait on conçoit les illusions de Marc-Aurèle sur une épouse qui abusa à son égard de la permission de tromper un mari.

Ces deux Antonins furent admirables ; la vertu humaine ne saurait aller plus loin. Marc-Aurèle eut de plus le mérite d'être guerrier. Ses guerres contre les Germains sont retracées sur sa colonne par des bas-reliefs dont la perfection moins grande fait voir que depuis ceux de la colonne trajane l'art a déjà décliné.

La statue équestre de Marc-Aurèle, d'une majesté si douce, si paisible, dont le geste est un geste clément, fait plaisir à rencontrer sur le Capitole ; bien qu'en bronze, elle a été épargnée, au moyen âge, parce qu'on la croyait une statue de Constantin. Erreur honorable pour Constantin.

La bonté des trois règnes longs et presque consécutifs de Trajan, d'Antonin et de Marc-Aurèle est la plus foudroyante condamnation du despotisme, car trois empereurs à peu près parfaits n'améliorèrent nullement l'empire romain. Ce qui est foncièrement mauvais le demeure toujours ; après Marc-Aurèle vint Commode : on n'avait rien gagné.

Commode ressemble par le visage à Marc-Aurèle, dont l'âme était si différente de la sienne. La réputation de Faustine avait besoin de cette preuve de la légitimité de son fils. Pour la seconde fois nous trouvons, par exception, l'application qu'on peut faire de l'iconographie à l'histoire en défaut : rien dans Commode n'annonce le fou sanguinaire ; il a l'air d'un *beau* satisfait de lui-même et des autres. Je passe Pertinax, Didius Julianus et son *règne d'un moment*, les rivaux éphémères de Septime Sévère, pour arriver à cet empereur africain, comme le disent sa chevelure un peu crépue et ses traits qui n'ont rien de romain. Septime Sévère conserva l'amour de sa province et voulut qu'un monument qui s'appelait le Septizonium annonçât le palais impérial à ses compatriotes venant d'Afrique par la voie Appienne et entrant dans Rome par la porte Capène. Il eut un arc de triomphe et le méritait. Cet arc existe aujourd'hui ; l'architecture en est encore belle, la sculpture en est déjà grossière.

Son fils Caracalla fut un fou féroce dans le genre de Commode. Ses bustes au col de travers, à la figure grimaçante, sont ainsi parce qu'il a exigé qu'ils fussent ainsi. Caracalla voulait que ses portraits eussent l'air furieux ; il s'est chargé de léguer sa caricature à la postérité. Dans le petit nombre de ceux où le programme impérial n'a pas été suivi, on voit qu'il ressemblait à son frère Géta, ce frère qu'il fit mourir, et qui, à en juger par sa mine, ne valait guère mieux que lui. Le nom de Géta, effacé de l'arc de Septime-Sévère, d'un autre monument à Rome, et en Égypte des inscriptions hiéroglyphiques, atteste un acharnement du Fratricide contre la mémoire de sa victime, né peut-être de l'importunité d'un remords.

Les Thermes de Caracalla sont après le Colisée

la plus grande ruine de Rome. C'est de même un monument consacré, selon le génie de l'empire, aux plaisirs de la multitude. Les combats de gladiateurs, sanguinaire mais mâle divertissement, appartiennent à la République ; les Thermes, consacrés, il est vrai, aux plaisirs de la conversation et de l'esprit, mais surtout à la volupté orientale et amollissante du bain, ont commencé avec l'époque impériale.

Julia Pia, cette Syrienne élevée au trône par Septime Sévère, à cause de sa beauté, offre un type nouveau d'une finesse et d'une distinction un peu étrangères. Sa sœur Mœsa, les deux filles de celle-ci, Julie Sohemias et Julie Mammée, ont comme elle un genre de coiffure plein d'élégance. Ces belles et intrigantes étrangères prennent dans la politique une importance qui est nouvelle à Rome. Elles font les empereurs comme Théodora et Marozia, au moyen âge faisaient les papes. Par elles arrivèrent à l'empire ce jeune, beau et stupide prêtre syrien qui prit le nom d'Hélagabal, et Alexandre Sévère, dont les traits respirent la faiblesse et la douceur. Maximin, un hercule dalmate, gigantesque et vorace, succède au généreux fils de Mammée. Puis viennent les empereurs de la décadence, dont on peut voir les figures dans la curieuse galerie des bustes impériaux, au Capitole. A mesure qu'on avance, le travail du sculpteur devient plus grossier, l'expression des bustes plus inquiète et plus sombre; c'est que la civilisation baisse et que les barbares approchent.

Quelques honnêtes empereurs, Claude le Gothique, Tacite, Probus, se détachent dans cette foule, mais ils sont venus trop tard; le sénat les nomme quelquefois, les soldats les assassinent presque toujours.

En général, ils n'ont pas le temps ou le loisir d'élever des monuments. Constamment occupés pendant leurs règnes rapides à défendre Rome menacée toujours de plus près, ils ne songent point à l'embellir.

De Gallien, il est resté un arc de triomphe qu'un flatteur lui éleva dans ses jardins. Ironie du hasard! c'est sous Gallien, à qui fut dédié cet arc de triomphe encore conservé, que se consommèrent l'envahissement et la dislocation de l'empire.

Aurélien, Dioclétien, Maxence font exception. De ceux-là il reste des monuments et des monuments considérables, épaves de ce grand naufrage de l'empire romain.

Ces monuments prouvent ce qu'a déjà montré

l'arc de Septime Sévère, et ce que font voir également les monuments de l'Égypte ; combien le beau dans l'architecture survit au beau dans la sculpture. Les bustes de ces temps sont plus ou moins barbares; les débris du palais du Soleil, élevé sur le Quirinal par Aurélien, qui fut un empereur énergique, sont d'une telle beauté qu'on a peine à les croire contemporains des monuments de Palmyre auxquels ils ressemblent par la grandeur des dimensions, mais qu'ils surpassent de beaucoup par le style. Dioclétien fut un second Vespasien. L'air de son visage rappelle celui de cet empereur. Comme lui positif, habile, il méprisait les hommes, qu'un jour il dédaigna de gouverner. Il fit un effort immense et inutile pour tuer le christianisme et organiser l'empire, deux impossibilités.

Les thermes qui portent son nom, mais qui en réalité furent l'œuvre collective des quatre Augustes et des deux Césars qui se partageaient le monde romain, et dont aucun ne vécut dans Rome que ses maîtres commençaient à abandonner, ces Thermes attestent par leur étendue et par le grand aspect de ce qui en subsiste, surtout de la salle dont Michel-Ange a fait une des plus belles églises de Rome, ce que l'architecture était encore au temps de Dioclétien.

INTRODUCTION.

Une des plus belles églises de Rome faite avec une salle des Thermes qui portent le nom du plus acharné persécuteur des chrétiens, quel triomphe et quelle noble vengeance du christianisme!

Le dernier empereur païen de Rome, Maxence, élève encore un cirque en grande partie conservé de nos jours, et la majestueuse basilique, dont le tiers, qui seul subsiste, forme une des plus imposantes ruines de Rome.

Cette basilique, construite par le dernier des empereurs païens et dédiée au premier empereur chrétien son vainqueur, montre le monde passant du paganisme au christianisme à la suite de la mémorable victoire remportée par Constantin sur Maxence à trois lieues de Rome.

Je m'arrêterai à Constantin, car l'histoire de la Rome chrétienne fera partie d'un autre ouvrage.

De Constantin lui-même, qui appartient à cette histoire et qui a déserté Rome, je dirai peu de choses; je n'aurai à parler que de sa remarquable statue et de son arc de triomphe, monument de transition orné par l'empereur chrétien, qui ne l'était probablement pas beaucoup alors, de bas-reliefs païens empruntés à un monument de Trajan et portant une inscription qui renferme une profession de foi assez ambiguë, dont la partie effacée et récrite l'était probablement encore plus.

Je renvoie aussi à l'histoire de la Rome moderne ce qui se rapporte à l'invasion des barbares ; l'invasion des barbares, comme l'établissement du christianisme, en terminant l'histoire ancienne, commence l'histoire moderne.

Avril, 1831, sur la roche Tarpéienne.

PREMIÈRE PARTIE

LA ROME PRIMITIVE ET LA ROME DES ROIS

I

FORMATION DU SOL ROMAIN

Formation de l'horizon romain et du sol de la campagne romaine. — Formation des collines de Rome. — Époque du grand lac qui couvrait le sol de Rome. — Le sol de Rome mis à nu par l'écoulement du grand lac. — Persistance de l'action des forces volcaniques dans l'âge historique. — Influence de la composition géologique du sol de Rome sur son histoire.

Je voudrais, du sein de cette ville que j'habite, remonter en esprit par delà le berceau de Rome jusqu'au temps où Rome n'était pas encore; par delà même les établissements qui l'ont précédée sur les huit collines[1], ou au pied de ces collines. Je voudrais me repré-

[1] Sept collines sur la rive gauche du Tibre : le Palatin, le Capitole, l'Aventin, le Cœlius, le Quirinal, le Viminal, l'Esquilin; une sur la rive droite, le Janicule.

senter ce qu'étaient ces lieux où tant d'hommes devaient se presser, se succéder tant de générations, alors qu'ils n'avaient pas d'habitants; ce qu'étaient ces lieux destinés à tant de gloire, alors qu'ils n'avaient pas de nom.

> Hæc tum nomina erunt, nunc sunt sine nomine terræ.
> *Æn.*, vi, 777.

« Ce seront un jour des noms ; aujourd'hui ce sont des terres innommées. »

Je remonterai encore plus haut, quand on devrait m'accuser de ne pas m'arrêter au déluge ; il plaît à mon imagination, qui s'appuie sur les résultats de la science, d'apercevoir, à travers la distance des âges, la formation du sol célèbre dont je veux tracer l'histoire, avant que les Romains aient apparu sur ce sol et l'homme sur la terre.

Ce qu'on voit d'abord dans ce lointain des temps, c'est la mer ; la mer au sein de laquelle les siècles déposent lentement et, couche par couche, des dépôts calcaires, qui, en s'accumulant, formeront les masses destinées à composer l'admirable horizon romain. La main de Dieu prépare sous les eaux cette décoration magnifique : au jour marqué, il la dresse, et par une suite de soulèvements l'élève au-dessus des flots.

Les flots que la campagne romaine sépare aujourd'hui de l'Apennin en venaient battre le pied. Ce demi-cercle d'azur, qui commence au Soracte et finit aux montagnes de Tivoli, formait un vaste golfe très-ouvert.

A l'extrémité septentrionale de ce rivage abrupt et concave, se détachait le sommet isolé du Soracte, qui par sa forme et sa couleur ressemble encore aujourd'hui à une île bleue de la mer Égée.

Au sud, le demi-cercle se terminait par un haut promontoire (le mont Saint-Janvier). La campagne romaine et le lieu où devait exister Rome étaient sous les eaux.

Le groupe si gracieux des montagnes d'Albe et de Tusculum (d'Albano et de Frascati), ce groupe dont les contours arrondis contrastent heureusement avec les lignes fermes et tranchées de l'Apennin, n'avait pas encore surgi par l'action des volcans, et, plus au sud, la mer, remplissant tout l'espace qu'occupent les marais Pontins, s'étendait jusqu'au cap de Circé.

Les pentes de l'Apennin étaient couvertes d'une végétation un peu plus méridionale que celle d'aujourd'hui. Ce n'était pas la végétation des tropiques, mais la végétation de la Sicile et de l'Égypte[1]. C'était avec les chênes, les platanes, les peupliers, qu'on trouve encore, les orangers, qui ne croissent à Rome que dans les jardins, les aloès, les cactus, qu'on ne voit plus que dans les villas romaines, dans un coin de la villa

---

[1] Ponzi, *Storia naturale del Lazio, Giornale Arcadico*, nuova serie, t. XXII, p. 104 et suivantes.

Panfili, au pied de l'aqueduc qui traverse la villa Wolskonska. Sur les montagnes, erraient l'éléphant, le mastodonte, le rhinocéros, le tapir, l'hippopotame, animaux dont les formes bizarres perpétuent le caractère de cette création étrange, antérieure à la nôtre, et qui ne semble pas lui appartenir.

Au fond de la mer et sur ses bords se déposaient des argiles bleues et grises surmontées d'un lit de sable jaune. Sur la rive droite du Tibre, cet ancien dépôt marin atteignit une certaine hauteur; il constitue le premier étage du Janicule, le second a été ajouté par les causes volcaniques. Le sommet du Janicule primitif est marqué par ces sables jaunes, qui ont fait donner à une église consacrée à saint Pierre le nom de San Pietro in Montorio, *in monte Aureo* (Saint-Pierre sur le mont doré).

Ces sables formaient la plage de la mer d'alors, sous laquelle les futures collines de Rome furent enfouies avant d'être soulevées[1]. Sur le rivage de cette mer, croissaient des plantes de la famille des algues; des pins, dont les débris sont mêlés parmi les galets et les sables, s'élevaient au bord de la mer antique, comme près du littoral actuel, aux portes d'Ostie, s'élèvent les beaux pins de Castel fusano.

Les sept collines de la rive gauche ont été postérieu-

---

[1] On a trouvé des coquilles d'huîtres sur le Monte Mario, à 440 pieds au-dessus du niveau de la mer. Brocchi, *Descrizione dell' agro romano*, 164.

rement formées et ne remontent pas au delà de l'époque volcanique à laquelle nous arrivons ; nous avons vu naître et les montagnes qui composent l'horizon romain et le fondement sur lequel Rome devait s'asseoir, maintenant c'est le terrain de Rome même qui va nous apparaître.

Ce terrain nouveau n'est plus un dépôt de la mer, mais un produit du feu.

Quand il s'agit du premier âge des volcans romains, il ne faut pas entendre par ce mot des volcans analogues à ceux d'aujourd'hui ou même à ceux des âges géologiques qui ont suivi : car ces volcans primitifs n'avaient ni cratères ni courants de lave proprement dits. Ils firent probablement éruption sous la mer, à l'époque du soulèvement de l'Apennin, soulèvement qu'ils causèrent.

On ne peut expliquer, sans un remaniement par les eaux, la présence dans le tuf volcanique de débris végétaux et animaux, ni la disposition par couches d'un produit igné, disposition si frappante dans le terrain de la campagne romaine : il a fallu que les matières volcaniques aient été, à l'état de boue ou de sable, suspendues dans les eaux de la mer, puis déposées par elles en lits horizontaux. La mer seule a pu produire les vastes couches de tuf qu'on suit de Rome jusqu'à Radicofani.

Le fond de la mer d'autrefois, c'est la campagne romaine d'aujourd'hui. En la contemplant on reconnait, dans la forme arrondie des tertres dont elle est semée, une matière molle, qui, pétrie et moulée par les eaux marines, semble reproduire leurs ondulations.

Là où, au contraire, les tertres de la campagne romaine offrent des pentes abruptes et déchirées, je crois surprendre la trace des courants d'eau douce, qui, à une époque moins ancienne, l'ont sillonnée.

De cette origine volcanique et sous-marine est résulté le terrain de la campagne romaine; les produits volcaniques, remaniés et conglutinés dans le sein de la mer, ont donné naissance au tuf qui constitue l'ensemble de ce terrain. Ce tuf est tantôt solide et semblable à la pierre, tantôt friable et se désagrégeant en grains détachés; lorsqu'il est tout à fait compacte, il prend le nom de *pépérin*, et, quand il passe à l'état sablonneux, il s'appelle *pouzzolane*.

Le sommet du Janicule sur la rive droite du Tibre et l'ensemble des sept collines de la rive gauche sont formés de ce tuf volcanique; il s'y montre surtout à l'état le moins compacte, à l'état granulaire.

Le Capitole seul est presque entièrement composé d'un tuf pierreux : il fallait un noyau plus solide à cette colline qui devait être le trône du monde.

Si les dépôts marins ne constituent aucune des collines de Rome, ils sont la base de toutes, et l'on a vu nettement le pied de la roche Tarpéienne s'appuyer sur eux[1].

[1] Dans les souterrains de l'hôpital de la Consolation

D'après ce qui précède, on comprend qu'il ne faut chercher dans Rome ni un cratère ni le souvenir d'éruptions à ciel ouvert; on doit donc renoncer à voir, dans l'histoire de Cacus vomissant des flammes, bien qu'elle ait trait à des phénomènes ignés, un souvenir d'anciennes éruptions de l'Aventin, et, ce qui me coûte davantage, on doit renoncer à cette idée de Breislak, que le Forum est placé dans un ancien cratère. Cette origine irait bien aux ardeurs bouillonnantes du Forum. Nous verrons qu'au lieu d'avoir remplacé un cratère il a succédé à un marais, c'est moins poétique; il faut en prendre son parti : la science ne confirme pas toujours les rapprochements que désire l'imagination.

Cependant il y a eu dans les environs de Rome, mais postérieurement aux éruptions sous-marines, des volcans véritables; tel est celui qui avait formé le grand cratère dont les monts Albains sont un débris, et dont le centre était au lieu improprement désigné par le nom de *Camp d'Annibal*. Ce cratère s'est disloqué et affaissé, laissant visibles trois cratères partiels qui s'étaient ouverts dans sa vaste enceinte; ils ont donné naissance au lac d'Albano, au lac de Nemi et au vallon de Lariccia, qui est lui-même un lac desséché.

Beaux et paisibles lieux, tant de fois visités avec délices, dont l'aspect riant ne ferait pas soupçonner la terrible origine, si la forme du bassin de ces lacs n'indiquait manifestement la présence d'un ancien cratère, et si l'on ne savait que les terrains volcaniques offrent en général aux yeux les courbes les plus agréables et les plus gracieux contours. De ce qui a été un effroi, la nature et le temps font un charme.

A la seconde époque des éruptions appartiennent ces volcans véritables avec des cratères formés à ciel ouvert et des courants de lave, dont l'un, qui commence aux monts Albains, vient se terminer derrière le tombeau de Cæcilia Metella.

Par suite des secondes éruptions volcaniques et de l'exhaussement du grand cratère, le sol fut soulevé et la mer cessa de le couvrir.

La mer fut remplacée par des lacs d'eau douce. L'histoire de cet âge des lacs est partout écrite dans la campagne romaine; on y voit sans cesse des cavités dont le fond est très-plat et que des collines, anciennes rives des lacs, enferment presque de toute part, sauf en un point où ces collines ne se rejoignent pas et par où le lac s'est écoulé.

Rome, cela veut toujours dire le lieu où devait un jour être Rome, était couverte par un de ces lacs, qui était lui-même un immense débordement du Tibre.

On peut suivre le niveau de ce lac et retrouver son rivage; il est marqué par les dépôts de coquilles d'eau douce qu'on observe sur le Pincio, l'Esquilin, et surtout l'Aventin, à une hauteur moyenne de 130 ou 140 pieds au-dessus du lit actuel du fleuve.

Sur le mont Pincio et les collines vaticanes, on a reconnu les empreintes des feuilles qui tombèrent dans les eaux ; fragiles et durables témoins de l'élévation qu'atteignirent autrefois ces eaux.

Les collines romaines ne laissaient voir que leur dos émergeant à la surface du grand lac et formant des îles.

Alors, entre les deux cimes du Capitole plus profondément séparées que de nos jours, se précipitait un cours d'eau ; ceci est démontré par les coquilles fluviatiles qui ont été recueillies au-dessous de la statue équestre de Marc Aurèle. Ce cours d'eau devait s'épancher du côté du Forum et former là une magnifique cascade que personne ne voyait.

Sur l'île du Pincio croissait, dans cette seconde période, une végétation des zones tempérées, pareille à celle qui croît aujourd'hui au bord des lacs; c'étaient des saules, des aunes et des roseaux.

Les eaux qui alimentaient le Tibre produisaient donc un grand lac qui noyait presque tout l'emplacement occupé depuis par la ville des anciens Romains et par la ville moderne. Le large lit du Tibre primitif allait du mont Pincio au Janicule, c'est un espace d'un mille et demi ; aujourd'hui la largeur du Tibre n'est que de 185 pieds. Alors il charriait des fragments considérables de laves et de rochers, aujourd'hui il n'entraîne que le sable et le limon de ses bords ; le Tibre actuel n'est donc qu'un mince résidu de ce Tibre primitif.

Qui pouvait maintenir son niveau à cette hauteur et lui donner tant de puissance?

Sans doute il a perdu, depuis les temps historiques, plusieurs affluents. Au commencement de notre ère, le Tibre recevait la Chiana tout entière, et par elle lui arrivait une partie des eaux de l'Arno.

Mais cela ne suffit pas pour expliquer la diminution considérable que le Tibre a subie.

Il me semble que son élévation primitive doit s'expliquer par un barrage naturel qui aura cédé un jour à la violence des eaux et leur aura permis de s'écouler vers la mer. Il se sera passé là ce que nos yeux nous montrent s'être passé sur plusieurs points de la campagne romaine, où l'on voit encore les rives des lacs et la rupture du barrage qui les retenait [1].

Dans cette grande débâcle, l'énorme volume d'eau qui se dirigeait vers la mer entraîna ces grandes masses pierreuses qu'il a déposées çà et là et qui attestent encore l'antique puissance des eaux.

Ainsi ou autrement, il est certain que les eaux du lac s'écoulèrent et que le sol sur lequel Rome devait s'élever reparut au jour une seconde fois avec sa configuration définitive.

La mer, le feu, les eaux douces, ont donc travaillé

---

[1] Si l'on cherche, pour le lac qui couvrait Rome, le point où la rupture a eu lieu, on est conduit à le placer vers le onzième mille sur la route d'Ostie, à l'endroit où les collines de *Decimo* s'approchent du Tibre, qu'elles ont pu jadis atteindre. Vers l'autre rive s'avancent des collines qui, sans doute, furent la continuation de celles de *Decimo*, avant que le Tibre les en eût séparées et que le lac, jusque-là retenu par l'obstacle, eût disparu en l'emportant.

successivement à constituer l'assiette de Rome, et ces divers ministres de la nature y ont successivement mis la main.

Tantæ molis erat Romanam condere *terram*.

Désormais l'emplacement de Rome existe; Rome n'est pas née, mais elle peut naître.

Cependant bien des siècles encore doivent s'écouler avant ses premiers commencements, avant même l'apparition des populations antérieures aux Romains, qui occuperont en passant les lieux voisins du Tibre.

Sur cette terre nouvellement formée, il n'y a d'autres habitants que des animaux. Sur ces collines, qui auront un nom historique, sur celles en particulier qui s'appelleront l'Aventin, le Janicule, vivent, comme avaient vécu à une époque antérieure, des éléphants [1], des rhinocéros, des hippopotames; il y a aussi des bœufs, des chevaux, des porcs, des daims, des lynx, espèces semblables ou analogues à celles qui existent aujourd'hui. Le temps de l'homme approche; l'histoire va commencer.

---

[1] Des restes d'éléphants sont indiqués par Brocchi sur le Monte Verde et le Monte Mario, qui tiennent au Janicule. *Descriz.*, 179-80. D'autres débris fossiles sont énumérés par Pianciani, *Giornale Arcadico*, t. XLVII, 160-7, et dans l'excellent *Résumé de la géologie de Rome* qui est en tête de la dernière édition du *Guide* de Murray, et dont l'auteur est M. Pentland, p. 5 et 6.

Mais déjà, dans la période géologique dont je viens de retracer les phases principales, rien n'était indifférent pour l'historien du peuple romain.

Il fallait bien voir comment la Providence s'y était prise pour faire fabriquer par la nature le séjour de ce peuple et préparer le berceau de sa grandeur.

L'état des lieux durant la période historique se ressent encore de leur état dans l'âge qui l'a précédée. Le caractère de plusieurs localités de Rome, de plusieurs événements que rapportent l'histoire ou la légende, ont leur motif, pour ainsi dire, dans l'origine de ces localités.

Sans les actions volcaniques qui ont concouru si puissamment à composer le sol de Rome, il ne serait pas resté plus tard, de ces actions alors affaiblies, la continuation ou la trace, dans les *eaux chaudes* qui jaillirent miraculeusement sous les pieds des Sabins pour les arrêter ; dans le gouffre ouvert tout à coup au milieu du Forum et ne se refermant qu'après avoir englouti le dévouement de Décius; dans le Terentum, lieu fangeux au bord du Tibre, d'où sortaient des flammes. Quelles que soient les circonstances plus ou moins fabuleuses que la crédulité populaire a mêlées à ces faits traditionnels ou attachées à ces phénomènes, on n'y découvre pas moins la persistance, à travers l'âge historique, de la puissance ignée; c'est à elle qu'il faut attribuer les eaux sulfureuses de Tivoli, celles qui, sur l'Esquilin, portaient le nom de lac de

Méphitis[1], la production de la source de Pétrole, dans laquelle les chrétiens virent un miracle accompli avant la venue de Jésus-Christ et l'annonce du règne paisible d'Auguste.

Cette puissance se manifeste encore de nos jours; une source thermale, appelée *Acqua Bollicante*, sort de terre, près de la voie Prénestine, à deux milles de Rome[2].

Le travertin[3], cette pierre qui a servi à construire le Colisée et presque tous les monuments de l'empire, le travertin se dépose en petite quantité dans la solfatare de Tivoli comme il se déposait, quand les forces volcaniques exerçaient toute leur puissance, en masses considérables; l'une d'elles, sur l'Aventin, a un demi-mille de longueur[4].

Aux environs de Leprignano, un volcan de boue s'est montré soudainement, il y a quelques années; en traversant un champ près de Gabies, le sol tremble encore sous les pas des chevaux comme au temps de

---

[1] Mephitis propriè est terræ putor, qui de aquis nascitur sulphuratis. Servius, *Æn.*, vii, 84.

[2] Nibby, *Dintorni di Roma*, i, 7.

[3] Le travertin n'est pas une pierre volcanique; mais sa formation est liée aux dégagements des gaz qu'exhalent les eaux chargées d'acide carbonique ou d'hydrogène sulfuré; par là cette formation se rattache aux causes volcaniques qui produisent ces exhalaisons et les eaux sulfureuses elles-mêmes. Pentland, *Geol. of Rome*, p. 5.

[4] On peut la suivre de l'arc de la *Salara* jusqu'au bastion de Paul III. Il y a aussi de grandes masses de travertin entre la porte du Peuple et la colline d'*Acqua Acetosa*.

Pline[1], et l'on entend un bruit souterrain, pareil à celui que l'on produit en marchant sur la solfatare de Naples.

Les eaux acidulées d'Acqua Acetosa, aux portes de Rome, et, dans Rome même, près de Ripetta, les bulles de gaz qui sortent du Tibre, l'abondance de l'acide carbonique dissous prouvée par les incrustations que ce gaz, en se dégageant, précipite dans les conduits des aqueducs, attestent aussi l'action défaillante, mais sensible encore, des forces dont le sol romain fut l'œuvre.

Ainsi, l'on peut suivre à Rome, jusqu'au jour où nous vivons, le prolongement de cette action du feu, qui remonte aux âges où l'homme n'existait pas encore.

Cela eût suffi peut-être pour nous engager à remonter nous-même à ces âges ainsi liés au nôtre. J'écris l'histoire de Rome d'après les lieux et les monuments : je devais rechercher quelle a été la disposition originaire des lieux ; les roches de diverse nature, les fossiles d'espèces différentes, sont des monuments.

Il y avait, pour tenir compte de ce passé lointain, un motif de plus. La géologie des villes donne la clef de leur architecture et contient parfois le secret de leur destinée. Souvent la nature des terrains a déterminé l'emplacement des capitales et dessiné d'avance la physionomie qui les caractérise. Peut-être la petite Lutèce ne serait pas devenue le grand Paris, si, dans le voisinage, n'eût

---

[1] Pl., *Hist., nat.*, 11, 96, 1.

pas existé, en immenses dépôts, une excellente pierre à bâtir. Pourquoi Paris est-il construit en moellons et Londres en briques, si ce n'est parce que, dans la série des terrains du bassin de Londres, l'argile propre à faire les briques remplace le calcaire parisien? Si l'architecture de la Renaissance a semé sur les bords de la Loire de si élégantes merveilles, ne le doit-elle pas un peu à la qualité tendre de la pierre de ce pays, dans laquelle les ornements les plus délicats peuvent être sculptés avec une si grande facilité, que les plus humbles maisons, même dans les villages, sont décorées aujourd'hui de moulures, quelquefois d'assez bon goût?

Durant la période que nous venons de traverser, la nature élaborait déjà les matériaux des superbes édifices de Rome. La mer déposait ces argiles du Vatican, propres à donner une brique solide, dont on fabriquait des assiettes au temps de Juvénal[1], et dont on fait aujourd'hui des tuiles. Les forces volcaniques anciennes ont produit le tuf, qui, tiré principalement du Capitole, où furent très anciennement des carrières, a fourni leurs matériaux aux constructions de l'âge des rois; le pépérin, qu'on employa surtout sous la république; la pouzzolane, propre à composer un ciment tenace, cause principale de la durée des monuments romains. L'époque des lacs vit naître les masses de travertin que devait employer l'empire,

---

[1] Et Vaticano fragiles de monte patellas. Juv., *Sat.*, vj, 345.

tandis que les volcans les plus nouveaux donnèrent aux Romains le pavé indestructible de leurs voies.

Ainsi l'histoire du sol de Rome nous a permis d'anticiper sur l'histoire monumentale du peuple romain. Je vais passer à un âge antérieur encore à la naissance de Rome, mais dans lequel nous trouverons des témoignages écrits ailleurs que dans la composition des couches, la structure des roches, la nature des fossiles, des témoignages au moyen desquels nous pourrons donner une avant-scène au grand drame qu'ouvre Romulus.

Mais il faut d'abord, en rassemblant les indications qui nous restent, retrouver l'aspect primitif des lieux où viendront s'établir les populations antiques dont on entrevoit la présence sur les bords du Tibre, avant d'y apercevoir, dans un jour encore bien douteux, les premiers établissements des Romains.

II

ÉTAT PRIMITIF DU SOL ROMAIN

Le Tibre, changement de couleur, aspect primitif et aspect actuel, débordements anciens et modernes. — Le Vatican, le Janicule, le Champ de Mars avant Rome. — Lauriers sur l'Aventin. — Pâturages sur le Palatin. — Sources taries, collines abaissées, aplanies ou disparues. — Chênes sur le Cœlius, bois sur l'Esquilin. — La Subura. — Les saules du Viminal. Le Quirinal; bois sacrés, restes de la forêt primitive. — Changement de forme des collines, exhaussement du sol. — Campagne de Rome, forêts détruites, changements dans le cours des eaux, lacs diminués ou supprimés. — Théâtre de l'histoire romaine.

Me transportant en esprit à l'époque où le lieu qui depuis a été Rome et l'est encore n'était pas habité, j'aperçois d'abord un fleuve qui, plus tard, s'appellera le Tibre, mais dont le nom primitif, le vrai nom, selon Virgile, fut Albula, ce qui veut dire blanchâtre.

. . . . Amisit verum vetus Albula nomen.
(Virg., *Æn.*, viii, 332.)

Or les eaux du Tibre ne sont pas blanchâtres, mais jaunâtres. Sur ce point le témoignage de nos yeux est d'accord avec celui des poëtes de l'empire : Horace[1], Virgile[2], Ovide[3], disent que le Tibre est jaune. Il n'en est pas de même pour le nom primitif du fleuve, Albula : une telle dénomination n'est pas d'accord avec ce que nous voyons. On sait précisément ce que les anciens entendaient par ce mot *Albula*; ils s'en servent constamment pour désigner les eaux sulfureuses. Virgile a dit :

Sulfureâ Nar albus aquâ [4].
(Virg., *Æn.*, vii, 517.)

« Le Nar dont l'eau sulfureuse est blanche. »

Les eaux des petits lacs sulfureux près de Tivoli s'appelaient, comme les autres de même espèce, *Albulæ*.

On doit donc penser que le Tibre a changé de couleur depuis les temps primitifs, qu'il était blanchâtre quand il s'appelait Albula, et voir, dans ce nom qu'il a

---

[1] Hor., *Carm.*, i, 2, 13.
[2] Virg., *Æn.*, vii, 31.
[3] Ov., *Met.*, xiv, 216. Ces deux derniers poëtes, qui parlent du sable jaune que le Tibre entraîne, indiquent la cause de la couleur de ses eaux.
[4] Nar était un mot sabin qui voulait dire soufre. Cette rivière s'appelle la Nera; ce nom ne vient pas de *nero*, noir, mais de *nar*. La Nera a pu être blanchâtre, jamais noire. A cause de sa blancheur, plus grande par moment, on croyait qu'elle avait roulé des flots de lait. (Tit. Liv., xxxiv, 45.)

porté, comme un reflet de la teinte ancienne de ses eaux.

Comment rendre raison de ce changement?

Je pense que le Tibre fut dit d'abord blanchâtre (Albula) parce que lui et surtout l'Anio, qui se jette dans son sein, recevaient plus de sources sulfureuses que maintenant, car le nombre en devait être plus considérable à une époque moins éloignée de l'âge des volcans. Les anciens parlent des eaux sulfureuses de l'Anio[1].

Il faut donc se figurer le Tibre roulant vers la mer des eaux blanchâtres : c'est tracer un premier trait de ce tableau de l'état primordial des lieux dont j'écris l'histoire.

A cela près, le Tibre était tel que nous le voyons ; sa courbe suit encore le contour de l'espace où fut le Champ de Mars et où est la partie la plus habitée de la ville actuelle[2].

Le Tibre était dès lors, comme il est aujourd'hui, rapide et tourbillonnant[3]; il ronge toujours ses bords, ce qui lui avait fait donner anciennement le nom de Dévorant[4]. Les livres des augures l'appelaient pour cette raison la Scie et, à cause de ses sinuosités, la Couleu-

---

[1] *Sulphureis* gelidus quà serpit leniter undis. Sil. It., *Punic.*, xii, 539.
[2]   Quem Tiberis curvis in latus urget aquis.
(Ov., *Fast.*, iii, 520.)
[3] Den. d'Halic., ix, 68. Virg., *Æn.*, vii, 31.
[4] Rumon quasi ripas ruminans et exedens. Serv., viii, 63.

vre[1]. Du haut de ses berges escarpées et minées sans cesse, pendent, comme aux temps antiques, des broussailles et des arbustes. Le Tibre a toujours l'aspect d'un torrent qui sillonne un désert.

Les poëtes l'ont flatté, il n'a jamais été « le Tibre azuré, fleuve entre tous agréable au ciel » de Virgile :

> Cæruleus Thybris cœlo gratissimus amnis,
> (Virg., *Æn.*, vııı, 64.)

car le ciel n'a jamais pu réfléchir avec complaisance son image dans les eaux troubles et sales du fleuve limoneux.

Non, le caractère du Tibre est autre ; son air n'est pas gracieux, mais sévère, et cet air convenait à sa destinée. Quelle sombre physionomie devait avoir le Tibre lorsqu'il se précipitait sous de vieilles forêts, à travers des solitudes ! Les forêts ont été abattues, mais les solitudes sont restées, ou plutôt elles sont revenues, et l'on a, de nos jours, le spectacle de ce qu'était le Tibre avant Rome, quand, sortant par la *Porte du peuple*, tournant à gauche et faisant quelques pas sur la rive, on regarde par-dessus les eaux muettes la campagne silencieuse.

Seulement le lit du Tibre était alors plus profond. Le lit de tous les fleuves, surtout de ceux qui charrient

---

[1] Serv., *Æn.*, vııı, 95. Pour apprécier la justesse pittoresque de ce terme sacré, il suffit de jeter les yeux sur un plan de Rome et des environs.

beaucoup, s'exhausse avec le temps. On l'a constaté pour le Nil ; il en a été de même pour le Tibre. Suivant Pline, qui devait se connaître en navigation puisqu'il était amiral, le Tibre pouvait porter les grands vaisseaux de la Méditerranée[1]. Sa profondeur devait être encore plus grande à l'époque où nulle voile ne se montrait entre ses rives désertes.

Le lit du Tibre était aussi plus large quand aucun travail d'art n'emprisonnait le fleuve indompté. Le Tibre baignait le pied du Palatin ; il inondait l'emplacement futur de la *rue Étrusque*, où devait être un jour le quartier élégant et corrompu de Rome. On disait que le dieu Vertumne[2] avait détourné le cours du fleuve.

Le Tibre, en dépit de Vertumne, débordait fréquemment, et quelquefois, dans ses crues soudaines, retrouvait la largeur de son ancien lit. Horace nous montre le Tibre refoulé par un coup de libeccio (sud-ouest) de la rive droite[3], et venant ébranler, renverser même, ce qui me semble une exagération du poëte, le temple de Vesta et la maison de Numa, à l'angle sep-

---

[1] Pl., *Hist. nat.*, III, 9, 1.
[2] Serv., *Æn.*, VIII, 90.
[3] C'est, je crois, le vrai sens de

.... Retortis
Littore etrusco violenter undis.
(Hor., *Carm.*, I, 2, 13.)

Il ne s'agit pas de la mer d'Étrurie, mais de la rive étrusque du Tibre, c'est-à-dire la rive droite, que Stace appelle la rive lydienne parce que les Étrusques venaient de Lydie. (Stat., *Sylv.*, IV, 4, 5.)

tentrional du Palatin, non loin de l'endroit où s'élève l'église de Sainte-Marie Libératrice.

Plus tard encore, le Tibre, dans une forte crue, atteignit, dit Tacite, des lieux élevés où l'on se croyait à l'abri des inondations [1].

Un jour même, le Tibre était entré par une porte de la ville, la porte Flumentana [2], située au bord du fleuve, vers l'endroit où une rue moderne rappelle des inondations analogues par son nom presque semblable de *Fiumara*.

Les annales de la Rome ancienne, de la Rome du moyen âge et de la Rome des temps modernes conservent la date de beaucoup de débordements considérables. On a marqué sur la façade de l'église *de la Minerve* les hauteurs auxquelles ont atteint plusieurs d'entre eux ; il en est une qui indique une crue de trente-deux pieds.

Aujourd'hui encore, le Tibre déborde souvent ; il n'est pas très-rare de voir des barques dans les rues de Rome et la place du Panthéon transformée en un petit lac au sein duquel se dresse, bizarre spectacle ! le majestueux portique.

Imaginez ce que devaient être ces inondations et ces débordements quand rien d'humain ne leur faisait obstacle et quand des forêts, aujourd'hui détruites,

---

[1] Tac., *Hist.*, i, 86.
[2] Paul. Diac., 89. *Fest.*, éd. Müller.

augmentaient, comme toujours, l'abondance des eaux.

Le long de la vallée du Tibre devaient se trouver des espèces de savanes[1] ; aussi les prairies qui bordaient les deux côtés du fleuve, et dont l'une fut plus tard le Champ de Mars, étaient-elles des prairies marécageuses où croissaient des prêsles[2]. Des prairies et des marécages au pied de quelques collines couvertes d'arbres, voilà ce que Rome a remplacé.

Dans cet espace fréquemment submergé, s'étendait, entre la place Navone et Sant-Andrea *della Valle*, un enfoncement dont le nom de cette église garde le souvenir. La place a succédé à un cirque où avaient lieu des courses de char dans l'eau, imitées jusqu'à nos jours par les promenades en voitures du mois d'août autour de la place artificiellement inondée.

Au sein de l'enfoncement dont je viens de parler, quelques redressements de terrains formaient durant les inondations comme des îlots ; entre cet enfoncement et le Capitole, la prairie reparaissait : c'est ce qu'on appela les *prés Flaminiens*.

Mais quittons la plaine pour les collines, et commençons par la rive droite du Tibre.

La chaîne de collines continues qui, à partir de

---

[1] Tels étaient les bas-fonds du Terentum à l'extrémité du Champ de Mars, *Vada Terenti*, dit Ovide. *Fast.*, I, 501. Ce mot, dans la langue sabine, voulait dire mou, fangeux.

[2] C'est la plante appelée vulgairement queue-de-cheval, d'où la *Codeta major* et la *Codeta minor*.

Ponte Molle, longent cette rive et vont se rapprochant de son lit sinueux, laissent d'abord entre elles et lui un espace qui faisait partie du *champ Vatican*.

Là croissaient anciennement des chênes verts. Pline [1] parle d'une yeuse plus vieille que Rome même, et que de son temps on voyait encore au Vatican. Cet arbre ne devait pas avoir été dans cet endroit seul de son espèce. Plus tard on y planta des vignes qui produisaient un vin détestable; le vin du Vatican était le Suresne de l'ancienne Rome. « Bois le vin du Vatican, disait Martial, si tu aimes le vinaigre [2] : » et ailleurs : « Boire le vin du Vatican, c'est boire du poison [3]. » A nous ce nom de Vatican dit autre chose, ce vieux nom est celui de la basilique de Saint-Pierre et du palais des papes.

Vers la partie moyenne des collines qui longent la rive droite du Tibre, les Romains établirent leur forteresse du Janicule ; mais auparavant il n'y avait de ce côté qu'un rideau de collines boisées et arrosées par des sources. Pour retrouver l'aspect primitif de Rome, il faut mettre partout des sources et des arbres; ces sources, aujourd'hui en grande partie perdues, permirent de placer une forteresse dans un lieu qui n'eût pas été tenable sans elles.

On a retrouvé quelques-unes des sources du Jani-

---

[1] Pl., *Hist., nat.*. xvi, 87.
[2] Mart., *Ep.*, x, 45, 5.
[3] Mart., *Ep.*. vi, 92, 3.

cule, par exemple, au quatrième siècle de l'ère chrétienne, l'eau de Saint-Damase, qui donne son nom à la cour embellie par les Loges de Raphaël.

Passant sur la rive gauche du Tibre et nous avançant en sens inverse de son cours, nous rencontrons d'abord l'Aventin.

L'Aventin, dont la forme est assez irrégulière, a deux cimes que sépare un ravin; l'une, la plus haute, est indiquée par l'église de Sainte-Sabine ; l'autre, qu'on appelle le faux Aventin, par l'église de Sainte-Balbine. Virgile, qui fait autorité en matière de tradition, parle de l'épaisse forêt de l'Aventin, qui, au temps d'Évandre, descendait jusqu'au fleuve, et d'un bois sacré au pied de la colline[1]. Ovide[2] mentionne également la forêt de l'Aventin. Cette colline était couverte de toutes sortes d'arbres. Denys d'Halicarnasse cite en particulier les lauriers[3] ; cet arbre prophétique croissait volontiers sur le sol romain. De là était venu à une partie de l'Aventin le nom de bois de Lauriers (Lauretum ou Loretum)[4] ; c'est ainsi que deux rues modernes à Rome doivent le leur aux haies vives qu'elles ont remplacées[5] ; il y avait sur l'Aventin le

---

[1] Virg., Æn., vIII, 104, 108, 216.
[2] Ov., Fast., I, 551.
[3] Den. d'Hal., III, 43.
[4] Le nom de la ville de Laurentum avait la même origine, il en est de même de Loreto, Lorette.
[5] La rue delle Fratte et la rue Frattina près de laquelle est l'église de Sant Andrea delle Fratte.

grand Loretum et le petit[1]. Un temple de Vertumne était dit *in Loreto Majore*, comme il existe de nos jours à Rome une église de San-Salvator *in Lauro*.

Sur l'Aventin se trouvaient aussi de nombreuses sources [2]. Ce mont était remarquablement rocailleux. Il est parlé souvent des rochers de l'Aventin.

Un rocher appelé le Rocher-Sacré dominait la moindre des deux cimes de la colline et formait, dit Ovide, une partie considérable de la montagne[3]. De ce sommet de l'Aventin, suivant la tradition, Remus consulta les présages qui lui furent contraires. Mont néfaste, l'Aventin de Remus, voisin et rival du Palatin de Romulus, fut exclu par les patriciens de l'enceinte sacrée de la cité, du *Pomœrium* romain où il n'entra que sous Claude, bien qu'il fût entouré d'un mur d'enceinte dès le temps des rois. La colline proscrite, et qui depuis Remus fut toujours la colline de l'opposition, servit, à plusieurs reprises, d'asile et de forteresse à la liberté plébéienne.

Aujourd'hui l'Aventin semble encore maudit et proscrit ; à peine si quelques moines l'habitent ; ses églises éparses s'élèvent parmi des vignes solitaires et de grands espaces remplis de roseaux.

L'Aventin était séparé du Palatin par une vallée

---

[1] Pl., *Hist. nat.*, xv, 40, 5.
[2] Plut., *Numa*, 15.
[3] . . . . . Pars bona montis ea est (moles).
(Ov., *Fast.*, v, 148).

étroite et profonde [1] dont les pentes abruptes se couvraient de myrtes [2]. Le fond de cette vallée marécageuse et souvent inondée fut comblé quand on y construisit le grand cirque qui la remplissait tout entière.

En regard de la masse irrégulière et des anfractuosités de l'Aventin, le Palatin s'élève très-nettement isolé; sa forme est régulière, c'est un carré long ou plutôt un trapèze dont les quatre côtés correspondent, à peu de chose près, aux quatre points cardinaux. A l'origine, le Palatin abondait en sources [3] que les constructions impériales ont fait disparaître. Au pied du Palatin, vers le Forum, était le *bassin de Juturne*, où, après le combat du lac Régille, on crut voir Castor et Pollux, qui avaient secouru les Romains pendant l'action, faire boire leurs chevaux divins. Tout près de là est aujourd'hui un de ces grands abreuvoirs romains destinés aux troupeaux ; il est alimenté probablement par un reste de la même source.

On voit déjà combien le sol de Rome était riche en sources naturelles.

Ce fut pour remplacer ces sources détruites que les Romains imaginèrent le moyen dispendieux et magnifique des aqueducs. A Rome, on trouve presque partout

---

[1] Den. d'Hal., III, 43.
[2] Ces myrtes y firent élever un temple à Vénus qui s'appelait tantôt Murtea (Varr., *de l. lat.*, v, 154), tantôt Murtia ou Murcia pour Murtia, comme Marcius pour Martius.
[3] Encore au temps de Cicéron. Cic., *de Rep.*, II, 6.

l'eau à quelques pieds de profondeur. Au lieu de tâcher de tirer parti de cette eau si voisine du sol, les Romains ont préféré aller à de grandes distances chercher des ondes choisies, les amener sur des arcades majestueuses et les distribuer avec profusion dans la ville; c'est que ce peuple ne se contentait pas du nécessaire et à l'utile il voulait mêler le grand.

Les sources du Palatin y entretenaient des pâturages [1], aussi ce mont fut d'abord un mont pastoral; la tradition y plaça l'Arcadien Évandre au milieu de ses troupeaux. Comme l'Aventin, le Palatin était très-boisé [2].

L'histoire du Palatin est l'histoire de Rome. Sur cette colline de peu d'étendue où il avait été précédé par les Sicules et les Pélasges, Romulus le pâtre, qu'on disait né du sang des dieux et des rois, fonda ou agrandit une bourgade qui fut le noyau de la cité romaine.

A la fin de la république l'ancienne bourgade était devenue la demeure des citoyens opulents; puis la colline fut graduellement envahie par les accroissements successifs de la demeure impériale. Le nom du mont Palatin était *Palatium*, comme *Capitolium* celui du mont Capitolin; ce mot *palatium* devint le nom de la maison d'Auguste, plus tard de l'ensemble d'édifices

---

[1] Pecorosa palatia. (Prop., *El.*, v, 9, 3.) — Herbosa palatia. (Tib., *El.*, ii. 5, 25.)

[2] Constitit in summo nemorosi colle palati (Ov., *Met.*, xiv, 438.) Nemorosi saxa palati. (Ov., *Fast.*, iv, 815.)

qui composaient le *palais* et finirent par couvrir la colline tout entière.

Ce nom, qui fut d'abord celui d'un lieu où quelques pâtres campèrent, est resté dans presque toutes les langues modernes pour désigner la demeure des rois et des princes : singulière fortune d'un mot !

Aujourd'hui l'intérieur du Palatin est tout pétri de ruines; il ne reste à sa surface que des débris immenses et confus, en partie noyés dans une végétation vigoureuse, qui a repris le dessus quand les édifices qui l'avaient chassée lui ont fait place à leur tour ; des substructions gigantesques servent de magasins de foin, et sur l'emplacement du palais, d'où pâturages, forêts et fontaines ont disparu, sont des carrés de choux et d'artichauts.

Sous l'escarpement du Palatin vers l'ouest, était un antre appelé Lupercal, fameux par l'allaitement de Romulus et de Remus.

Cet antre était dominé par de grands arbres, les eaux qui descendaient du Palatin y entretenaient une constante fraîcheur [1].

Entre le Palatin et le Tibre, commençait, à partir du fleuve, le Vélabre, vaste marais, formé à son extrémité par les flaques d'eau stagnante que laissaient les débordements, alimenté par des sources nom-

---

[1] Den. d'Hal., i, 32.

Gelidà sub rupe Lupercal.
(Virg., Æn., viii, 343.)

breuses et par les eaux pluviales qui se précipitaient des collines. Ovide[1], comparant le passé au présent, dit : « Là où des processions solennelles traversent le Vélabre pour se rendre au cirque, il n'y avait que des saules, des roseaux et un marais qu'on ne pouvait affronter que pieds nus. »

Properce dit qu'on avait autrefois navigué dans ce quartier magnifique :

« Le nautonier faisait voile à travers les eaux dans la ville[2]. »

Spectacle pareil à celui que Rome donne encore aujourd'hui quand le Tibre est débordé. Nous savons ce qu'on payait pour passer le Vélabre ; c'était un *quadrans*, environ trois sous, trois fois plus cher que le prix actuel de la barque de Ripetta[3].

Ce lieu s'appela toujours le Vélabre, quoiqu'il n'y eût plus de Vélabre, comme la Chaussée-d'Antin a gardé son nom, quoiqu'il n'y ait plus de chaussée.

Le souvenir du Vélabre subsiste dans la dénomination de Saint-George-en-Vélabre, qui est celle d'une église à peu près abandonnée.

Le Vélabre se continuait jusqu'au Forum[4], dont ses

---

[1] Ov., *Fast*, VI, 407. Ovide parle aussi d'une fête où l'on marchait pieds nus en mémoire de l'ancien état marécageux de ce quartier.

[2] Nauta per urbanas velificabat aquas. (Prop., *El.*, v, 9, 6.)

[3] Varr., *de l. lat.*, v, 44.

[4] Hoc, ubi nunc fora sunt, udæ tenuere paludes.
(Ov., *Fast.*, VI. 403.)

eaux marécageuses occupaient presque entièrement la place. L'épisode épique de la retraite de Mettus Curtius, pendant le combat des Romains et des Sabins au temps de Romulus, montre qu'elles baignaient le pied du Capitole : le nom de Velia, donné à la colline qui barrait le Forum à son autre extrémité, nom qui veut dire marais, fait voir que le marais s'étendait jusqu'à cette colline ; car une élévation de terrain n'a pu recevoir une telle dénomination que si le marécage y touchait.

Tous ces témoignages se rapportent évidemment à un état antérieur au grand système d'égouts créé par les Tarquins pour dessécher le Forum et les lieux environnants. Après cet étonnant ouvrage, l'état primitif des lieux changea, mais il en resta très-longtemps le souvenir et quelques traces[1].

Enfin le Vélabre allait au nord jusque vers le pied du Quirinal. C'était ce qu'on appelait le petit Vélabre[2].

---

[1] Quoique le lac Curtius fût desséché, au moins en grande partie, dès le temps d'Auguste (Ov., *Fast.*, vi, 405), ce nom de *lac* s'est perpétué pendant tout le moyen âge. L'église que celle de Sainte-Marie Libératrice a remplacée s'appelait Saint-Sylvestre *in lacu*. Les observations des géologues ont confirmé le témoignage des historiens et des poëtes; on a trouvé près du Forum des coquilles appartenant aux espèces actuelles qui vivent dans les eaux dormantes.

[2] Le petit Vélabre était de ce côté, car Varron le place près des eaux qui jaillirent dans le voisinage du temple de Janus, qu'on sait avoir existé à peu près où est l'église de Sainte-Martine. Varr., *de l. lat.*, v, 156.

Le grand Vélabre séparait le Palatin d'une autre colline, située entre le Palatin et le Tibre. Cette colline, de toutes la moins considérable, devait avoir la destinée la plus grande, car elle devait être le Capitole.

Le Capitole, comme l'Aventin, a deux cimes, mais beaucoup plus rapprochées. Sur celle qui a conservé le nom de Roche Tarpéienne était la citadelle; sur l'autre, le temple de Jupiter, qui a fait place à l'église d'Araceli.

Deux bois de chênes, dont on conserva religieusement les restes, descendaient de ces deux cimes, alors plus hautes et plus aiguës [1] vers le fond, aujourd'hui comblé, de l'étroite vallée qui les divisait. Les flancs de cette colline sauvage étaient hérissés de broussailles [2].

Des deux côtés d'une gorge par où devait passer un jour la voie triomphale, une forêt s'abaissait sur la pente méridionale du Capitole. Des sources filtraient à travers la colline et allaient tomber dans le Vélabre; leur présence est attestée par des puits très-anciens qu'on a retrouvés dans les souterrains du Capitole et par une de ces sources, que la piété des chrétiens a conservée, parce qu'elle servit, dit-on, à saint Pierre pour baptiser ses geôliers dans la prison Mamertine.

Le Capitole était à pic du côté du Champ de Mars,

[1] Den. d'Hal., III, 69.
[2] Virg., Æn., VIII, 348.

là où on le gravit aujourd'hui par une pente douce-
ment inclinée; du côté du Forum, il était presque aussi
abrupt, et Ovide parle encore de la pente escarpée qui
conduisait dans le Forum et la vallée[1]. Je crois retrouver ce rude chemin dans une montée très-roide
qui porte le nom de *Salita di Marforio*.

L'aspect primordial du Capitole, tel que l'a évoqué
l'imagination savante de Virgile[2] et de Properce[3], était
formidable. Sur ce mont solitaire que visitait seulement
la foudre, Jupiter était présent par son tonnerre avant
de l'être par son temple.

Ces trois montagnes, je devrais dire ces trois collines, mais je parle comme l'orgueil romain[4], l'Aventin, le Palatin et le Capitole, forment un groupe à part,
dans le voisinage du Tibre. Plus loin, quatre autres
monts s'avancent tous dans le même sens comme se
détachant de la plaine supérieure ; leur ensemble dessine un arc dont le Tibre serait la corde.

Le premier qu'on rencontre en suivant du sud au

---

[1] Arduus in valles et fora clivus erat. (Ov., *Fast.*, I, 264.)

[2] Virg., *Æn.*, VIII, 349.

[3] Propert., *El*, v, 1, 7.

Tarpeiusque pater nudâ de rupe tonabat.

Je crois qu'ici *nuda* ne veut pas dire dépouillée d'arbres, mais inha-
bitée, où il n'y a encore ni temple ni citadelle.

[4] Les descendants des anciens Romains ont hérité de cet orgueil : ils
appellent encore le quartier qui se compose de l'Esquilin, du Viminal et d'une partie du Quirinal *i monti*, *les monts*.

nord ce demi-cercle de hauteurs, est le Cœlius. Primitivement le Cœlius s'appelait le Mont des Chênes [1]; ce nom indique la nature de la végétation qui le couvrait. Les sources du Cœlius étaient nombreuses ; l'une d'elles porta le nom de source Argentine, une autre s'appelait source de Mercure. Celle-ci a été retrouvée de nos jours et reconnue à la bonté de son eau.

A l'angle occidental du Cœlius, une fontaine sortait d'une grotte et se répandait à travers les herbes. Ce fut plus tard la fontaine de la nymphe Egérie, qui coulait sous un bois sacré, celui des Camènes; la fontaine et le bois sacré subsistaient encore au temps de Juvénal [2].

Les chênes du Cœlius descendaient dans la vallée qui le sépare de l'Esquilin et remontaient sur le flanc de cette dernière colline. Car précisément de ce côté se trouvait, sur l'Esquilin, la chapelle consacrée aux *nymphes des chênes;* plus loin venait un lieu appelé *Bois de Hêtres* (fagutal). On suit, à la trace de ces dénominations locales, les vestiges des vieilles forêts de chênes et de hêtres qui couvraient l'Esquilin.

A la base de cette colline, dans la région paludéenne, où nous venons de voir que le Vélabre s'étendait, fut anciennement le bois Argiletum, dont le nom demeura au quartier de Rome par lequel il fut remplacé.

[1] Mons querquetulanus.
[2] Voy. chap. xii.

Tout près était la Subura, région que sa position dans le fond d'un entonnoir formé par les pentes convergentes de l'Esquilin, du Viminal et du Quirinal devait rendre humide et fangeuse [1]; elle confinait au *petit Vélabre*.

Aussi bien que le quartier étrusque situé à l'extrémité opposée du Vélabre, la Subura devint le repaire des dissolutions romaines, comme si, dans l'un et l'autre endroit, la fange eût amené la fange.

Ce nom d'un quartier de Rome plus ancien, nous le verrons, que Rome elle-même a subsisté au moyen âge dans celui d'une église, Sainte-Agathe *in Subura* ; il est rappelé encore aujourd'hui par la *place Subura*.

En allant vers le nord, on franchit sans s'en apercevoir le dos étroit du Viminal, ainsi nommé des osiers (*vimina*) qui y croissaient; c'est aujourd'hui, des monts de Rome, le seul un peu difficile à retrouver. On a d'abord quelque peine à le découvrir. Quand on vient de Sainte-Marie-Majeure, bâtie sur l'Esquilin, une faible montée vous amène sur le Viminal, qui ne paraît point détaché de l'Esquilin et du Quirinal.

Mais, si l'on tourne à gauche pour suivre la rue que

---

[1] Je ne puis, comme on l'a fait, rapporter à la nature humide du terrain de la Subura ce que dit Martial des pierres toujours salies par des pas humides.

Et nunquam sicco sordida saxa gradu. *Ep.*, v, 23, 6.

Je ne vois là qu'une indication de la boue qui devait abonder dans un quartier populeux, lequel est encore, pour la même raison, très-boueux aujourd'hui.

M. Charles Didier, dans sa *Rome souterraine*, a si bien nommée la *rue champêtre de Saint-Vital*, on aperçoit un escarpement peu différent sans doute de ce qu'il était quand le Viminal ne portait que des saules ; du reste, les abords de cette colline ont été anciennement champêtres, car sous le Viminal fut un sanctuaire consacré au dieu des bois, Sylvain [1].

Les saules du Viminal rappellent ceux dont on a trouvé près de là, sur le Pincio, les débris fossiles et rattachent ainsi aux âges géologiques les âges anciens de l'histoire ; les saules, dans plus d'un endroit de la campagne romaine, par exemple au Ponte-Nomentano, penchent encore leur chevelure élégante sur les eaux comme le faisaient jadis ceux du Viminal, car les eaux qu'aiment les saules ne manquaient pas plus à cette colline qu'aux autres collines de Rome.

Puis vient un mont plus visible et plus célèbre, le Quirinal ; avec les trois derniers de ceux que j'ai énumérés avant lui, savoir : le Cœlius, l'Esquilin et le Viminal, le mont Quirinal forme un quatrième prolongement de la campagne romaine ; ce sont quatre promontoires qui s'allongent vers le Tibre et comme quatre doigts d'une main dont la plaine élevée de laquelle ils se détachent serait la paume immense. Cette main a saisi le monde.

Jusqu'à Trajan, le Quirinal tenait au Capitole par une colline intermédiaire que cet empereur a suppri-

---

[1] Canina, *Roma antica*, 205.

mée pour établir son Forum, et dont la colonne Trajane, qui a cent pieds romains, indique, l'inscription qu'elle porte en fait foi, la plus grande hauteur.

Pour nous représenter la configuration primitive du sol de Rome, il faut donc rétablir cette langue de terre qui unissait le Quirinal au Capitole, le Capitole formant alors l'extrémité d'une presqu'île, tandis qu'il est comme une île depuis Trajan.

Pour l'intelligence de plusieurs faits de l'histoire romaine, nous devrons tenir compte de cette colline aujourd'hui disparue.

Nous avons peu de renseignements sur l'antique végétation du Quirinal. La maison de Pomponius Atticus, située sur le Quirinal, était remarquable par ce que Cicéron appelle une forêt, *sylva*. Et rien n'empêche de reconnaître dans le parc de l'opulent Romain un reste de la forêt primitive. Ainsi j'ai vu aux États-Unis, près de la ville de Chicago, dans un jardin, des arbres qui avaient fait partie de la forêt vierge avant le défrichement.

Mais Chicago, bien que renfermant quarante mille âmes, ne comptait alors que quinze années d'existence, et au temps de Cicéron Rome était âgée de sept siècles; il est vrai qu'on était plus conservateur à Rome qu'aux États-Unis, et en particulier pour les arbres; cependant on ne peut rien affirmer touchant l'antiquité de la forêt d'Atticus sur le Quirinal.

Il n'y a pas de raison de supposer que dans une

région partout boisée, sur sept collines, une seulement ait été nue. D'ailleurs on trouve quelques indices de la végétation primitive du Quirinal : il est question dans Ovide d'un bois sacré sur la colline de Quirinus [1].

Or les bois sacrés étaient souvent un débris soigneusement conservé des forêts antiques pour lesquelles on avait un superstitieux respect et que le souvenir des vieilles divinités du pays consacrait, car les bois avaient été les premiers temples [2]. Aussi trouve-t-on les bois sacrés de Rome debout à l'époque des régionnaires, c'est-à-dire au quatrième siècle de notre ère.

C'est que les Romains, encore plus que les Anglais, avaient le respect des vieux arbres. Pour eux, ce respect était un culte; il fallait un sacrifice pour expier la chute d'un arbre, même d'un arbre tombé de vétusté : abattre un arbre dans un bois sacré était un crime [3]. Les bois sacrés peuvent donc servir comme autant de jalons pour retrouver la forêt primitive.

Or partout sont indiqués dans Rome des bois sacrés au delà du Tibre, le bois de Satriana [4], le bois de Furina, qui vit la mort de Tibérius Gracchus; sur le Capitole, le bois de l'Asile; sur la pente septentrionale du Palatin, le bois de Vesta; sur le Cœlius, le bois des Ca-

---

[1] Ov., *Met.*, xiv, 452-3.
[2] Pl, *Hist. nat.*, xii, 2, 1.
[3] Marini, *Frat. Arval.*, p. 2.
[4] Lucus sacer deæ Sa'rianæ. Sur un autel trouvé dans le Borgo. Grüter, *Inscr.*, p. lxxxix, 3.

mènes et les deux bois sacrés entre lesquels s'élevait la maison de l'empereur Tétricus [1]; sur l'Esquilin, le bois de Méphitis et le bois de Junon-Lucine; au pied de l'Esquilin, l'Argiletum et le bois de Strenia; sur le Quirinal, le bois de Quirinus. Lors même qu'il n'est pas fait mention expresse d'un bois sacré, on peut en supposer l'existence partout où il y avait soit un temple, soit même une chapelle.

Outre les bois sacrés, des groupes d'arbres ou des arbres isolés, qui provenaient sans doute de la forêt primitive, achevaient d'en déterminer la physionomie et le caractère; ainsi le cornouiller ne devait pas être rare, car on le trouve mentionné par la légende ou par l'histoire en plusieurs lieux [2].

Aux grands arbres se mêlait une végétation d'arbustes, parmi lesquels[3] le myrte, dont l'abondance contribua peut-être à rattacher l'origine de Rome à Vénus; çà et là, un olivier, un figuier, un cyprès, un lotos[4], épargnés parce qu'ils se rapportaient à quelques vieux souvenirs, attestaient la présence de ces arbres, à

---

[1] Trebellius Poll., *Triginta tyr.*, *de Tetr. jun.*

[2] Un bois de cornouillers (*corneta*) croissait sur la Velia, là où fut depuis le temple de Vénus de Rome (Varr., *De l. lat.*, V, 152). On disait que la pique de Romulus, lancée par lui de l'Aventin sur le Palatin, y avait jeté des racines et était devenue un arbre de cette espèce.

[3] Fuit myrtus ubi nunc Roma est. (Pl., *Hist. nat.*, xv, 36, 1-2.)

[4] Lotos in Vulcanali æquæva urbi intelligitur. (Pl., *Hist. nat.*, xvi, 86.)

une époque ancienne, sur le sol romain. Un palmier qui naissait spontanément donnait à cette végétation primitive l'air à demi oriental que les huit ou dix palmiers de Rome [1] donnent à la végétation romaine d'aujourd'hui.

Un palmier naquit dans le temple de Jupiter au Capitole, pendant la guerre contre Persée; un autre poussa entre les pierres de la maison d'Auguste, sur le Palatin, où les deux palmiers du couvent de Saint-Bonaventure font un si bel effet.

Le sol de Rome n'a pas seulement changé d'aspect, il a changé de forme. D'abord il est des collines qui n'ont pas toujours existé : le Monte-Citorio, composé de ruines; le Monte-Giordano, qui date du moyen âge; le singulier Monte-Testaccio, formé tout entier de vases brisés et qui ne remonte pas jusqu'aux premiers siècles de notre ère. Pour retrouver l'état primitif des collines anciennes, il faut faire abstraction des ruines entassées sur leurs sommets; l'exhaussement du sol, une des choses qui à Rome étonne le plus les étrangers, ne s'observe pas seulement dans les lieux bas, où il s'explique par l'accumulation des terres que diverses causes ont pu y faire descendre; on le remarque sur le sommet isolé du Palatin; en quelques endroits le sol

---

[1] Madame de Staël, qui dit dans *Corinne* : « le palmier dont Rome se vante..., » ne les avait pas comptés. Madame de Staël a souvent admirablement pensé sur Rome, mais ne l'a pas assez regardée.

antique ne paraît que si l'on creuse à une profondeur de 40 pieds.

Déjà les anciens avaient été frappés de cet amoncellement et avaient cherché à l'expliquer par les incendies [1].

Quelquefois deux hauteurs séparées dans l'origine ont été artificiellement réunies [2]; quelquefois aussi les pentes sont devenues plus escarpées par suite d'un éboulement de rochers : c'est ce qui est arrivé pour la roche Tarpéienne au sixième siècle de Rome [3] et au seizième de l'ère chrétienne. Ces cas sont rares ; ce qui a eu lieu beaucoup plus souvent, c'est que les sommets ont été aplanis ou effacés et même que certaines hauteurs ont disparu, comme le Germale, mentionné avec la Velia, qui existait encore au temps de Cicéron [4] et duquel il ne reste rien; tandis que la Velia, dont l'arc de Titus marque le sommet, par l'entassement qui s'est fait autour d'elle s'est seulement beaucoup abaissée. La roche Lupercale a disparu. On n'aperçoit plus le grand rocher qui s'élevait sur la moindre des deux cimes de l'Aventin. Le Palatin, qui a fourni aux jardins Farnèse une véritable plate-forme, avait un sommet dominant sur lequel on bâtit très-ancienne-

[1] Front., *de Aquæd.*, 18.

[2] Locum qui vocatur Cœliolus cum Cœlio *nunc* conjunctum. (Varr., *de l. lat.*, v, 46.)

[3] Tit. Liv., xxxv, 21.

[4] La maison de Milon était sur le Germale. Cic., *Ad Att.*, IV, iii, 3.

ment un temple de la Victoire[1] ; il fallut aplanir les inégalités du Capitole pour y construire le temple de Jupiter[2]. D'autre part, l'île Tibérine, à laquelle une légende absurde donne pour origine les blés des Tarquins jetés dans le Tibre, est, nous le verrons, bien plus ancienne; elle était accompagnée de petites îles que le Tibre a dévorées[3].

Chacune des collines fut primitivement hérissée de mamelons, dont, pour la plupart, on ne saurait trouver aujourd'hui la trace.

Nous le savons par un précieux témoignage.

Varron, parlant des chapelles consacrées au culte antique des Argéens[4], nous apprend que ces chapelles étaient au nombre de vingt-quatre ou vingt-sept, que chacune était placée sur un sommet, et il fait l'énumération de la plupart de ces sommets. C'étaient autant de pointes, de saillies, s'élevant çà et là sur les collines de Rome.

Pour retrouver en esprit la configuration primitive du sol romain, l'on doit donc, replantant sur chacun des sept monts l'espèce de bois qui le couvrait, ici les chênes, là les hêtres, là les lauriers, y dresser aussi de nouveau et y tailler à pic une vingtaine, au moins,

---

[1] Den. d'Hal., i, 32.
[2] Ib., iii, 69.
[3] Elles sont encore indiquées sur le plan de Rome de Nolli, au dix-huitième siècle.
[4] Varr., *de l. lat.*, v, 45 et suiv.

de petits sommets dont quelques-uns seulement subsistent et dont aucun n'est aussi marqué qu'il l'était à l'origine. Pour trouver quelque chose qui ressemble à cette physionomie primitive de Rome, il faut aller chercher les monticules épars dans la campagne ; et encore ceux-ci ont souvent perdu leurs saillies par suite de l'établissement à leur sommet d'une ville ou d'une villa.

Maintenant, si je ferme les yeux à ce qui m'entoure pour voir ce qui a été ; si j'efface de mon esprit cette longue et mémorable histoire de Rome, je découvre une forêt, entrecoupée de clairières où sont des pâturages, et composée d'essences diverses; elle couvre quelques collines et domine une plaine verdoyante et marécageuse, envahie par le Tibre. Dans cette forêt, les loups ont leur repaire, les oiseaux de proie font leur nid; l'homme n'y a pas encore paru; là où sera Rome est une forêt vierge.

. . . . Incædua sylva virebat[1].

A la place où doit s'élever un jour la ville des rois, des consuls, des empereurs et des papes, il n'y a que des bois, des prés et des marécages.

Jetons maintenant un coup d'œil sur l'état primitif de la campagne romaine.

La campagne romaine, aujourd'hui presque entièrement dépouillée d'arbres, présentait aussi l'aspect d'un

---

[1] Ov., *Fast.*, i, 243.

pays boisé. Le culte antique du dieu Faunus, des faunes et des sylvains, divinités indigènes du Latium, le prouve, ainsi que le rôle mythologique du pic-vert et son nom *picus* donné à un roi latin, car cet oiseau n'habite qu'au plus profond des bois; de plus, l'histoire mentionne dans les environs de Rome plusieurs forêts qu'on y chercherait vainement aujourd'hui. A cette heure, il ne reste guère que la grande forêt qui s'étend d'Ostie vers les marais Pontins, et encore était-elle plus étendue au temps de Pline le Jeune que de nos jours. Grégoire XIII en a abattu une partie.

Nous connaissons par les auteurs la forêt Nœvia formée de chênes verts : cette forêt, voisine de l'Aventin, *noire* par l'ombre des yeuses [1].

Lucus Aventino proprior niger ilicis umbrâ.

Vers expressif qui rend bien l'effet de l'ombre ténébreuse que ces arbres répandent sur le sol, et dont on peut vérifier l'exactitude en se promenant sous les beaux chênes verts de la villa Borghèse.

Dans cette forêt, qui avait donné son nom à une porte de Rome, habitèrent plus tard des gens sans aveu, des bandits descendants des premiers sujets de Romulus et ancêtres des brigands de nos jours [2].

Ceux-ci, en général, n'exercent pas leur profession

[1] Ov., *Fast.*, III, 295.
[2] Caton, cité par Festus, p. 169. Ed. Müller.

aux portes de Rome, où parfois ils paraissent cependant ; leurs repaires ont reculé de quelques lieues avec les forêts. Les brigands de l'antiquité devaient habiter également les environs du bois consacré à Laverna, patronne des voleurs, que la madone, honteuse dérision de ce que la religion a de plus pur, a parfois remplacée.

La *forêt des Malfaiteurs*[1] a dû son nom aux hôtes qui la fréquentaient. Sur la rive droite du Tibre, à cinq milles de Rome, était la forêt Mœsia dont il reste à peine quelques vestiges[2]. Tite-Live parle d'un *très-grand* bois entre le Tibre et la voie Salaria, dans lequel se réfugia une partie de l'armée romaine après le désastre de l'Allia[3]. Le lac d'Albano était entouré d'une forêt. Ovide est sur ce point d'accord avec Tite-Live[4], et la tradition qui donne à plusieurs rois fabuleux d'Albe le nom de *Sylvius, homme des bois*, semble confirmer par les témoignages les plus anciens la vérité de ce double témoignage.

Aujourd'hui, on ne trouve un bout de forêt que plus haut, en gravissant le mont Albain (Monte-Cavi), à l'endroit où, sous les grands chênes, apparaissent tout à coup, parmi les feuilles tombées, les dalles de la voie Triomphale.

[1] C'est ainsi que Denys d'Halicarnasse (III, 33) appelle la *Sylva Malitiosa* de Tite-Live. (I, 30.)
[2] Tit. Liv., I, 33. Nibby, *Dint.*, I, 411.
[3] P. Diac., *Lucaria*, Fest., p. 119. Ed. Müller.
[4] Tit. Liv., v, 15.

Ovide dit, en parlant du lac de Nemi : « Là est un lac ceint d'une épaisse forêt[1]. »

> . . . . Sylva præcinctus opacâ
> Est lacus.

Il y avait donc en cet endroit une forêt. Cette forêt était assez considérable pour faire donner au sanctuaire de la Diane d'Aricie le nom de *Nemus*. Ce bois n'existe plus, mais il a laissé son nom au lac charmant et au village pittoresque de *Nemi*.

Le petit bois de Cære est décrit dans Virgile avec des expressions qui aujourd'hui seraient exagérées[2].

« Il y a dit-il, un grand bois près du fleuve aux froides eaux de Cære. Ce bois s'étend au loin, consacré par la religion des aïeux. De partout des collines creuses l'enferment[3] et de noirs sapins l'environnent. »

Les sapins n'y ont guère laissé d'autre souvenir de leur présence que le nom d'une hauteur qui s'appelle la Sapinière[4] (Abetone).

Les noms font partie de la physionomie des lieux ;

---

[1] Ov., *Fast.*, iii, 263.

[2] Virg., *Æn.*, viii, 597.

[3] Est-ce une allusion aux tombes étrusques creusées dans ces collines?

[4] Entre Cære et le Tibre on chercherait en vain l'antique bois d'Halernus dont parle Ovide :

> Adjacet antiqui Tiberino lucus Halerni.
> (Ov., *Fast.*, vi, 105.)

souvent ils la représentent après qu'elle a changé et la conservent, pour ainsi dire, après qu'elle a disparu.

Le nom antique d'Alsium (Palo) nous apprend qu'il y eut là autrefois un bois sacré (Alsos), et, si Préneste doit le sien, comme le veut Servius[1], aux chênes verts (*prinoi*) qui y abondaient encore au temps où il écrivait, cette étymologie nous révèle un trait de l'aspect ancien du pays, que son aspect moderne ne nous présente plus, du moins au même degré.

La forêt du mont Algide, qui existait encore au moyen âge, n'existe plus[2].

C'est une loi universelle que les bois, s'ils ne sont entretenus avec soin, vont toujours occupant un moindre espace. Chaque jour en Italie, on voit ceux de l'Apennin achever de périr; les forêts de la campagne romaine, que la culture croissante et des guerres continuelles pendant les quatre premiers siècles de Rome ont concouru à faire disparaître, ont dû avoir plus tôt le même sort. On peut donc, d'après la nature et les noms des lieux, affirmer de la campagne de Rome ce que de nombreux témoignages nous ont conduit

---

[1] Serv., *Æn.*, vii, 678. Ces deux mots grecs *prinos* et *alsos* ne pourraient guère être l'origine des noms donnés à Alsium et à Préneste si ces deux villes n'avaient une origine pélasgique; ce qui, du reste, est vraisemblable pour d'autres raisons, *voy.* chap. v, *les Pélasges.*

[2] *Sylva Algidiensis*, Nibby, *Dint.*, iii, 293. Il y avait une station romaine nommée Roboraria (la Chesnaye) à la Molara, en avant de l'Algide, dans un lieu où l'on ne voit point de chênes aujourd'hui.

à établir pour la ville elle-même. Elle fut dans l'origine une vaste forêt.

Les bouquets d'arbres suspendus sur les hauteurs dont est semée la campagne romaine, comme le petit bois voisin de ce qu'on appelle à tort la Grotte de la nymphe Égérie, ou cachés dans les vallons qui s'ouvrent tout à coup devant les promeneurs errants, comme le bois plus considérable qu'on rencontre près de Torre San Giovanni ; ces bouquets d'arbres, ces bois disséminés dans la campagne romaine, laquelle n'est pas aussi complétement nue qu'on le suppose avant de l'avoir parcourue, sont des débris et comme des témoins de la forêt primitive.

Dans la campagne, de même qu'à Rome, le sol était originairement hérissé de broussailles ; ces broussailles que Virgile replaçait avec raison sur le Capitole contemporain d'Évandre, on les retrouve sur les tertres, d'où elles n'ont pas disparu, comme sur le Capitole, devant les temples aux toits dorés ; nous les trouvons par exemple sur la colline de Fidène, où elles étaient avant que personne fût là pour les voir. Ici, l'ancien aspect s'est conservé ; ailleurs, il a reparu. Quand Cicéron disait d'Astura : *lieu agréable*[1], il montrait ce lieu tel que la civilisation et l'élégance romaine l'avaient fait. Aujourd'hui, en présence de la tour solitaire d'Astura, si notre regard se promène sur cette plage triste, inha-

---

[1] Cic., *Ad Att.*, xii, 19.

bitée, funeste à Auguste, à Tibère, à Conradin[1], nous n'apercevons que la forêt, les sables et la mer. De nos jours cet endroit sinistre ressemble, mieux qu'au temps de Cicéron, à ce qu'il était avant la naissance du premier Romain.

Les eaux, plus mobiles que le sol, ont parfois changé comme lui d'aspect. Les cascades de Tivoli, après avoir été bouleversées dans l'antiquité[2], viennent de l'être sous nos yeux; une nouvelle chute a été créée. Les anciennes cascades elles-mêmes n'étaient pas antiques. La plus grande avait reçu de la main des hommes une partie de son caractère. Ce que l'on appelle la Grotte de Neptune et la Grotte des Sirènes fut en partie l'œuvre de Sixte-Quint et en partie l'œuvre du Bernin.

Au cinquième siècle de la république, Curius Dentatus, après avoir vaincu les Sabins, voulut vaincre aussi la nature; il fit écouler les eaux du Velino dans la Nera : ainsi fut formée l'admirable cascade de Terni, cette merveille de la nature qui est un produit de l'art.

Ce changement artificiel de l'état des eaux ne fut pas accompli sans provoquer une querelle entre les autorités municipales de Rieti et celles de Terni[3]; il en a été de même au moyen âge et à la fin du dernier siècle.

[1] Auguste et Tibère y contractèrent la maladie dont ils moururent. Conradin y fut arrêté et livré.
[2] Plin., *Ep.*, VIII, 17.
[3] Cic., *Ad Att.*, IV, 15.

On risque à imposer des perturbations violentes à la nature aussi bien qu'à la société.

Primitivement l'Anio, comme le Tibre, était plus profond, et cela en vertu de la cause générale que j'ai signalée : l'exhaussement constant du lit des fleuves. Pline[1] dit qu'il a été navigable, et tous les efforts des modernes pour le rendre tel ont échoué.

Il était plus large ; on le voit, au pont Salaro, trop grand pour le lit actuel du fleuve.

Par contre, d'autres petits fleuves se sont amoindris ; le Numicius (Rio Torto) s'est en partie perdu au sein des marais, et, dans le mince et peu profond cours d'eau qui en reste, Énée, avec la meilleure volonté du monde, ne pourrait se noyer aujourd'hui[2].

Le Tibre aussi a changé au-dessus et au-dessous de Rome. Nous lisons dans Tite-Live[3] qu'il a été plus étroit devant Fidène, et l'on sait que des deux bras qu'il forme vers son embouchure, le bras occidental, le seul dont on se sert aujourd'hui, est un canal artificiel. L'île Sacrée, près d'Ostie, est un produit du Tibre; avant les temps historiques, à l'embouchure, unique alors, du Tibre il n'y avait pas d'île[4].

La côte du Latium tout entière a la même origine ;

---

[1] Pl., *Hist. nat.*, III, ix, 2.
[2] Serv., *Æn.*, vii, 150. Numicius ingens ante fluvius fuit.
[3] Tit. Liv., IV, 34.
[4] Pentland, *Geol. of Rome*, p. 6.

à l'extrémité de la vallée du Tibre, elle s'accroît de douze pieds au moins par an. Prise dans son ensemble, elle avance plus lentement, mais elle avance toujours, et, quand la belle carte de M. Rosa, ce *découvreur* de la campagne romaine, sera publiée, on y verra, plus nettement qu'on n'a pu le faire jusqu'ici, ces empiétements du sol sur la mer à partir des collines qui formaient autrefois le rivage de cette mer.

Les marais Pontins ont dû mériter mieux qu'aujourd'hui ce nom de *marais*, que leur état présent ne justifie pas complétement, car une partie de la région que l'on désigne ainsi se compose de pâturages marécageux, où des hommes à cheval, enfoncés jusqu'à la ceinture dans les grandes herbes, poussent de leur lance des bœufs à demi sauvages.

Sans doute, au temps de la civilisation romaine, lorsqu'il y avait trente-trois villes dans les marais Pontins[1], qu'on y recueillait du blé en abondance[2], que les armées romaines y campaient[3], que les tribuns, pour gagner la faveur des plébéiens, demandaient que ce territoire fût partagé entre eux[4], les eaux marécageuses devaient occuper moins d'espace ; mais, dans l'origine, avant qu'elles fussent refoulées par l'habitation et la culture, elles devaient être beaucoup plus envahis-

[1] Pl., *Hist. nat.*, III, ix, 6.
[2] Tit. Liv., IV, 25.
[3] Tit. Liv., VI, 6.
[4] Ibid.

santes qu'elles ne l'ont été depuis, et même ne le sont redevenues de nos jours; comme les marais de la vallée de l'Arno étaient beaucoup plus considérables qu'ils ne le sont à présent lorsque Annibal eut tant de peine à les franchir et perdit un œil en les traversant[1].

Le resserrement ou la disparition des marais et des lacs est un fait général dans la campagne romaine. Le lac de Lariccia, le lac Régille, n'existent plus depuis l'antiquité. Le lac Juturne a été desséché par Paul V. J'ai encore vu le lac de Gabies; il a été desséché de mon temps par le prince Borghèse, petit-neveu de Paul V, et à cette heure on travaille à diminuer le lac Fucin.

On voit donc que la campagne romaine, elle aussi, a changé d'aspect. En contemplant le tableau que nous avons devant les yeux, et dont nos yeux ne se lassent pas d'admirer la grandeur, nous pouvons en évoquer un autre assez différent: une campagne couverte d'arbres, où il y a plus de lacs, traversée par des cours d'eau plus profonds et plus larges, s'arrêtant là où commencent les alluvions qui l'ont augmentée du côté de la mer, et, à son extrémité, les marais Pontins, étendant des nappes d'eau immenses.

Si la campagne romaine a changé plusieurs fois d'aspect depuis les temps antiques jusqu'à nos jours,

---

[1] Tit. Liv., XXII, 2.

il y a des choses qui n'ont point changé : c'est l'éclat de la lumière, la beauté et la sérénité du ciel[1]. Les admirables montagnes qui encadrent le paysage romain offrent à peu près le spectacle qu'elles présentaient, il y a trente siècles ; elles sont moins boisées, sans doute, surtout celles de la Sabine, qui appartiennent à la chaîne calcaire de l'Apennin, presque partout dépouillée de sa végétation primitive ; mais, du reste, elles sont ce qu'elles furent et seront toujours, merveilleuses de lignes, de masses, de couleurs, formant au nord et à l'est un immense théâtre dont les vastes gradins sont des sommets étagés les uns derrière les autres, au pied desquels s'étend l'arène, aujourd'hui silencieuse et morne, qui a retenti du bruit de tant de combats, tandis que Rome, encore à sa place, figure la scène où a été représenté le plus grand drame de l'humanité.

Les spectateurs manquèrent aux premiers actes de ce drame qui se jouait obscurément loin du monde grec, dans un coin reculé du Latium, entre les montagnes et la mer.

Mais le jour arriva où ce coin du monde en devint le centre, où le drame, en se continuant, commanda l'attention universelle et força tous les peuples à le regarder et à y prendre part.

L'histoire et la poésie se sont chargées d'en célébrer les acteurs ; les intelligences et les imaginations

---

[1] Cœlum liquidè serenum, comme dit Aulu-Gelle.

cultivées de tous les siècles et de tous les pays ont assisté de loin à cet étonnant spectacle dont j'ai voulu donner à mon tour un compte rendu.

Pour cela je suis venu m'asseoir, quand la pièce était finie, sur un de ces gradins abandonnés ; j'ai évoqué les grands morts dont la poussière était sous mes pieds, et pour moi la pièce a recommencé. Tandis qu'elle se jouait de nouveau en ma présence, il m'a semblé que je n'étais plus seul, que je voyais autour de moi d'innombrables générations venir occuper les places vides, dans ce théâtre magnifique qui semble avoir été fait à dessein pour la plus grande représentation historique donnée par la Providence au parterre humain.

III

CLIMAT PRIMITIF DE ROME ET DE LA CAMPAGNE ROMAINE

Changement du climat de Rome, plus rigoureux à l'origine. — La malaria existait dans l'antiquité.— La cause de ce fléau est inconnue. — Il est combattu par l'habitation et la culture. — La malaria antérieure à Rome.

Quel fut à cette époque antique le climat de la contrée où devait être Rome ?

Ce climat était certainement alors plus rude.

Ce ciel sous lequel on vient respirer un air doux et salutaire aux poitrines affaiblies était un ciel inclément ; ces hivers tièdes aujourd'hui étaient des hivers rigoureux. En général il en va ainsi : la température devient moins froide par l'effet de la culture et de la civilisation ; la disparition des forêts, ces réservoirs d'une humidité qui se vaporise aux dépens du calorique humain, amène un adoucissement de la température qu'on a remarqué partout ; la nature semble s'amollir, échauffée par l'haleine de l'homme.

Rome, au temps de la république, vit des hivers comme elle n'en voit plus. Denys d'Halicarnasse [1] parle d'une année, qu'il cite, il est vrai, comme extraordinaire, où il tomba sept pieds de neige, et où le froid fit mourir les hommes et les troupeaux. Tite Live nous montre les routes obstruées et la navigation du Tibre interrompue [2].

Une autre année, la neige tint quarante jours [3] ; les arbres périrent, les animaux mouraient de faim, les loups parcouraient la ville et traînèrent un cadavre jusque dans le Forum où la neige s'élevait à une hauteur effrayante. Horace peint encore les fleuves couverts de glace et les arbres chargés de neige, il voit la neige sur le mont Soracte [4], où il est très-rare de l'apercevoir. Au temps de Martial [5], un enfant fut tué par un morceau de glace tombé du portique d'Agrippa. Ces froids extraordinaires devaient, d'après ce que j'ai dit de l'influence des forêts sur le climat, être plus fréquents à l'époque primitive qu'au quatrième et au cinquième siècle de la république, au temps d'Horace ou de Martial ; maintenant on ne voit rien de semblable.

---

[1] Den. d'Hal., xii, 8. Tit. Liv., V, xiv, intolerandam hiemem.
[2] Tit. Liv., v, 13.
[3] August., *de Civ. D.*, iii, 17.
[4] Hor., *Carm.*, 1, 9, 1-4.
[5] Mart., *Ep.*, iv, 18.

Quoi qu'on en dise, il neige à Rome presque tous les hivers, mais un ou deux jours seulement, et en général très-peu. Ce qui le prouve, c'est que, lorsqu'il neige, les écoles sont fermées et les écoliers ont vacance. Au temps de Cicéron, dans un cas pareil, bien qu'il dût se reproduire plus souvent, le sénat levait la séance [1].

Il est reconnu que la chaleur nuit à l'énergie des peuples; on abuse de ce fait véritable en lui attribuant l'affaiblissement moral des Romains, qui tient à d'autres causes; car leur climat n'a pas sensiblement changé depuis le moyen âge, et au moyen âge la vigueur ne leur manquait point.

Il n'en est pas moins à remarquer que le peuple romain a commencé à vivre sous un climat plus âpre et a respiré en naissant une atmosphère plus fortifiante. Le berceau de Romulus a flotté sur le Tibre à une époque où le Tibre gelait.

Un trait du climat romain, que le temps n'a malheureusement pas effacé, c'est la *malaria*[2]; c'est cette influence funeste qui, pendant quelques mois de l'année, plane sur la ville et principalement sur la campagne romaine; c'est cette *fièvre de Rome*, que l'on peut éviter avec des précautions, mais à laquelle la moindre imprudence vous expose à succomber; qui

---

[1] Cicero, *ad Quint. fr.*, II, 10.
[2] On ne peut écrire ce mot sans penser tout d'abord au beau et pathétique tableau de M. Hébert.

frappe les habitants, chasse les étrangers, fait de la plaine qui entoure Rome un désert et répand sur elle comme une poésie formidable.

Toutes les explications qu'on a données de ce phénomène me semblent inadmissibles.

On l'attribue en général aux marais; cela peut être vrai pour le littoral, mais la campagne qui entoure immédiatement Rome n'est point un pays marécageux; les endroits les plus secs, les plus aérés, sont souvent les plus malsains. Je citerai la *villa Albani* et le *Monte-Mario*. On parle des marais Pontins; mais comment seraient comparativement sains Albano et Frascati, plus voisins de ces marais et placés sur le chemin des vents qui en apportent, dit-on, les miasmes? miasmes du reste que l'analyse chimique n'a jamais pu découvrir.

C'est du sol même de l'*Agro romano* qu'émane la cause, quelle qu'elle soit, du fléau; car, à une certaine hauteur, à plus de quinze cents pieds au-dessus de la mer, à *Rocca di papa* par exemple, cette cause n'agit plus.

Pourquoi ce terrain produit-il des exhalaisons pestilentielles? On répond : Parce qu'il est volcanique. Comme si l'Auvergne et la région de l'Etna étaient des contrées pestilentielles.

C'est l'absence des arbres, a-t-on dit aussi, qui fait l'insalubrité de la campagne romaine. Brocchi[1] nie

---

[1] Il attribue, comme on l'a fait depuis, le développement de la

formellement que l'abondance des arbres soit une garantie de salubrité et le prouve par la présence de la *malaria* dans les parties de l'*Agro romano* où il y a encore des forêts.

Il y voit plutôt, au contraire, une cause d'insalubrité, et son opinion est conforme à celle des Romains modernes qui, en cela bien différents de leurs ancêtres, ont horreur des arbres.

On dit aussi : C'est l'humidité qui produit la fièvre à Rome. Pas toujours, car les maisons de *Ripetta*, qui ont le pied dans le Tibre, sont saines, et les maisons du Cœlius, du haut Esquilin, loin du Tibre, ne le sont point. Il est certain que l'agglomération des êtres vivants combat l'influence de la *malaria;* le *Ghetto*, où les juifs sont entassés dans des rues sales et étroites, est un des quartiers de Rome sur lequel l'action du fléau est la moindre ; mais il ne s'ensuit pas que la dépopulation soit la seule cause de la *malaria*, elle en est bien plutôt l'effet ; elle l'augmente, mais elle ne la crée point ; il est des pays très-peu peuplés, comme l'intérieur du Mexique, où la *malaria* n'existe pas [1].

fièvre romaine à des changements survenus dans la manière de se vêtir. Mais des changements pareils ont eu lieu dans d'autres pays où la fièvre ne s'est pas développée.

[1] Dans le *Giornale Arcadico*, xxxix, p. 17-53, le docteur Folchi a très-bien réfuté les différents systèmes qu'on a imaginés pour rendre raison de la *malaria*. Il nie l'existence fantastique des miasmes; il dit avec raison que la fièvre se produit dans des contrées dont les terrains sont très-différents : les marais Pontins et la campagne de Rome. A ceux

De plus, on peut établir par les témoignages des anciens que l'air de Rome et de la plaine qui avoisine Rome a toujours été mauvais, qu'il y a toujours eu là une cause encore ignorée, je crois, mais réelle, de maladie. Seulement cette cause a été combattue et affaiblie par le *peuplement* et par la culture ; quand le *peuplement* et la culture ont diminué, la cause inconnue de la malaria a agi plus énergiquement.

Sans doute plusieurs des contagions, des pestes, comme parlent les anciens, n'avaient rien à faire avec la fièvre de Rome ; on peut l'affirmer de toutes celles qui attaquèrent les animaux sur lesquels la *malaria*, dont cette circonstance ne rend pas la nature plus facile à expliquer, n'a aucune prise ; mais évidemment il n'en est pas de même des cas que je citerai tout à l'heure. Nibby[1] pense que l'air s'est amélioré sous les empereurs.

Il me coûte, je l'avoue, d'admettre que Rome ait dû quelque chose de bon à l'empire.

Cependant il est certain que, comme le veut Nibby,

qui voudraient expliquer la présence de la *malaria* seulement par les marécages, il cite (p. 44) une partie du Portugal très-fièvreuse et très-aride ; un village fort malade était ensablé. Venise, infectée l'été par ses lagunes, n'a point de fièvres. A la Guadeloupe, la Pointe-à-Pitre, entourée de maremnes, n'en a point. Dans les environs de Rome, le docteur énumère des lieux très-secs où la fièvre règne, Castel dell'Osa (Collatie), l'Isola Farnèse (Véies), les monts Paioli, etc.

[1] Nibb., *Dint. di R.*, I, xxxvi.

la multiplication des villas a pu contribuer à assainir les environs de Rome; mais à Rome même on voit que sous Auguste l'air était encore très-mauvais. Il était plus aisé d'étouffer la liberté mourante que de changer les conditions de l'atmosphère. La nature ne se laisse pas dompter si aisément que l'homme.

Au siècle d'Auguste la fièvre de l'été et du commencement de l'automne est clairement indiquée à Rome. Properce déplore les chaleurs qui ont rendu malade sa chère Cinthie [1]; il s'écrie ailleurs : « Redoute le *cancer sinistre* [2]. »

Horace dit qu'au mois d'août la plus petite fatigue amène les fièvres et fait ouvrir les testaments [3]. Aussi pour éviter toute fatigue, les Romains, quand ils ont trente pas à faire au soleil, les font-ils avec une lenteur vraiment curieuse. C'est pendant ce mois que j'écris, et j'apprends que nos pauvres soldats, malgré tous les soins qu'on prend de leur santé, sont atteints en si grand nombre, que leur excellent médecin, le docteur Mayer, est obligé de demander pour eux un nouvel hôpital. A Rome, le mois de septembre passe encore aujourd'hui pour le mois le plus dangereux, et Horace

---

[1] Propert., *El.*, III, xxiv, 3-4.
[2] Ibid., V, 1, 150.
[3]   Opella forensis
    Adducit febres et testamenta resignat.
                     (*Ep.*, 1, 7, 8.)

parle des morts fréquentes en automne [1]; de là l'épithète terrible donnée par Juvénal [2] à cette saison : *lethifer autumnus*, l'automne qui apporte la mort !

Les jours où souffle le sirocco, vent de sud-est, sont les plus funestes. Horace signale comme ayant une influence désastreuse [3] ce *vent de plomb*, expression qui désigne très-bien l'effet du sirocco, *plumbeus auster* [4].

Plus tard, sous Néron, il mourut en un automne trente mille personnes [5].

A Rome, la fièvre a quelquefois changé de quartier; telle localité qui était saine dans l'antiquité a cessé de l'être de nos jours.

Cicéron [6] déclare salubre le Palatin, qui aujourd'hui est à peu près inhabitable et presque entièrement inhabité.

Quand Tite-Live fait dire à Camille que les collines de Rome sont très-saines [7], il exagère et anticipe sur l'époque à laquelle il écrivait, époque où ces collines

---

[1] Automnusque gravis, libitinæ questus acerbæ. *Sat.*, ii, 6, 19.
[2] Juv., *Sat.*, iv, 56-7,
[3] *Carm.*, ii, 14, 5-6.
[4] Hor., *Sat.*, ii, 6, 19.
[5] Suet., *Ner.*, 30.
[6] Cic., *de Rep.*, ii. 6. Dans ce passage, Cicéron reconnaît que les environs du Palatin étaient pestilentiels. Il oppose la salubrité de la colline à l'insalubrité de la région marécageuse qui l'avoisinait.
[7] Tit. Liv., v, 54.

étaient devenues moins malsaines sans cesser de l'être tout à fait.

L'Esquilin aussi est appelé salubre chez Horace, mais c'est par comparaison avec ce qu'il était avant que Mécène eût mis ses jardins à la place des charniers qui l'empestaient [1].

La partie supérieure de l'Esquilin, qui aujourd'hui est malsaine, devait l'être dans l'antiquité, car sur cette colline prétendue salubre se trouvaient un des temples dédiés à la Fièvre, le temple de Méphitis près du lac ou marais qui devait ce nom à des exhalaisons dont l'effet ne pouvait être salutaire [2]; enfin le temple de Libitina dans lequel on enregistrait les décès, et la demeure des entrepreneurs des pompes funèbres [3].

En général, la persistance au même lieu de la cause morbifique est remarquable. L'air du Vatican est si mauvais que les papes évitent d'y demeurer l'été; il avait déjà cette réputation au temps de Tacite. Une partie de l'armée, dit-il, s'étant dirigée vers les parties mal famées, *infamibus* [4], du Vatican, il en résulta

---

[1] *Nunc* licet Exquilis habitare salubribus...
(Horace, *Sat.*, I, VIII, 14.)

[2] *Sævam*que exhalat opaca Mephitim,
dit d'exhalaisons analogues Virgile, qui sans doute pensait comme moi.

[3] Den. d'Hal., IV, 15.

[4] Tac., *Hist.*, II, 93.

des morts nombreuses, et c'est à côté de Saint-Pierre que fut au moyen âge l'église dédiée à la *madone des fièvres.*

Voilà pour Rome; nous avons des témoignages pareils de l'insalubrité de la campagne. Dans les premiers siècles de la république, les soldats se plaignaient de combattre pendant l'été autour de Rome, sur un sol brûlant et pestilentiel[1]; il y avait comme aujourd'hui des étés plus fiévreux les uns que les autres. Tite-Live parle d'une contagion pestilentielle, née des *chaleurs excessives*[2]. C'est donc bien de la fièvre de Rome pendant l'été qu'il s'agit. Tite-Live mentionne aussi une année où les maladies furent plus pernicieuses que longues[3], c'est le caractère et jusqu'au nom de la fièvre *pernicieuse* de Rome. Ce fut pour l'éviter que les consuls, lorsque Marius menaçait Rome, prirent le parti de quitter les environs de la ville, et d'aller camper sur le mont Albain.

Pour la campagne romaine comme pour Rome, il y a des points où la condition hygiénique n'a pas changé. Antium, par exemple, était sain[4], quoique le reste de la côte ne le fût point; Porto d'Anzo, qui a succédé à Antium, l'est encore aujourd'hui. L'insalubrité d'Ardée

---

[1] Tit.-Liv., vii, 38.

[2] *Pestilentiamque in agro romano ex siccitate caloribusque nimiis ortam.* Tit.-Liv., v, 31.

[3] Tit. Liv., xxvii, 23.

[4] Caligula y naquit le 31 août.

était célèbre ¹, et près d'Ardée est le Campo-Morto, lieu si dangereux qu'on ne pourrait trouver personne pour y cultiver la terre si l'on n'en avait fait un refuge où le chapitre de Saint-Pierre, qui en est possesseur, n'admet, m'assure-t-on, que sur preuve d'homicide dûment constaté.

Ailleurs il y a eu des déplacements dans la malaria. L'air de Veies était sain ² et a cessé de l'être. Chaque année le fléau gagne du terrain et envahit même Albano, et surtout Frascati, qui offraient contre lui de si charmants asiles. Sans être aussi commune qu'à Rome, la fièvre y est aujourd'hui moins rare que par le passé.

Le littoral a toujours été insalubre, et Strabon l'excepte de l'éloge qu'il fait de la salubrité du Latium ³. Caton parle de lieux où l'on ne peut habiter l'été ⁴; mais il faut reconnaître que la fièvre ne régnait pas dans la campagne romaine comme elle y règne de nos jours, de manière à rendre cette campagne inhabitable, puisqu'elle était habitée. Aujourd'hui, les paysans qui restent l'été dans les fermes sont certains d'avoir la fièvre. Avec cette certitude, il n'y aurait eu nulle part des villas d'été ⁵.

---

[1] Strab., v, 3, 5. Sen., *Ep.*, 105. Mart., *Ep.*, iv, 60.
[2] Denys d'Hal., xii, 19.
[3] Strab., v, 3, 5.
[4] Cat., *De re rust.*, 1, xiv, 5.
[5] Toutes les villas tournées vers le nord étaient des villas d'été. Quel-

La conclusion de ce qui précède est celle-ci :

Quoique l'air de Rome et des environs fût moins malsain sous la république et sous l'empire qu'il ne l'est aujourd'hui, il était déjà malsain.

Je crois qu'il l'était dès les temps primitifs.

D'abord le culte de la Fièvre prouve l'antiquité de la fièvre à Rome; la Fièvre était une divinité redoutable qu'on implorait pour la désarmer. Cicéron, qui assure que le Palatin était salubre à l'époque de Romulus, nous apprend lui-même que la Fièvre avait un temple et un autel antique sur le Palatin[1], et Pline[2] en parle comme existant au temps où il vivait, ce qui montre que la fièvre n'avait pas cessé de régner à Rome sous l'empire.

La Fièvre avait deux autres sanctuaires, l'un sur l'Esquilin, dans les environs de Sainte-Marie-Majeure[3], l'autre sur le Viminal, à l'extrémité de la *rue Longue* aujourd'hui la rue Saint-Vital, dans un lieu que je sais être fiévreux pour l'avoir habité.

---

ques-unes avaient un appartement au midi pour l'hiver et un autre au nord pour l'été; telle était celle de Pline le Jeune, près de Laurentum, agréable en hiver, dit-il, et en été plus agréable encore. On pouvait donc passer impunément près de Laurentum les mois chauds de l'année; ce serait impossible aujourd'hui, aussi bien qu'à Alsium (Palo) où César, Pompée, Marc-Aurèle eurent des villas et que Fronton appelait un lieu de délices. (Front., i, 179.)

[1] *De leg.*, ii, 11; *De Nat. deor.*, iii, 25.
[2] Pl., *Hist. nat.*; ii, 7, 5.
[3] Val. Max., ii, 5, 6.

Or le culte de la Fièvre à Rome date de très-loin ; l'autel qu'elle avait sur le Palatin était, au dire de Cicéron, fort ancien ; cet autel fort ancien de la Fièvre sur le Palatin, qui a été le berceau de Rome, ne donne-t-il pas à penser que la fièvre fut déposée dans ce berceau ?

Le nom de la fièvre était un mot antique et sacré, le nom même de la douleur et de Pluton[1]. De ce nom provenait celui des purifications prescrites dans les livres des pontifes. Ces purifications avaient eu sans doute pour objet, dans l'origine, de combattre le mal endémique et que l'on croyait infernal. *Februus*[2] était un mot étrusque, et *febru-arius* (février) était le second mois de l'année, attribuée à Numa ; d'autre part, Frontin dit que la pesanteur de l'air de Rome l'avait déjà discréditée chez les anciens[3]. Tout cela nous reporte à une époque reculée et donne déjà à la *malaria* une assez respectable antiquité.

On peut remonter plus haut encore ; une tradition voulait que les Aborigènes, précurseurs de Romulus sur le Palatin, l'eussent quitté à cause de l'incommodité des marais que le Tibre formait au pied de cette colline[4]. L'incommodité dont parle Solin, que pouvait-elle être,

---

[1] Lydus. *de mensibus* (éd. Schow, p. 61).

[2] *Februum*, purification (Varr., *De l. lat.*, VI, 13) ; *februare*, faire des purifications.

[3] *Apud veteres urbis infamis aer fuit.* Fr , *de aquæd.*. 88

[4] Solin, 1, 14.

si ce n'est la fièvre que produisaient les marais?

Enfin, d'après une autre tradition qui passait pour antique, les Fièvres quartes étaient filles de Saturne[1], et Lua, qui ressemble beaucoup à *lues*, maladie épidémique, était sa femme ou sa fille[2]. Or Saturne, comme nous le verrons, est la personnification de la civilisation primitive du Latium; les souvenirs de Saturne sont les plus anciens souvenirs que la tradition romaine ait conservés. Dire qu'il était le père de la fièvre de Rome, c'était affirmer que l'on croyait cette fièvre aussi ancienne que la première civilisation du Latium[3].

Pourquoi n'aurait-elle pas existé dès lors? Les conditions du sol lui étaient bien plus favorables qu'elles ne le furent depuis. J'emprunte à Brocchi, géologue habile et qui ne manquait pas d'imagination, la peinture qu'il fait de la campagne de Rome aux époques primitives, peinture tracée avec énergie et, je crois, avec vérité[4]. « Des marais nombreux et vastes, des

---

[1] *Quartanas Saturni filias affirmavit antiquitas.* Théod. Prisc., cité par *Handb. d. R. alt.* de Becker, IV, p. 23.

[2] Varr., *De l. lat.*, VIII, 36.

[3] On pourrait penser que cette opinion sur l'origine de la fièvre est venue de la croyance aux mauvaises influences de la planète qui porte le nom de Saturne. (Macrob., *Somn. Scip.*, I, 19.) Mais dans le passage cité il est question d'une croyance antique. Si elle l'était réellement, elle ne pourrait s'expliquer par les idées sur l'influence des planètes, idées peu anciennes et qui ne furent connues à Rome que lorsque l'astrologie des Chaldéens y fut apportée, ce qui n'eut lieu qu'assez tard.

[4] Brocch., *Descriz.*, p. 217.

bourbiers profonds encombraient ce sol inégal et *bossué*[1], ainsi conformé dès l'origine, et où les pluies, qui encore aujourd'hui tombent avec tant d'abondance au printemps, s'amassaient dans les creux des terrains les plus bas et formaient de véritables lagunes. »

Tel était donc très-anciennement l'état de la campagne romaine. Plus inondée, elle devait être plus malsaine, alors que le fléau mystérieux de la malaria, encore sans victimes, attendait et guettait l'homme qui allait paraître pour le dévorer[2].

L'homme vint et il résista.

La race qui prenait possession de ce sol empesté était une race forte, rustique; elle se couvrit de la laine de ses troupeaux comme font aujourd'hui les pâtres de la *Campagna*; elle alluma des feux dans ses forêts, où le bois ne lui manquait point; elle s'établit sur les hauteurs d'où chaque jour elle descendait pour cultiver les endroits qu'elle avait défrichés, ainsi que le pratiquent encore les habitants des petites villes de l'État romain, qu'on voit tous les matins aller à plusieurs milles se

---

[1] Montaigne me fournit cette pittoresque épithète qui rend si bien l'aspect vrai de la campagne romaine.

[2]   *Roma vorax hominum...*
         Roma ferax febrium...
         Rome qui dévore les hommes...
         Rome féconde en fièvres..,

disait Pierre Damien au moyen âge.

(*Ep ad Nic.* 1.)

livrer aux travaux de la campagne et le soir remonter à la ville portant la serpe et le hoyau.

Avec le temps et par l'action de l'homme, le climat devint moins terrible, mais il demeura hostile et dangereux.

Ce fut là une première lutte dans laquelle s'aguerrirent et se fortifièrent les populations latines, une première conquête des Romains. Nous verrons qu'à l'origine tout était contre eux. Une grande nation civilisée et guerrière, la nation étrusque menaçait de la rive opposée du Tibre leur petit établissement du Palatin, et des peuples belliqueux pouvaient fondre sur eux des montagnes qui formaient leur horizon. Ce fut l'épreuve et l'école de leur valeur.

Mais avant d'avoir à lutter contre ces redoutables voisins, ils eurent à combattre d'autres ennemis, le sol même qu'ils labouraient, l'air que respirait leur poitrine. Ils en triomphèrent comme ils devaient triompher de tout; le ciel leur avait fait une rude destinée : c'est pour cela qu'elle fut grande.

Si l'on cherche ailleurs l'influence qu'exerça sur cette destinée la situation où furent placés ses commencements, on se trompera.

Cette situation, de toute manière, était mauvaise, mais l'obstacle fut l'aiguillon. Ainsi seulement on peut trouver une intention de la Providence dans le choix du lieu préparé pour être le berceau du peuple romain. Ce berceau fut dur et pauvre comme celui de Romulus et comme lui envahi par les eaux. C'est en ce sens qu'on peut dire avec Tite-Live : *Non sine consilio ad incrementum urbis natum unicè locum* : lieu formé providentiellement pour l'agrandissement de Rome[1].

[1] Tit.-Liv., v, 54.

IV

PREMIERS OCCUPANTS DU SOL ROMAIN

Peuples primitifs du Latium. — Saturne, la ville latine de Saturnia, temple de Saturne. — Les Sicules, les Ligures, le Septimontium. — Détermination de l'étendue de la ville Sicule et Ligure antérieure à Rome.

Le prologue du grand drame de l'histoire de Rome est récité par des voix lointaines, dont la distance ne laisse arriver à notre oreille qu'un retentissement affaibli à travers les siècles.

Quelques mythes, quelques noms de race, quelques faits qui se sont transmis, on ne sait par quelle voie, composent un ensemble confus où il faut tâcher de démêler un peu de vérité. Mais il y a un grand attrait pour la science et pour l'imagination à deviner ce qui est caché, à retrouver au moins en partie ce qui semble anéanti.

C'est le plaisir et la gloire des géologues qui, avec quelques débris, recomposent une création évanouie. L'histoire a aussi ses races perdues, son passé évanoui dont il ne reste que quelques fragments et qu'elle peut tenter de recomposer.

L'histoire, avant d'arriver aux époques certaines, en rencontre d'autres plus anciennes et plus douteuses qu'elle ne doit pas négliger.

Si, pour écrire l'histoire de Rome, il fallait attendre l'âge de la pleine certitude, on devrait passer sous silence toute l'époque des rois; cette époque, dont il nous reste des monuments, et entre autres un monument admirable, la *Cloaca Maxima*. Je ne consentirai jamais, pour ma part, à ne rien dire d'un temps dont je vois et touche les œuvres. Je ne supprimerai donc pas la période légendaire, dans laquelle quelques faits véritables, bien qu'altérés, se mêlent à des données trop souvent inexactes, mais qui contiennent sous la forme d'un récit parfois imaginaire d'incontestables réalités.

Avant cette histoire légendaire, qui commence avec Romulus, il y en a une autre où la réalité est encore plus difficile à découvrir, mais qui n'est pas pour cela dénuée de toute réalité. C'est ce qu'un homme qui avait un sentiment profond des temps primitifs, M. Ballanche, appelait si bien l'histoire crépusculaire; il avouait ingénument que cette histoire seule l'intéressait. Je n'en dirai pas autant, mais elle m'intéresse aussi beaucoup. Plongeons donc nos regards curieux dans ce crépuscule de l'histoire romaine, accoutumons-les à voir, à travers ces obscurités, non pas le détail des faits, ce serait impossible, mais leurs masses et leurs grands contours se dessiner au sein d'une pâle lumière qui n'est pas encore le jour, et qui n'est déjà plus la nuit.

La comparaison de l'état actuel des lieux et de leur état ancien pourra jeter quelques lueurs sur ces demi-ténèbres; elle donnera du moins à une recherche attachante et difficile de la précision et de la consistance; elle confirmera presque toujours et éclaircira souvent les renseignements peu nombreux que nous possédons sur les antécédents historiques de Rome, qui sont en général d'accord avec ses antécédents physiques; et je crois que cette introduction à l'histoire romaine aura gagné à être écrite, comme l'histoire romaine elle-même, à Rome.

Enfonçons-nous d'abord dans cette forêt que nous avons retrouvée, qui, commençant à la mer, couvrait la plaine et les montagnes. Elle nous apparaîtra habitée, comme les forêts vierges de l'Amérique, par une race à l'état sauvage; ce sont ces faunes, ces hommes des bois[1], qu'on disait nés de l'écorce des chênes, parce qu'on ne leur savait pas d'aïeux[2].

Quelque opinion que l'on embrasse touchant l'origine des sociétés, et je n'examinerai point ici ces opi-

---

[1] Hæc nemora *indigenæ* fauni nymphæque tenebant.
(Virg., *Æn.*, VIII, 314.)

[2] Quippe aliter tunc orbe novo cœloque recenti
Vivebant homines, qui, rupto robore nati

nions, il est certain que chez les peuples de l'Italie et de la Grèce, on trouve établie la croyance à un état primitif, dans lequel les hommes sans lois, sans propriété, sans établissement fixe, errent dans les bois, et, ne sachant pas encore cultiver le blé, se nourrissent de glands.

A Rome, la philosophie s'empara de cette croyance et la développa avec complaisance, comme devait le faire chez nous la philosophie du dix-huitième siècle. La poésie se complut aussi à ces peintures. L'une et l'autre s'appuyaient sur un fait traditionnel à la vérité duquel, en ce qui concerne le pays que nous étudions, rien n'empêche de croire.

Ainsi, sur ce sol où la civilisation devait parcourir toutes ses phases, il y aurait eu une époque antérieure à la civilisation elle-même, époque durant laquelle les populations les plus anciennes du Latium et de la Sabine auraient vécu sans lois régulières, sans demeures permanentes, tribus nomades de chasseurs et de sauvages[1].

> Compositive luto, *nullos habuere parentes*.
> (Juv., *Sat.*, vi, 11.)

On a confondu dans l'antiquité (Sall., *Catil.*, vi.) ces habitants primitifs des forêts avec les Aborigènes qui, comme nous le verrons, étaient ou au moins étaient devenus tout autre chose.

[1] Quis neque mos neque cultus erat, nec jungere tauros
     Nec componere opes norant, aut parcere parto;
     Sed rami atque asper victu *venatus* alebat.
                    (Virg., *Æn.*, viii, 316.)

Ils n'avaient point « de coutume fixe, ils ignoraient toute culture

Cette première époque antérieure à toute civilisation se rapporte aux temps qui précédèrent le défrichement de la grande forêt. La chasse est pour un peuple sauvage le seul moyen d'exister, et la chasse a besoin de grandes forêts; on le voit bien en Amérique, où les tribus indigènes périssent quand les forêts sont abattues et disparaissent avec elles.

Aucun édifice religieux dont aient pu subsister les ruines ou même la mémoire ne remonte à cet âge primordial des populations latines, car ce n'est pas encore l'âge des temples, ce n'est pas celui d'un culte régulier. Le fétichisme est la religion des peuples sauvages, les tribus américaines invoquaient comme des êtres surnaturels l'ours et le serpent; de même les habitants de la vieille forêt latine éprouvèrent un respect superstitieux pour le pic-vert, cet oiseau solitaire qui habite le plus épais des bois, d'où, invisible, il fait entendre les coups répétés dont son bec frappe les arbres, bruit mystérieux et qui put sembler divin.

Aussi ces hommes primitifs firent-ils naître de Picus Faunus, père de leur race, et crurent-ils que le pic-vert rendait des oracles, comme Faunus lui-même.

L'idée de divination est une des premières idées re-

ils ne savaient pas labourer ni recueillir les biens de la terre. (Je prends *Opes* dans son sens primitif, les dons de la déesse Ops) Étrangers à l'épargne, les rameaux des arbres et la chasse leur fournissaient de grossiers aliments. »

ligieuses que conçoivent les sociétés imparfaites; j'attribue donc à cet âge antique les oracles de Faunus placés près des sources sulfureuses que leurs vertus salutaires firent envisager comme sacrées, c'est ainsi qu'une eau minérale, aux portes de Rome, est appelée de nos jours l'eau sainte, *acqua santa*.

L'oracle de Faunus, que dans l'*Énéide* va consulter le roi Latinus, était près d'une eau blanchie par le soufre et qu'on a cru à tort être la solfatare de Tivoli.

Un autre oracle de Faunus est indiqué sur l'Aventin[1], où l'histoire de Cacus vomissant des flammes prouve que certains phénomènes volcaniques ont continué à se produire après l'âge des volcans. Les eaux sulfureuses ont la même origine et, plus près de cette origine, étaient plus abondantes que de nos jours. Tout, dans ces superstitions primitives, nous ramène donc à des temps où la période volcanique moins éloignée se manifestait encore par des effets qui devaient agir vivement sur l'imagination des hommes; aussi ces oracles avaient-ils un caractère sombre, infernal. Quand le roi Latinus va consulter l'oracle de Faunus qui se manifestait dans le sommeil, il dort sur des peaux de brebis noires. Les brebis noires étaient l'offrande consacrée aux dieux souterrains et infernaux. Ennius, parlant des vers antiques que chantaient les Faunes et les devins, dit :

[1] Ov., *Fast.*, III, 291. Voy. Plut., *Numa*, 15.

Fauni *Vatesque canebant.*

Quand je lis ces deux derniers mots, *vates canebant*, mon oreille m'avertit que là est l'origine du mot *Vaticanus*, Vatican[1], et je suis porté à placer en ce lieu avant les Étrusques, qui plus tard l'habitèrent, un oracle de Faunus, c'est-à-dire de l'époque de Faunus, de l'époque où vivaient les Faunes, les hommes de la forêt, les premiers habitants du pays.

Puis on aperçoit un progrès social. Ces peuples chasseurs deviennent agricoles. Ces hommes brutaux, qui pour se nourrir ramassaient le gland des chênes, cultivent la terre et en recueillent les produits; l'avénement de ce nouvel état social est désigné dans la tradition par l'arrivée et par le règne de Saturne.

Saturne est un dieu paisible; son règne est l'âge d'or, qui, pour la tradition et pour la philosophie romaines, n'était pas le commencement de l'humanité, mais son premier progrès. Saturne est un dieu agricole, dont le nom veut dire le semeur[2]; il est l'inventeur de l'art de greffer et de toutes les méthodes d'agriculture[3]; sa femme est Ops la richesse, parce que la richesse vient d'abord de la terre cultivée. Si Saturne s'appelle Stercu-

---

[1] C'est ce que confirme la mention d'un dieu Vaticanus qui inspirait des *Vaticania* (prophéties). (Gell., *N. att.*, xvi, 17.)

[2] A satu, Macr., *Sat.*, i, 7. On écrivait aussi *Sæturnus*.

[3] Varr., *De l. lat.*, v, 64.

tius ou Sterculus, c'est qu'il a fait connaître l'emploi du fumier[1]. Ce nom, qui a semblé ridicule aux auteurs chrétiens des premiers siècles et dont ils ont fait une raillerie contre le paganisme[2], était un nom justement sacré, car il glorifiait sous une forme grossière la culture du sol, qui est le premier pas des sociétés vers la civilisation[3].

La faux de Saturne, dont on a fait la faux du temps dans l'âge des allégories abstraites, quand on a voulu voir dans le plus ancien dieu du Latium une personnification du temps, la faux de Saturne n'était dans l'origine qu'un instrument rustique. Elle représentait l'introduction de l'art d'émonder la vigne[4], de faucher l'herbe[5] et de moissonner le blé[6].

---

[1] Macr., *Sat.*, 1. 7. Pl., *Hist. nat.*, xvii, 6, 1. Pline attribue l'introduction de l'art de fumer les terres à Faunus, petit-fils de Saturne.

[2] Prudent., *Peristeph.*, num. 11, 449.

[3] La même tradition, sous une autre forme, attribuait l'art de fumer les champs à Pithumnus, fils de Saturne. Pilumnus, frère de Pithumnus, avait enseigné à piler le grain, procédé plus ancien que l'usage de la meule. Serv., *Æn.*, ix, 4.

[4] Quem (Janum) cum docuisset Saturnus usum vincarum et falcis... (Serv., *Æn.*, viii, 319.)

[5] Da falcem. . . .
    Jurabis nostrâ gramina secta manu.
               (Propert., *El.*, v, 2, 25.)
C'est Vertumne qui parle; dieu agricole, il pouvait avoir aussi une faux.

[6] La faux a précédé la faucille.
    . . . . . Falcem insigne messis.
               (Macr., *Sat.*, 1, 7.)

Les vertus de famille naissent avec la vie stable de l'agriculteur remplaçant la vie nomade du chasseur; aussi l'âge de Saturne était l'âge de la chasteté conjugale, et Juvénal a dit, non sans ironie satirique : « Je crois que la pudicité a habité la terre... sous le règne de Saturne [1]. » Comme il aurait dit quand Berthe filait.

Le règne de Saturne est donc le symbole de la vie agricole remplaçant la vie sauvage [2].

Comme c'est un âge de paix, c'est un âge d'égalité; là où il n'y avait pas de guerre, il ne pouvait y avoir d'esclaves [3]. C'est donc le règne de l'égalité, qu'on faisait peut-être sagement de placer dans l'âge d'or.

Aussi les saturnales seront une fête commémorative de cette égalité primitive; les esclaves seront libres pendant trois jours et même servis par leurs maîtres; les saturnales seront un temps d'allégresse, car elles rappelleront un état d'idéale félicité. Pendant ces fêtes destinées à célébrer le souvenir d'une société paisible et innocente, on ne pourra déclarer la guerre à personne [4], les tribunaux s'abstiendront de juger, car sous l'empire de Saturne il n'y avait pas de lois, on ne

---

[1] Credo pudicitiam Saturno rege moratam
  In terris.
  (Juv., *Sat.*, vi, 1.)

[2] Saturnus vitæ melioris auctor. Arn., 1. 7. 32.

[3] Quorum rex Saturnus tantæ justitiæ fuisse traditur ut neque serviret sub illo quisquam neque quicquam rei privatæ habuerit.
  (Justin., xliii, 1.)

[4] Macr., *Sat.*, i, 16.

connaissait pas la contrainte, la différence du *mien* et du *tien* n'existait pas.

En effet, le règne de Saturne, c'est déjà l'agriculture, ce n'est pas encore la propriété.

Alors nul ne possédait rien en propre, et il n'était pas permis de marquer la limite de son champ, les maisons n'avaient point de portes, tout était commun à tous[1].

C'est l'âge de ce communisme naïf par lequel les sociétés naissantes peuvent commencer, mais vers lequel ce serait une démence et une honte aux sociétés avancées de vouloir rétrograder, car elles lui échappent en se perfectionnant. La société latine aura fait un pas de plus vers la civilisation et un pas considérable, le jour où chacun marquera avec soin la limite de son champ, le jour où le gardien du droit de propriété, le dieu Terme, viendra s'installer au Capitole, d'où il ne se laissera pas déplacer, même par Jupiter.

Le froment ne paraît point avoir été cultivé par les premiers agriculteurs du Latium ; ils cultivaient surtout le far (l'épeautre); c'est pourquoi cette sorte de grain figurait dans la cérémonie du mariage romain et

---

[1] Nec signare quidem aut partiri limite campum
Fas erat, in medium quærebant... (Virg., *Georg.*, 1, 126.)

Non domus ulla fores habuit, non fixus in agris
Qui regeret certis finibus arva lapis.
(Tib., *El.*, 1, 3, 43.)

donnait son nom au rite le plus solennel par lequel on le célébrait, la *confarreatio*, vraisemblablement parce que le mariage était considéré comme ayant été introduit pendant le règne de Saturne et l'organisation de la famille comme ayant commencé avec l'agriculture.

Je m'arrête avec un certain charme à cet âge d'une paix idéale dont les sociétés en travail placent volontiers l'illusion près de leur berceau. Mais les sociétés ne commencent point par la paix. Cependant rien n'est entièrement faux dans les traditions antiques ; celle-ci, d'ailleurs, en cela très-vraisemblable, nous a montré la vie sauvage du chasseur avant la vie tranquille du cultivateur, et l'on peut admettre qu'il y a quelque vérité dans ce souvenir d'une existence douce sur une terre fertile, où le miel ne coulait point du tronc des chênes, où les fruits ne naissaient pas d'eux-mêmes, mais où des tribus errantes devenues agricoles, oubliées dans ce coin alors ignoré du monde, ont pu jouir d'une félicité obscure à laquelle devaient succéder tant d'agitation et tant de gloire, tant de grandeur et tant de misère.

Les Latins, ce sont les habitants de l'antique forêt civilisés par Saturne, et c'est ce que veut dire Latinus, fils de Faunus [1].

L'influence de cette première civilisation, dont l'arrivée de Saturne figure l'avènement, ne fut pas bornée à la plaine du Latium, elle paraît s'être étendue à une

---

[1] Virg., *Æn.*, VII, 47.

grande partie de l'Italie. L'Italie tout entière a porté le nom de Saturne, *Saturnia tellus;* elle n'était pas cependant destinée à être une terre de paix. Les sommets des montagnes y furent consacrés à ce dieu. Un sommet du mont Lucretile dans la Sabine s'appelle encore aujourd'hui, dit-on, la *colline de Saturne.*

Ceci nous amène à Rome, où peut-être on jugera que je tarde trop d'arriver; mais, avant d'y trouver Saturne donnant au Capitole son premier nom et recevant le plus ancien hommage qu'ait reçu à Rome aucune divinité, sur un autel dont la place est encore marquée par les colonnes du temple qui l'a remplacé, il fallait bien savoir ce qu'était Saturne et ce que signifiait dans l'histoire le règne mythologique de ce dieu.

Le nom que porte le Capitole est, en comparaison de son nom antique, d'une époque bien récente; il ne date que des Tarquins. Jusque-là le Capitole s'appelait *mont de Saturne*[1]: Saturne devait être chassé par Jupiter du Capitole comme il l'avait été du ciel.

On disait que sur ce mont[2] et au pied de ce mont[3] avait jadis existé une ville nommée Saturnia; une porte de cette ville s'appelait *porta Pandana*[4], parce qu'elle était toujours ouverte. Dans l'âge de Saturne, les portes ne se fermaient point.

---

[1] Varr., *De l. lat.*, v, 42.
[2] *Ibid.*
[3] Fest., p. 322, éd. Müller.
[4] Varr., *De l. lat.* v, 42.

On se figurait cette ville de Saturnia comme bien antique, car, dans Virgile, Évandre en montre à Énée les ruines.

Saturne était le grand dieu latin; la ville de Saturnia fut donc un premier établissement latin sur le Capitole, une première Rome latine, quand ces noms Capitole et Rome n'existaient pas encore. Chose étrange ! en remontant jusqu'à l'âge mythologique, la plus vieille tradition que l'on rencontre à Rome, dans cette Rome qui s'est tant agitée elle-même et a tant tourmenté le monde, dans cette Rome qui a grandi, vécu, régné, péri par la guerre, c'est la tradition d'un âge de paix représenté par le règne paisible de Saturne; avant qu'il y eut une *Roma*, ville de la force, il y eut une *Saturnia*, ville de la paix.

Aujourd'hui le Capitole ne s'appelle plus le mont de Saturne; l'ancienne ville de Saturnia et la porte Pandana[1] n'ont laissé aucun vestige; mais le lieu où s'élevait dans la plus haute antiquité l'autel de Saturne est indiqué à cette heure par ce qui reste d'un temple refait et réparé bien des fois.

Les huit colonnes aujourd'hui debout entre le Forum et le Capitole, et qui ont été remaniées à une époque de décadence, sont pour ainsi dire la dernière édition, non pas corrigée, mais très-altérée du sanctuaire de Saturne. Là, fut primitivement l'autel du dieu à l'en-

---

[1] Elle s'appela aussi *Saturnia*. (Var., *De l. lat.*, v, 42.)

trée d'une gorge¹ qui conduisait sur le Capitole. Cette gorge sauvage devait devenir la voie triomphale que nous voyons encore.

Là, — précisément au lieu où ces huit colonnes d'une architecture barbare et d'un art corrompu s'élèvent mutilées et raccommodées grossièrement, entre les ruines du Forum et ce qui reste du Tabularium romain flanqué de tours du moyen âge, qui fut au quinzième siècle transformé en un magasin de sel, et que surmontent les bureaux de la municipalité romaine, — s'éleva jadis, au milieu des arbres, entre un marais et un rocher, l'autel de Saturne, dieu du Latium primitif. Tout, à Rome et en Italie, est plus moderne que ce souvenir-là ².

---

¹ Saturni fanum in faucibus. (Var., *De l. lat.*, v, 42.) Templum Saturni quod est antè clivum Capitolini. (Serv., *Æn.*, II, 116.) Sub clivo Capitolino, ubi nunc ejus ædes videtur. (Serv., *Æn.*, VIII, 319).

² Pour pouvoir l'évoquer en conscience, il faut être certain que ce temple est bien le temple de Saturne ; or c'est ce dont il est, ce me semble, impossible de douter. Cette ruine a porté longtemps le nom de *Temple de la Fortune*. Cette dénomination est inadmissible. Elle reposait sur une erreur. On croyait que le temple de la Fortune était près de celui de Jupiter tonnant, d'après ce vers d'une inscription trouvée à Palestrine :

Tu quæ Tarpeio coleris vicina tonanti,

et l'on avait cru reconnaître les restes du temple de Jupiter tonnant dans les trois colonnes voisines de la ruine qui nous occupe ; mais celui-ci n'était pas au pied du Capitole, il était *sur* le Capitole près du grand temple de Jupiter, dont Auguste disait modestement que le Jupiter tonnant, auquel lui-même avait élevé un temple, serait le

Probablement la citadelle était sur le mont Saturnien. La ville, si l'on en croit Festus [1], était au pied, là précisément où s'élevait l'autel de Saturne : Festus appelle cette ville *Castrum;* ce ne pouvait guère, en effet, être autre chose qu'un camp fortifié. Rome, même à l'époque où l'on plaçait le règne de la paix, a commencé par être un camp.

On plaça dans le temple consacré à Saturne le

portier. Or on ne met pas son portier au pied de la colline au sommet de laquelle on habite. Le prétendu temple de Jupiter tonnant est le temple de Vespasien. Le temple de Saturne et celui de Vespasien étaient certainement voisins, et ce dernier, voisin du temple de la Concorde dont l'emplacement n'est pas douteux. Stace l'atteste très-clairement, quand, s'adressant à la statue équestre de Domitien érigée dans le Forum, il lui dit : « Derrière toi sont ton père et la Concorde. » (Sylv., I, 1, 31.) La seule incertitude possible serait entre le temple aux huit colonnes et le temple aux trois colonnes, que quelques-uns pensent être celui de Saturne ; car la proximité des deux édifices fait que divers passages des auteurs anciens s'appliquent également bien à l'un et à l'autre ; mais il est plusieurs de ces passages qui ne peuvent convenir qu'aux huit colonnes ; il est dit du temple de Saturne qu'il touchait au Forum (*In foro*, Tit-Liv., XLI, 21; *ad forum*, Macr., *Sat.*, I, 8), qu'il était devant le Clivus Capitolinus (Serv., *Æn.*, II, 116), qu'il était en dessous de ce Clivus (Serv., *Æn.*, VIII, 319), que la basilique Julia se trouvait entre le temple de Castor et le temple de Saturne (*Mon. Ancyr.*, col. IV, l. 12-3). Aucune de ces désignations ne convient aux *trois colonnes;* toutes au contraire s'appliquent très-bien aux *huit colonnes*. De plus, on affichait sur le mur postérieur du temple de Saturne, ce qui n'eût pu se faire commodément si ce temple eût été adossé au Capitole.

[1] Saturnii quoque dicebantur qui castrum in imo Clivo Capitolino incolebant ubi ara dicata ei deo... (*Fest.*, 322).

trésor (*ærarium*), parce que Saturne, auquel on rattachait toute idée de civilisation dans le Latium, passait pour avoir introduit l'usage de la monnaie, et aussi en mémoire de l'âge d'or, cet âge de communisme innocent, dans lequel le larcin était inconnu[1]; un tel souvenir était un anachronisme et ne fut pas une protection, comme le prouva César en volant le trésor. Au moyen âge, le temple de Saturne, que le Pogge vit encore à peu près intact au quinzième siècle, s'appelait la *Monnaie*[2].

Il existe donc à Rome un monument qui, par son origine, remonte à l'époque reculée où la tradition plaçait l'âge d'or.

A la mythologie va succéder l'histoire, et devant l'histoire l'âge d'or va disparaître. Nous allons voir passer sur le sol romain divers peuples sous les noms de Sicules, Ligures, Aborigènes, Pélasges, se chassant les uns les autres d'une terre qui n'était pas faite pour eux et que de plus grandes destinées attendaient.

Aux Sicules, qu'on regardait comme les premiers occupants du sol romain[3], on attribuait la fondation de plusieurs villes voisines, parmi lesquelles

---

[1] Macr., *Sat.*, 1, 8.

[2] La Cecha pour *Zecca*; une église du voisinage s'appelait *San Salvator in ærario*. Canina, *Rom. ant*, 277-8.

[3] Den. d'Hal., 1, 9.

Antemne, aux portes de Rome, et qui fut sa première conquête; Tibur, aujourd'hui Tivoli, la ville des cascatelles.

Nulle trace n'existe d'un monument qui puisse avec certitude être attribué aux Sicules[1]; leur monument, c'est leur nom qu'on a cru retrouver sur quelques points de l'Italie centrale[2] et qui encore aujourd'hui est le nom de la Sicile.

Chassés du centre de l'Italie, les Sicules se dirigèrent vers l'Italie méridionale. C'est ce que signifie l'histoire de Sikelos fuyant de Rome et reçu par le roi Morgès[3].

Puis, les Sicules passèrent le détroit et s'établirent dans une grande île, qui, après avoir été en tout ou en partie phénicienne, grecque, carthaginoise, byzantine, arabe, normande, s'appelle encore, du nom de ces antiques Sicules, la Sicile.

Dans cette migration du nord au sud, les Sicules s'arrêtèrent aux lieux où devait être Rome; car il est dit

---

[1] Un petit nombre de mots latins peuvent être considérés comme sicules, *lepus, nummus, mutuum*. (Varr., *De l. lat.*, v, 101, 173, 179.)

[2] Il y avait à Tibur, qu'on disait avoir été fondé par les Sicules, un quartier appelé Sikeliôn (Den. d'Hal., i, 16); aujourd'hui, à quelque distance de Tivoli, une localité porte le nom de Siciliano (Nibby, *Dintorni*, iii, 97); mais ce nom, se trouvant aussi écrit *Ceciliano*, je crois plus probable qu'il vient de *Cæcilianum*, ce qui indique une propriété des Cæcili, comme *Fiano* vient de *Flavianum*, propriété des Flavii.

[3] Den. d'Hal., i, 73, d'après Antiochus de Syracuse. Le roi Morgès est la personnification des Morgètes, peuple de l'Italie méridionale, comme Sikelos est la personnification des Sicules.

qu'ils furent, ainsi qu'un autre peuple auquel ils paraissent avoir été associés, les Ligures, chassés du Septimontium[1]. Ce nom de Septimontium mérite de nous arrêter, car il désigne, je crois, je ne dirai pas la Rome, mais *l'avant-Rome* des Sicules et des Ligures.

Serait-il possible par hasard de se former aujourd'hui une idée de ce qu'était la ville siculo-ligure et de l'espace de terrain qu'elle couvrait?

Cela est très-hardi sans doute, mais n'est pas, je crois, insensé, car le lieu d'où les Sicules furent chassés s'appelait le *Septimontium*; or nous savons ce qu'était le Septimontium. Ce mot, qu'on peut traduire par *les sept monts*, ne désigna jamais, dans l'usage, les sept collines de la rive gauche qu'enferma plus tard l'enceinte des rois; par le Septimontium, on entendait un autre ensemble de collines auquel se rapportait une fête antique appelée elle-même *Septimontium*. Parmi les sept hauteurs sur lesquelles on offrait les sacrifices du Septimontium, ne figurent point plusieurs de celles dont se compose l'ensemble classique des sept collines de Rome, et figurent au contraire des sommets qui n'ont jamais fait partie de cet ensemble; c'est un groupe de collines, dont la division et l'extension diffèrent de la division et de l'extension qui furent plus tard celles de

---

[1] Sacrani appellati sunt Reate orti qui ex Septimontio Ligures Siculosque exegerunt. (Fest., 321, éd. Müller.)

Rome; le Septimontium est topographiquement une autre Rome que la Rome de l'histoire [1].

Les sept monts de celle-ci sont, comme chacun sait, le Palatin, l'Aventin, le Capitole, le Cœlius, le Quirinal, le Viminal et l'Esquilin. Dans la fête du Septimontium, les sommets sur lesquels on sacrifiait étaient le Palatin, la Velia, le Germale, le Fagutal, l'Oppius et le Cispius, auxquels on joignait la Subura [2].

Nous ne trouvons dans cette énumération des hauteurs comprises dans le Septimontium, ni l'Aventin, ni le Capitole, ni le Cœlius [3], ni le Quirinal, ni le Viminal; par contre, on y trouve le Fagutal, l'Oppius et le Cispius, cimes secondaires de l'Esquilin, et deux collines attenant au Palatin, dont l'une, le Germale, a

[1] Varron (*De l. lat.*, v, 41) dit que le Septimontium se composait des collines qui ont formé depuis la ville de Rome ; c'est évidemment une confusion entre ce qui avait été et ce qui était de son temps : la liste des sommets du véritable Septimontium, telle que Festus nous l'a donnée d'après Antistius Labeo, en est la preuve. Cette liste est aussi une réfutation de l'opinion de Plutarque sur la fête du *Septimontium*, qu'il suppose instituée en mémoire de l'addition d'un *septième mont* aux six autres collines de Rome. (Plut., *Quæst. rom.*, 69.)

[2] Fest., 340 et 348, éd. Müller.

[3] Le Cœlius se trouve dans un des passages seulement de Festus, qui se rapportent au *Septimontium* (p. 348); mais je pense que c'est une interpolation produite par la confusion que j'ai déjà remarquée chez Varron entre le *Septimontium* et les sept collines. D'ailleurs, dans ce passage mutilé de Festus, le Cœlius est nommé entre l'Oppius et le Cispius, cimes secondaires de l'Esquilin, ce qui n'est pas sa place naturelle; enfin, en réunissant les deux passages (p. 340 et 348), on aurait huit parties du Septimontium au lieu de sept.

entièrement disparu, et l'autre, la Velia, est à peine reconnaissable aujourd'hui.

Ceci nous reporte évidemment à une époque très-reculée, à un temps où la Velia, le Germale, le Fagutal, le Cispius, l'Oppius, abaissés depuis, et confondus avec le Palatin et l'Esquilin dont ils faisaient partie, étaient encore assez abrupts pour s'en détacher et compter parmi les sept collines d'alors, qu'on appelait le *Septimontium*.

Or, nous l'avons vu, c'est du Septimontium que les Sicules et les Ligures ont été chassés[1], le Septimontium était donc la ville des Sicules et des Ligures, bornée au Palatin et à l'Esquilin avec leurs dépendances.

S'il en est ainsi, on peut tracer aujourd'hui l'enceinte de la ville siculo-ligure : car la persistance d'un culte, né d'un état ancien et attaché, comme il arrive, aux localités où il avait pris naissance, nous a conservé la mémoire de cette ville antérieure aux Romains, et nous permet, chose assez curieuse, d'en retrouver la place et d'en déterminer l'étendue.

Festus, parmi les hauteurs dont se compose le Septimontium, nomme la Subura. Ceci semble indiquer que la tradition rapportait aussi la population

---

[1] Selon une tradition conservée par Servius (*Æn.*, xi, 317), les Ligures auraient chassé les Sicules; les deux peuples n'en auraient pas moins habité le Septimontium, et il n'en serait pas moins permis d'y chercher les traces de leur séjour; seulement il eût été successif au lieu d'être simultané.

primitive de la Subura aux Sicules ou à leurs alliés les Ligures, qu'elle présente tous deux comme habitant le Septimontium.

Des quatre tribus urbaines de Servius Tullius, la tribu *Subura* fut la première ; elle comprenait le mont Cœlius tout entier, par conséquent aussi tout l'espace intermédiaire [1].

Comment la Subura, si elle était dans un enfoncement, pouvait-elle faire partie des sept monts de la ville des Sicules et des Ligures?

Le fond de la Subura confinait, il est vrai, au bois Argiletum et à l'extrémité des marécages qui dépendaient du Vélabre ; mais la Subura gravissait aussi les pentes des trois collines entre lesquelles elle se trouvait circonscrite [2], et elle était fortifiée du côté de l'Esquilin [3].

---

[1] Varr., *De l. lat.*, v, 45. Peut-être le mont Cœlius faisait-il déjà partie de l'antique Subura.

[2] C'est ce que prouve l'expression de Martial (*Ep.*, x, 19, 5) :

>   Altum tramitem Suburæ,
>   Le chemin élevé de la Subura ;

et ailleurs (*Ep.*, v, 23, 5) :

>   Alta Suburani vincenda est semita clivi,
>   Il faut gravir le haut sentier de la montée de la Subura.

Cette montée que suivait Martial pour se rendre chez Pline le Jeune, sur l'Esquilin, est la rue de *Santa-Lucia in Selce;* d'autre part, l'église *Sant-Agata in Subura* est sur une pente du Quirinal et montre jusqu'où la Subura s'étendait de ce côté. La place qui s'appelle encore aujourd'hui *piazza Suburra* est dans le fond.

[3] Le *mur de terre* des Carines qui dominait la Subura faisait partie

Quand Servius enveloppa les sept collines et les populations d'origines diverses qui les habitaient dans une commune enceinte, la Subura y fut englobée comme le reste. Ce nom devint plus tard celui d'un quartier bruyant et mal famé; mais un usage singulier me semble avoir perpétué le souvenir de l'origine particulière et de l'existence à part des habitants de l'ancienne Subura.

A Rome, tous les ans au mois d'octobre, on immolait un cheval à Mars, dans le champ consacré à ce dieu; c'était une très-vieille et très-auguste solennité [1]. Le sacrifice accompli, il s'établissait une lutte acharnée, une sorte de combat entre les habitants de la Subura et les habitants du quartier de la voie Sacrée, qui se disputaient la tête du cheval; si c'étaient ceux de la voie Sacrée qui l'emportaient, ils allaient déposer leur singulier trophée à la Regia, au pied du Palatin; si c'étaient les habitants de la Subura qui triomphaient, ils le clouaient à une tour de leur bourgade appelée la tour Mamilia. L'origine de cette espèce de petite guerre annuelle était sans doute dans quelque inimitié locale des deux quartiers, tenant peut-être elle-même à une diversité et à une hostilité de races. Si les hommes de

du système de défense de celle-ci; ce devait être un rempart de terre, avec un fossé, ce qu'on appelait un *agger,* comme furent depuis le *fossé des Quirites* d'Ancus Martius et l'agger de Servius Tullius.

[1] Fest., p. 178, éd. Müller.

la Subura avaient été Sicules ou Ligures, et si les hommes de la voie Sacrée avaient été Pélasges, — ce qui se pourrait, car les Pélasges occupèrent le Palatin au pied duquel passait la voie Sacrée ; — et si les Pélasges avaient chassé, comme nous serons conduits à l'admettre, les Sicules et les Ligures, on conçoit que la haine entre les localités ait continué la haine entre les races. La même chose est arrivée ailleurs. A Pise, tous les ans, sur le pont de l'Arno, avait lieu une lutte quelquefois assez sérieuse ; à voir l'acharnement avec lequel on combattait des deux côtés, il semblait qu'il y eût là aussi quelque ancienne haine nationale, la haine par exemple des Étrusques pour les Ligures qui leur disputèrent autrefois le territoire actuel de la Toscane.

Ce nom de *Ligures* me rappelle que la tradition associait aux Sicules un autre peuple, les Ligures.

Les Ligures s'étaient établis comme les Sicules sur le Septimontium, car ils en furent chassés avec eux, ou les en chassèrent.

Il ne s'agit plus d'une race obscure dont on ne sait d'une manière certaine ni l'extraction ni la parenté. Les Ligures ont été une grande nation et appartiennent à une grande race.

Les Ligures n'ont pas, comme les Sicules, disparu de l'Italie devant les Pélasges ; ils y ont occupé un vaste pays depuis les confins de la France actuelle jusqu'à ceux de la Toscane, du Var à la Macra. Ils se sont maintenus longtemps en possession de la côte à laquelle ils ont laissé le nom de *Ligurie* et du pays montagneux qui l'avoisine; retranché dans celte âpre contrée, le peuple Ligure a tenu très-tard contre les Romains, et le dernier des peuples italiotes a lutté pour son indépendance. Strabon remarque qu'il fallut quatre-vingts ans de guerre pour conquérir sur la côte un terrain qui n'avait que la largeur d'une demi-lieue [1].

Les Ligures faisaient partie de la grande race ibérienne qui posséda jadis une portion considérable de l'Espagne et de la Gaule méridionale où elle a précédé la race celtique; refoulée au sein des Pyrénées, elle s'y est cantonnée dans quelques hautes vallées, les unes françaises, les autres espagnoles, où elle a maintenu avec une incroyable ténacité sa nationalité et sa langue, laquelle ne ressemble à aucune langue connue. Ce débris, qu'on dirait indestructible, des Ibères, ce sont les Basques.

Les Ibères d'Italie ou Ligures étaient donc les frères aînés des Basques, ils parlaient un dialecte de la langue que ceux-ci parlent encore; différents noms de lieu dans la Ligurie ont une racine qui se retrouve dans le basque [2], le nom même de la nation est basque [3].

---

[1] Str., IV, p. 203, édit. Casaub.

[2] Albium ingaunum (Albenga), Albium intimelium (Vintimiglia), Alba, mot basque. Humboldt, Prüfung der untersuchungen über die urbewohner hispaniens, vermittelst der Vackischen Sprache, 36.

[3] Iligor, lieu élevé dans un pays de montagnes. (Humboldt,

Certains traits caractéristiques des Ibères se remarquent chez leurs descendants, surtout l'agilité. Celle des Basques est proverbiale, celle des montagnards de la Ligurie a frappé les voyageurs. « Celui qui traverse les montagnes de la Ligurie, dit Micali, y voit le paysan, *leste et agile*, porter sur sa tête de très-pesants fardeaux pour un très-mince salaire. »

C'est bien là ce Ligure, ennemi léger à la course, prompt, soudain, dont parle Tacite [1], le Ligure endurci à la fatigue et aux privations, tel que le peint Virgile [2].

A ces qualités du Ligure, les Romains en ajoutaient une autre, celle de menteur et de rusé [3]; je ne sais si on accuse les Génois de ce défaut; en ce qui concerne les Basques, l'accusation intentée à leurs frères les Ligures est repoussée par leur franchise et leur loyauté bien connues. Si l'on voulait trouver quelque fondement à cette fâcheuse renommée des Ligures, peut-être faudrait-il en chercher une confirmation adoucie dans un défaut souvent reproché aux Gascons, chez

---

p. 5-6), nom qui convient parfaitement aux habitants de la montagneuse Ligurie.

[1] Pernix genus, Tac., *Hist.*, II, 13. Pernix Ligus, Sil. Ital., *Punic.*, VIII, 607. Strab., III, 3, 5, portrait des Lusitaniens qui étaient ibères.

[2]   Assuetumque malo Ligurem.
                    (Virg., *Georg.*, II, 168.)

[3] Nigidius Figulus dit des Ligures qu'ils sont « fallaces, insidiosi, mendaces. » Selon Caton, ils *oubliaient* de dire la vérité, vera minus meminêre. Serv.; Virg., *Æn.*, XI, 715.

lesquels on trouve dans le nom du pays qu'ils habitent (*Vasc*onia), dans d'autres noms de lieu et dans beaucoup de noms propres, des traces plus sérieuses et plus réelles de la présence des Ibères[1].

Si les Ligures étaient des Ibères et si les Basques sont de race ibérienne, il en résulte qu'on a parlé basque ou à peu près, à Rome. Le fait est vraiment curieux, mais Rome est la ville où l'on rencontre tout et où il ne faut s'étonner de rien.

Guillaume de Humboldt est arrivé à déterminer, à l'aide des noms de lieu retrouvés dans le basque, quelles furent les parties de l'Espagne occupées par les Ibères, et, grâce à ce procédé très-ingénieux, il a pu dresser pour ainsi dire une carte rétrospective de l'Ibérie espagnole; il a indiqué accessoirement ce qu'on pourrait faire pour déterminer aussi par les noms de lieu l'extension des Ibères en Italie.

Dès aujourd'hui, les Ligures peuvent être suivis dans presque toute l'Italie, au moyen des noms de lieu à physionomie ibérienne.

D'après cela, il n'est pas trop surprenant qu'ils soient venus jusqu'à Rome.

Sans parler de la Ligurie à laquelle ils ont donné leur nom qu'elle conserve encore, on peut les suivre

---

Humb., p. 92 et suiv.

en Étrurie[1], en Ombrie[2], dans le Picentin[3], dans la Sabine[4], en Sardaigne[5] et dans l'île d'Elbe[6], enfin dans l'Italie méridionale[7].

Le Septimontium se trouvait sur la route des Ligures qui, ainsi que leurs associés les Sicules, allaient du nord au sud ; il est donc naturel qu'ils s'y soient arrêtés et y aient formé avec eux cet établissement qui a précédé Rome, à Rome.

Aussi, c'est dans le voisinage de cette ville et à Rome même qu'on trouve dans les noms de lieux les signes les plus frappants de la présence du peuple ligure.

Elle est manifeste dans le nom d'Astura, petite île à l'embouchure d'une rivière qui s'appelle aussi

---

[1] Cære, les Cæretani, les Cerretani en Espagne. Les Salpinates en Étrurie, Salpesa dans la Bétique. Cortona, une ville de Cortona en Espagne.

[2] Le Metaurus, le Metarus fleuve d'Espagne. Sarsina, ville d'Ombrie, Sars, fleuve de la Tarragonaise. Tuder (Todi), une ville de Tude et un fleuve de Tuder dans la Tarragonaise.

[3] Numana, en Espagne Numantia. Cluana, Cluentia dans la Tarragonaise.

[4] La ville de Cures, les Curenses, Littus Curense dans la Bétique.

[5] Sénèque (*Consolat. ad Helv.*, 7) nomme les Ligures parmi les peuples qui se sont établis en Sardaigne, et Pausanias les Ibères (x, 17, 5). On y trouve les Ilienses, d'*Ilia* en Basque, lieu, pays, ville ; on ne manqua pas d'en faire des troyens *venus* d'*Ilion*.

[6] Ilvates est le nom d'un peuple ligure.

[7] Murgantia, Murgis en Espagne. Les éléments ibériens de tous ces rapprochements sont puisés dans l'ouvrage de Humboldt.

Astura. Ce nom est ibérien et veut dire, en basque, le *rocher du fleuve*, ce qui convient à l'îlot, ou le *fleuve du rocher*, ce qui convient à la rivière.

Albe semble avoir reçu son nom des Ligures qui auraient été ses premiers habitants : car s'il y avait non loin de Rome deux villes d'Albe[1], il y avait aussi plusieurs villes du même nom ou d'un nom très-semblable chez les Ibériens de l'Espagne, de la Gaule et de la Ligurie[2]. On ne peut guère douter, d'après cela, que ce nom *Alba* ne soit un nom ligure et que les Ligures n'aient précédé les Latins dans l'ancienne métropole latine[3].

Mais c'est à Rome même que cette attribution par le

---

[1] L'une, Alba la longue, détruite par Tullus Hostilius; l'autre, Alba Marsorum, près du lac Fucin.

[2] Il y avait deux *Albium* dans la Ligurie; dans la Gaule méridionale, Alba Helviorum (Viviers) et Albiga (Alby); deux *Alba* en Espagne, l'une dans la Tarragonaise et l'autre dans la Bétique.

[3] Ces étymologies ibériennes peuvent éclairer sur l'origine des villes. Ainsi, la ville de Tribola dans la Sabine est mise par Denys d'Halicarnasse au nombre de celles que fondèrent les Aborigènes dont je parlerai bientôt, mais une ville de Lusitanie, pays ibérien, portait le même nom. On peut donc attribuer la fondation de la Tribola Sabine aux Ibères, c'est-à-dire aux Ligures. J'en dirai autant de Norba ; comme ce nom aussi est purement ibérien, en dépit des murs pélasgiques de Norba, je crois que les Ligures y ont précédé les Pélasges. Il en est de même de Corbio près de Rome dont le nom est celui d'une ville des Suessates en Espagne. (Humb., 76). J'ai indiqué jadis dans mon *Histoire littéraire de la France avant le douzième siècle* (I, 5) le port de Corbilo comme attestant en France l'extension des Ibères jusqu'aux bords de la Loire. Je les retrouve aujourd'hui sur les bords du Tibre.

basque, idiome ibérien, de certains noms de lieux aux Ibériens Ligures, a surtout de l'importance; elle confirme ma conjecture sur le Septimontium, dans lequel j'ai vu une Rome ou plutôt une *anté-Rome*, habitée par les Sicules et les Ligures.

Si les Ligures ont occupé une portion du Septimontium, on doit retrouver dans quelques parties du Septimontium des noms ibériens, vestiges persévérants de l'occupation Ligure; c'est ce qui a lieu en effet pour la Subura et pour l'Esquilin.

En Espagne, parmi les noms de souche ibérienne, je remarque celui d'un lieu appelé *Subur*[1]. Le nom de la Subura remonte donc aux Ligures. Quand Martial traversait, pour aller chez Pline le Jeune, l'emplacement de cette antique bourgade, devenu un quartier de Rome sale et bruyant, il ne soupçonnait pas d'où venait le nom de ce quartier.

Ni lui, ni aucun Romain ne se serait douté non plus de ce que la philologie nous révèle, savoir que le mot *Esquiliæ* (l'Esquilin) voulait dire *demeure des Ligures*. Dans la langue basque, *ilia* a le sens de ville; *esk* est, selon M. de Humboldt[2], le nom national des Ibères de

---

[1] Humboldt, p. 53. Subur, chez les Taletani, près d'un fleuve; la Subura était près d'un marais qui se reliait au Tibre. On trouve aussi en Espagne une Sabora (on écrivait parfois Sabura pour Subura). *Sa*, dans les monts Ibères, indique l'idée d'un lieu bas : la Subura était située en partie dans un enfoncement, de là peut-être la forme Sabura.

[2] Humboldt, p. 25.

nos jours, des Basques. Sans doute, ce nom était déjà celui des Ibères d'alors, des Ligures.

Au bas de l'Esquilin et aux confins de la Subura, s'élevait le bois nommé *Argiletum*. Ce bois paraît avoir, comme l'Esquilin et la Subura, reçu son nom des Ligures [1]; le quartier des Carines (Carinæ), dépendant de la Subura, pouvait lui-même avoir un nom ligure [2].

Ceci non-seulement confirme la tradition, mais encore la complète, et nous permet d'aller au-delà de ce qu'elle nous apprend : elle nous apprend seulement que les Sicules et les Ligures habitèrent le Septimontium; elle ne nous dit pas quelle partie du Septimontium chacun des deux peuples habitait; mais ce que la tradition ne nous dit pas, nous pourrons le découvrir; oui, nous pourrons, je crois, aller jusque là dans

[1] Une ville d'Espagne s'appelait Argilla (Humboldt, p. 64). Le nom propre espagnol Argueles et le nom de la charmante vallée d'Argelès dans les Pyrénées ont très-probablement la même origine.

[2] *Car*, dit Humboldt, est une syllabe qui se rencontre fréquemment au commencement des noms de lieu ibères et se lie à l'idée de *hauteur* (p. 68). Larramendi voit dans le basque *Cerra* l'origine de l'espagnol *Cerro*, colline (Humb., p. 52). Les Carines, comme la Subura, étaient en partie dans un fond, en partie sur une hauteur; l'**Agger**, appelé le mur de terre des Carines, n'aurait pas eu de sens s'il n'eût été, comme l'agger de Servius Tullius, sur la crête de l'Esquilin; un pareil moyen de défense ne peut être placé au bas d'une colline qui le rendrait inutile. La même racine *car* ou *cer* se trouve dans le nom du *Cer*oliensis qui touchait aux Carines, c'est aujourd'hui la *Via del Colosseo*. (Varr., *De l. lat.*, v, 47).

cette reconstruction de la topographie historique de Rome avant Rome.

La ville siculo-ligure du Septimontium se composait, comme nous l'avons vu, du Palatin, de l'Esquilin avec leurs sommets secondaires, et de la Subura.

L'Esquilin, la Subura, qui y touchait, le bois Argiletum, qui confinait à l'un et à l'autre, probablement les Carines, qui tenaient à la Subura, portaient des noms ibères. C'était donc la partie du Septimontium habitée par la portion ibérienne de la population; c'était le quartier des Ligures; les Sicules devaient demeurer sur l'autre partie du Septimontium, sur le Palatin, où en effet, jusque sous l'empire, était un lieu appelé *Sicilia*[1].

Outre les noms de lieu, le seul vestige que les Ligures aient pu laisser à Rome après eux, il faudrait le chercher dans la langue que l'on parle en cet endroit où ils sont venus. Il doit rester dans l'italien des mots dérivés du latin et que le latin avait reçus des Ligures ; car un peuple ne passe jamais par un pays sans déposer quelques mots dans la langue de ce pays, comme un voyageur laisse, en partant, un souvenir à ceux qui l'ont reçu. Y a-t-il des mots latins d'origine ligure, c'est-à-dire ibérienne, et dont par conséquent on puisse trouver les analogues dans le basque? Guil-

---

[1] Jul. Capitol., vie de Pertinax, *Hist. aug. Script.*, Ed. *Salm.*, p. 58.

laume de Humboldt en cite plusieurs [1], et il serait possible qu'il y en eût davantage. Certains noms propres latins me paraissent indiquer une origine ibérienne, c'est-à-dire ligure. Le plus remarquable, à cet égard, est le nom de Virgile [2].

J'ai rassemblé et tâché de coordonner tout ce qu'on

---

[1] Je citerai d'après lui : *Murus* de *Murua*, amas, monceau (Humboldt, p. 49); cependant l'ancienne forme de *Murus*, *Mœrus*, qui s'est conservée dans *Pomœrium* (*Post murum*), rend pour moi cette provenance bien douteuse; *Cur*vus de *gur*, celle-ci me semble plus vraisemblable); *mon*, terminaison ibérienne des noms de montagnes (Humboldt, p. 49), d'où *mon-s*, montagne. Il est à remarquer que c'est précisément ce mot *mons* qui figure dans le nom de la ville siculo-ligure le Septi-*montium*. Les Sabins se servaient du mot *collis*, vraisemblablement emprunté à leur langue, d'où il aura passé dans le latin, pour désigner le Quirinal qu'ils habitaient ; d'où Porta Collina, la porte du Quirinal, Salii Collini, les Saliens du Quirinal. Le nom de *Monti* est resté au quartier de Rome qui est situé principalement sur le mont Ligure, l'Esquilin.

[2] Vergilius, Vergilia, ville d'Espagne (Humboldt, p. 67); *Andes*, nom de la patrie de Virgile, peut être ligure (Andia. Humboldt, p. 38), s'il n'est gaulois (Andes, les Andecavi); dans ce dernier cas nous aurions le droit de réclamer le grand poëte pour notre compatriote, Virgile serait de sang angevin. Les Gaulois ont occupé le pays de Virgile et les Ligures ont pû s'étendre jusque-là. — Le prénom de Tibulle, Albius, ne semble pas venir d'*Albus*, mais avoir la même racine que le nom de lieu ibère *Albium*. Le nom des Vettii, famille romaine, rappelle les Vettones, peuple de Lusitanie; celui des Vibbii et le prénom Vibulanus, qui appartenait à une des plus anciennes branches de la *gens* Fabia elle-même très-antique, fait songer aux Vibelli, peuple Ligure ; le grand nom plébéien des Decius aux Deciates, nation ligure. Le nom de famille Helvius, le surnom Helva, ont aussi une ressemblance frappante avec Ilva, nom ligure de l'île d'Elbe. L'empereur Helvius Pertinax était né à Alba Pompeia, en Ligurie.

peut entrevoir de l'établissement des populations anciennes sur le sol qui devait s'appeler le sol romain, et, malgré l'insuffisance des matériaux, nous avons pu apporter quelque précision même topographique dans l'histoire de ces établissements; nous avons pu rattacher un monument qui subsiste encore à l'époque la plus antique de la tradition latine, à l'époque personnifiée dans le dieu Saturne, et dessiner assez nettement le contour de la ville anté-romaine des Sicules et des Ligures.

La curiosité, qui s'attache surtout à ce que l'homme ne peut qu'imparfaitement découvrir, se prend avec passion aux plus faibles lueurs qui traversent la nuit des temps primitifs. Sous toutes les couches de souvenirs qu'ont ici lentement déposées, et superposées les siècles, les entassant l'une sur l'autre, comme les débris graduellement amoncelés sur le sol de Rome; sous toutes ces couches de souvenirs, on trouve, en les fouillant, quelques débris de vérité, quelques parcelles d'histoire, quelques empreintes à demi effacées des peuples disparus, pareilles à celles que nous révèlent les êtres anté-diluviens. Penché sur le puits sombre que l'érudition a percé à travers les couches historiques, j'enfonce mon regard avide dans leurs obscures profondeurs; plaçant mon oreille à l'étroite ouverture de ce puits dont je n'aperçois pas le fond, j'écoute de loin l'écho presque insaisissable du bruit que firent autrefois là-bas des peuples muets depuis tant de siècles.

J'aime, vers le soir, à écouter ce bruit, là où il a autrefois retenti, à travers les rumeurs modernes qui le remplacent, à travers les chants de la procession qui passe, et le roulement des voitures qui viennent du *Corso*; j'aime à me représenter ici ces peuples dont on ne connait guère que les noms, passant sans le savoir ou s'arrêtant au hasard sur ces collines devenues depuis si célèbres, comme si c'était un sol indifférent, comme si cette colline couverte de chênes et de broussailles, sur laquelle ils construisaient leurs cabanes de laboureurs, ne devait pas être un jour le Capitole, comme si cette vallée marécageuse, où paissaient leurs troupeaux, ne devait pas être un jour le Forum romain. Puis je remonte subitement par la pensée d'eux à moi, et sans quitter cette place, où la destinée m'a amené comme eux pour y passer à mon tour, je contemple, **du** sein d'un présent triste, ces temps si loin encore d'un avenir qui lui-même est aujourd'hui si loin dans le passé.

V

LES ABORIGÈNES ET LES PÉLASGES

Extension et dispersion des Pélasges. — Les Aborigènes alliés aux Pélasges. — Les Pélasges appartiennent à la race grecque. — Les Aborigènes ne sont pas les habitants primitifs du Latium. — Trace des Pélasges en Italie. — Rome. — La Rome primitive, Roma Quadrata.

Il est une race mystérieuse qui figure aussi parmi celles qui ont habité le sol sur lequel Rome devait être fondée : c'est la race antique des Pélasges.

Les Pélasges ne s'arrêtaient nulle part ; nation errante et maudite, ils allaient à travers le monde. Ce peuple superbe avait refusé d'acquitter une offrande vouée aux dieux, et le courroux des dieux les poursuivait. Là où voulaient se fixer les Pélasges, des maladies les frappaient : leurs terres, leurs troupeaux,

LES ABORIGÈNES ET LES PÉLASGES.   109

leurs femmes devenaient stériles ; s'il leur naissait des enfants, ces enfants étaient maléficiés. Parmi ses calamités, ce peuple était grand ; il prenait et bâtissait des villes ; il remportait des victoires ; il avait la domination des mers.

Son nom était prononcé par les anciens avec un mélange de respect et d'effroi : les Pélasges sont les Titans de l'histoire.

Ce Juif-Errant des peuples était aussi un peuple Prométhée. Comme Saturne, qui lui-même aussi représentait peut-être une très-ancienne migration pélasgique, le peuple pélasge avait tiré les hommes des forêts, il avait apporté en Italie les lettres, il avait enseigné aux montagnards de la Sabine à bâtir des villes.

Voici les principaux traits de la migration errante des Pélasges [2]. Partis d'Argos, ils allèrent dans la Thessalie, puis se dispersèrent dans les îles [3] ; d'autres s'établirent dans l'Asie mineure. Ils se répandirent aussi dans la Macédoine et l'Épire. Un oracle leur prescrivit d'aller chercher la *terre de Saturne*. Poussés par les vents dans l'Adriatique, ils abordèrent vers les embouchures du Pô, traversèrent en combattant l'Ombrie, firent alliance avec les Aborigènes près d'un lac où était une île flottante, dans ce qui fut plus tard la Sabine,

---

[1] Den. d'Hal., I, 19.

[2] Les Pélasges sont particulièrement indiqués en Crète, à Lemnos et dans la Samothrace.

puis occupèrent quelques villes de l'Étrurie, le pays intermédiaire entre la Sabine et l'Étrurie ; enfin, toujours avec les Aborigènes, ils s'établirent sur les collines qui devaient être Rome.

A part les contrées indiquées dans ce récit comme ayant été visitées par les Pélasges, on les trouve dans beaucoup de pays, dans l'Attique, en Arcadie. Niebhur n'admettait pas qu'on pût suivre leurs courses d'une manière certaine, mais il reconnaissait leur présence sur une foule de points de la Grèce, de l'Asie mineure et de l'Italie, et concluait en disant : Il fut un temps où les Pélasges, qui formaient peut-être le plus grand peuple de l'Europe, habitaient depuis le Bosphore jusqu'aux bords de l'Arno.

Les Pélasges étaient un rameau de la race grecque[1], plus ancien que les Hellènes, et qui n'avaient point participé à la civilisation hellénique ; leur langage était originairement grec, bien que devenu assez différent à cause de leur antiquité et de leur séparation des Hellènes pour qu'Hérodote, écrivant dans un temps où la philologie comparée n'existait pas, ait pu dire qu'ils parlaient un idiome barbare.

Mais on ne saurait traiter des Pélasges sans traiter des Aborigènes.

Les Aborigènes apparaissent pour la première fois

[1] Ce qui prouve que les Pélasges se considéraient comme Grecs, c'est que ceux d'Agylla, en Étrurie, avaient un trésor à Delphes, centre religieux des populations helléniques. (Str., v, p. 220, éd. Casaub.)

dans le pays Sabin; ils sont représentés comme les alliés des Pélasges[1], avec lesquels, à cause de leur étroite association, on les a confondus parfois.

On les a confondus également avec les peuples Autochtones[2] du Latium à cause de leur nom, qui semblait signifier *indigène*, mais dont le sens peut avoir été tout différent; l'histoire ne connait pas les Aborigènes avant la venue des Pélasges.

Les Aborigènes furent chassés des environs de Riéti

---

[1] Selon Denys d'Halicarnasse (i, 20,) les Aborigènes unis aux Pélasges fondèrent diverses villes dont le nom montre évidemment l'origine pélasgique, Alsium, Agylla, Pise.

[2] Catil., vi. Les Aborigènes ne sont point les habitants originaires du Latium; ils viennent du dehors, de la Sabine, selon le témoignage de Denys d'Halicarnasse, seul témoignage détaillé qui les concerne. A cela près, tout est vague et confus dans leur histoire. Leur nom était employé proverbialement pour désigner une haute antiquité, à peu près comme nous employons en français le mot *gaulois;* mais l'identité des Aborigènes et des habitants primitifs du Latium est démentie par Denys d'Halicarnasse qui les montre bien après l'époque de Saturne, s'alliant dans la Sabine aux Pélasges, soumettant et chassant les Sicules. Quoi de plus différent, d'ailleurs, que la préposition *in* dans *in*digenæ et la préposition *ab* dans *ab*origènes? Aussi a-t-on cherché à ce mot d'autres étymologies. Justin, qui voit dans les Aborigènes les premiers habitants de l'Italie, dit qu'ils furent nommés ainsi parce qu'ils étaient errants. Ceux qui admettaient cette étymologie les appelaient Aberrigènes (*Orig. Gent. rom.*, iv). Une autre étymologie tirait leur nom d'*ab* et d'*oros*, en grec *montagnes,* les Aborigènes seraient les *enfants des montagnes :* le mot *oros* (montagne) aurait été introduit dans leur langue par leurs alliés les Pélasges.

par des Sabins descendus d'Amiternum, non loin du lac Fucin, mais eux-mêmes, venant de la contrée sabine, doivent être considérés comme d'autres Sabins[1].

Ceux des Pélasges qui s'étaient établis avec eux furent poussés en même temps par cette descente terrible des montagnards de l'Apennin, et c'est ainsi que les deux peuples se trouvèrent jetés sur les Sicules et les Ligures. Ces premiers occupants du pays semblent avoir été associés comme l'étaient les Aborigènes et les Pélasges. Ceux-ci attaquèrent d'abord ensemble la grande nation des Ombriens, les anciens adversaires des Pélasges, qui occupaient alors une partie de l'Étrurie, leur prirent plusieurs villes, puis en enlevèrent d'autres aux Sicules sur la rive gauche du Tibre, arrivèrent ainsi à Rome ou plutôt, car il n'y avait pas encore de Rome, à la ville bâtie sur le Palatin et l'Es-

---

[1] Je crois qu'on a eu raison d'identifier, d'après Servius (*Æn.*, I, 6) les Aborigènes avec les *Casci*, mot sabin, dit Varron, qui voulait dire *ancien*. (*De l. lat.*, VII, 28). — Une petite ville de la Sabine porte encore le nom de Cascia; — mais, malgré le vers d'Ennius cité par Varron :

> Quam prisci *Casci* populi tenuere *latini*,

je pense, d'après ce qui précède, qu'il ne faut pas voir comme on le fait généralement dans les Casci les anciens Latins, mais d'anciens Sabins. Prisci quirites, Virg., *Æn.*, VII, 710.

On met ces prétendus *anciens Latins* à Nomentum (Serv., *Æn.*, VI, 773) et dans d'autres villes sabines.

quilin par les Sicules et les Ligures, et s'en emparèrent. Il n'est dit nulle part que les Pélasges soient venus à Rome, mais nous y reconnaîtrons des signes incontestables de leur passage; d'ailleurs, unis aux Aborigènes pour conquérir sur les Sicules les pays voisins du Tibre, ils ont dû les suivre jusque là.

Ceux qui ont chassé les Sicules et les Ligures du Septimontium sont appelés *Sacrani*.

Les Sacrani sont des Aborigènes [1] venus de Rieti dans la Sabine [2] et par conséquent Sabins. Ce mot *sacrani* ne désigne point un peuple en particulier, il désigne l'émigration singulière que les anciens appelaient *ver sacrum, printemps consacré.* Pour conjurer le courroux céleste manifesté par une contagion ou par quelque autre calamité, on vouait par avance aux dieux ce que le printemps produirait, plantes, fruits, animaux, enfants. Dans l'origine tout était probablement matière de sacrifice, les enfants comme le reste; quand les mœurs commencèrent à s'adoucir, on se contenta d'offrir aux dieux irrités les animaux et les fruits; mais, pour accomplir le vœu en quelque manière, on chassait du pays les enfants devenus adultes, qui allaient chercher une terre pour s'établir. Cet usage du *printemps consacré* était connu des Grecs et de

---

[1] Den. d'Hal., I, 16.
[2] Paul. Diac., p. 320.

plusieurs peuples d'Italie [1]; on le voit établi plus particulièrement chez les Sabins [2]. Commun à la Grèce et à l'Italie, il doit avoir été apporté par les Pélasges [3], et c'est d'eux que les Aborigènes sabins, leurs alliés, ont dû le recevoir. C'était donc à un *printemps consacré* des Sabins que s'étaient associés les Pélasges.

Je reviens aux Pélasges.

L'histoire de leurs migrations nous a conduits à quelques lieues de Rome qui n'existe pas encore; ceux-là étaient entrés en Italie par le nord, mais les Pélasges, sous le nom d'Œnotriens [4] et sous d'autres noms, pénétrèrent aussi dans la Péninsule par son extrémité méridionale; ils s'avancèrent ainsi vers Rome de deux côtés, sans compter les débarquements qu'a dû opérer sur les côtes ce peuple navigateur, et dont quelques-uns ont pu l'amener directement sur le rivage du Latium.

La présence des Pélasges en Italie y a laissé plusieurs sortes de vestiges : les noms de villes et les autres

---

[1] Les Mamertins (*Fest.*, p. 158); les Ardéates, « qui aliquando, cum peste laborarent, ver sacrum voverunt, unde sacrani appellati sunt. »

[2] Ut olim crebrò Sabini factitaverunt (Varr., *De re rust.*, III, 16).

[3] Den. d'Halicarnasse le leur attribue formellement (I, 23).

[4] Les Œnotriens, qui viennent du sud, sont des Pélasges, car leur chef Œnotrus est un petit-fils de Pélasgus. Ils fondèrent en Campanie une ville de Larissa. Ce mot est pélasge, il désigne une forteresse et se retrouve dans plusieurs pays que les Pélasges ont habités, notamment en Thessalie. De plus les Grecs établis dans l'Italie centrale appelaient leurs serfs *pélasges*. (Steph. Byz., s. v. χίοι).

noms de lieux à physionomie grecque, certains cultes anciens d'origine pélasgique ; enfin ces murs encore debout qui mettent pour ainsi dire sous nos yeux la puissance et la grandeur de cette nation disparue.

Il faut se défier des origines grecques attribuées aux villes d'Italie, par cette prétention et cette mode de tout faire dériver du grec, dont Denys d'Halicarnasse, un rhéteur grec, a donné surtout l'exemple ; mais je pense qu'il est souvent arrivé qu'on a remplacé par une origine grecque une origine pélasgique, mettant ainsi une fausse science à la place d'une tradition vraie. La confusion était facile à une époque où l'on adorait les Grecs et où l'on avait presque oublié les Pélasges : comme je l'ai dit, les Pélasges étaient les frères aînés des Grecs et devaient parler un dialecte plus ancien de la même langue [1].

[1] Hérodote dit (I, 57) que les Pélasges parlaient une langue barbare. Mais au temps d'Hérodote, on n'avait aucune idée de ce qui constitue l'affinité réelle des langues. Cette science est toute moderne et elle ne s'est perfectionnée que de nos jours. César, qui avait écrit sur la grammaire, mais non sur la grammaire comparée, car les anciens n'eussent pas daigné comparer entre eux et encore moins avec le latin et le grec des idiomes barbares, César (*de Bel. Gall.*, I, 1) ne paraît pas s'être aperçu que la langue des Belges et la langue des Gaulois étaient deux dialectes celtiques, et semble croire qu'elles diffèrent l'une de l'autre autant que de l'aquitain; or l'aquitain appartenait à la même famille que le basque, lequel n'a de rapport avec aucun idiome européen. Deux langues que l'on entend parler, — et Hérodote a pu entendre parler le pélasge de son temps, — si l'on ne découvre par l'étude leurs rapports philologiques, peuvent n'offrir en apparence

Quand je trouve en Italie des noms de lieux anciens dont la racine est grecque, je suis forcé de les faire remonter aux Pélasges et de dire : les Pélasges ont passé par là. Ainsi, pour ne parler que de lieux situés à peu de distance de Rome : Politorium[1], Empulum[2], Nomentum[3], Cora[4], Alsium[5], le lac Alisietinus, Pyrgoi...[6], le Soracte[7], dont le nom veut dire en grec le *monceau escarpé* ou plutôt l'escarpement du monceau, ce qui peint très-bien cette masse abrupte et isolée dans la campagne romaine; tous ces lieux ont été nommés et par conséquent habités par les Pélasges.

A Rome même, plusieurs noms de localités montrent la présence des Pélasges, par exemple les noms du Vélabre et de la Velia.

Helos ou Velos signifie en grec *marais*[8]. Diverses villes, en Italie et en Grèce, se sont appelées Élis,

aucune analogie et être cependant fort voisines. L'allemand, comme je l'ai éprouvé, ne sert à rien pour se faire entendre en Suède, et néanmoins le suédois et l'allemand sont deux dialectes germaniques.

[1] De *polis*, ville.
[2] Pour *en pulên*, à l'entrée du défilé. Empulum, aujourd'hui Ampigliano, est à l'entrée d'une gorge. Nibby, *Dintorn. di R.*, II, 11.
[3] Nomê, pâturage.
[4] Cora, nom grec de Proserpine.
[5] Alsos, bois sacré.
[6] Pyrgoi, les tours; on connaît deux villes de Pyrgoi en Élide.
[7] Sòrou actè, l'escarpement du monceau.
[8] Helos, avec le digamma éolique, Velos.

Élea, Vélia, et toutes sont situées dans des contrées marécageuses[1].

Le nom du Velinus (Velino), fleuve de la Sabine, pays qui a vu les Pélasges, a la même origine ; la contrée traversée par cette rivière est marécageuse, et l'était encore plus, avant que les Romains, ouvrant aux eaux du Velinus un écoulement dans la Nera, eussent par là créé la cascade de Terni.

A Rome, comment ne pas retrouver, malgré des étymologies peu sérieuses, comme le sont en général celles des anciens[2], cette racine *velos* dans le nom du Vélabre qui était un marais ?

---

[1] Il faut y joindre Eloios en Ætolie, Elaioùs près des marais de Lerme, Velletri (Velitræ) qui domine les marais Pontins, Eleôn, ville de Béotie, qui, suivant Strabon, avait été nommée ainsi à cause des marécages qui l'entouraient. Denys d'Halicarnasse (I, 20) dit également qu'un lieu entouré de marais (dans la Sabine où furent les Pélasges) s'appelait Ouelia parce que dans la *langue antique* on désignait ainsi les endroits marécageux. Servius (*Æn.*, vi, 359) donne la même étymologie du nom de la ville d'Élæa ou Velia dans l'Italie méridionale. C'est celle d'*Hélos* à l'embouchure de l'Eurotas, de *Velinis* en Étrurie près des marais de Volterre, Vada Volaterrana.

[2] Je mets au nombre de ces étymologies peu sérieuses celle qui dérivait le mot *Velabrum* des voiles (Vela) au moyen desquelles on était censé avoir franchi ce marais de peu d'étendue, ou des voiles qu'on tendait sur la route des triomphateurs quand ils traversaient le quartier du Vélabre, comme si la rame n'eût pas suffi et comme si le nom primitif du lieu eût pu tenir à un usage aussi récent que celui d'orner de tentures la rue qui avait succédé au marais et lui devait son nom. L'opinion de Varron (*De l. lat.*, v 44), qui

Il en est de même de la Velia, éminence qui s'élevait autrefois, plus qu'elle ne fait aujourd'hui, à l'extrémité du Forum; or nous savons que le Forum a été, dans l'origine, couvert presque tout entier par des eaux stagnantes.

Ce que j'ai dit des noms de lieux, dont l'origine est grecque et, par conséquent lorsqu'ils sont anciens, ne peut se rapporter qu'aux Pélasges, s'applique au nom de Roma elle-même.

Ce nom *Roma* n'a pas de sens en latin, en grec il veut dire *Force;* cela seul nous conduit à l'attribuer aux Pélasges [1].

Je crois que ce nom fut donné d'abord par eux à une enceinte fortifiée placée à l'angle occidental du Palatin, enceinte qui, en raison de sa forme, fut appelée *Roma quadrata*, Rome carrée; il ne faut pas confondre cette Rome carrée des Pélasges, qui n'occupait qu'un angle du Palatin, avec la Rome de Romulus, qui embrassait ce mont tout entier et n'était pas plus carrée que lui [2]. La Rome carrée était dans l'origine, dit Festus [3], un lieu entouré d'un mur de pierre;

---

tire *Velabrum* de *Velatura*, transport, prix de transport, ne mérite pas davantage d'être discutée. Le même Varron (*De l. lat.*, v, 54) voit l'origine du mot Velia dans la coutume de tondre (vellere) les moutons en cet endroit.

[1] Au pied du Palatin était un autre petit établissement à nom pélasgique, Bucitatum. Duc de Luynes, *Nummus de Servius Tullius*, p. 18.

[2] La forme du Palatin est celle d'un trapèze.

[3] Saxo munitus est initio in speciem quadratam (Fest.. p. 258).

cela ne veut-il pas dire un lieu fortifié, un *oppidum*, mot par lequel la Rome carrée est aussi désignée ?

Les Pélasges avaient fait là comme à l'acropole d'Athènes, où ils avaient construit le mur appelé *pelasgicon*.

On sait positivement où était la *Rome carrée* sur le Palatin et on peut mesurer, à très-peu de chose près, son étendue.

La religion des origines en avait conservé la mémoire, et au troisième siècle de notre ère la tradition précisait l'emplacement de cette enceinte, où l'on déposait les choses de bon augure pour la fondation d'une ville.

La Rome carrée commence, dit Solin[1] qui la confond avec la Rome de Romulus[2], « au bois du temple d'Apollon, et se termine au sommet de l'escalier de Cacus, là où est la cabane de Faustulus. »

Le temple d'Apollon, dont on a pu par des débris qui ne sont plus visibles[3], mais qui l'ont été, déterminer la place sur le Palatin, était voisin de la maison

---

[1] Solin, I, 18; *Fest.*, p. 258.

[2] Plutarque (*Rom.*, 9) fait la même confusion. Ennius paraît l'avoir faite en disant que Romulus a régné sur la Rome carrée. Mais avec tout cela ces différents auteurs considéraient la *Roma quadrata* comme un *oppidum* ; c'est la mémoire qu'elle avait laissée.

[3] Il y a une vingtaine d'années, on voyait encore sur le Palatin quel-

d'Auguste, et plusieurs chambres de cette maison existent dans la villa Mills. On sait donc exactement où commençait au sud la Rome carrée. L'escalier de Cacus était nécessairement tourné vers l'Aventin, séjour de Cacus; la Rome carrée longeait le bord du Palatin qui regarde cette colline, elle se terminait où se termine le Palatin lui-même : c'était donc à l'extrémité occidentale de la colline du côté du Vélabre, là où se trouvait la cabane de Faustulus ; la cabane de Faustulus, père nourricier de Romulus, était la même que la cabane de ce roi que l'on croyait avoir conservée. Un des côtés d'un carré étant donné, la longueur des trois autres se déduit mathématiquement de la longueur du premier. Canina l'évalue à huit cents pieds, et le pourtour de l'enceinte a plus d'un demi-mille romain. Il a cru en reconnaître encore l'emplacement par l'élévation du terrain plus grande en cet endroit.

ques restes du temple d'Apollon, et surtout de la bibliothèque placée devant le temple. Aujourd'hui tout cela a disparu et ne se retrouve plus que dans le travail de restauration très-intéressant de M. Clerget, travail enfoui dans une salle de l'Institut, comme tous ceux qu'exécutent chaque année MM. les architectes pensionnaires de l'Académie de France à Rome, souvent d'une manière fort remarquable, mais sans profit pour le public. Ne pourrait-on pas trouver un moyen de faire arriver ces travaux sous ses yeux? Ne pourrait-on pas consacrer une salle de l'Ecole des Beaux-Arts à l'exposition au moins des plus distinguées parmi ces restaurations, dans l'intérêt de l'art et de l'archéologie?

La Rome carrée des Pélasges occupait donc l'angle occidental du Palatin. Grâce à l'indication de ses limites, traditionnellement conservées par la religion qui les avait consacrées, on peut, sans trop d'invraisemblance, tracer pour ainsi dire le plan, et faire avec quelque probabilité le tour de la Rome primitive, de Rome à l'état d'embryon.

De Rome, ai-je dit; j'ai enfin appelé Rome par son nom; ce nom que jusqu'ici je n'osais lui donner parce qu'elle ne le portait pas encore; maintenant une très-petite partie d'elle-même, il est vrai, a commencé à le porter. Roma est bien peu de chose, mais il y a une *Roma*.

Ainsi le peuple pélasge a eu l'honneur d'être le parrain de cet enfant qui devait, quand il aurait atteint l'âge viril, gouverner le monde.

Ce nom est le plus grand vestige des Pélasges à Rome, où il ne leur a pas été donné d'en laisser beaucoup d'autres. Mais celui-ci n'a pas été effacé ni même altéré par le temps. Aussi durable, aussi indestructible que les murs élevés par ce peuple, dont la destinée était de périr après avoir fondé des monuments impérissables, le nom de Rome est presque le seul, parmi ceux des villes anciennes d'Italie, qui ne se soit pas modifié en traversant les siècles. *Florentia* s'est changée en *Firenze*, *Neapolis* en *Napoli*, *Bononia* en *Bologna*, *Mediolanum* en *Milano*; Rome s'appelle encore, et, on peut le croire, s'appellera toujours *Roma*.

La destinée a fait de ce nom de *Roma, la force*, un symbole magnifique; dans l'origine il n'exprimait vraisemblablement d'autre idée que celle de fort ou forteresse [1]. C'était la forteresse de la ville pélasgique et sabine qui prit de là son nom, ville que j'espère pouvoir reconstituer en recherchant sur les collines de Rome les traces de l'occupation commune de ces collines par les Pélasges et par les Aborigènes.

C'est remonter assez haut. Cependant nous n'avons pu nous arrêter aux Pélasges et aux Aborigènes, il a fallu pousser plus avant et aller jusqu'à leurs devanciers les Sicules et les Ligures. Plus on s'enfonce dans les origines de Rome, plus on voit s'ouvrir des lointains effrayants; il semble qu'on n'arrive jamais au premier âge de cette étonnante création. L'historien éprouve quelque chose de la stupeur du géologue, qui découvre dans les profondeurs de la terre des couches de terrain et des espèces d'êtres toujours plus anciennes. La ville qui s'appelle encore éternelle, parce qu'elle croit ne jamais finir, semble devoir aussi s'appeler éternelle parce qu'elle n'a pas eu de commencement.

Telle est, d'après des témoignages que je ne vois nul motif de rejeter, la position de la première Rome.

---

[1] Comme au moyen âge *firmitas* d'où *la Ferté*, ou comme une forteresse au quatrième siècle s'appelait *robur* (Amm. Marcell., xxx, 3).

Pour moi ce coin du Palatin est le vrai berceau de la ville extraordinaire dont j'écris l'histoire.

Quand je regarde cette colline isolée du Palatin qui, de ce côté, m'apparaît hérissée de broussailles et a repris un peu de l'aspect sauvage qu'elle devait avoir quand une tribu du peuple errant s'y reposa; je songe à ce peuple étrange des Pélasges, je le vois comme s'il était là devant moi, respirant un moment de ses calamités, puis reprenant sa course sous la malédiction qui le suit partout.

VI

SUITE DES PÉLASGES

Murs pélasgiques en Asie, en Grèce, en Italie, aux environs de Rome. — **Murs d'Alatri.**—Vestiges de la religion des Pélasges.— Pan générateur. — L'antre lupercal. — Vesta, sanctuaire de Vesta. — Autres sanctuaires fondés par les Pélasges aux environs du Palatin. — Le mauvais œil.

Nous avons vu ce que les noms de lieux pouvaient nous apprendre des Pélasges, mais il est d'autres traces de leur présence.

D'abord, ces murs d'une construction particulière, qui leur appartiennent et qu'on avait nommés murs cyclopéens, parce qu'on ne savait à qui les attribuer.

Puis les traditions religieuses ou héroïques, qui peuvent avoir été apportées en Italie par les Pélasges.

Sur divers points de l'Asie occidentale, de la Grèce

et de l'Italie, on rencontre des murs d'un aspect singulier : au lieu d'être formés de pierres taillées carrément et disposées en assises régulières, comme les murailles grecques ou étrusques et comme les anciennes murailles de la Rome des rois, ces murs sont composés de blocs irréguliers, polyédriques, tantôt entassés avec un certain désordre, et entremêlés de petites pierres, tantôt taillés avec soin et ajustés avec art [1].

Ces murs sont attribués par les uns et disputés par les autres aux Pélasges.

Pour ma part, je ne prétends pas nier que différents

---

[1] Dans les uns, on a pris les blocs tels qu'ils se trouvaient, dans les autres, l'art a imité ces irrégularités ; mais il ne faut pas en induire une différence d'origine, car les deux procédés se montrent en Grèce, où ces deux sortes de murs ne peuvent avoir qu'une origine, et une origine pélasgique. En Italie la même ville, Cori par exemple, présente l'un et l'autre système.

Quant à ceux qui prétendent que ces murs ne remontent pas au delà de l'époque romaine, leurs arguments me semblent sans valeur. Parce qu'on a bâti dans le système polyédrique au temps de la république et jusque sous l'empire, on n'en doit pas conclure qu'un système de construction qu'on trouve au mont Ida, à l'acropole d'Athènes, là où furent les plus vieilles villes de la Grèce et de l'Italie, ne date que des Romains.

On a imité le pélasgique comme nous imitons le gothique, comme Auguste faisait de l'étrusque, en élevant l'enceinte de son Forum. Dans une rue, à côté de ce Forum, j'ai vu la disposition étrusque reproduite sur la façade d'une maison qui n'a pas cent ans : il ne s'ensuit pas que les murs du Fiesole soient d'hier, et de ce que le roi de Bavière a employé le système pélasgique dans sa Valhalla de Ratisbonne, il ne suit pas que les murs de Tyrinthe et d'Alatri ne soient point l'œuvre des Pélasges.

peuples aient pu construire aussi des murs à blocs irréguliers ; on en trouve en effet dans des villes dont l'origine est attribuée aux Sicules et aux Aborigènes, dans des villes du pays des Sabins, des Herniques, des Marses et des autres peuples montagnards de l'Apennin [1].

Mais rien ne prouve que ces villes n'aient pas été anciennement pélasges, puisque les Pélasges ont parcouru une grande partie de la péninsule italique. De plus, ces différents peuples ont pu imiter un système de construction importé par un peuple étranger et qui est représenté comme civilisateur, comme enseignant aux anciens habitants de la Sabine l'art de bâtir des villes.

C'est ainsi que les Romains ont imité, dans la structure de leurs premières murailles, la maçonnerie étrusque.

En principe, il semble raisonnable d'attribuer à un même peuple un système de constructions similaires.

Cette vraisemblance devient presque une certitude,

---

[1] On a cherché à expliquer la différence du système polygonal et du système rectangulaire par la différence des matériaux. Là où la pierre est calcaire, dit-on, on a employé le premier; là où elle est volcanique et par suite plus facile à tailler en rectangles réguliers, on a employé le second.

Mais les faits ne s'accordent point avec cette explication tirée de la géologie; il y a à Ampiglione des murs à polyèdres de tuf volcanique. (Dennys, *Sep. of Etr.*, ii, 285-6.)

quand on retrouve les murs présumés pélasgiques dans des contrées différentes, sur des points très-éloignés, et là précisément où l'on sait que les Pélasges se sont établis, depuis le mont Ida, dans la Troade, jusque dans le voisinage de Rome.

Ainsi, en Grèce, c'est à Tyrinthe que se voient les plus remarquables de ces murailles; on les a observées aussi à Mycènes; Tyrinthe et Mycènes sont dans l'Argolide, qui passait pour le berceau des Pélasges ; à Athènes, Thucydide nous apprend que les Pélasges avaient entouré de murs la citadelle et qu'une partie de ces murs s'appelaient *pelasgicon*. Un reste de murs à blocs irréguliers existe encore au dessous de l'acropole d'Athènes. On admettra l'origine pélasgique d'un mur bâti par les Pélasges, qui avait gardé leur nom, et l'on consentira peut-être à l'étendre aux murailles de structure analogue qui existent ailleurs en Grèce et en Italie.

L'appareil polyédrique des murailles n'est pas la seule ressemblance que présentent les antiques monuments des deux pays. On en trouve une autre non moins frappante entre l'ogive imparfaite d'une porte de tombe, à Cœre[1], qui fut la pélasgique Agylla, entre l'ogive également imparfaite de la porte du réservoir de Tusculum et la voûte du trésor d'Atrée à Mycènes, du trésor des Myniens à Orchomène[2].

[1] Tombe *regulini galassi* (Dennys, *Sep. of Etr.*, ii. 46).

[2] Ces divers monuments, également pélasgiques, présentent de même

Les *Cordonate*, on nomme ainsi à Rome des pentes interrompues par des marches, les *cordonate*, qui s'observent dans plusieurs villes antiques de l'Italie et de la Grèce [1], paraissent avoir une origine pélasgique, car il en existe une à Alatri, que nous ne tarderons pas à reconnaître pour une cité pélasge.

L'usage s'en conserve encore aujourd'hui à Rome, où la rampe du Capitole en offre un exemple; et plusieurs escaliers de palais, très-doux et très-lents à monter, ressemblent beaucoup aux *cordonate* des Pélasges.

Quant aux murs à polyèdres irréguliers, il ne faut pas les considérer isolément ; mais en quelque lieu qu'on les trouve, si l'on veut découvrir leur origine, on doit les rapprocher de la grande famille de monuments analogues, à laquelle ils appartiennent; ils ont été indiqués en Asie, en Grèce, en Italie et nulle part ailleurs. Or, il n'y a que les Pélasges qui aient été dans ces trois pays et ils n'ont été que là.

Il faut donc suivre les Pélasges à la trace des murs pélasgiques, de l'Orient à l'Occident, dans le sens où s'est faite leur migration. Ils semblent avoir placé ces

---

une fausse voûte sans clef, formée par des pierres qui vont s'avançant toujours davantage l'une vers l'autre jusqu'à ce qu'elles se réunissent au sommet. M. Bleewitt, auteur de l'excellent guide pour l'Italie méridionale, de la collection Murray, déclare avoir été frappé d'une ressemblance du même genre entre la porte triangulaire d'Arpinum, ville aux murs pélasgiques, et la galerie de Tyrinthe. *Guide for s. Ital.*, 50.

[1] Voyez Dennys, *Sep. of Etr.*, II, 121.

monuments extraordinaires comme de gigantesques pierres miliaires le long de leur aventureux chemin, depuis le voisinage de Troie jusqu'aux environs de Rome.

Nous partirons du mont Ida[1] avec Enée, dont le voyage aux côtes du Latium est l'expression fabuleuse d'un fait réel, la migration des Pélasges. Sur l'Ida se voit une enceinte de cinq cent soixante-dix pieds, et une muraille qui a vingt et un pieds de largeur; la structure de cette enceinte et de cette muraille est très-semblable à celle des murs de Tyrinthe. D'autres ont été observées en Lycie, dans presque toutes les parties de la Grèce, dans l'île de Crète, en Argolide, en Laconie, dans l'Attique, en Phocide, en Thessalie, en Macédoine et en Épire ; tous ces pays ont été visités par les Pélasges.

On voit les murs pélasgiques s'avancer de la Grèce vers l'Italie, d'un côté, par l'Épire où ils abondent, et de l'autre par la Sicile, où celui de Céfalu marque une station et comme une étape des Pélasges.

Leurs monuments sont moins nombreux dans l'Italie méridionale. Cependant on en a indiqué quelques-uns, mais dont l'existence n'est pas encore parfaitement constatée Ces signes de la route des Pélasges

---

[1] L'Ida, mont de Dardanus, lequel, symbole de la race pélasgique, lie par ses migrations l'Italie à la Grèce et à l'Asie (voyez, pour les murs de l'Ida, Prokesch, *Ann. dell' ist. archeol.*, 1854, p. 197, et, pour les autres, Dodwell et les voyages en Grèce de Leake et de Mure).

sont ici plus rares et semblent presque interrompus. En revanche, la marche des Pélasges est clairement indiquée dans le sud de la Péninsule, par ce que la tradition rapporte des Œnotriens dans lesquels on ne peut méconnaître des Pélasges [1].

Dans l'ancienne Étrurie, on a reconnu d'incontes-

[1] Voy. p. 114. Les Grecs se représentaient les populations de l'Italie, en allant du sud au nord, dans l'ordre suivant : les Œnotriens, les Tyrrhéniens, les Ligures (vers du *Triptolème*, de Sophocle, cité par Denys d'Halicarnasse, I, 12); le nom d'*Œnotria* fut donné d'abord à une portion de l'Italie méridionale, puis, par extension, à l'Italie tout entière. Il en fut de même du nom d'*Italia*, dont la progression vers le Nord indique celle des Pélasges; car Italus était le frère d'Œnotrus, et par conséquent descendant comme lui de Pélasgus. (Serv., *Æn.*, I, 532.) On donne encore pour frère à Œnotrus Iapyx, Peucetius et Daunius, ce qui rattache aux Pélasges les Yapiges, les Peucétiens et les Dauniens, peuples de l'Italie méridionale, dans laquelle Niebuhr et M. Mommsen ont trouvé des traces d'un dialecte grec primitif, *anté-grec*, qui ne peut être que le pélasge. On suit ce rameau des Pélasges jusque dans la Sabine que Servius (*Æn.*, VII, 85) appelle la terre des Œnotriens. Ces Pélasges y viennent rencontrer, non loin de Rome, l'essaim parti des embouchures du Pô, et qui s'est avancé en sens contraire; là où les deux se réunissent, abondent les murs pélasgiques. Toutes ces indications qui s'accordent si bien permettent, ce me semble, de croire aux Pélasges en Italie, et d'admettre la tradition d'après laquelle ils seraient venus à Rome.

Les Ausoniens, appartenant peut-être aussi à la famille des Pélasges, paraissent être plus anciens en Italie que les Œnotriens, et ont été identifiés (Arist., *Rép.*, VI, 7, 3) avec une portion de la population indigène qu'on désignait par le nom assez vague d'*Opiques*, nom qui, contracté en *Osques*, fut celui de l'idiome parlé par les peuples qui la subjuguèrent.

tables débris de murs pélasgiques ; il en existe à Orbitello[1], à Cosa[2], à Saturnia[3], à Roselloe[4], dans le pays où des villes furent fondées par les Aborigènes alliés des Pélasges, et où les Pélasges ont pu arriver par mer.

En se rapprochant de Rome, on trouve, ce qui est décisif pour leur origine, des murs à polyèdres irréguliers dans des villes qu'on sait d'ailleurs avoir une origine pélasgique.

Près de deux de ces villes dont l'origine est certainement telle[5] Cære (Cervetri), et Pyrgoi (Santa-Severa), on a signalé des restes de constructions pélasgiques.

Voilà de frappantes coïncidences entre la fondation de ces villes, attribuée aux Pélasges, et la présence des murs qu'on voudrait enlever à ce peuple ; il en est de même au sud du Tibre, où ces murs sont beaucoup plus nombreux ; à Cori (Cora, nom grec), célèbre par

---

[1] Dennys, *Sep. of Etr.*, II, 264.
[2] II, 271.
[3] II, 319.
[4] II, 248.
[5] On le sait positivement de Cære (Strab., v, 2), et pour Pyrgoi, son nom grec le prouve. Je ne sache pas qu'on ait découvert de murs vraiment pélasgiques près de Cære. Mais on a observé dans la porte d'une tombe (Dennys, *Sep. of Etr.*, II, p. 461) cette disposition des assises se rapprochant de manière à former une fausse ogive qui a été remarquée dans des monuments pélasgiques de l'Italie et de la Grèce (Voy. plus haut).

ses murailles polyédriques, elles forment, dit Dodwell, une galerie semblable à celle de Tyrinthe. Or la tradition donne à Cora un fondateur pélasge, Dardanus. Une autre ville à murs polyédriques, Norba, passait aussi pour avoir été fondée par Dardanus.

Les murs pélasgiques de Norba s'élèvent solitaires, sur un plateau inhabité. Leur aspect lugubre rappelle une terrible tragédie : en apprenant l'arrivée de Sylla qui venait les assiéger, les habitants se tuèrent jusqu'au dernier et incendièrent leur ville. C'est pourquoi il ne reste rien de ses édifices, elle n'a pas été rebâtie depuis; mais les vieux murs des Pélasges sont encore debout et intacts, ils survivent, comme indestructibles, à la destruction de la ville romaine qu'ils ont précédée de tant de siècles.

C'est dans le cœur de la Péninsule, dans les montagnes qui en occupent le centre, et où les émigrations pélasgiques, venues du nord et venues du sud, semblent avoir convergé, depuis la Sabine jusqu'au pays des Samnites, que les monuments pélasgiques sont le plus nombreux, mêlés peut-être à d'autres monuments du même genre, bâtis par les anciens peuples italiotes disciples des Pélasges.

Ces constructions singulières se montrent chez les différents peuples qui, à une époque moins ancienne, luttèrent si vaillamment contre les Romains, et en défendant au sein de leurs montagnes leur propre indépendance, furent durant plusieurs siècles les champions de l'indépendance du monde; chez les Marses [1], qui domptaient les serpents, chez les Herniques [2], dont le nom voulait dire dans leur langue *les hommes des rochers*, chez les Volsques [3], nation à la fois montagnarde et maritime, belliqueuse et navigatrice; enfin, chez les Samnites [4], qui tinrent tête aux conquérants pendant une guerre de soixante années et firent passer sous le joug un consul romain et une armée romaine. Là, dispersées sur des sommets déserts, perdues dans un pays sauvage, ces murailles à blocs énormes et irréguliers, quand on les rencontre dans la solitude, font subitement remonter la pensée par delà les temps historiques, et apparaître à l'imagination l'existence évanouie avant ces temps des antiques Pélasges.

Elles sont rares dans l'Ombrie sur la route que suivirent les Pélasges partis des embouchures du Pô et s'avançant vers la Sabine [5]. Sans doute les Pélasge s'arrêtèrent peu dans ce pays où ils avaient à s frayer un chemin à travers des populations belliqueuses et ennemies; mais arrivés dans la Sabine, où ils trouvèrent des alliés, ils multiplièrent les

---

[1] A Alba et à Luco près du lac Fucin, à Cività d'Antino.
[2] A Alatri, Ferentino, Civitella, Veroli.
[3] A Atina, Arpino, Sora, Segni, Cori, Norma, Monte-Fortino.
[4] A Bojano, Alficena, Isernia, près de Fonte del Romito.
[5] Cependant on les a indiquées sur un point de cette route de Pélasges, à Spolète, Abeken, *Mittel-ital.*, p. 144.

constructions qui portent leur nom. On retrouve les murs pélasgiques, et par conséquent les Pélasges dans tous les pays occupés par les Sabins [1], depuis les hauteurs d'Amiternum jusqu'à Falère, aux confins de l'Étrurie. On a compté dans ce pays les ruines de vingt-cinq villes pélasgiques.

Enfin nous retrouverons ces murs, œuvre colossale du peuple que nous suivons à la trace des grands débris qu'il a laissés, dans le voisinage de Rome, où nous l'avons trouvé lui-même et d'où, pour nous former une juste idée de son extension, si on peut le dire, de son ubiquité, il a fallu faire comme lui, aller par le monde et parcourir de l'Ida aux collines du Tibre l'immense patrie où il a erré.

A Préneste (Palestrine), qu'on voit de Rome, et d'où Pyrrhus contempla la ville qu'il ne devait pas prendre, de vieux murs pélasgiques réparés au temps de Sylla soutiennent les terrasses du temple de la Fortune.

Des murs pélasgiques sont disséminés au sein du pays qui entoure Tivoli [2].

---

[1] A San Vittorino, Sant Angelo in Capoccia, Monte di Lesta, Torano, près de Corrèse, dans la vallée d'Ampigliano, et sur plusieurs points du district de Cicolano.

[2] Près de Siciliano, à Ampiglione, est un mur pélasgique de cinq cents pieds. (Nibby, *Dint.*, II, 10.) A Frascati, on voit, dans le jardin de la villa Muti, un beau morceau de mur à polyèdres; mais on a reconnu qu'il était moderne, c'est-à-dire, quand il s'agit de ce genre de constructions, qu'il ne remontait pas plus haut que le temps de la République et servait probablement à supporter une des terrasses

De tous les murs construits en Italie par les Pélasges, les plus remarquables sont ceux d'Alatri, dans le pays des Herniques; ils atteignent une hauteur de quarante pieds au-dessus du sol, par la superposition de quinze pierres seulement; un de ces blocs a neuf pieds de longueur. Le faîte d'une des portes de la ville est formé par trois pierres posées l'une à côté de l'autre et la largeur de ce faîte est de dix-huit pieds[1]; ces blocs n'ont point été entassés au hasard, tels que les présentait la nature. Les roches calcaires d'où on les a tirés se présentent en couches étendues et non en fragments irréguliers, et là même où on a pu trouver de ces fragments, il a fallu les tailler pour en composer une maçonnerie savante et soignée; car les masses qui les composent sont ajustées avec art, le joint des pierres est parfait. Ces murs ne sont point de construction barbare, ils sont le produit d'un système inventé pour obtenir par l'habile agencement des angles saillants et rentrants une solidité plus grande. Il eût été moins difficile de superposer des blocs taillés

---

de la villa romaine que la villa Muti a remplacée. Nibby (*Dint.*, I, 255) signale près de La riccia de très-antiques substructions formées de masses *irrégulières de péperin*, et, sur le mont Algide (*ib.*, p. 122), une enceinte composée de tétraèdres *irréguliers* qu'il compare à ceux des murs d'Ardée.

[1] Ces mesures on été prises sous mes yeux par mon savant confrère M. Noël Desvergers, avec lequel j'ai eu le plaisir de faire une visite aux villes Pélasgiques du pays des Herniques et des Volsques.

régulièrement; les murs d'Alatri sont une œuvre de géants, mais de géants adroits.

J'ai appelé sans hésiter ces murs *murs pélasgiques*, car, si nulle tradition ne rattache l'origine d'Alatri aux Pélasges, une sculpture à demi effacée tient lieu à cet égard des témoignages écrits qui nous font défaut.

En effet, cette sculpture se rapporte visiblement à la religion des Pélasges.

Un de leurs principaux dieux, personnification des forces génératrices de la nature, était Pan, que les Latins primitifs, qui vivaient dans une immense forêt, avaient nommé Sylvain [1], le dieu des bois et qui plus plus tard, quand les jardins eurent remplacé les forêts, devint le dieu des jardins, Priape, de scandaleuse mémoire.

Or c'est ce dieu lascif et fécondant des Pélasges qui est représenté sur les murs d'Alatri, où se voit aussi reproduit trois fois un signe très-expressif des mêmes idées.

Négligeant ce signe que je ne puis qu'indiquer, je m'en rapporterai, pour la signification pélasgique du personnage sculpté sur le mur d'Alatri, à ce que nous

---

[1] *Pana* dicunt græci, *Sylvanum* latini. (Isid., *Etym.*, viii, 81; Plut., *Parall.*, xxii.) Le dieu Sylvain, protecteur, comme Pan, des champs et des troupeaux, et auquel, selon Virgile (*Æn.*, viii, 597), les Pélasges avaient dédié un sanctuaire près de la ville pélasgique d'Agylla, n'était autre que le dieu Pan lui-même avec un nom latin.

fait connaître, avec la conscience d'un antiquaire, en termes un peu voilés par la modestie propre au sexe de l'auteur, madame Dionigi, qui a eu la première en Italie le mérite de publier quelques murailles pélasgiques.

Parlant de la figure barbue, sculptée sur un mur d'Alatri, cette dame dit : « On estime que cette figure représente le dieu des jardins, et, en effet, j'ai appris des habitants les plus instruits du lieu qu'il y a vingt ou trente ans s'apercevaient clairement dans la figure certains *signes qui étaient favorables à cette opinion*[1]. Les habitants affirment que le bas-relief qui se voyait en dehors de la porte était semblable à celui-ci. *Malheureusement* il ne conserve plus sa forme. Notre opinion est encore confirmée par la coutume qu'avaient les habitants d'Alatri de se porter en foule de ce côté, le lendemain de Pâques, et de mutiler ces bas-reliefs *qu'on assure avoir été quelque peu indécents.* »

Je ne serai pas plus explicite que madame Dionigi,

---

[1] Le même emblème de fécondité a été observé en plusieurs endroits dans la Sabine, l'Ombrie, l'Étrurie, le Latium, partout il est comme le seing du peuple pélasge. On sait les honneurs qui lui étaient rendus dans l'antiquité, particulièrement à Lavinium, où il était porté processionellement et couronné par la plus respectable des matrones. Des restes de ce culte étrange, d'origine pélasgique, et qui subsiste même au sein du christianisme, ont été signalés par un voyageur dans l'ancienne ville d'Isernia que des débris de murs polyédriques prouvent avoir été pélasge. (Murray, *Hand-book for South Italy*, p. 56.

mais, à travers ses réticences et ses regrets, je crois apercevoir la preuve de l'identité de la figure sculptée sur le mur d'Alatri avec le Pan générateur des Pélasges et un indice manifeste de l'origine pélasgique de la cité d'Alatri.

Nous l'avons vu plus haut, les murs pélasgiques cernent Rome, pour ainsi dire; sur la rive droite du Tibre sont ceux que j'ai indiqués à Pyrgoi; sur la rive gauche, ceux d'Empulum et de Préneste, pour ne parler que des villes auxquelles on a des raisons d'attribuer une origine pélasgique.

Mais à Rome même on n'en a pas encore trouvé, et cependant, nous allons le voir tout à l'heure, Rome à peu près tout entière a été pélasge; mais on a beaucoup bâti à Rome depuis les Pélasges; il n'est pas étonnant que leurs constructions antiques aient disparu sous tant de constructions relativement modernes; peut-être en trouvera-t-on un jour quelques débris; peut-être, en fouillant la partie du Palatin où était la citadelle pélasgique, la Rome carrée, découvrira-t-on le mur cyclopéen; on ne doit désespérer de rien; n'a-t-on pas découvert, il y a peu d'années, au pied du Palatin, un mur ancien aussi, mais moins ancien, car il ne date que de Romulus.

C'est aussi avant l'époque de Romulus que le Palatin a été taillé à pic; car dès cette époque on a appliqué aux flancs de cette colline les murs de Romulus. Or des murs rendaient inutiles ces escarpements artificiels, système primitif de défense destiné à tenir lieu de murailles. On peut donc, dans les escarpements du Palatin, reconnaître les coups du hoyau des Pélasges et des Aborigènes.

Outre les noms de lieux et les débris de murailles, les Pélasges ont laissé encore d'autres monuments de leur présence, ce sont certains cultes et certains mythes importés en Italie, certaines superstitions qui remontent jusqu'à eux et dont quelques-unes vivent encore aujourd'hui dans la crédulité populaire.

Partout où je rencontre, en Italie, le culte d'une divinité pélasge, anciennement établi, je soupçonne tout d'abord que l'origine de ce culte, origine que les écrivains romains ne manquent presque jamais de présenter comme grecque, doit être revendiquée pour les Pélasges.

Car l'introduction des divinités vraiment helléniques provient toujours de communications plus récentes avec la Grèce; elle est relativement nouvelle et ne saurait expliquer l'établissement d'un culte antérieur à ces communications. Ces cultes antiques des dieux pélasges se montrent çà et là comme les murailles pélasgiques et souvent aux mêmes lieux. Celles-ci sont les débris de l'architecture, ceux-là les débris de la mythologie d'un peuple.

Presque toutes les divinités de la Grèce furent dans l'origine des divinités pélasges, et presque toutes se retrouvent en Italie où les Pélasges les apportèrent.

On suit à travers l'Italie les pas des Pélasges en suivant les pas d'Hercule, qui représente les voyages de leur religion et de leur race[1]. Les vieux sanctuaires et les vieux cultes d'Artémis[2] devenue en Italie Diane, d'Apollon[3] qui a gardé son nom, de Dionysos[4] qui s'est appelé Liber et Bacchus, de Dèmèter[5] qui s'est appelé Cérès, d'Hermès[6] qui s'est appelé Mercure, cultes et sanctuaires bien antérieurs à l'introduction des divinités helléniques à Rome, sont autant de témoins sacrés de l'apparition des Pélasges.

Les cultes de deux déesses pélasgiques méritent

[1] Voyez ch. VIII.

[2] L'Artémis pélasgique dont les sanctuaires étaient plus nombreux en Arcadie que dans aucune autre partie de la Grèce. (*Dict. of gr. and rom. biogr. and Myth.*, ed. by W. Smith, t. I, p. 375.)

[3] L'Apollon pélasgique, protecteur des troupeaux comme Pan, avec lequel on l'identifiait, est l'Apollon berger sur l'Ida ou qui garde les troupeaux d'Admète en Thessalie. C'était l'antique gardien du Soracte (Virg., *Æn.*, XI, 785), montagne dont le nom est pélasge.

[4] Dieu dont les plus anciennes images montrent l'identité primitive avec le Pan générateur, principale divinité des Pélasges, et dans le culte duquel jouait un grand rôle le très-pélasgique signe d'Alatri. (Hérodote, II, 48.)

[5] Elle présidait à la fertilité de la terre et à la fécondité des mariages (Serv., *Æn.*, IV, 58), double aspect de la même idée, qui est l'idée mère de la religion pélasgique.

[6] Le plus ancien culte d'Hermès nous reporte en Arcadie où Lycaon, fils de *Pélasgus*, lui érigea son premier temple (Hyg., *Fabl.*, 225); selon Hérodote (II. 51), les Athéniens avaient reçu des Pélasges le culte d'Hermès.

d'arrêter un moment notre attention. Celui d'Aphrodite la Vénus, et celui d'Hera, la Junon romaines.

Aphrodite, dont les poëtes ont fait une si aimable divinité, personnifiait dans l'origine la fécondité universelle de la nature ; à ce trait seul on reconnaît l'idée pélasge. Aussi trouve-t-on son sanctuaire (aphrodisium) sur la côte du Latium servant très-anciennement de centre religieux aux peuples latins [1].

La Junon d'Argos, l'Hera pélasgique [2], a été dans une région peu éloignée de Rome l'objet d'un culte dont les analogies avec celui d'Argos n'ont pas échappées aux anciens [3]. C'est dans le pays des Falisques surtout que ces analogies étaient remarquables et frappantes; or ce pays conservait également d'autres traditions, qui le rattachaient aux Pélasges [4]. La Junon pélasgique était aussi très-anciennement honorée à Gabie [5] et sur le mont Albain [6], ainsi qu'à Lanuvium.

Une divinité très certainement pélasgique, c'est Pan,

---

[1] De bonne heure elle porte dans le Latium le nom de *Vénus* accompagné des épithètes *Murtia* ou *Murcia*, *Cloacina*, *libitina;* déesse de la fécondité, elle présidait aux jardins et aux vendanges. L'Aphrodite pélasge est la Vénus *genitrix* des Romains.

[2] La Junon pélasge est la Junon d'Argos où elle avait deux temples ; c'est celle de Rome que Properce appelle *Juno pelasga*. Elle est la déesse du mariage et des accouchements. Dans ce dernier cas elle se nomme Junon-Lucine.

[3] Den. d'Hal., I, 21.

[4] Faliscos Argis oriios auctor est Cato. (Pl., *Hist. nat.*, III, 5, 8.

[5] Virg., *Æn.*, VII, 678.

[6] La Junon, en style archaïque, armée et portant une peau de

le dieu arcadien, c'est-à-dire le dieu pélasge (*Pan Deus Arcadiæ*)[1].

Vers l'angle occidental du Palatin, au-dessous de la Rome carrée des Pélasges, était un antre qu'ils avaient consacré à Pan : Pan était le principe de la génération universelle, et comme tel le dieu d'un peuple dans la religion duquel l'idée de la force génératrice était le dogme fondamental. A l'antre Lupercal[2] une tradition célèbre rattacha postérieurement l'allaitement de Romulus et de Rémus, précisément parce qu'il avait déjà une certaine importance religieuse et qu'il était rempli de cette mystérieuse terreur que passait pour inspirer le dieu Pan[3] habitant des forêts, terreur que font naître chez

chèvre, qui est au Vatican, peut être prise comme un type de la Junon pélasgique et vient de Lanuvium.

[1] Jupiter, le grand dieu des Hellènes et des Italiotes latins, Sabins et Étrusques est par cela seul originairement un dieu pélasge. Le souvenir de sa représentation la plus antique, antérieure à l'époque des statues, s'était conservée au Capitole dans la pierre avec laquelle on frappait les victimes, c'était le *Jupiter-pierre* (Serv., *Æn.*, viii, 641) par lequel on jurait encore au temps de Polybe (iii, 25) et de Cicéron (*Ep. ad fam.*, vii, 12); des pierres informes d'abord, puis équarries, furent les idoles primitives de la Grèce (Paus., xvii, 22, 4.)

[2] Denys d'Halicarnasse l'appelle *Paneion*. Il est remarquable que la grotte de Pan, le *Paneion* d'Athènes près duquel coulait une source, fut placée dans le voisinage du mur pélasgique de l'Acropole, comme l'antre Lupercal était au-dessous de la *Roma quadrata*, qui était l'Acropole pélasgique.

[3] Lycæo quem Pana græci, romani *Lupercum* appellant (Justin, xliii, 1); parrhasio dictum Panos de more Lycæi (*Æn.*, viii, 544).

l'homme peu civilisé la solitude et le silence des forêts primitives

La louve, nourrice de Romulus, a peut-être été imaginée en raison des rapports mythologiques qui existaient entre le loup et Pan défenseur des troupeaux. Ce qu'il y a de sûr, c'est que les fêtes lupercales gardèrent le caractère du dieu en l'honneur duquel elles avaient été primitivement instituées et l'empreinte d'une origine pélasgique; ces fêtes au temps de Cicéron avaient encore un caractère pastoral [1] en mémoire de l'Arcadie d'où on les croyait venues. Les Luperques qui représentaient les Satyres, compagnons de Pan, faisaient le tour de l'antique séjour des Pélasges sur le Palatin [2]. Ces hommes nus allaient frappant avec des lanières de peau de bouc, l'animal lascif par excellence, les femmes pour les rendre fécondes; des fêtes analogues se célébraient en Arcadie sous le nom de Lukéia [3] (les fêtes des

---

[1] Cic., *Pro Cœl.*, 11, 26; Plut., *Ces.*, 61.

[2] Lupercis nudis lustrabatur antiquum oppidum Palatium. (Var., *De ling. lat.*, vi, 34.)

Ces paroles de Varron donnent à penser que les Luperques faisaient le tour, non de la colline, ce qu'il ne dit point, mais de *l'ancien Oppidum* du Palatin, c'est-à-dire de la *Roma quadrata* des Pélasges. C'est le petit village arcadien que Solin appelle *Oppidum* (Sol., i, 1), dont parle Denys d'Halicarnasse (i, 31), et la petite ville d'Œnotria que mentionne Tzetzès (*Ad Lycoph.*, *Cass.*, v, 912; Duc de Luynes, le *Nummus de Servius Tullius*, p. 29), car les Arcadiens et les Œnotriens étaient des Pélasges.

[3] Paus., viii, 2, 1.

loups), dont le mot *lupercales* est une traduction.

On reconnaît l'idée dominante de la religion des Pélasges, cette idée de fécondité qu'exprimaient dans toute sa crudité les grossiers symboles d'Alatri.

L'idée du feu était aussi dominante dans la religion des Pélasges et je les regarde comme les premiers instituteurs d'un culte plus pur, le culte de Vesta[1].

Le culte de Vesta passait pour avoir été introduit à Rome par Numa ; cependant on le croyait antérieur, car on supposait que la mère de Romulus avait été une vestale[2]. Vesta est une autre forme du mot grec *Estia* ou *Vestia*, qui veut dire le *foyer*, le *feu;* Vestia avait en Grèce des autels où on entretenait un feu perpétuel[3]; ce rapport entre Vestia et Vesta, que Ci-

---

[1] Malgré sa pureté, ce culte participait au caractère général de la religion pélasgique. « Qui Deus (fascinus) inter sacra romana à Vestalibus colitur. » (Pl., *Hist. nat.*, xxviii, vii, 4.) Le feu et l'eau qui figurait aussi dans ce culte étaient par leur union le symbole de la fécondité et consacraient les mariages. (Den. d'Hal., ii, 30.)

[2] Ce qui le prouve encore mieux, c'est qu'on renouvelait le feu de Vesta le 1er mars, jour où commençait l'année de dix mois antérieure à Numa. (Macr., *Sat.*, i, 12)

[3] On entretenait un feu perpétuel à Argos, à Olympie (Paus , v. 15, 8), et dans le temple de Déméter, qui était prise pour la terre comme Vesta, à Mantinée, en Arcadie (Maury, *Des religions de la Grèce antique*, i, 101), et l'on avait grand soin de ne pas laisser éteindre ce feu. (Paus., viii, 9.) A Athènes et à Delphes, l'Hestia était confié à des veuves qui ne pouvaient se remarier (Plut., *Numa*, ix), elles s'appelaient *Hestiades*.

céron reconnaît [1], est trop grand pour avoir été fortuit; d'autre part, le culte de Vesta est trop antique à Rome pour qu'on puisse l'attribuer aux communications des Romains avec la Grèce; il faut donc voir une divinité pélasgique dans la Vesta romaine, comme dans la Vestia grecque; une divinité grecque et anciennement romaine est nécessairement pélasge.

Les temples de Vesta étaient ronds, parce qu'elle personnifiait non-seulement le feu, mais encore la terre[2], ce qui s'explique par les feux que la terre renferme, notion que ne pouvaient oublier les habitants d'un pays où subsistaient tant de traces des anciennes actions volcaniques; la forme ronde donnée aux temples de Vesta est une allusion à la sphéricité de la terre qui ne saurait remonter aux Pélasges. C'était également, pour d'autres raisons, celle des temples d'Hercule et de Mercure. Les deux temples qui, à Rome, ont été attribués à Vesta sont ronds ou le furent; l'un existe encore au bord du Tibre[3], la forme de l'autre est indiquée par l'église de Saint-Théodore,

[1] Nam Vestæ nomen a Græcis est, ea enim est quæ ab illis (ἑστία) Hestia dicitur. Cic. *De nat. deor.*, II, 27.

[2] Ov., *Fast.*, VI, 267. Euripide dit la même chose de l'Hestia grecque. (Mac., *Sat.*, I, 23.)

[3] Il est fort douteux que ce joli temple rond soit un temple de Vesta. Aucun temple de Vesta n'est indiqué par les anciens aux bords du Tibre. Celui dont parle Horace et qu'il dit atteint par le débordement du fleuve ne pouvait en être si près, car, en ce cas, il n'y aurait eu au débordement rien d'extraordinaire. D'ailleurs Horace mentionne en même temps la Regia, c'est le sens de *monumenta Regis*, il s'agit

bâtie sur le fondement de l'édifice qui l'a précédée.
Mais le temple de Vesta était ailleurs, il se trouvait
au pied du Palatin à l'extrémité du Forum, car Servius
le dit de la Regia [1] que nous savons avoir été très-
voisine du temple de Vesta [2].

Le culte du feu était une partie essentielle de la religion des Pélasges, qui le portèrent ou le trouvèrent
dans l'île de Lemnos et dans la Samothrace; ils l'apportèrent à Rome, où il se lia naturellement au souvenir des phénomènes volcaniques dont quelques restes
apparaissent dans le premier âge de l'histoire. Ce
souvenir dut favoriser l'adoption de la religion du feu;
elle était représentée par Vesta; par Vulcain [3], dont
le nom était aussi celui des volcans, et par les dieux
Cabires [4], qui n'avaient point de temple à Rome, mais

évidemment du temple de Vesta qui était près du Forum, à côté de la
Regia. 'Qui l'ignore? dit Servius, on pourrait lui répondre : « Ceux
qui placent le temple de Vesta à *San-Teodoro*, assez loin des limites
du Forum. »

[1] Le charmant temple rond de Tivoli, appelé sans motif temple de
la Sybille, pourrait bien être un temple de Vesta. Il y avait des Vestales
à Tibur et on y rendait un culte particulier à Hercule, culte pélasgique comme celui de Vesta.

[2] Quis enim ignorat Regiam, ubi Numa habitaverit, in *radicibus
palatii finibusque fori* esse? (Serv., *Æn.*, VIII, 363.)

[3] Par le saut à travers le feu dans les fêtes en l'honneur de Palès,
usage dont on remarquerait la persistance à Rome s'il n'était suivi
par les polissons de tous les pays.

[4] Selon Denys d'Halicarnasse (I, 23), les Cabires étaient des divinités honorées par les Pélasges, qui, d'après Hérodote (II, 51), fondèrent ce culte dans la Samothrace.

dont le culte se lie à celui des Pénates[1], et de ces Dioscures, divinités de la mer, identifiées plus tard avec deux héros grecs, Castor et Pollux[2].

A Rome, le lieu choisi pour le culte de ces divinités essentiellement pélasgiques les rattache au Palatin et par le Palatin aux Pélasges, qui y avaient leur forteresse.

En effet, le sanctuaire de Vesta fut de tout temps au pied du Palatin, là où est aujourd'hui l'église de Sainte-Marie-Libératrice.

Près du temple de Vesta était le temple des Dioscures, dont il reste trois belles colonnes isolées; à peu près en face, de l'autre côté du Forum, sous la Vélia, à l'entrée d'un chemin qui conduisait aux Carines[3], le temple des Pénates, toujours mis en rapport avec Vesta dans le sanctuaire de laquelle ils furent admis, et, ainsi que le palladium[4], honoré avec elle;

Les Cabires étaient en rapport avec la religion du feu, car ils étaient petits-fils de Vulcain. (Strab., x, 3, 21.) Quand venait la fête des Cabires, tous les feux étant considérés comme impurs, on allait chercher un feu pur à Délos. On renouvelait de même chaque année le feu d'Hestia et de Vesta.

[1] Par la Samothrace, d'où on les disait venus. (Serv., *Æn.*, II, 325; III, 148. Macr., *Sat.*, III, 4.

[2] Paus., x, 38, 3. Serv., *Æn.*, III, 12. Les Dioscures, dieux des navigateurs, avaient présidé aux navigations errantes des Pélasges.

[3] Den. d'Hal., I, 68.

[4] Statue antique de Pallas Athena, qu'on disait venue de Troie, dont Athena était la principale divinité, ce qui en fait une divinité pélasgique. Le palladium se rattachait encore aux souvenirs des Pé-

et non loin de là, au pied du Capitole, le Vulcanal, c'est-à-dire la plate-forme consacrée à Vulcain, et l'autel de ce dieu[1].

On voit que ces monuments, dédiés à d'antiques divinités pélasges, sont tous rapprochés les uns des autres et, pour ainsi dire, dans la dépendance du Palatin; l'emplacement du Forum romain a donc été un centre de la religion pélasgique.

De l'autre côté du Palatin se trouvait le temple de Cérès, de Liber et de Libera (Bacchus et Proserpine), dédié dans les premiers temps de la république. Il devait y avoir eu là aussi un ancien sanctuaire pélasge, car la Dèmèter grecque à laquelle on donna le nom de Cérès était d'origine pélasgique[2], et la triade qu'elle formait avec Dyonisos et Cora (Liber et Libera) l'était également. Selon Denys d'Halicarnasse, les Arcadiens[3], lisez les Pélasges, fondèrent un temple de Dèmèter à Rome, et y établirent son culte[4].

lasges par Dardanus, représentant de cette race, qui avait d'abord possédé le palladium, et par la Samothrace, île pélasgique où il l'avait porté.

[1] Je suppose toujours que les sanctuaires, quelle que soit leur date, remplaçaient, comme c'était l'ordinaire, un sanctuaire plus ancien des mêmes divinités.

A Argos fut un temple de Dèmèter pélasge. (Paus , ii, 22, 1.)

[3] Den. d'Hal., i, 33.

[4] Le temple de Cérès, que je suppose avoir remplacé l'ancien temple de Dèmèter, ne pouvait, comme on le suppose, être sur l'emplacement de Santa-Maria in Cosmedin, où l'on voit des colonnes

En voilà assez, peut-être trop pour le lecteur sur les vestiges des Pélasges à Rome; mais ces rapprochements, confirmés par la disposition des lieux, ne sont pas, ce me semble, sans importance. N'est-il pas intéressant de retrouver dans la religion des Romains l'héritage d'une religion plus ancienne et de rapporter l'origine des monuments de leur culte dont nous connaissons la place, dont nous voyons les ruines, au peuple que cette place même désigne comme leur premier auteur; de reculer ainsi leur première fondation par-delà l'époque de Romulus, jusqu'au temps de ces vieux Pélasges établis sur le Palatin avant lui, et qui ne s'y établirent pas les premiers; d'ajouter aux souvenirs de Rome, déjà si nombreux, de plus antiques souvenirs, de donner à une promenade au Forum un intérêt anté-romain?

Mais ce n'est pas tout, et un préjugé encore reçu va nous montrer à Rome l'influence des Pélasges persistant, même de nos jours.

Tout le monde connaît la croyance au *mauvais œil*, tout le monde sait que peu de Romains peuvent se défendre d'une certaine inquiétude quand ils rencontrent un homme dont le regard passe pour porter malheur. A cet égard, la démence populaire va si loin,

antiques qu'on dit à tort avoir fait partie du temple de Cérès. Ce temple était tout à l'entrée du cirque et *au-dessus des Carceres* (Den. d'Hal., vi, 94), par conséquent sur les premières pentes de l'Aventin.

qu'elle attribue cette influence funeste au regard si doux du bon et saint pontife qui gouverne aujourd'hui l'Église, auquel, il faut en convenir, tout n'a pas toujours réussi.

La croyance au mauvais œil, à la fascination, chose remarquable et que j'ai remarquée ailleurs[1], existe en Grèce aussi bien qu'en Italie; elle existait en Grèce au temps de Théocrite et en Italie au temps de Virgile, alors comme aujourd'hui avec des ressemblances de détails[2] surprenantes. L'analogie des termes par lesquels on désigne la fascination dans les langues des deux pays[3] prouve, pour cette absurdité, en Grèce et en Italie, une provenance commune et une origine antique[4]. S'il y a un peuple auquel il soit vraisemblable d'attribuer l'origine d'une croyance populaire répandue dans l'Italie et dans la Grèce, c'est le peuple à la fois grec et italien, dont les mythes religieux et les constructions gigantesques se retrouvent dans l'un et l'autre pays, depuis l'Acropole d'Athènes jusqu'aux environs de Rome, ce sont les Pélasges[5].

[1] La poésie grecque, en Grèce. (58-9.)

[2] Pour conjurer l'effet du mauvais œil, il fallait cracher (Théocrite, VI, 39; Pl., *Hist. nat.*, XXVIII, 7), et pour rassurer une mère grecque dont on a trop admiré l'enfant, il faut cracher sur cet enfant.

[3] *Fascinum*, en latin; *bascania*, en grec.

[4] Les Telchines, personnages pélasgiques, sont appelés par Suidas *bascanoi*, fascinant par le regard; ***vitiantes omnia visu***, dit Ovide. (*Met.*, VII, 366.)

[5] Les Grecs disaient que la fascination n'était pas une chose hellénique.

Il n'est pas étonnant que la puissance de nuire par le regard ait été attribuée à cette race qu'on disait maudite. Peut-être les Pélasges eux-mêmes ont-ils adopté et propagé une croyance qui les rendait formidables; il est donc naturel que cette croyance ait suivi leurs migrations et se soit répandue dans les pays qui en furent le principal théâtre [1].

Ainsi, à Rome le passé le plus lointain touche au présent, ce qui a vécu trente siècles vit encore, une superstition populaire qu'on peut rencontrer chaque jour dans les rues et même dans les salons de Rome est plus ancienne que Rome elle-même.

[1] Le moyen employé à Rome pour détruire le charme jeté par le *mauvais œil*, et qui consiste à *faire les cornes*, paraît tenir à ce symbolisme difficile à exposer de la religion pélasgique, et auquel j'ai fait allusion en parlant d'un certain signe répété trois fois sur un mur d'Alatri. N'ayant pas pour me tirer d'affaire les naïves indications de madame Dionigi, je ne désignerai pas plus clairement ce signe que devineront les archéologues. Je dirai seulement que l'idée de corne paraît avoir représenté une autre idée, ce que Pline (*Hist. nat.*, xix. 19, 1) désigne par ces mots *Satyrica Signa*. Dans un passage de saint Augustin auquel il a été fait allusion plus haut, la singulière procession de Lavinium avait pour objet de préserver (saint Augustin le dit) les champs de la fascination, et cela par la même raison qui faisait figurer trois fois l'objet dont la corne était le synonyme, comme un signe protecteur, à l'entrée de la ville d'Alatri.

VII

TRADITIONS POÉTIQUES, ÉVANDRE, HERCULE.

Traditions poétiques *localisées* à Rome. — Évandre sur le Palatin. — Idylle à rejeter. — Ce qu'il y a de vrai dans cette fable et dans des fables analogues : la venue des Pélasges. — Hercule aux bords du Tibre. — Cacus dérobe les bœufs d'Hercule. Ce que contient cette tradition : une histoire de brigand, idées mythologiques qui s'y sont mêlées. — Souvenirs de Cacus au moyen âge. — Autel et temple d'Hercule. Une légende païenne. — L'Hercule du Capitole. — Caractère pélasgique et durée du culte d'Hercule. — Extension de la ville pélasgique sur les sept collines.

Il est des traditions poétiques si étroitement mêlées à l'histoire primitive de Rome, qu'elles en font pour ainsi dire partie.

C'est l'Arcadien Évandre, roi d'une tribu de pasteurs sur le Palatin ; c'est Hercule conduisant ses bœufs au bord du Tibre et tuant dans une caverne de l'Aventin Cacus, fils de Vulcain ; c'est Énée débarquant sur la côte du Latium avec les pénates de Troie.

Ces faits poétiques, entrés dans la tradition et par elle attachés à des lieux déterminés, consacrés par des monuments religieux durables, doivent être mentionnés dans les commencements d'une histoire romaine écrite à Rome, car leur souvenir y est aussi présent et aussi complétement *localisé* que le souvenir des événements historiques les plus incontestables.

Ces faits sont comme incrustés au sol romain. Sur ce sol, on peut les retrouver et les suivre dans une poésie qui a sinon l'exactitude, au moins la précision de l'histoire.

Mais ont-ils quelque chose à démêler avec l'histoire ?

Il faut distinguer : Évandre, Énée, s'ils ont existé, ne sont pas plus venus à Rome que le fabuleux héros Hercule n'a pu y venir.

Les Romains, à l'époque de leur grandeur et de leur puissance, se plaisaient aux humbles et paisibles souvenirs d'Évandre ; ce peuple guerrier aimait à se rêver une origine innocente, à se dire, au sein de ses palais comme le berger du Poussin dans son tombeau : *Et ego in Arcadia*, et moi aussi j'ai vécu en Arcadie.

Mais il faut écarter cette illusion; il n'y a pas eu d'Arcadie à Rome, si ce n'est, dans les temps modernes, cette Société d'académiciens bergers à laquelle celui qui écrit ces lignes a l'honneur d'appartenir sous le nom pastoral d'Alcamène.

Dans le récit de la venue d'Évandre et des Arcadiens à Rome, tout est invraisemblable.

Évandre arrive sur un vaisseau : comme Saturne et Janus, personnages évidemment fabuleux; Évandre est reçu par Faunus, personification de la race latine à l'état sauvage, ce qui serait conforme à la vraisemblance; mais Faunus, selon Denys d'Halicarnasse[1], donna aux Arcadiens autant de terre qu'ils en voulurent ; ceci est moins vraisemblable. Au temps que représente l'âge de Faunus, les choses ne se passent point ainsi, la terre ne se donne pas, elle se prend. Les peuples sauvages n'en sont pas si prodigues, parce qu'ils ont besoin de beaucoup d'espace pour leurs chasses ; on l'a vu en Amérique, où ils n'ont pu subsister, quand les blancs ont empiété sur cet espace. De plus, l'histoire d'Évandre est aussi inconsistante qu'elle est improbable. Le doux Évandre avait tué son père[2], quelques-uns ajoutaient sa mère âgée de cent dix ans. Or la légende n'est inconséquente que lorsqu'elle est artificielle, la légende naïve est en général d'accord avec elle-même; la fiction du séjour des Arcadiens à Rome, car c'est une fiction, doit donc être rejetée, et cette idylle intercalée par les poëtes dans les siècles antérieurs à l'histoire romaine en doit être retranchée.

S'ensuit-il qu'il n'y ait aucune vérité au fond de ces

---

[1] Den. d'Hal., I, 31.
[2] Serv., Æn., VIII, 51.

fables qui faisaient venir les Arcadiens à Rome, ni dans celles qui y amenaient Hercule et Énée?

Je reconnais que ces fables ne sont entrées dans la littérature romaine que lorsque la littérature grecque a commencé à y pénétrer, c'est-à-dire assez tard ; mais je crois qu'importées alors elles ont été greffées pour ainsi dire sur un vieux fond de tradition locale : que la venue en Italie d'Évandre, d'Hercule, d'Énée, a été imaginée pour rendre raison d'un fait véritable dont cette tradition conservait le souvenir, l'ancienne immigration des Pélasges.

Ce qui me le fait penser, c'est qu'Évandre et ses Arcadiens, Hercule et ses compagnons, Énée et ses Troyens, viennent tous d'un pays pélasgique, et sont ce que je pourrais appeler des personnages pélasgiques.

L'Arcadie est représentée comme l'un des séjours les plus anciens de ce peuple[1], et dans la tradition romaine les Arcadiens jouent le même rôle que les Pélasges, auxquels, sous l'influence de l'hellénisme des derniers siècles de la République, on les a substitués[2].

---

[1] L'Arcadie s'appela Pelasgis (Pl., *Hist. nat.*, IV, 10, 1), ou Pelasgia (Paus., VIII, 1, 6); Pélasgus fut son premier roi (*ibid.*, 4) et les Pélasges furent ses premiers habitants.

[2] Les Arcadiens apportent en Italie l'usage des lettres (Den. d'Hal., I, 33); comme les Pélasges (Solin, II, 7), les Arcadiens fondent sur le Palatin une bourgade (Den. d'Hal. I, 31); comme les Pélasges s'y établissent dans la *Roma quadrata*. Denys d'Halicarnasse (I, 32) attribue aux Arcadiens la construction du temple de la Victoire que d'autres

Les Arcadiens habitent le Palatin comme les Pélasges, ils sont des Pélasges; les Arcadiens consacrent un sanctuaire à la déesse pélasgique Dèmèter, que les Romains appelèrent Cérès. Ce sanctuaire était probablement où fut depuis le temple de Cérès, à l'entrée du Cirque, c'est-à-dire alors à l'entrée de la vallée qui séparait l'Aventin du Palatin. De ce côté, comme vers l'emplacement du Forum, les monuments de l'ancien culte pélasgique étaient où ils devaient être naturellement, très-rapprochés du Palatin, et par conséquent sous la protection de la forteresse des Pélasges. Quand on se promène aux abords du Palatin, à chaque pas on trouve, de ce peuple disparu, des souvenirs que les grands souvenirs de Rome même n'ont pu effacer.

Tout n'est pas faux dans la tradition de l'existence pastorale des antiques habitants du Palatin. On savait que ce mont avait été un pâturage, il l'était du moins, nous le verrons, au temps de Romulus, et le fut sans doute avant Romulus, *Pecorosa Palatia*.

La porte Mugonia s'appelait ainsi à cause du mugissement des bœufs, qui chaque jour passaient par cette porte du Palatin, porte au nom rustique et qui devint avec le temps la principale entrée du palais impérial.

En adoptant Évandre, personnage grec, la tradition indigène lui donna pour mère une prophétesse sa-

auteurs rapportent aux Aborigènes alliés des Pélasges, et il leur fait consacrer l'antre lupercal à Pan, le grand dieu des Pélasges.

bine, comme l'indique son nom (Carmenta) [1]; elle eut un autel et plus tard un temple entre le mont Saturnien (le Capitole) et le Tibre, là où est aujourd'hui le théâtre de Marcellus, et où son parricide fils lui avait élevé un tombeau. Ovide lui fait prédire la grandeur de Rome [2], mais il lui laisse oublier d'annoncer que la porte qui sera située près de cet autel de Carmenta, et pour cette raison s'appellera la porte Carmentale, sera une porte funeste, que par elle sortiront les Fabius pour aller périr aux bords de la Cremera.

La tradition poétique fait intervenir Hercule dans l'histoire d'Évandre. Selon cette tradition, Hercule est venu au bord du Tibre, il a délivré l'Aventin du brigand Cacus, il a fondé son propre culte au pied de cette colline, il a aboli les sacrifices humains.

Cette tradition est fabuleuse comme le héros lui-même ; car on n'en est plus au temps où l'on voyait dans Hercule un homme divinisé. Les mythologies ne débutent point par l'apothéose, l'homme ne commence point par s'adorer.

Il commence par l'adoration de la nature; aux époques anciennes, les dieux sont les puissances naturelles personnifiées. Avec le temps, le côté humain prévaut, mais, dans le principe, c'est la conception re-

---

[1] Une Camène comme Égérie. Les Camènes s'appelaient aussi Casmenæ et Carmenæ.

[2] Ov., *F.*, I, 515.

ligieuse qui domine. Hercule a été une force du monde symbolisée peut-être par le soleil avant d'être un chevalier errant aux ordres d'Euristhée.

Il y a eu plusieurs Hercules, l'un d'eux était l'Hercule phénicien, dont les voyages expriment l'extension et marquent les pas de la civilisation phénicienne le long des côtes de la Méditerranée; les colonnes plantées par cet Hercule à l'extrémité occidentale de cette mer sont les limites de la civilisation portée jusque-là par les Phéniciens, limites que leur navigation a cependant franchies.

L'Hercule qui vient à Rome y vient d'Espagne, d'où il amenait les bœufs du roi Géryon. Les côtes méridionales de l'Espagne furent phéniciennes; il paraît donc que la venue du demi-dieu à Rome a été mise par les poëtes en rapport avec les voyages civilisateurs de l'Hercule phénicien[1]; mais ce rapport établi par les poëtes n'était pour eux qu'une manière de rattacher à un mythe connu des Grecs l'histoire toute locale de Cacus, le brigand de l'Aventin. L'Hercule que reçoit Évandre et qui tue Cacus est réellement l'Hercule grec;

---

[1] Les Phéniciens n'ont-ils pas fondé quelque établissement sur la côte du Latium? Le dieu latin Saturne n'a-t-il rien à démêler avec leur dieu Moloch ou Baal qu'on a appelé Saturne? Ces questions seront examinées ailleurs; en tout cas, l'influence des Phéniciens sur l'Italie n'a pu être bien considérable, car leurs vestiges, s'il en existe, sont à coup sûr peu nombreux. Bochart n'indique nulle trace des Phéniciens en Italie, sauf dans les îles; il serait bien hardi de chercher les Phéniciens là où Bochart ne les a point vus, lui qui les voyait partout.

on le voit par le rite même selon lequel on lui sacrifiait et qui était un rite grec[1]; d'ailleurs on n'aurait pas supposé que l'Hercule phénicien eût aboli les sacrifices humains à Rome, tandis qu'on lui en offrait à Carthage[2].

Or l'Hercule grec est le héros de Tyrinthe, *Tyrinthius heros.* Tyrinthe est dans l'Argolide, pays pélasgique, Tyrinthe a des murs pélasgiques célèbres; Hercule est donc originaire du pays des Pélasges, c'est de là que son culte est venu primitivement à Rome avec eux, et c'est pourquoi je vois en lui un des représentants de la migration des Pélasges depuis l'Argolide jusqu'à Rome.

Hercule est accompagné de guerriers, qui tous appartiennent à la race pélasgique[3]. Après son départ, une partie de ses compagnons resta établie sur le mont de Saturne[4] (le Capitole), ce qui veut dire qu'un éta-

[1] On lui sacrifiait la tête découverte, ce qui était un usage grec dont Macrobe (*Sat.*, III, 6) fait remonter l'origine à l'époque d'Énée, qui était l'époque des Pélasges.

[2] Pl., *Hist. nat.*, LXXVI, IV, 26.

[3] Ce sont des Épéens, des Phénéens, des Troyens (Den. d'Hal , I, 42). Les Épéens, venus de l'Élide, étaient des Pélasges comme les Arcadiens. Pausanias place les Éléens dans l'Arcadie (V, I, 1), et Diodore de Sicile (IV, 36) donne pour compagnons à Hercule des Arcadiens. Phénéos était une ville d'Arcadie, dans laquelle naquit Dardanus. (Serv., *Æn.*, III, 167.) Les Troyens sont reconnus généralement pour Pélasges; Niebuhr voyait dans la prise de Troie le triomphe des Hellènes sur le vieux monde pélasgique.

[4] Den. d'Halic., I, 44.

blissement pélasge y remplaça l'ancien établissement latin.

Mais, avant de partir, Hercule avait aboli les sacrifices humains, en raison du rôle civilisateur attribué aux Pélasges et probablement exagéré à cause de leur parenté avec les Grecs.

Quelle que soit leur origine, les sacrifices humains ont jadis existé dans le Latium, comme le prouvent les équivalents qui, à Rome, remplacèrent les victimes humaines. Ces odieux sacrifices avaient existé et ils avaient été abolis chez les Pélasges eux-mêmes; l'oracle de Dodone leur avait dit d'offrir des hommes à Jupiter; heureusement en grec le même mot voulait dire homme et lumière, et on substitua aux victimes humaines des flambeaux, parce que, dit Macrobe[1], la flamme qui se consume est l'image de la vie qui s'en va; voilà un motif assez étrange, une origine assez reculée de l'usage des cierges.

La religion romaine avait admis plusieurs substitutions du même genre; Numa, disait-on, avait offert aux dieux des têtes d'ail pour des têtes d'hommes[2]. On offrait à Vulcain des poissons vivants au lieu d'âmes humaines[3]; dans les féries latines, on attachait aux arbres, en mémoire des hommes qu'on y avait primitivement suspendus, des masques en cire ou de

[1] Macrob., *Sat.*, I, 7.
[2] Ov., *Fast.*, III, 340.
[3] *Fest.*, p. 238.

petites figures en bois nommé *Oscillæ*, d'où est venu le mot *osciller*.

On fit aussi à Brutus l'honneur d'avoir remplacé dans les sacrifices les têtes d'hommes par des têtes de pavots; c'était bien inaugurer la république par l'humanité; la république périt quand vinrent les proscriptions et que des victimes humaines furent de nouveau immolées, non plus à la crainte des dieux, mais à l'ambition de Sylla ou d'Octave, quand des têtes qui n'étaient plus des têtes de pavots furent abattues. De véritables sacrifices humains furent offerts à Rome après la bataille de Cannes [1], au temps de César [2] et jusqu'au siècle de Pline [3]; Plutarque semble dire que ces sacrifices étaient encore offerts de son temps [4]. Les figures d'osier que, tous les ans, une vestale jetait dans le Tibre, du haut du pont Sublicius, représentaient les victimes humaines qu'on ne sacrifiait plus.

Ici encore la localité mérite d'être remarquée; le pont de bois appelé Sublicius, et célèbre par l'héroïsme d'Horatius Coclès, n'était point en dehors de la Rome des rois, là où on montre aux voyageurs ses prétendus restes [5]; mais plus haut, en remontant le

---

[1] Tit.-Liv., xxii, 57.
[2] Dio Cass., xliii, 24.
[3] *Hist. nat.*, XXXVII, iii, 5.
[4] Plut., *Marcell.*, iii.
[5] Si le pont Sublicius avait été là où l'on voit des piliers à fleur

fleuve, tout près du marché aux bœufs, *Forum boarium*[1], lieu plein des souvenirs et consacré par le grand autel d'Hercule; en effet, le *Forum boarium* avait été choisi pour être le marché aux bœufs de Rome, en mémoire des bœufs de Géryon qu'Hercule avait fait paître en cet endroit, quand il n'y avait encore là que des pâturages à demi inondés par le Tibre; une statue en bronze d'un bœuf placée dans le marché ne lui donnait pas son nom, comme le dit Ovide, ce nom lui venait du genre de commerce qui s'y faisait et qu'atteste une inscription qu'on y lit encore. Mais le bœuf de bronze avait été mis là en souvenir des bœufs d'Hercule.

d'eau qui passent pour lui avoir appartenu, il aurait été en dehors de la Rome des rois, en dehors de la *porta Trigemina*, car un passage très-positif de Frontin (*De aquæd.*, 10), ne permet pas de douter que la porte Trigemina ne fût fort en deçà de ces piliers, au pied du Clivus Publicius, c'est-à-dire près de la *bocca della Verità*. Si le pont Sublicius eût été hors de la ville, Horatius Coclès n'aurait pas eu un si grand intérêt à le défendre, et Tite Live (II, 10) ne lui aurait pas fait dire que, « si les ennemis passaient ce pont, ils seraient sur le Palatin et sur le Capitole, » car, le prétendu pont Sublicius franchi, les Étrusques auraient eu encore à escalader les murs de la ville. Le pont Sublicius aboutissait au *Forum boarium*, où Ovide (*Fast.*, VI, 479) indique deux ponts. Il est singulier de les voir si rapprochés, mais le témoignage d'Ovide est positif (*pontibus*); on peut admettre que de ces deux ponts l'un était en pierre et servait aux usages ordinaires de la vie; il a été remplacé par le *ponte Rotto;* l'autre, toujours en bois et réservé pour les cérémonies religieuses, était le vrai pont Sublicius dont il ne reste rien.

[1] Forum boarium, le marché aux bœufs; comme forum piscatorium, le marché aux poissons, forum olitorium, le marché aux légumes, etc.

Un fragment très-beau, trouvé, il est vrai, assez loin et qu'on admire au Capitole, appartient peut-être à ce bœuf du *Forum boarium*. Quoi qu'il en soit, le choix du lieu et de la statue tenait à l'antique tradition suivant laquelle Hercule avait fait paître ses bœufs entre le Tibre et l'Aventin.

Chose remarquable, quand on revint momentanément aux sacrifices humains après la bataille de Cannes, ce fut dans le *Forum boarium* qu'un Grec et une Grecque, un Gaulois et une Gauloise furent enterrés vivants au lieu même où Hercule passait pour avoir aboli la coutume barbare qu'on rétablissait ; sans doute parce qu'on croyait que les immolations humaines avaient eu lieu jadis dans cet endroit, et que l'autel d'Hercule érigé en l'honneur de leur abolition marquait par cela même la place où elles avaient existé.

C'est donc probablement dans les environs aujourd'hui solitaires et tristes du Tibre, non loin du trou sombre d'où sort le Janus quadrifrons, entre la vieille église de Saint-Georges en Vélabre et les abords ténébreux de la Cloaca Maxima, que des victimes humaines furent immolées, quand ces lieux étaient encore plus solitaires, plus tristes, plus sombres qu'ils ne sont aujourd'hui, quand le sang coulait parmi les grandes herbes de la prairie, auprès des eaux débordées et stagnantes du fleuve, au pied de la noire forêt de l'Aventin.

L'épisode le plus célèbre de cette légende d'Hercule est le vol de ses bœufs dérobés par Cacus, qu'a si bien raconté Virgile. Je le raconterai d'après lui, sans y chercher d'abord aucun sens historique ou autre, pour nous récréer par une belle poésie des investigations un peu arides dans lesquelles cette partie de mon sujet nous engage; d'ailleurs, en faisant ainsi, je ne sortirai pas de ce sujet, dont une partie essentielle est la topographie romaine, retrouvée dans les témoignages écrits. Virgile, comme tous les grands poëtes de l'antiquité, même quand il raconte des événements fabuleux, décrit les lieux où ils sont censés s'être accomplis avec une parfaite vérité; le poëte est, à cet égard, aussi fidèle qu'un historien, et l'on peut suivre dans l'Énéide les pas d'Hercule à la recherche de Cacus sur l'Aventin, aussi bien que dans Tite-Live ou dans Tacite les détails de la mort de Virginie ou de la mort de Néron.

Suivons donc Virgile, qui est aujourd'hui notre guide, notre *cicerone*, dans la Rome anté-romaine que nous étudions. C'est un guide savant auquel cette Rome primordiale était mieux connue que peut-être on ne serait disposé à le croire.

Hercule est arrivé avec les grands bœufs de Géryon sur la rive-gauche du Tibre; les bœufs paissent, répandus dans les prés qui bordent le Tibre et dans la vallée profonde et sauvage qui séparait l'Aventin du Palatin, et qui était en partie envahie par les eaux.

Cette vallée, comme je l'ai dit, a été plus tard le grand Cirque; elle est aujourd'hui la rue des Cerchi. Les bœufs d'Hercule pouvaient aller boire dans le fleuve, qui est tout proche.

L'emplacement du marché aux bœufs, déterminé par la tradition qui faisait paître en cet endroit les bœufs d'Hercule, est indiqué, de nos jours, par un arc à quatre faces et à quatre portes, appelé pour cela *Janus quadrifrons*. Le nom du dieu sabin Janus, préposé aux portes, se donnait aux arcs qui se trouvaient dans les marchés; il y en avait trois dans le Forum romain. Et comme on attribuait à Janus aussi bien qu'à Saturne l'origine de la monnaie, dans le voisinage des *Janus* étaient les changeurs et les prêteurs d'argent; on le reconnaît pour celui du Forum boarium à une inscription qu'on lit encore sur un arc beaucoup plus petit, dédié à Septime-Sévère et à ses fils Caracalla et Géta par les marchands de bœufs et les banquiers (argentarii). A l'époque où nous sommes, il n'y avait pas encore de *Janus* et de banquiers, mais seulement un pré où paissaient les troupeaux d'Hercule.

Le brigand Cacus habitait la grande et sombre forêt de l'Aventin qui dominait les pâturages et le Tibre. Sur la cime du mont était le repaire du brigand qui logeait dans un antre, comme cela est arrivé à des populations entières dans certaines parties de la Sicile, et comme plus d'un chef de voleurs de l'État romain l'a fait de nos jours.

Cet antre était là où est l'église de Sainte-Sabine, au sommet d'un escarpement aujourd'hui encore assez roide, mais qui alors devait être tout à fait abrupt; l'antre de Cacus était caché dans les rocs dont nous avons vu que l'Aventin fut primitivement hérissé.

Pendant qu'Hercule fatigué fait sur l'herbe, au bord du fleuve, sa sieste héroïque, Cacus sort de sa caverne, il descend vers le Tibre, le long de l'escarpement presque à pic, avec l'agilité d'un bandit de l'Appennin ou des Abruzzes, choisit dans le troupeau les quatre plus beaux taureaux et les quatre plus belles génisses, et leur fait gravir comme il peut la rude pente de l'Aventin. Le chemin actuel qui suit la montée antique à laquelle deux édiles, les frères Publicius, ses auteurs, donnèrent leur nom (Clivus Publicius), n'existait pas alors, mais il devait y avoir quelque sentier de pâtre à l'usage des brigands. Cacus amena dans son antre les taureaux et les génisses en les faisant marcher à reculons, ce qu'il ne pouvait exécuter qu'en les traînant par la queue; Virgile, comme on voit, songe à tout et dans ses fictions n'oublie jamais la vraisemblance. Outre la facilité plus grande qu'il trouvait à hisser de cette sorte les bêtes dérobées, Cacus, par ce stratagème que ne dédaignerait pas un voleur de bestiaux de nos jours, croyait tromper Hercule. Les traces des pas devaient égarer le demi-dieu et le conduire dans une direction opposée à celle que les animaux avaient suivie; puis Cacus les cache dans sa vaste et sombre caverne; et, comme il était aussi vigoureux que rusé, pour la rendre inaccessible, il précipite un rocher au-devant de l'entrée, en brisant la chaîne à laquelle il était suspendu.

Hercule, dont, comme on sait, le bras était fort, mais l'esprit un peu épais, ne devina pas à son réveil la malice de Cacus; il allait emmener du pâturage ses bœufs repus et reprendre son chemin; heureusement pour lui, l'un d'eux se mit à remplir de ses mugissements la colline et les bois d'alentour, une des génisses volées répondit à ces mugissements, et la fraude de Cacus fut découverte; mais il fallait l'atteindre; Hercule entre dans une colère terrible, il saisit ses armes et en outre le tronc noueux d'un chêne qui se trouve sous sa main, gravit à la course la cime escarpée de la colline que Virgile grandit un peu, en disant :

> Aerii cursu petit ardua montis

« Il atteint en courant les sommets escarpés de la montagne qui s'élance dans les airs. »

Cacus, qui n'était pas dans sa caverne, mais qui s'était mis aux aguets pour épier le départ d'Hercule, la regagne d'un pied auquel la peur donnait des ailes.

Les brigands romains sont aussi très-prompts à la fuite devant une force supérieure.

L'ouverture de l'antre de Cacus était bouchée par une

pierre énorme : Hercule ne pouvait y pénétrer; « trois fois, dit Virgile, bouillant de rage, il parcourt tout l'Aventin; trois fois il tente en vain les abords de l'antre qu'un rocher obstruait; trois fois, fatigué, il vient s'asseoir dans la vallée. »

C'est ce qui est arrivé à plus d'un Hercule romain, sous la forme d'un carabinier pontifical, cherchant dans la montagne un des modernes confrères de Cacus.

Un grand rocher que le temps avait fait ébouler laissait apercevoir sans doute, au temps de Virgile, les traces encore manifestes de son arrachement; cette circonstance paraît avoir suggéré au poëte la suite de sa narration.

Virgile voit par l'imagination et montre vivement au lecteur la position qu'avait dû avoir ce rocher avant sa chute. « Vois, dit Évandre à Énée, vois cette roche pendante. »

C'était une masse peut-être volcanique, terminée en pointe et suspendue sur des rochers à pic[1], qui

---

[1] Stabat acuta silex præcisis undique saxis.

Il ne faut pas attacher trop d'importance à ce mot *silex*, qui est employé pour désigner des pierres de différentes sortes; cependant *silex* se prend en général pour la lave et par extension pour le pavé des routes et des rues. S'il était certain qu'il y eut jadis sur l'Aventin un grand rocher de lave, ce serait un fait géologique curieux. Ce rocher appartiendrait au second âge des volcans, et on ne comprendrait pas trop comment il eût pu arriver là. Mais, en supposant que Virgile ait vu au pied de l'Aventin ce curieux échantillon géologique, cela ne prouve pas qu'il ait jamais été sur le sommet de la colline; Virgile ne l'avait pas vu *en place*.

s'élevait au-dessus de la caverne et servait d'asile aux oiseaux de mauvais présage, comme étaient tous ceux de l'Aventin [1].

Ce rocher penchait du côté du fleuve : Hercule pèse sur le côté opposé, le rocher tombe et vient frapper la grande pierre qui fermait l'entrée de la caverne; celle-ci cède à ce bélier gigantesque, la caverne s'ouvre et la lumière pénètre « dans le palais souterrain de Cacus, dans son antre immense. » Hercule s'y précipite avec ses armes et menace Cacus, en lançant tout ce qui lui tombe sous la main, des branches d'arbre et de grosses pierres.

Ici la scène change. Cacus n'apparaît plus seulement comme un voleur de bestiaux, mais comme le fils de Vulcain, il fait entendre un bruit sourd et extraordinaire. « O merveille ! son gosier vomit une grande fumée, il enveloppe sa demeure d'un sombre nuage, le jour disparaît; Cacus épaissit autour de lui une nuit fumeuse et mêle des feux aux ténèbres. »

« Hercule s'élance d'un bond à travers la flamme, là où la fumée roule les ondes les plus épaisses et où dans la vaste caverne tourbillonne la plus noire nuée. »

Malgré tous les efforts de Cacus, Hercule le saisit, l'étreint et l'étouffe dans ses bras.

Après avoir admiré et reproduit autant qu'il était en moi, cette énergique peinture, en la ravivant encore

---

[1] *Dirarum* nidis domus opportuna volucrum.

par le spectacle des lieux que décrit Virgile, je vais chercher ce que peut vouloir dire ce récit.

Il faut, je pense, y distinguer trois choses : le souvenir populaire d'un bandit fameux de l'Aventin ; une allusion à certains phénomènes volcaniques qui ont continué à se produire à Rome et dans les environs de Rome, longtemps après l'âge des éruptions proprement dites, et enfin la tradition de la présence en ce lieu des Pélasges, représentée par Hercule et par Cacus lui-même, en tant que fils de Vulcain.

Cacus habite une caverne de l'Aventin, montagne en tout temps mal famée, montagne anciennement hérissée de rochers et couverte de forêts, dont la forêt Nœvia, longtemps elle-même un repaire de bandits, était une dépendance et fut un reste qui subsista dans les temps historiques. Ce Cacus était sans doute un brigand célèbre, dangereux pour les pâtres du voisinage dont il volait les troupeaux quand ils allaient paître dans les prés situés au bord du Tibre et boire l'eau du fleuve. Les hauts faits de Cacus lui avaient donné cette célébrité qui, parmi les paysans romains, s'attache encore à ses pareils, et surtout le stratagème employé par lui probablement plus d'une fois pour dérouter les bouviers des environs, en emmenant les animaux qu'il dérobait, de manière à cacher la direction de leurs pas. La caverne du bandit avait été découverte et forcée par quelque pâtre courageux, qui y avait pénétré vaillamment, mal-

TRADITIONS POÉTIQUES, ÉVANDRE, HERCULE. 171

gré la terreur que ce lieu souterrain et formidable inspirait, y avait surpris le voleur et l'avait étranglé.

Tel était, je crois, le récit primitif où il n'était pas plus question d'Hercule que de Vulcain, et dans lequel Cacus n'était pas mis à mort par un demi-dieu, mais par un certain Recaranus [1], pâtre vigoureux et de grande taille. A ces récits des bergers, qui allaient toujours exagérant les horreurs de l'antre de Cacus et la résistance désespérée de celui-ci, vinrent se mêler peu à peu des circonstances merveilleuses.

De cette caverne de l'Aventin ou de quelque caverne voisine avaient pu s'échapper ces gaz qui s'enflamment spontanément comme ceux de *pietra mala*, c'est un accident qui n'est pas rare dans les terrains volcaniques; on rattacha ce phénomène effrayant pour des imaginations ignorantes [2] aux terreurs qu'inspirait l'antre de Cacus; les Pélasges avaient apporté le culte du feu personnifié dans Vulcain : on fit de Cacus un

---

[1] *Orig. gentis Rom.*, VI, — ou Garanus. (Serv., *Æn.*, VIII, 203.)

[2] On a cru voir dans les vers de Virgile une allusion à une éruption volcanique. Mais Virgile ne parle que de flammes et de fumée, non de courants de lave et de pierres lancées dans les airs comme lorsqu'il décrit après Pindare les éruptions de l'Etna. Ovide (*Fast.*, I, 572-4) semble vouloir indiquer une éruption véritable quand il compare Cacus à Typhée et le feu que vomit sa bouche à celui qui sort de l'Etna. Mais qu'un poëte du siècle d'Auguste ait imaginé de faire de l'antre de Cacus le soupirail d'un volcan, cela ne prouve pas que la tradition eût placé un volcan sur l'Aventin, où il n'y en eut jamais.

fils de Vulcain; ils avaient apporté le culte d'Hercule : l'on fit d'Hercule le vainqueur de Cacus[1].

Le souvenir de Cacus hanta longtemps les environs du lieu où la légende avait placé sa sombre retraite et sa mort terrible; un escalier en pierre descendant de la partie du mont Palatin qui regarde l'Aventin s'appelait l'escalier de Cacus. Le marché aux bœufs a porté son nom[2]. Au moyen âge, on connaissait l'antre ou la maison de Cacus (antrum ou atrium Caci), et encore aujourd'hui on croit savoir son adresse, c'est au pied de l'Aventin, rue de la Salara, n° 14, mais cette adresse est fausse[3].

Après sa victoire sur Cacus, Hercule dédia un temple à Jupiter *inventor*, Jupiter trouveur, en action de grâce pour les bœufs découverts et retrouvés. Ce

---

[1] Cacus lui-même a été mis en rapport avec les traditions des Pélasges et leur culte du feu. On en fit un chef des Aborigènes venu de Grèce (*Fest.*, 266) et établi sur le Palatin, qui reçut Hercule. (Diod., Sic., IV, 21.) Son nom voulait dire le *brûlant* (de *caio*). Sa sœur Caca était assimilée à Vesta; une vestale lui offrait un sacrifice (Serv., *Æn.*, VIII, 192) le 1ᵉʳ mai, jour des supplications pour les tremblements de terre. (Lyd., *de Mens.*, mai. 1.)

[2] *Æthic.*, éd. Gronov., p. 716.

[3] Je m'en tiens à la tradition suivie par Virgile, qui plaçait l'antre de Cacus sur le sommet de l'Aventin parmi les rochers et au cœur de la forêt, elle a pour elle la vraisemblance. Déjà Solin (I, 8) voulait que le brigand eût habité au bas de la colline, près de la porte Trigemina, ce qui avait du moins l'avantage de rattacher sa demeure au Forum boarium et à la prairie où paissaient les troupeaux d'Hercule. La tradition, en s'altérant toujours et en transportant plus loin la demeure de Cacus, a effacé ce dernier trait de vraisemblance

temple était près de la porte Trigemina, tout juste au bas de la montée de l'Aventin, qui conduit à Sainte-Sabine ; de son côté, Évandre dédia un autel et une enceinte sacrée à Hercule vainqueur. Suivant une autre version, ce fut Hercule qui se dédia un autel à lui-même [1]. Cette tradition singulière, d'après laquelle Hercule fut le fondateur de son propre culte, m'a rappelé ce qui m'avait frappé en Égypte dans plus d'un temple, où l'on voit le Pharaon faire offrande à trois divinités, parmi lesquelles il est placé lui-même. Dans les deux cas, c'est la nature humaine du demi-dieu adorant la nature divine qui est en lui.

Le grand autel, comme on disait (ara maxima), était à l'orient, près de l'entrée du Cirque. M. de Rossi, qui n'a pas d'égal pour la connaissance des monuments du christianisme primitif et en particulier des catacombes dont il a créé l'histoire, et qui a aussi appliqué la sagacité si sûre de son esprit à quelques points de la science des antiquités romaines, M. de Rossi a déterminé avec la plus grande précision l'emplacement de l'autel d'Hercule. Un temple dédié à Hercule vainqueur fut construit plus tard tout près de ce vieil autel, et ce temple existait encore au quinzième siècle [2].

[1] Constituitque sibi, quæ maxima dicitur, aram.
(Ov., *Fast.*, ɪ, 580.)
[2] Il a été dessiné par Balthazar Peruzzi, d'après ce qui en restait

Il n'y avait là dans l'origine que l'autel et l'enceinte consacrés à Hercule, ce qui achève de rendre vraisemblable l'origine pélasgique de tous deux, car très-probablement les Pélasges n'avaient point de temple véritable, mais seulement des autels placés dans une enceinte sacrée, tout au plus des chapelles [1]; si ceux qui ont bâti les murs gigantesques de Tyrinthe et d'Alatri avaient élevé des édifices considérables, il en resterait quelque chose, et nulle part on n'a trouvé le moindre débris d'un temple dans les villes pélasgiques.

Quant à celui d'Hercule vainqueur, il ne fut construit près de l'antique autel du demi-dieu que sous la république; le fait qui fut l'occasion de sa construction est curieux [2]. Un certain Hersenius, d'abord joueur de flûte, ensuite marchand, avait voué à Hercule la dîme de ses profits; attaqué sur mer par des pirates, il se défendit vaillamment contre eux et en triompha, les marchands romains étaient au besoin des soldats; Her-

---

sous Jules II; il avait été détruit en partie sous Sixte IV. Le dessin de Peruzzi a été publié par M. de Rossi, dans sa très-remarquable notice sur *l'ara maxima*. Le temple d'Hercule était un temple rond avec un dôme (tholus). Voy. *L'ara massima ed il tempio d'Ercole nel foro boario ragionamento* del cav. G. B. de Rossi. Roma, 1854.

[1] Peut-être ce fait, transmis par la tradition et transporté à une époque moins ancienne, a-t-il fait dire que pendant cent soixante-dix ans les Romains n'eurent pas de temple et de statue des dieux, tandis qu'on dit d'autre part que Romulus et Numa en élevèrent.

[2] Macrob., *Sat.*, III, 6.

cule lui apparut en songe, et lui apprit que sa protection divine l'avait sauvé ; Hersenius, après en avoir obtenu la permission des magistrats, dédia à Hercule vainqueur, dans l'endroit consacré, un temple et une statue.

J'ai cité cet acte de dévotion païenne, accompli à la suite d'une apparition d'Hercule, auquel Hersenius avait promis la dîme de ses profits, parce que l'offrande promise, le songe où Hercule apparaît, et le temple qui lui est érigé en actions de grâce, sont tout à fait dans le goût des légendes romaines modernes. Il y a vingt histoires de gens préservés d'un péril par un saint, et de chapelles consacrées à cette occasion par celui que le saint a sauvé. Je remarque aussi la dîme vouée à Hercule [1] le dieu pélasge; l'Église catholique, lorsqu'elle établit la dîme au moyen âge, reprenait, sans le savoir, une coutume religieuse des Pélasges.

La statue d'Hercule en bronze doré, qui est au Capitole, a été trouvée aux environs du lieu où a subsisté si longtemps son temple. Cette statue, qui ne paraît pas remonter plus haut que le règne d'Adrien, pourrait être une copie assez imparfaite d'un ouvrage grec, peut-être de Lysippe [2], que le spoliateur, et

[1] On appelait la dîme la part d'Hercule.
[2] Vitruve (III, 3) parle d'un Hercule de Myron près du grand cirque; mais cette statue appartenait à un temple d'Hercule qu'on appelait *Pompéien*, et que M. de Rossi (p. 23) distingue du temple d'Hercule

comme il s'en vantait dans une inscription [1], le destructeur de Corinthe, Mummius, s'était réservée dans le butin, et qu'il aurait dédiée à son digne patron le dieu de la force brutale, Hercule [2].

Le culte d'Hercule était un culte étranger; on sacrifiait au dieu pélasge la tête découverte, selon le rite pélasgique [3], contre l'usage romain.

Les femmes comme les hommes priaient la tête voilée [4]; cette coutume subsiste encore à Rome, où il n'est pas permis aux femmes de paraître la tête nue dans les églises. A Rome il y a aussi des chapelles dans lesquelles les femmes n'entrent pas ou n'entrent que

---

vainqueur, plus voisin de l'ara maxima. Il y avait aussi, dans le forum boarium un Hercule œmilien. (*Fest.*, p. 242.) Partout, dans cette région, se trouvaient des monuments de la présence d'Hercule. C'est encore à Rome un coin à souvenirs pélasgiques.

[1] Corintho deleto.

[2] On pourrait objecter à cette opinion admise par plusieurs savants que la statue du Capitole n'a pas la tête couverte, tandis que Macrobe dit le contraire de l'Hercule vainqueur : Ipse ibi operto est capite (Sat., III, 6); mais ce détail a pu être changé dans la copie.

[3] Macr., *Sat.*, I, 8.

[4] Properce dit à Jupiter en parlant de Cinthie :

Ante tuosque pedes illa ipsa adoperta sedebit. (*El.*, II, 28, 45.)

Les anciens priaient assis. On voit souvent dans les églises de Rome les gens de la campagne assis sur leurs talons, habitude née de la paresse méridionale et encore plus sensible en Espagne, où les belles dames sont véritablement assises en priant. Là, cette coutume ne vient pas directement des Pélasges, mais elle peut, comme les combats de taureaux, être la continuation d'une coutume romaine, et celle-ci peut remonter aux Pélasges.

certains jours de l'année, de même elles ne pouvaient participer au culte d'Hercule[1], et, par une association bizarre et très-irrévérencieuse, l'entrée de son temple était interdite aux chiens et aux mouches[2].

Ceci encore devait tenir à la religion des Pélasges, commune dans l'origine à la Grèce et à l'Italie; car il y avait en Élide, contrée pélasgique, un Jupiter chasse-mouches, par le secours duquel Hercule, que l'abondance des mouches importunait, les avait chassées au delà de l'Alphée[3].

Il est heureux qu'on ait si exactement déterminé l'emplacement du grand autel et du temple d'Hercule, car, sur aucun point de Rome, on ne peut mieux avoir le sentiment de la perpétuité d'un culte antique et de la durée des choses romaines.

Celui d'Hercule, fondé par les Pélasges, subsistait encore sous Honorius; longtemps privilége héréditaire de deux familles, les Potitii et les Pinarii, que Virgile fait contemporaines d'Hercule et qui certainement étaient très-anciennes, l'exercice de ce culte fut transporté par Appius Claudius Cœcus à l'État; on en chargea plus tard un magistrat, le préteur Urbain. Sous cette forme, il se perpétua jusqu'après l'introduction officielle du christianisme à Rome. Au temps de Prudence, la famille Pinaria, à laquelle *la garde* du

---

[1] Gell., *Noct. att*., xi, 6, 5; Pl., *Q. rom.*, 60.
[2] Solin, i, 10.
[3] Paus., v, 14, 2.

temple était restée, s'y réunissait avec des prêtres Saliens; au quatrième siècle de l'ère chrétienne, le lieu consacré par les Pélasges retentissait encore de chants en l'honneur de leur dieu [1].

Les vieux cultes ont la vie dure, et en cela bien différents des hommes, ce sont les plus âgés qui ont le plus de peine à mourir.

Les Pélasges, sous leur nom historique et sous celui d'Arcadiens que la tradition poétique leur a donné, sont donc venus à Rome; ils ont fondé ou du moins nommé Rome. Deux collines ont été habitées par eux : le Palatin, où était leur citadelle de Roma, et le Quirinal, qui a dû recevoir des Pélasges son nom grec et antique d'*Agôn* [2].

Je vais rechercher si l'on peut étendre cette première notion de la Rome des Pélasges, en les retrouvant sur quelques autres points. Les détails topographiques dans lesquels je suis obligé d'entrer me seront peut-être pardonnés en raison de l'importance des résultats auxquels ils me conduiront; par ces détails, nous pourrons reconnaître les lieux où les Pélasges se sont établis, et dresser ainsi un plan de la Rome pélasgique, ainsi que nous en avons dressé un de la ville plus ancienne encore des Sicules et des Ligures.

---

[1] *Nunc* Saliis cantuque domus Pinaria templum
Collis Aventini convexâ in sede frequentat.
Prud., *Contra Symm.*, i, 120

Mons Agonus, P. Diac., p. 10.

Pour cela, je compléterai ce que j'ai dit du séjour des Pélasges à Rome par ce que la tradition rapporte des Arcadiens. Nous savons maintenant qu'*Arcadiens* était le nom poétique des Pélasges.

Au pied du Palatin, la présence des Pélasges nous a été indiquée du côté du nord-est, qui est celui du Forum, par le temple de Vesta, par le temple des Dioscures et par l'autel de Vulcain; du côté de l'ouest, dans la région du Vélabre, nom pélasgique, par l'antre de Pan, dieu pélasge; plus loin, par les temples de Cérès et d'Hercule.

Il faut admettre que ces temples ont été rebâtis sur le terrain consacré dans l'origine au culte des dieux qu'on y honorait.

Mais cela est quelquefois prouvé par les faits, toujours appuyé sur une très-grande vraisemblance. A Rome, je ne sais pas beaucoup d'exemples d'un temple qui n'ait point été rebâti dans le lieu où il avait été primitivement construit; on ne déplaçait guère les vieux sanctuaires. Il en a été de même pour les églises; les plus modernes s'élèvent souvent au lieu où celles qu'elles ont remplacées furent fondées en l'honneur du même saint ou de la même sainte dans les premiers siècles du christianisme. Les temples de Saturne, de Vesta, d'Hercule, réparés ou refaits plusieurs fois, n'ont pas plus changé de place que Saint-Pierre, Saint-Paul ou Saint-Jean de Latran.

Les Pélasges occupèrent l'espace intermédiaire entre

le Capitole et le Tibre, c'est ce que prouve l'autel de Carmenta, mère de l'Arcadien Évandre, et qui donna son nom à la porte Carmentale située dans cet espace. Ils occupèrent également et la roche Tarpeïenne, qui porta aussi le nom de roche Carmentale, et le Capitole ; car selon la tradition, ils s'emparèrent de la ville de Saturnia, dont la citadelle était placée sur le mont Saturnien et qui elle-même était sur la pente méridionale de ce mont, à l'endroit encore indiqué aujourd'hui par le temple de Saturne [1].

Nous les avons suivis du Palatin jusqu'aux bords du Tibre ; mirent-ils le pied dans l'île Tibérine ? J'incline à le penser, car je ne saurais comment expliquer autrement le nom de Lycaonia que cette île a porté au moyen âge et que l'on n'a pas inventé au moyen âge. Lycaon était un roi mythologique des Pélasges [2], cette île lui fut vraisemblablement consacrée par eux.

Passèrent-ils le fleuve, et pourrait-on admettre que le pont Sublicius, construit en bois, et qui certaine-

---

[1] Denys d'Halicarnasse (I, 34) rapporte que les compagnons d'Hercule s'établirent sur le mont Saturnien (le Capitole), c'est pourquoi il leur attribue la fondation de l'autel de Saturne qui était au pied du Capitole, mais je crois avec Denys d'Halicarnasse que cet autel était plus ancien que l'arrivée d'Hercule, c'est-à-dire la venue des Pélasges, et se rapportait à une époque antérieure, l'époque saturnienne ; la même incertitude entre l'établissement latin et l'établissement pélasge fit attribuer l'asile de Saturne à Hercule

[2] Lycaon était fils de Pélasgus.

ment fut le plus ancien pont de Rome, ait été l'œuvre des Pélasges? Ceci expliquerait pourquoi une vestale jetait de ce pont les figures en osier substituées aux victimes humaines dont l'immolation avait été abolie par Hercule, au temps d'Évandre, et rendrait raison du respect religieux dont ce pont, réservé aux pompes sacrées et réparé toujours en bois, était l'objet.

Mais je n'aperçois, sauf le Janicule, aucune trace des Pélasges sur la rive droite du Tibre, dans le Transtevere. Sur la rive gauche, je les ai déjà trouvés sur le Palatin et autour du Palatin, s'avançant entre l'Aventin et le Tibre, occupant le Capitole et les lieux circonvoisins, enfin sur le Quirinal; et l'on conçoit que s'ils avaient le Quirinal, ils durent avoir le Capitole, puisque anciennement ces deux collines n'étaient pas séparées comme elles le sont aujourd'hui. Jusqu'à Trajan, elles étaient jointes par une colline intermédiaire dont la hauteur n'était guère moindre que la leur, et que cet empereur fit disparaître pour créer son Forum et sa basilique.

Ainsi le Quirinal tenait au Capitole. Ceux qui étaient en possession de l'un devaient être maîtres de l'autre. Nous verrons que cela a été vrai des Sabins comme des Pélasges.

Nous avons donc fixé déjà, pour marquer l'extension de la ville des Pélasges, un certain nombre de points où nous avons pu reconnaître d'après divers indices leurs vestiges, et ce qui rend ces indices plus certains, c'est que les points qu'ils nous indiquent se trouvent être contigus et comprendre deux collines très-voisines, le Palatin et le Capitole, une colline alors attenante au Capitole, le Quirinal, et de plus le terrain qui avoisine les deux premières de ces collines ; mais les Pélasges n'ont-ils été que là ?

Je crois qu'on peut les suivre encore ailleurs et ajouter aux résultats déjà obtenus au moyen d'une autorité qui les confirme et les étend. Je veux parler de ce que nous savons sur les chapelles des *Argéens*. J'ai déjà mentionné ces chapelles en parlant de la configuration primitive des sept collines; j'y reviens à propos du culte antique qu'on y célébrait.

Remarquons-le d'abord, ce nom *Argéen* qui désignait à la fois et les sanctuaires et ceux qu'on y honorait était aussi le nom des figures d'osier qu'une vestale précipitait du pont Sublicius dans le Tibre, pour remplacer les victimes humaines dont Hercule avait fait cesser l'immolation.

Le nombre de ces figures était précisément le même que celui des chapelles argéennes, vingt-quatre [1]. Cela établit un rapport évident entre le culte des Argéens et les traditions qui se rapportent à Hercule et aux

---

[1] Après avoir mentionné vingt-sept sanctuaires argéens, Varron n'en énumère que vingt-quatre; c'est ce nombre qui est le véritable, comme le prouve celui des figures d'osier jetées dans le Tibre qui est aussi de vingt-quatre. Voyez l'art. *Roma*, dans le *Dictionnaire de Géographie grecque et latine*, publié par Smith, t. II, p. 734.

Arcadiens, c'est-à-dire aux Pélasges; les Argéens, disait-on, étaient des chefs qui avaient accompagné Hercule et qui avaient donné leurs noms aux sanctuaires dans lesquels ils avaient été enterrés [1]; eux-mêmes venaient d'Argos, ainsi qu'Hercule; tout cela semble bien désigner des Pélasges et nous montrer dans le culte des Argéens un culte transporté par ce peuple à Rome.

Ces sanctuaires dont parle Varron existaient sur toutes les collines de la rive gauche, excepté le Capitole et l'Aventin.

Pour le Capitole, d'après ce que nous avons vu de son occupation par les compagnons d'Hercule, on est porté à croire qu'il a été habité par les Pélasges, bien que le culte des Argéens n'y eût point de sanctuaire.

Quant à l'Aventin, nous l'avons déjà trouvé en dehors du Septimontium occupé par les Sicules unis aux Ligures. On peut s'expliquer ce fait en se rappelant que l'Aventin, alors la plus âpre des collines romaines, semble avoir dans sa noire forêt, qui n'est mentionnée qu'avec terreur, abrité des brigands dont le type est Cacus. L'Aventin est-il resté aussi, pour la

---

[1] V. Varr., *De l. lat.*, v, 45-52. *Argæi* était le nom des sanctuaires comme des héros. L'auteur de l'excellent article *Roma* dans le *Dictionary of greek and Roman Geography*, publié par Smith, M. Dyer, fait remarquer que Saint-Pierre est à la fois le nom d'un saint et de l'église dédiée à ce saint.

même raison, en dehors de la Rome des Pélasges ? Non.

Dans l'histoire même de Cacus, mis à mort par Hercule, on peut voir encore un souvenir des pélasges. Cacus a un nom grec, et c'est le dieu pélasgique Hercule qui est son vainqueur; lui-même est lié au culte du feu, partie essentielle de la religion pélasgique[1].

Quand tout se serait borné à un berger des environs[2] qui aurait tué un brigand de l'Aventin, cela ne rendrait pas impossible que les Pélasges en eussent exterminé un autre ou plusieurs autres, ce qui expliquerait l'introduction d'Hercule dans cette histoire; s'il en était ainsi, on se rendrait compte d'une tradition rapportée par Virgile, laquelle donne Hercule pour père à Aventinus[3], que l'on dit avoir eu sa sépulture sur le

---

[1] Cacus se rattache à ce culte, comme fils de Vulcain, par les flammes qu'il vomit, par son nom (Caiò, brûler), par sa sœur Caca, à laquelle des sacrifices étaient offerts comme à *Vesta*. (Serv., *Æn.*, VIII, 190). Enfin, une tradition conservée par Festus (p. 266; Diod. Sic., IV, 21) représentait Cacus comme ayant reçu Hercule sur le Palatin où il avait amené de Grèce des Grecs ou des Aborigènes. Les Grecs ou les Aborigènes sont ici des Pélasges. (Voyez la note suivante.) Cacus avait donc, en tant que personnage mythologique, une origine pélasgique aussi bien qu'Hercule.

[2] Voyez le chapitre VIII.

[3] La tradition faisait aussi d'Aventinus un roi des Aborigènes. (Serv., *Æn.*, VII, 657). Ceux-ci sont représentés comme associés aux Pélasges avec lesquels ils vinrent s'établir à Rome, sur le Palatin, et avec lesquels, à cause de cette association, ils ont été parfois confondus. C'est donc une raison de plus d'admettre la présence de leurs alliés les Pélasges sur l'Aventin.

mont Aventin et lui avoir laissé son nom. Là où je rencontre Hercule, je soupçonne des Pélasges : on a vu plus haut par quelle raison ; l'Aventin aurait donc été pélasge, comme les autres collines, peut-être pas en entier, car il a deux sommets ; la forêt qui couvrait sa cime la plus élevée, où était l'antre de Cacus, aurait continué à être un repaire de brigands, attaqués victorieusement, mais non détruits par les Pélasges. Ceux-ci auraient eu leur établissement sur l'autre sommet de l'Aventin, celui qu'on appelle aujourd'hui le faux Aventin, et où est l'église de Sainte-Balbine [1].

Le curieux document du culte des Argéens qui désigne tous les points où s'élevèrent de vieux sanctuaires de ce culte, attestant sur ces points la présence des Pélasges, nous a autorisés à les maintenir en possession des deux collines où nous avons cru d'abord les reconnaître, le Palatin, le Quirinal; — celui-ci entraîne le Viminal qui lui est comme subordonné. — De plus, le même document nous les a montrés sur le Cœlius et l'Esquilin, et une autre tradition sur le Capitole; l'Aventin restait seul : des motifs tirés d'ailleurs nous conduisent à placer aussi les Pélasges sur l'Aventin. Enfin il faut mentionner sur le Janicule

---

[1] En effet, au-dessous de ce sommet était un temple de la *bonne déesse*, qu'une légende racontée par Properce (v, 9, 23) mettait en rapport avec l'histoire d'Hercule et de Cacus, et qui paraît avoir été dans l'origine une déesse de la fécondité universelle, idée dominante de la religion pélasgique. V. Preller, *R. myth.*, 351-7.

cette ville à nom grec d'Antipolis qu'on supposait bâtie par un Romus, fils d'Énée [1], ce qui est absurde, et à laquelle ce Romus, frère de Romulus, aurait donné le nom de son père, *Æneas*. Mais cette absurdité peut déguiser une tradition plus sérieuse, celle d'un établissement pélasge sur le Janicule.

Je m'arrête effrayé moi-même de ma hardiesse; on avouera du moins que cette reconstruction de la cité pélasgique, si elle n'est pas absolument démontrée, ce qu'elle ne saurait être, s'appuie sur des arguments assez plausibles et des témoignages qui s'accordent assez bien. C'est tout ce que l'on peut exiger pour des origines si reculées. Je me hâte de terminer là mon histoire hypothétique, mais, ce me semble, vraisemblable, des Pélasges à Rome, et je rentre dans la poésie avec la venue fabuleuse d'Énée et des Troyens. Ces fables qu'a embellies Virgile nous fourniront encore quelques documents pour l'histoire primitive, car Virgile a fait entrer dans ses fictions beaucoup de descriptions fidèles de lieux et de peuples, et quelques traditions au moins en partie véritables.

[1] Den. d'Hal., 1, 73.

VIII

SUITE DES TRADITIONS POÉTIQUES — ÉNÉE ET LES TROYENS

Fable des origines troyennes de Rome. — Sens historique de cette fable. — Ce qu'il y a de vrai dans le récit poétique de Virgile. — État ancien et moderne de la plage d'Ostie. — Fidélité historique et anachronismes de Virgile. — Traits de mœurs et de costume encore reconnaissables chez les habitants de la montagne. — La Rome d'Évandre — Souvenirs qu'a laissés la tradition poétique.

Nul écrivain sérieux ne saurait admettre qu'Énée soit venu en Italie, opinion si chère à l'orgueil des grandes familles romaines qui rattachaient leur origine à cette migration fabuleuse, opinion dont s'aida César, ce prétendu descendant d'Ascagne, pour établir la tyrannie par la légitimité. En effet, ce n'est pas là une tradition indigène, et qui, comme telle, pourrait contenir quelque mélange de vérité ; c'est une fable étrangère inventée par des historiens et des poëtes grecs, et adoptée par les Romains, quand ils se prirent de passion pour les choses grecques, quand partout en

Italie les villes rattachèrent leur fondation aux légendes mythologiques ou héroïques de la Grèce.

L'origine troyenne des Romains n'est pas même appuyée sur l'antique poésie des Grecs; Homère, loin de la favoriser, lui est contraire, car, dans l'Iliade, Neptune prédit à Énée que sa race régnera à jamais sur les Troyens[1]; on osa, il est vrai, altérer cet oracle embarrassant pour les prétentions romaines, et on fit dire à Neptune que les descendants d'Énée régneraient sur tous les peuples[2]; mais il est évident qu'Homère, n'ayant point lu l'histoire romaine dix-huit cents ans avant qu'elle fût écrite, n'a pu penser à cela. Bien longtemps après lui, on voit se former peu à peu la fiction dont la vanité des Romains devait tirer un si bon parti. On croit que Stésichore, au second siècle de Rome, fit voyager Énée vers l'Occident[2]; Stésichore ne songeait pas aux Romains, que personne alors ne connaissait. Beaucoup plus tard, Callias imagina de conduire Ulysse et Énée en Italie. Selon cet historien, les femmes des Troyens brûlèrent les vaisseaux d'Énée. Rome reçut son nom de l'une de ces femmes[3]. Timée, contemporain de Pyrrhus, et célèbre dans l'antiquité par ses mensonges historiques, est le premier qui pa-

---

[1] Il., xx, 307.

[2] Naturellement Virgile a adopté cette version de la prophétie qu'il a mise dans la bouche d'Apollon, Æn., iii, 97.

[3] Schwegler, Röm. gesch., 1, 298

raisse avoir propagé la tradition de l'origine troyenne, telle qu'elle fut admise depuis.

Les Romains s'empressèrent d'accepter cette généalogie, qui les rattachait aux temps héroïques de la Grèce.

Pour prendre acte de cette noble extraction qu'on leur prêtait et dont le bruit commençait à se répandre, les Romains déclarèrent à plusieurs reprises s'intéresser aux habitants d'Ilion, comme étant de leur sang [1].

Ilion était alors peu de chose; les Romains faisaient ce que font les parvenus, qui reconnaissent pour leur parent un noble ruiné [2].

Flamininus, par égard pour les traditions épiques des Grecs, dont il avait proclamé le dérisoire affranchissement, affirmait, dans une inscription placée à Delphes, que les Romains sortaient de la race d'Énée.

Pour retrouver leurs aïeux parmi ces aïeux adoptés par le peuple romain, les grandes familles profitèrent de quelques ressemblances de nom fortuites et souvent forcées. Les Jules descendirent d'Ascagne, qui s'appelait aussi Iulus; les Sergius auxquels appartenait Catilina, de Ségeste; cinquante familles romaines prétendaient à une origine troyenne.

---

[1] Scipion, Sylla, l'empereur Claude, tous grands amis de l'hellénisme, se signalèrent par des démonstrations de cette espèce.

La satisfaction fut réciproque entre ces parents un peu éloignés et qui s'étaient perdus de vue assez longtemps. (Justin, xxxi, 8.)

Aujourd'hui encore, la famille des Caetani, dont l'antiquité très-réelle n'a nul besoin de cette antiquité fabuleuse, pourrait, si ceux qui la représentent n'avaient trop d'esprit pour cela, mettre en avant la prétention, que les généalogistes ont eue pour elle, de venir en ligne droite de Caieta, nourrice d'Énée. La croyance que César descendait d'Iulus était tout juste aussi bien fondée. Juvénal appelait les grands seigneurs romains, enfants de Troie, et aujourd'hui l'homme du Transtevere se proclame sans hésitation de *sang troyen*.

Je pense qu'il en est de la venue d'Énée à Rome, comme de celle d'Évandre et d'Hercule ; fausse en elle-même, cette tradition tient à une tradition véritable, l'arrivée des Pélasges en Italie et à Rome ; les Troyens d'Énée, aussi bien que les Arcadiens d'Évandre et les Argiens d'Hercule, étaient des Pélasges[1].

Cette opinion me paraît offrir d'autant plus de vraisemblance, que j'ai cru reconnaître, dans d'autres fictions du même genre, la même transformation d'une origine pélasgique en une origine grecque, la même substitution du peuple grec, fort à la

---

[1] Si Évandre vient d'Arcadie et Hercule de l'Argolide, qui sont des pays pélasgiques, Énée vient de l'Ida qui ne l'est pas moins. Il tient à Dardanus, qui part d'Italie et va dans l'Arcadie, la Samothrace et en Asie, habitant tour à tour les principaux pays parcourus par les Pélasges, Énée lui-même aborde dans plusieurs de ces pays; son histoire est liée à leur culte. La fondation de plusieurs villes pélasgiques lui est attribuée. V. Klausen, *Æneas und die penaten*, passim.

mode, au peuple pélasge, à peu près oublié; du frère cadet au frère aîné.

Quoi qu'il en soit, en acceptant les imaginations de Stésichore, de Callias et de Timée, les Romains voulurent les rattacher à leurs divinités nationales ; on assura qu'Énée avait rapporté de Troie, avec la statue de la Pallas grecque qu'on appela le Palladium, les Pénates, dieux du foyer romain, qu'on identifia avec les grands dieux de la Samothrace.

D'une nymphe latine, Anna Perenna, on fit, grâce à la similitude du nom, Anna, sœur de Didon[1]. Cette Anna Perenna était une divinité du pays et resta populaire à ce titre. Tandis que les lettrés la confondaient avec la sœur de Didon, que le peuple ne connaissait point, le peuple continuait à célébrer sa fête en allant boire et se divertir à un mille de Rome, sur la voie Flaminienne.

Ovide[2] fait de cette fête une peinture animée et familière, qui rappelle les amusements populaires des Romains de nos jours, quand par exemple, au mois d'octobre, ils vont boire et se réjouir du même côté de Rome, dans les hôtelleries de la voie Flaminienne, sur la route de Ponte molle. Quelques détails de cette joie populaire décrite par Ovide se retrouvent dans les divertissements actuels des Romains, entre autres celui-

---

[1] Ov., *Fast.*, iii, 545 et suiv.
[2] Ov., *Fast.*, iii, 523 et suiv.

ci : « Ils chantent ce qu'ils ont entendu au théâtre. » Il faut le dire à l'honneur des Romains modernes, Ovide ne les verrait plus revenir chancelants par l'effet du vin et une vieille femme avinée traînant un vieil ivrogne. Les Romains boivent, mais on ne les voit jamais ivres dans les rues. On avait transformé Anna Perenna en une sœur de Didon ; elle devait subir encore une autre métamorphose, et une chapelle chrétienne a été dédiée à l'antique divinité latine, sous le nom d'Anna Petronilla[1].

Ouvrons maintenant Virgile, et suivons rapidement le récit qu'il fait de l'arrivée et de l'établissement d'Énée en Italie, cherchant dans ces admirables six derniers livres de l'Énéide quelques renseignements sur la physionomie des lieux, tels qu'ils y sont décrits, sur les origines, les mœurs, le culte des diverses races qui occupèrent Rome avant les Romains.

Les vaisseaux d'Énée entrent à l'aurore dans le Tibre par un grand calme. En deux vers Virgile résume très-bien cette succession de nuances diverses que présente un lever du soleil près de Rome[2].

« La mer rougissait des premiers rayons, et du haut de l'Éther la jaune Aurore brillait sur son char rose. »

---

[1] A monte di Leva, près de Pratica, Lavinium, la ville fondée par Énée. Ovide suppose qu'Énée avait retrouvé dans le Latium Anna Perenna, dont il ne manque pas de faire la sœur de Didon. (V. Bonstetten, *Voyage dans le Latium*, p. 197.)

[2] Virg., *Én.*, vii, 25.

SUITE DES TRADITIONS, ÉNÉE ET LES TROYENS. 193

Il faut oublier la donnée mythologique obligée de l'Aurore et de son char, pour remarquer comment Virgile a su y faire entrer une peinture vraie et d'après nature; en effet le soleil, quand il apparaît, répand d'abord horizontalement des feux rougeâtres sur la mer; puis le ciel prend des teintes roses et soufrées. Cela, on peut le voir tous les matins à l'embouchure du Tibre; mais ce qu'on ne voit plus qu'en partie, c'est ce que Virgile montre ensuite [1]. « Là, Énée aperçut de la mer un grand bois; à travers ce bois, le Tibre, d'un cours gracieux, se précipitait en tourbillons rapides, et roulait dans ses ondes un sable jaunâtre; de nombreux oiseaux, accoutumés à ces rives et au lit du fleuve, charmaient l'air de leurs chants et volaient à travers le bois. »

Les tourbillons du fleuve, le sable qui le jaunit caractérisent aujourd'hui l'aspect du Tibre comme au siècle de Virgile; mais on ne peut plus parler de son *cours gracieux*, le bois a disparu et les oiseaux se sont envolés; on ne voit aux embouchures du Tibre qu'une plaine sans arbres, comme sans habitants, où des buffles paissent parmi les marécages. Aux buffles près, qui sont modernes [2], ce lieu devait être ainsi avant que le voisinage d'Ostie y eût fait naître une végétation qui s'en est allée avec Ostie. Aujourd'hui c'est

---

[1] Virg., *Æn.*, VII, 29.
[2] Les buffles ne sont jamais mentionnés par les auteurs latins, on croit qu'ils ont été amenés en Italie par les Barbares.

une plage stérile plus semblable qu'au temps de Virgile à ce qu'elle était au temps d'Énée.

Il y avait encore une autre différence topographique entre ce qu'avait été l'embouchure du Tibre à l'époque où Virgile place l'arrivée d'Énée, et ce qu'elle fut à une époque plus récente; le rivage qui avance perpétuellement avait moins empiété sur la mer. L'*île sacrée* qui a été formée par le bras artificiel du Tibre, le seul navigable de nos jours, l'île Sacrée n'existait pas. Ce fut depuis un lieu charmant qu'on appelait l'*encens de Vénus*[1] à cause des rosiers qui l'embaumaient. Les roses d'Ostie ont fait place, comme les roses célèbres de Pœstum, à une plaine désolée.

L'aspect de ce rivage est donc très-peu semblable à la peinture qu'en a tracée Virgile, d'après ce qu'il avait sous les yeux; et, bien que cet aspect soit moins différent aujourd'hui que sous Auguste de celui qui aurait frappé les regards d'Énée, s'il eût jamais abordé au rivage Laurentin, on vient de voir qu'il en diffère, cependant, à quelque égards. L'histoire des lieux a ses phases de splendeurs et de ruines, et fait rêver comme l'histoire des hommes.

Énée trouve dans le Latium le vieux roi Latinus, qui gouvernait depuis longtemps ses peuples au sein d'une paix profonde : c'est la paix de Saturne qui règne en-

[1] Libanus almæ Veneris. Géographe anonyme du cinquième siècle, cité dans le *Handbook for central Italy*, part. II, *Rome and its environs*, p. 301

core; c'est une allusion à cet âge de tranquillité qu'on plaçait à l'aurore de la vie latine.

Latinus a une fille, Lavinia, qui donna son nom à la ville de Lavinium. Ce nom, par une confusion qui tient à la ressemblance des sons, a été dans les temps modernes transporté à Lanuvium, aujourd'hui *Città-Lavinia;* grâce à cette transposition, il s'est formé une tradition absurde qui ne tient aucun compte de la nature des lieux et d'après laquelle on montre, scellé dans une muraille, à Lanuvium, qui est assez loin de la mer, l'anneau de fer auquel Énée aurait attaché son vaisseau.

Un prodige vient épouvanter le vieux roi Latinus : une flamme a paru tout à coup autour de la tête de Lavinia. Latinus va consulter l'oracle de Faunus dans les bois qui sont au-dessous de la haute Albunée, « la plus grande des fontaines sacrées, qui verse à travers les forêts une eau retentissante, exhalant une odeur méphitique sous les ombrages épais. » Le nom de Faunus donné à cet oracle reporte son origine à l'époque des hommes des bois et de la forêt primitive. Ces hommes sauvages paraissent, comme je l'ai dit, avoir éprouvé un respect superstitieux pour les eaux sulfureuses qui guérissaient les maladies, et dans le voisinage desquelles devaient se produire des phénomènes volcaniques dont les causes agissaient encore. On suppose en général que Virgile a placé cet oracle de Faunus près de Tivoli c'est une erreur : l'oracle se rendait près de la solfatare d'Altieri, aux environs de Laurentum (Tor Paterno ou Capocotta [1]).

Cependant Énée a débarqué et a tracé un camp fortifié qu'il entoure d'un fossé et d'un relèvement de terre avec un mur crénelé. La description qu'en fait Virgile donne l'idée de ce que devait être la Rome carrée des Pélasges, déjà semblable au camp romain dont on peut la considérer comme le premier modèle.

Il y avait au temps de Varron, près de Laurentum, un lieu appelé Troja; peut-être ce nom qui se retrouve ailleurs, en Italie [2], avait-il été apporté par les Pélasges; peut-être a-t-il aidé à l'établissement de la fable de l'invasion troyenne. On connaît la truie aux trente nourrissons, dont l'histoire se lie à la fondation de la ville d'Albe.

Cette truie figure encore dans les armes de la petite ville d'Albano, et un bas-relief qui la représente au milieu de sa famille, encastré dans le mur d'une maison au-dessus d'une fontaine, a donné à une rue de Rome le nom de rue *de la Truie* (via della Scrofa), allusion bien moderne à un bien antique souvenir.

Les envoyés d'Énée trouvent le roi Latinus dans la ville de Laurentum, nom qui atteste l'existence d'un bois de lauriers pareil à celui qui croissait sur

---

[1] Virg., *Æn.*, vii, 82. Oraculum ejus (Fauni) in Albuneâ Laurentinorum sylvâ est. (Probus, *Georg.*, i, 10; ap. Klausen.)

[2] Il y a encore en Étrurie un monte di Troja. (Denn., *Sep. of Etr.*, ii, 277.)

l'Aventin; et ce qui rappelle aussi l'Aventin, la demeure de Latinus était enveloppée de forêts, *horrendum sylvis*. Ces deux mots peignent énergiquement l'aspect primitif du Latium; mais, dans ce qui suit, Virgile se permet un anachronisme évident, Latinus habite un palais dont le toit est soutenu par cent colonnes; ses chevaux sont couchés sur la pourpre et portent des colliers d'or.

Puis l'imagination du poëte revient des magnificences exagérées de la Rome du temps d'Auguste aux souvenirs rustiques de l'ancien Latium, et l'on retrouve un sentiment vrai de la vieille tradition dans ces vers [1] :

« Connaissez les Latins, la nation de Saturne qui n'est point juste par contrainte ou par l'empire des lois, mais spontanément, et se gouverne selon les coutumes de son antique dieu. »

Du reste, le tableau que nous présente Virgile du théâtre de la guerre des Troyens et des Rutules est encore, en certains endroits, d'une assez grande fidélité pour que l'aimable auteur du *Voyage sur le théâtre des six derniers livres de l'Énéide*, M. de Bonstetten, ait pu dire à propos des environs de Laurentum : Tel est le pays que j'ai vu dans Virgile et dans la nature.

La guerre s'engage. Ascagne ayant tué à la chasse le cerf chéri d'une jeune fille latine, les féroces habi-

[1] Virg., *Æn.*, vii 202.

tants de la forêt en sortent, conduits par le père de la jeune fille, lequel était dans ce moment en train de fendre un chêne et s'avance, respirant le meurtre. Je crois voir s'avancer un bûcheron de ces parages, qui vient faire une *vendetta*. Il y a dans ce qui reste de forêts au bord de la mer des bûcherons qui ont cet air-là.

Ces forêts elles-mêmes sont peintes par Virgile telles qu'elles sont encore, formées d'arbustes serrés parmi lesquels s'élèvent çà et là de grands arbres[1]; c'est ce qu'on nomme la *Macchia*.

Puis commence l'énumération des races latines soulevées contre les Troyens. Nous retrouverons là, peintes par des traits dont quelques-uns se reconnaissent aujourd'hui, les populations que l'histoire nous a fait entrevoir et que la poésie va nous montrer.

D'abord paraît le farouche Mézence, le chef des Tyrhéniens venus avec lui de Cœre qui s'appelle encore de son nom pélasgique, Agylla.

Mézence représente énergiquement l'idée qu'on se faisait de ce qu'avaient été les Tyrrhéniens dans l'âge de la piraterie, quand leur cruauté envers leurs prisonnier était célèbre, quand on disait proverbialement les *attaches des Tyrrhéniens* pour exprimer la coutume at-

---

[1] Sylva fuit, latè *dumis* atque ilice nigra
Horrida, quam densi complerant undique sentes;
Rara per occultos ducebat semita calles.
Virg., *Æn.*, ix. 381.

tribuée à ce peuple d'attacher ses prisonniers à des cadavres [1], comme le fait Mézence dans Virgile. Les Tyrrhéniens, qui passaient pour être des Pélasges, devaient être réputés impies; aussi Mézence est-il appelé par Virgile le contempteur des dieux.

Vient ensuite Aventinus, qui a donné son nom à une des sept collines de Rome, et dont j'ai déjà eu occasion de parler.

Virgile confirme la fondation de Tibur par les Pélasges, il appelle les Tiburtins *Argiva juventus*, les guerriers d'Argos; en effet, on racontait que l'un des fondateurs de Tibur avait été le conducteur de la flotte d'Évandre l'Arcadien. Il y avait à Tivoli un célèbre temple d'Hercule dont les restes existent encore [2]; si le culte d'Hercule à Tibur était ancien, il devait remonter aux Pélasges; en général, les villes d'origine pélasgique ont un temple d'Hercule.

Préneste, aujourd'hui Palestrine, a été plus certainement fondée ou au moins occupée très-anciennement par les Pélasges; les murs de la forteresse sont le plus bel échantillon de murs pélasgiques que l'on rencontre aux environs de Rome; elle a porté le nom

---

[1] Aug., *Contrà Julian Pel.*, IV, 78.

[2] Nibby, *Dintorni di Roma*, III, 190. Nibby croit reconnaître les restes d'un temple d'Hercule dans ce qu'on appelle improprement la maison de Mécène *Ibid.*, p. 193-4), et n'est pas éloigné d'en voir un autre, comme on le fait en général, dans la Cella qui est derrière la cathédrale de Tivoli.

grec de *Polystéphanon*, *à plusieurs couronnes*, c'est-à-dire à plusieurs enceintes [1].

Virgile célèbre son fondateur Cœculus, fils de Vulcain, divinité pélasgique. « Puis, dit-il, viennent ceux qui cultivent les champs de la Junon de Gabie (la Junon argienne ou pélasge); ceux qui habitent les bords du frais Anio et les rochers Herniques baignés de mille ruisseaux [2]. » Suit un dénombrement pittoresque des petits peuples qui défendent la cause de Turnus, le roi d'Ardée. Virgile ne dit rien pour caractériser cette ville. Mais son nom dérivé d'*ardua*, escarpée, indique assez sa position; en effet, si l'on regarde d'Albano vers la mer, on aperçoit un sommet isolé, s'élevant seul au milieu d'une plaine immense; Ardée était sur ce sommet. Les anciens ont donné de ce nom plusieurs étymologies invraisemblables, la vue d'Ardée les fait tomber.

Dans le tableau des populations de cette partie de l'Italie nous allons relever de précieux détails sur l'état ancien de toutes celles qui nous ont apparu confusément dans l'histoire de Rome avant les Romains. Dans la plaine sont les habitants du Latium antique,

---

[1] Str., v, 3, 11. Comme on le voit encore dans la ville pélasgique de Segni.

[2] . . . . . Roscida rivis
 Hernica saxa colunt.

Il y a peut-être une intention dans le rapprochement de *Hernica* et de *Saxa; herna*, dans la langue des Sabins, voulait dire *rocher*.

Sicules, Rutules, Ligures, Ausoniens. C'est un pêle-mêle animé qui représente bien cet océan tourmenté de peuples dont le flux et reflux inondait tour à tour ou abandonnait le Latium.

La peinture que fait Virgile des hommes de la montagne est empreinte de la rudesse de leurs coutumes et de leurs mœurs[1]. « Tous, dit-il, ne possèdent pas des armes, des boucliers, des chars; la plupart lancent avec la fronde des balles de plomb; d'autres portent à la main des javelots et coiffent leur tête de la peau fauve des loups; leur pied gauche est nu, une guêtre grossière couvre leur jambe droite. »

Aujourd'hui ces montagnards lancent encore très-volontiers des balles, mais c'est avec un fusil; ils ne se couvrent pas de peaux de loups, mais de peaux de moutons. Ils portent encore la guêtre des temps primitifs, mais aux deux jambes; la coutume de n'avoir qu'une jambe couverte était une coutume grecque[2] venue en Italie avec les Pélasges.

Messapus, fils de Neptune, divinité qui devait être chère aux Pélasges, ces grands navigateurs, amène les habitants du pays situé entre la Sabine et l'Étrurie, le pays où était Falère, ville dans laquelle le culte de Junon se célébrait suivant le rite d'Argos, ce qui fait reconnaître cette Junon et ce pays pour pélasgiques.

Nous rencontrons donc chez Virgile le souvenir des

[1] Virg., Æn., vii 685.
[2] Hygin. ap. Macr., Sat., v, 18.

Pélasges dans la contrée où les monuments, les noms de lieux, les cultes religieux nous ont indiqué leur présence.

Ensuite nous voyons entrer en scène un peuple dont j'ai déjà parlé et dont j'aurai beaucoup à dire, le peuple sabin. « Voici les Sabins que conduit leur chef Clausus. »

Clausus est l'aïeul des Claudius, famille Sabine qui, admise dans la cité romaine, y porta l'âpreté de sa race et s'y fit toujours remarquer par sa hauteur et sa fermeté, qui produisit Appius le décemvir et Appius Claudius Cœcus, ce type du Patricien, enfin, qui après avoir été déshonorée par les infâmies de Tibère, se releva par la vaillance de Claude le Gothique, aïeul de Constantin.

D'autres montagnards sont représentés attachant des traits à un fléau [1], d'autres encore couvrant leur tête de l'écorce du liége [2]. Non-seulement personne dans le pays romain ne se sert plus du fléau pour y attacher des traits, mais on ne s'en sert pas même pour battre le blé. On le fait fouler sur l'aire par les chevaux, suivant l'usage antique.

Quant au chêne liége, bel arbre, moins beau cependant que le chêne vert, il n'est pas très-rare aux environs de Rome, mais je ne sache pas qu'on en fasse autre chose aujourd'hui que des bouchons. A côté des

---

[1] Virg., *Æn.*, vii, 731.
[2] Virg., *Æn.*, vii, 742.

ressemblances entre l'état ancien des populations que décrit Virgile et leur état présent, il y a aussi les différences introduites par le temps, et qui souvent ne sont pas moins piquantes que les ressemblances.

La nation des Èques, ces ennemis acharnés des Romains durant les premiers siècles de la république, est ainsi caractérisée par Virgile [1].

« La nation des Èques d'un aspect sauvage (*horrida*) accoutumée à chasser dans les forêts. Ceux-ci cultivent la terre tout armés. » Les descendants des Èques, de même que d'autres populations de la montagne, sont, comme leurs aïeux, des cultivateurs armés; ils piochent le fusil sur le dos. Virgile ajoute : « Ils se plaisent à enlever sans cesse de nouvelles proies et à vivre du bien volé. » Les populations dont il s'agit aiment encore beaucoup à vivre de ce bien-là.

Virgile ne pouvait oublier les Marses, qui savaient l'art d'assoupir les vipères, de les apprivoiser par des chants et des attouchements et prétendaient guérir de leurs morsures [2].

Cet art, ou plutôt cette jonglerie, est encore pratiquée aux environs du lac Fucin par les petits-fils des Marses; ceux qui disent en avoir le secret sont sous la protection de saint Dominique et s'appellent *viperari*.

---

[1] Virg., *Æn.*, vii, 746.
[2] Virg., *Æn.*, vii, 754.

De chez les Volsques est venue la guerrière Camille, vierge farouche « qui ne se livre pas aux travaux de Minerve, mais est exercée à endurer de rudes combats, et devance les vents à la course [1]. » Plus d'une jeune femme du pays des Volsques, où se trouve Sonino, célèbre village de brigands, est aussi farouche que Camille; comme elle, légère à la course, quand elle suit son mari à la montagne, elle peut braver avec lui de rudes combats. La brigande de Sonino ne porte pas, comme Camille, de pourpre royale; mais en cela pareille à la jeune Volsque, elle attache ses cheveux avec une épingle d'or ou une agrafe du même métal, la *Fibula* dont parle Virgile [2].

On voit que les tableaux de Virgile sont encore vrais et encore vivants, et qu'en donnant aux peuplades qu'il décrit une forte teinte de la sauvagerie du passé, il les a peintes telles, à peu près, qu'elles devaient être un jour.

Il y a dans l'Énéide d'autres traits caractéristiques des races que Virgile met en scène. Camille, par exemple, dit au Ligure qui lui demande de combattre à pied contre elle, et, quand elle est descendue de cheval, se met à fuir de toute la rapidité du sien [3]: «Ligure

---

[1] Virg., *Æn.*, vii, 805.

..... Fibula crinem
Auro internectit. (*Ibid.*, vii, 815.)

[2] Virg., *Æn.*, xi, 715.

trompeur, tu essayes en vain des artifices de ta race. »
On se souvient que les Ligures, peuple ibérien, ont
une certaine parenté avec les Gascons, qu'on dit un
peu rusés, et une parenté étroite avec les Basques,
célèbres par leur agilité; or, le Ligure qui cherchait à
tromper Camille est, comme on voit, assez gascon, et,
poursuivi par la guerrière, fuit devant elle avec la rapidité d'un Basque.

La visite d'Énée au roi Évandre, sur le Palatin, est
un des plus charmants morceaux de l'Énéide. Virgile y
exprime admirablement ce que d'autres poëtes, Ovide,
Properce, Tibulle, ont souvent cherché aussi à rendre :
le contraste de la Rome rustique d'Évandre et de la
Rome superbe d'Auguste.

On sent dans les vers de Virgile comme un regret
mélancolique des temps primitifs de la Rome innocente;
on éprouve, en le lisant, ce qu'on éprouve en revenant
sur la paix et l'heureuse obscurité des premières
années. Maintenant que les magnificences de la Rome
moderne de Virgile, devenues anciennes à leur tour,
se sont évanouies, la mélancolie du poëte vous reprend,
mais en sens contraire. Il comparait aux grandeurs
du présent un humble passé : nous comparons aux
grandeurs du passé les misères du présent et la tristesse des ruines; il opposait le Palatin pastoral d'Évandre au Palatin fastueux de l'empire : nous ranimons
par la pensée les splendeurs éteintes de celui-ci pour
les opposer à la désolation du Palatin redevenu désert.

Énée remonte le Tibre, que Virgile représente comme ombragé par cette antique forêt qu'il ne manque pas une occasion d'indiquer, ainsi que j'ai soin de le faire toujours, et qui, de son temps, devait avoir commencé à disparaître.

Les Troyens, en suivant les sinuosités du fleuve, passent sous des forêts dont leurs navires fendent l'image, réflétée dans les ondes tranquilles [1]. Énée ne trouverait rien de pareil aujourd'hui.

Il débarque en avant du Palatin, au-dessous de Rome, tout entière alors sur le Palatin, dans un bois sacré [2] dont nous connaissons la place, car c'est celle du temple d'Hercule, auquel le roi Latinus offrait un sacrifice.

Un reste du bois sacré, que la tradition plaçait en ce lieu, existait peut-être encore du temps de Virgile, à l'extrémité du quartier élégant et animé du Velabre, là où est aujourd'hui la place pittoresque sur laquelle s'élèvent la tour de Santa Maria in Cosmedin, une fontaine et le joli temple qu'on appelle à tort le temple de Vesta. Si ce lieu n'est plus ombragé, il est encore solitaire. Les bœufs y viennent boire à la fontaine, et on y rencontre souvent des troupeaux de chèvres, qui paissent à Rome dans les rues écartées.

Virgile, qui a la connaissance de toutes les origines,

---

[1] Virg., *Æn.*, VIII, 95.
[2] Ante urbem in luco. (*Ibid.*, 104.)

n'a garde d'oublier la parenté des Arcadiens et des Troyens. Énée, dans le discours qu'il adresse au fils d'Évandre, Pallas, invoque cette parenté en remontant à Dardanus, père des deux peuples. Évandre, après avoir raconté au chef étranger la mort de Cacus au pied de l'Aventin, qui en fut le théâtre, lui retrace l'histoire du lieu où ils sont, qui est l'histoire primitive du Latium, telle que je l'ai exposée moi-même. Il lui peint d'abord les peuples sauvages de la forêt qui vivaient de leur chasse, sans lois, sans civilisation[1]; puis la civilisation apportée par Saturne, l'âge d'or, temps de paix auquel succèdent l'âge de fer et les combats, l'arrivée des Sicules[2] et de nations venues du sud de l'Italie.

Ensuite Évandre prend avec lui son hôte pour lui montrer Rome, c'est-à-dire les lieux ignorés que ce nom fera un jour célèbres, comme il nous arrive chaque jour de servir au même endroit de *cicerone* à un ami fraîchement débarqué; ainsi fait Évandre pour Énée. Suivons donc dans cette promenade le premier des *cicerone* et le plus ancien des voyageurs. « Énée regarde avec étonnement, il porte çà et là un regard empressé; charmé, il interroge et recueille tous les

---

[1] Virg., *Æn.*, viii, 314.
[2]   Tum manus ausoniæ et gentes venere sicanæ.
(*Ibid.*, 328.)

Les *Sicules* ont été souvent appelés *Sicani*, surtout en poésie. Les vrais Sicanes étaient un peuple ibère.

souvenirs de l'antiquité. » On voit qu'Énée est un curieux sensible aux souvenirs, que les lieux intéressent et qui a déjà presque des impressions de voyage. Évandre, avant tout, conduit Énée au tombeau de sa mère, Carmenta, là où est aujourd'hui le théâtre de Marcellus; pour y arriver il fallait passer le Vélabre, Virgile ne le dit point. Comme nous le verrons pour Tite-Live, à propos de la naissance de Romulus; en présence des magnificences du Forum et du quartier toscan, le Palais-Royal de Rome qui avait remplacé le Vélabre, Virgile a oublié cette fois l'état primitif de ces lieux et le grand marais qui les couvrait en partie au temps d'Évandre. Puis ils reviennent sur leurs pas en longeant cette fois le Vélabre et en contournant l'escarpement méridional de la roche Tarpéienne. Évandre montre alors à Énée le bois de l'Asile, grand bois, dit Virgile, qui ne le concevait pas comme l'ont fait les antiquaires romains et comme le font les antiquaires de nos jours, resserré entre deux sommets sur l'étroite esplanade du Capitole, où Énée aurait eu de la peine à l'apercevoir du pied de la roche Tarpéienne; mais, comme il faut se le figurer, couvrant toute la partie méridionale de la colline[1] et descendant jusqu'à l'autel de Saturne

---

[1] Denys d'Halicarnasse (ɪɪ, 50) parle d'un bois qui descendait jusque dans le Forum et qui fut abattu après la guerre de Romulus et de Tatius. C'était le bois de l'asile. On laissa subsister un bouquet d'arbre sur le penchant de chacune des deux hauteurs dont se composait le mont Capitolin, mais ce n'était qu'un faible reste du *grand* bois qui couvrait primitivement une partie de ce mont.

qui était l'autel de l'Asile. Le bois de l'Asile était pour Énée et pour Évandre sur leur gauche. Virgile le nomme avant l'antre Lupercal qui était à leur droite, un peu en arrière, et avant le bois Argiletum qu'ils avaient en face.

Il semble qu'on fasse avec eux cette promenade des temps héroïques, portant les yeux tantôt à droite, tantôt à gauche, tantôt devant soi, s'arrêtant, se retournant et écoutant les récits du bon Évandre sur l'histoire ancienne de ces lieux dont l'histoire future alors est pour nous une si vieille histoire.

Ils n'ont pas gravi le Capitole, auquel on ne pouvait que difficilement arriver de l'autre côté, où conduisait, de celui-ci, un chemin qui traversait le bois de l'Asile, et s'appelait encore *montée de l'Asile* au temps de Vespasien.

Je puis préciser les détails de cette course imaginaire parce que Virgile est toujours précis, même quand il est fabuleux. Ces indications sur les localités anciennes ne sont point à dédaigner; d'ailleurs on ne sera pas fâché peut-être de pouvoir refaire pas à pas le chemin qu'Évandre est dit par Virgile avoir fait avec Énée.

Enfin ils montèrent au Capitole, à ce Capitole étincelant d'or au temps de Virgile et, comme il le dit très-justement lui-même, à l'époque dont il retrace les souvenirs, hérissé de broussailles.

Aurea nunc, olim sylvestribus horrida dumis.

Beau vers, qui va comme un éclair d'un pôle de l'histoire romaine à l'autre. Virgile se transporte admirablement par l'imagination dans cet âge du Capitole inhabité, mais rempli de terreurs et de pressentiments[1].

« Déjà la religion formidable du lieu épouvantait les pâtres timides, déjà ils redoutaient la forêt et le rocher. Ce bois, cette colline aux cimes ombreuses, quel dieu, on ne sait; mais un dieu les habite. Les Arcadiens croient y avoir vu Jupiter secouant son égide et amassant les nuages. »

Le tonnerre en effet devait frapper souvent[2] ce sommet isolé, sur lequel outre les broussailles croissaient aussi de grands chênes. Puis Évandre montre à Énée les ruines de plusieurs villes déjà détruites : Saturnia dont j'ai parlé, et Janiculum, dont je parlerai bientôt.

Car dans cette visite à la Rome d'Évandre antérieure à la Rome historique on trouve déjà des ruines. Il y a des ruines à Rome avant qu'il y ait de l'histoire ! Ensuite Énée et son guide regagnent le Palatin en traversant le Forum futur.

---

[1] Virg., Æn., VIII, 349.
[2] Niebuhr remarque avec une malice toute protestante, bien que la remarque sait attribuée aux Romains, que le tonnerre tombe beaucoup plus souvent sur Saint-Pierre que sur le Capitole. Sans tenir à faire des représailles catholiques, je rappellerai seulement que le dôme de Saint-Pierre est trois fois plus élevé que le mont Capitolin.

« Là, dit Virgile, des bœufs mugissaient dans le Forum romain et dans les opulentes Carines [1] »

Romanoque Foro et lautis mugire Carinis.

Ce vers m'a toujours profondément frappé, lorsque je traversais le Forum, aujourd'hui *Campo-Vaccino* (le champ du bétail); je voyais en effet presque toujours à son extrémité des bœufs couchés au pied du Palatin. Virgile, se reportant de la Rome de son temps à la Rome ancienne d'Évandre, ne trouvait pas d'image plus frappante du changement produit par les siècles, que la présence d'un troupeau de bœufs dans le lieu destiné à être le Forum. Eh bien, le jour devait venir où ce qui était pour Virgile un passé lointain et presque incroyable se reproduirait dans la suite des âges; le Forum devait être de nouveau un lieu agreste, ses magnificences s'en aller et les bœufs y revenir.

J'aimais à les contempler à travers quelques colonnes moins vieilles que les souvenirs qu'ils me retraçaient, reprenant possession de ce sol d'où les avait chassés la liberté, la gloire, Cicéron, César, et où devait les ramener la plus grande vicissitude de l'histoire, la destruction de l'empire romain par les barbares. Ce que Virgile trouvait si étrange dans le passé n'étonne plus dans le présent; les bœufs mugissent au Forum :

[1] Les Carines au nord-est, comme le Vélabre au sud-ouest du Forum étaient devenues un des quartiers brillants de Rome.

ils s'y couchent et y ruminent aujourd'hui, de même qu'au temps d'Évandre et comme s'il n'était rien arrivé.

Ensuite le vieux chef arcadien introduit Énée dans la Regia, qui fut plus tard la demeure du rustique roi sabin Numa, et qui était au pied du Palatin, près du lieu où s'élèvent les trois colonnes du temple de Castor, la plus belle ruine du Forum. Évandre offre à son hôte un lit de feuillage couvert d'une peau d'ours; sauf la peau d'ours, qu'il faut remplacer par une peau de mouton, ce lit ne diffère point de celui des pâtres romains d'aujourd'hui. Évandre va dormir sur le Palatin dans une autre cabane. Le lendemain à l'aube ils sont réveillés par le chant matinal des oiseaux. C'est le seul trait du Palatin d'Évandre qui n'ait jamais changé. Évandre descend suivi de ses deux chiens vers Énée qui s'avance à sa rencontre, et tous deux se serrent la main.

Énée, par le conseil d'Évandre va demander des secours à Tarcho, roi de Cœré. Tarcho a succédé au féroce Mézence; il fait alliance avec le chef troyen. L'idée de cette alliance me paraît avoir été suggérée à Virgile par la tradition qui voulait qu'un lucumon étrusque fût venu au secours de Romulus.

La guerre recommence; pendant une trêve de douze jours, Latins et Troyens vont ensemble couper des arbres dans la forêt voisine du camp d'Énée. Cette forêt est celle de Castel-Fusano, célèbre par ses beaux pins

SUITE DES TRADITIONS, ÉNÉE ET LES TROYENS. 213

à parasol, dont nul de ceux qui les a une fois admirés ne peut perdre le souvenir. Ces pins figurent dans l'Énéide [1].

... Evertuntque altas ad sidera pinus.

« Ils renversent les pins qui s'élevaient jusqu'aux astres. » Aujourd'hui ce ne sont plus les Latins ou les Troyens qui les font tomber sous la hache, mais les propriétaires de Castel-Fusano, pour les débiter aux entrepreneurs du chemin de fer.

Virgile ne suit pas son héros jusqu'à sa mort; Ovide s'est chargé de compléter la vieille tradition en racontant la disparition du héros, noyé dans les eaux du Numicius, mais qu'Ascagne déclare avoir vu changé en dieu; fable renouvelée depuis pour Romulus. Virgile avait caractérisé d'un mot le fleuve, en parlant des marais qu'il forme.

En effet, le *Rio torto*, nom actuel du Numicius, est un petit fleuve au cours paresseux, serpentant à travers un pays de marais, comme font tous ceux qui se traînent sur un sol plat et à demi submergé.

Dans l'Asie Mineure j'ai vu le Méandre, qui est aussi un *rio torto*, comme le prouve l'emploi qu'on a fait de son nom pour désigner ce qui est tortueux, j'ai vu le Méandre créer dans la plaine de Magnésie un vaste marais.

[1] Virg., *Æn.*, xi, 136.

Ovide[1] ajoute au tableau un trait non moins d'après nature :

> ... tectus arundine serpit ;

« il se glisse sous les roseaux. »

Silius Italicus, déjà poëte de la décadence, peint beaucoup moins fidèlement les lieux que Virgile et Ovide; pour lui le Numicius coule sur un lit de sable, il sort de grottes cristallines[2]. Les eaux du Rio torto sont fangeuses dans la réalité comme dans l'*Enéide*.

Aux environs de Laurentum plusieurs localités rappelaient le souvenir d'Énée.

Une source dont l'eau était très-bonne portait le nom de source de Juturna, sœur de Turnus, ou plutôt les poëtes avaient donné à cette sœur le nom d'une nymphe de la contrée.

On conservait d'Énée non-seulement des souvenirs, mais même des reliques. Denys d'Halicarnasse en parle, et Timée, qui ne mentait pas toujours, disait les avoir vues. C'était d'abord la fameuse truie que l'on gardait salée. On montrait le vaisseau d'Énée dans l'arsenal de Rome, encore au temps de Procope, lequel, tout bon chrétien qu'il était, déclare surnaturelle la construction et la conservation du vaisseau, et semble y voir,

---

[1] Ov., *Met.*, xiv, 353.
[2] Donec *arenoso*, sic fama, Numicius illam
Suscepit gremio, *vitreisque* abscondidit antris.
(Sil., It., viii, 191.)

comme Denys d'Halicarnasse dans les monuments élevés à la mémoire d'Énée en Italie [1], une preuve qu'il y était venu [2].

On serait tenté de croire que ces reliques prouvaient au moins l'existence d'une tradition locale et populaire, mais il n'en est rien. Les créations de l'art deviennent, avec le temps, des réalités pour la foule. A Lavinium on montrait la truie, et le vaisseau à Rome, parce qu'il est fait mention de tous deux dans l'Énéide, comme à Circéï on montrait la coupe de Circé, parce qu'il en est parlé dans l'Odyssée. En Écosse on montre bien aux voyageurs le lieu où ont vécu les personnages que Walter Scott a inventés : l'île de la Dame du lac et la maison de Jenny Deane.

Aujourd'hui même ces souvenirs locaux d'Énée n'ont pas entièrement péri. Aux environs de Lavinium une petite rivière s'appelle encore *rio di Turno*, ruisseau de Turnus, et une colline près d'Ardée a été indiquée à M. Abeken par un jeune garçon, qui confondait les Troyens et les Rutules, comme portant le nom de montagne de Troie, monte di Troja [3].

Il est difficile que la tradition toute seule ait con-

---

[1] Proc., *De bell. goth.*, iv, 22.
[2] Den. d'Hal., i, 54.
[3] Ou montagne de la truie, ce qui serait une autre forme du même souvenir. Ce mot *troja*, dont nous avons fait *truie*, est curieux et atteste par lui-même une réminiscence de la truie qui figure dans l'histoire du *troyen* Énée.

servé parmi le peuple ces souvenirs de Turnus et de Troie; on peut croire qu'elle a été rafraîchie par l'érudition plus ou moins grande de quelque antiquaire des environs et par les fables sur les origines troyennes de Rome, qu'à Florence, au temps du Dante, les mères en filant leur quenouille racontaient à leurs enfants.

Le sanctuaire consacré à Énée et la plupart des temples qu'on croyait avoir été élevés par lui-même aux environs de Lavinium étaient encore debout sous Auguste, entre autres le temple des Pénates.

Le culte des Pénates, à Lavinium, culte qu'on faisait remonter jusqu'à la venue d'Énée, est du petit nombre de ceux qui ont survécu à la proclamation officielle du christianisme. Après l'édit de Théodose qui ordonnait de fermer les temples, sans doute le temple des Pénates fut fermé à Rome, à Laviniun il était encore ouvert et fréquenté [1].

Car, si ce sont les classes populaires des villes qui, les premières ont embrassé la religion nouvelle, ce sont les classes populaires des campagnes qui ont le plus tard abandonné l'ancienne croyance, les paysans (*pagani*), comme le prouve le nom donné par les chrétiens aux sectateurs obstinés des faux dieux et qui est devenu le nom de païens en général. Et puis, ce qui tenait à des origines flatteuses pour la vanité romaine était mé-

---

[1] V. Nibby, *Dintorni di Roma*, II, 226-8.

SUITE DES TRADITIONS, ÉNÉE ET LES TROYENS. 217

nagé même alors par cette vanité dont le christianisme n'avait pas encore complétement triomphé.

A Rome, au-dessous de la Velia, près du Forum, à l'entrée d'une rue qui conduisait aux Carines, était un petit temple dédié aux Pénates [1]. La partie inférieure de l'église de Saint-Côme et Saint-Damien est, à ce que l'on croit, un reste de l'antique sanctuaire. Saint Côme et saint Damien étaient deux médecins arabes, lesquels, à cause de leur profession, furent substitués sans doute aux Pénates protecteurs, qui écartaient tous les maux. L'église de Saint-Côme et Saint-Damien appartient aujourd'hui à la confrérie des apothicaires, tant la poésie des origines va s'effaçant à travers les siècles.

Le vieux temple, transformé en une vieille église, fait passer en un clin d'œil l'esprit des plus antiques religions de l'Italie au christianisme.

Ces rapprochements soudains de l'antiquité et des temps modernes, provoqués par la vue d'un monument dont la destinée se lie à l'une et aux autres, sont très-fréquents à Rome. L'histoire poétique d'Énée aurait pu m'en fournir plusieurs. Ainsi dans l'Énéide, aux funérailles de Pallas, une longue procession s'avance, portant des flambeaux funèbres [2], suivant

[1] Den. d'Hal., i, 68.
[2] . . . . . De more vetusto
Funereas rapuère faces.
(Virg., Æn., xi, 142.)

l'usage antique, dit Virgile. En effet, on se souvient que l'usage des cierges remontait à l'abolition des sacrifices humains, accomplie dans les temps héroïques par le dieu pélasgique Hercule. La description que fait Virgile des funérailles de Pallas pourrait convenir à un de ces enterrements romains où l'on voit de longues files de capucins marchant processionnellement en portant des cierges.

>... Lucet via longo
> Ordine flammarum.
> (V. *Æn.*, xi, 143.)

Le culte des Pénates aurait pu nous offrir un rapprochement encore plus frappant entre une légende antique et une légende moderne. On racontait que les Pénates ayant été transportés par Ascagne dans la ville d'Albe, quittèrent leur nouveau séjour et revinrent à Lavinium [1]. C'est ainsi que le célèbre enfant Jésus de cire, si vénéré à Rome sous le nom de *Bambino*, ayant été enlevé revint, le lendemain matin, frapper à la porte de l'église d'Ara-Cœli.

On voit qu'à Rome certaines choses n'ont pas beaucoup changé depuis le temps d'Ascagne.

[1] Val.-Max., i, 8, 7.

IX

SABINS ET ÉTRUSQUES, A ROME, AVANT ROMULUS.

Pélasges et Sabins Aborigènes. — Sabins sur le Palatin. — Nom mystérieux de Rome. — Sabins sur le Janicule, sur l'Aventin et au pied de l'Aventin. — Le Terentum, légende sabine. — Autel de Consus très-anciennement déterré. — Les Sabins au Quirinal avant Romulus. — Latins et Sabins, caractère de ces deux peuples et de leurs dieux, Saturne et Janus. — Famille des peuples sabelliques. — La Sabine est venue jusqu'à Rome. — Résultats de la cohabitation des Sabins et des Pélasges. — Traces d'un ancien établissement étrusque sur le Capitole. — Résumé de ce qui précède. Neuf Romes avant Rome.

Dans notre laborieuse exploration d'une époque ténébreuse et à peu près inconnue, nous avons eu la fortune de rencontrer sur notre chemin la poésie de Virgile; nous allons revenir aux tâtonnements de l'histoire conjecturale; il faut nous y résigner pour achever cette préface aventureuse, mais je ne crois pas imaginaire, des annales romaines. Heureusement elle approche de sa fin, et nous n'avons plus qu'un pas à faire pour retrouver une autre poésie d'où il faudra tâcher de faire sortir aussi la portion de vérité que la tradition contient.

Cette poésie est celle des anciens récits et des anciens chants d'après lesquels on a composé, bien avant Tite Live, l'histoire des rois de Rome.

En attendant, nous devons nous contenter des rares indices qui nous sont offerts et des inductions que nous en pourrons tirer. Ici encore l'étude des lieux, de leur configuration primitive, jettera quelques clartés et répandra quelque vie sur leur histoire.

Plusieurs des nations que nous avons jusqu'à présent rencontrées sur le sol où la Rome historique n'existe pas encore, les Sicules, les Ligures, les Pélasges, n'étaient point appelées à jouer un rôle essentiel dans la constitution future du peuple romain. Mais il est deux nations qui devaient exercer une influence notable sur le développement de ce peuple, les Sabins et les Étrusques.

Nous verrons que ceux-ci ont donné à Rome trois de ses rois, et les Sabins trois également.

Mais, avant ce temps, les Sabins et les Étrusques n'ont-ils pas mis le pied sur ce sol prédestiné qui attendait les Romains?

Quant aux Sabins, il m'est impossible d'en douter. Les Aborigènes venus de la Sabine sont pour moi des Sabins qui ont succédé aux anciens sauvages de la montagne, comme les Latins ont succédé aux sauvages de la plaine.

Les auteurs romains eux-mêmes ont souvent confondu les uns avec les autres, mais nous ne devons point les confondre[1].

La tradition, qui, pour ces époques lointaines, est la seule histoire, nous montre les Aborigènes venant des environs de Rieti, dans la Sabine, associés aux Pélasges qu'ils ont rencontrés en ce pays, faisant la guerre aux Sicules, les premiers occupants de Rome, leur prenant des villes, et, sous le nom de *Sacrani*, *les hommes du printemps consacré*, qui sont dits eux-mêmes venir de la Sabine, chassant du Septimontium, c'est-à-dire du Palatin, de l'Esquilin et de leurs dépendances, les Sicules et les Ligures.

Voilà donc des Sabins à Rome bien avant Romulus; voilà un essaim de cette belliqueuse race qui s'y arrête avec les Pélasges.

Nous avons vu les Pélasges répandus sur les huit collines, bâtissant leur forteresse de *Roma* sur le Palatin et peut-être leur forteresse d'Antipolis sur le Janicule, fondant des cultes pélasgiques autour du Palatin et le culte des Argéens sur chacune des sept collines de la rive gauche, excepté l'Aventin et le Capitole.

Mais sur l'Aventin leur présence est attestée par

---

[1] Si *aborigène* voulait dire *indigène*, les Aborigènes qui viennent à Rome de la Sabine avec les Pélasges seraient les indigènes du pays sabin; mais, nous l'avons dit, cette étymologie du mot *aborigène* est loin d'être démontrée.

leur forteresse de Romuria, autre forme du nom de *Roma*, et, sur le Capitole, par la tradition du séjour qu'y avaient fait les compagnons d'Hercule, donnés tous comme appartenant à des populations pélasgiques.

La ville pélasgique égalait donc déjà en étendue la Rome future des rois étrusques et surpassait de beaucoup l'humble bourgade que Romulus devait établir sur le Palatin.

La conquête ayant été faite en commun par les Pélasges et les Aborigènes, que j'appellerai désormais des Sabins, la ville fut à la fois pélasgique et sabine. Nous y avons retrouvé les Pélasges [1]; cherchons à y retrouver les Sabins.

Les deux populations ne s'établirent point sur des emplacements séparés, comme paraissent l'avoir fait les Sicules et les Ligures, dont les uns, on s'en souvient, habitaient le Palatin; les autres l'Esquilin, la Suburra et les Carines, au pied de l'Esquilin.

Les Sabins et les Pélasges semblent, au contraire, avoir été mêlés ou au moins avoir vécu côte à côte sur divers points de la ville, qui, de la forteresse pélasgique du Palatin, devait recevoir par extension le nom de *Roma*.

Sur le Palatin, leurs forteresses furent juxtaposées. La forteresse des Sabins était à côté de la forteresse pélasgique.

[1] Voy. chap. v et vi.

Nous avons pu déterminer, dans la ville des Sicules et des Ligures, qui occupaient le Palatin et l'Esquilin, quelle était celle de ces deux collines que chacun de ces deux peuples habitait. Ici nous pouvons aller plus loin, et indiquer sur quelle portion du Palatin les Sabins s'établirent, comme nous l'avons fait pour les Pélasges.

Les hommes venus de la Sabine, et qu'on appelait Aborigènes, élevèrent sur le sommet du Palatin un temple de la Victoire [1]. Or la mémoire du lieu où ils élevèrent ce temple, qui n'était peut-être qu'un sanctuaire [2], s'était conservée dans les temps historiques par le nom de *Montée de la Victoire* (*Clivus Victoriæ* [3]) que portait un chemin ou plutôt un escalier par où l'on descendait du Palatin dans la *voie neuve* pour se rendre par la *porte Romaine* au Vélabre.

Ce fut donc dans la région du Palatin faisant face à la roche Tarpéienne que s'établirent les hommes de la Sabine.

Et l'on peut ajouter que ce ne fut pas vers l'extrémité de cette région qui regarde l'Aventin, car nous savons que là se fortifièrent les Pélasges.

Ainsi l'emplacement du temple de la Victoire, fondé

---

[1] Den. d'Hal. (i, 32) Le lac des îles flottantes dans la Sabine avait été aussi consacré à la Victoire par les Aborigènes.

[2] Den. d'Halicarnasse emploie l'expression de τέμενος.

[3] Porta Romana instituta est infimo clivo Victoriæ, qui locus a gradibus in quadram formatus est. (Fest., p. 262.)

par les Sabins aborigènes, peut être fixé malgré la distance des âges [1].

Le temple de la Victoire est le premier dont il soit fait mention à Rome après le temple de Saturne. Il signale l'ère des combats, comme le temple de Saturne marquait l'ère antique de la paix.

On s'étonne de trouver établi de si bonne heure le culte d'une abstraction; mais les Sabins semblent avoir eu de tout temps un goût singulier pour ce genre de divinités : ils adorèrent la *Santé*, la *bonne Foi*, etc.

D'ailleurs, ce nom de la *Victoire* a pu être substitué à celui d'une déesse guerrière du pays des Sabins [2] par les Romains, auxquels il appartenait d'inaugurer le culte de la Victoire, culte pour ainsi dire essentiel à

---

[1] La maison de Faustulus, ou, ce qui est la même chose, la maison de Romulus, marquait selon Solin le lieu où se terminait, au nord-est, l'enceinte de la Rome carrée des Pélasges. Leur temple de la Victoire devait s'élever près de là sur le Palatin, un peu au sud de l'endroit où il domine l'église de Saint-Théodore.

[2] Le nom sabin de cette divinité était Vacuna. (Varr., Fragm. 215, éd. bip.) Vacuna était la Victoire, déesse antique (Ov., *Fast.*, vi, 307), qui avait plusieurs temples dans la Sabine, dont l'un, voisin de la maison d'Horace, était bien vieux de son temps, car il tombait en ruines.

Fanum putre Vacunæ.
Hor., *Ep.*, i, 10, 49.

Une inscription trouvée à Foro-Nuovo, dans le pays sabin, porte cette dédicace : « Sanctæ Vacunæ sacrum. » Une autre inscription : (Orelli inscr., 1868) trouvée aussi dans la Sabine, mentionne un temple de la Victoire relevé par Vespasien, qui était Sabin. On croit qu'il s'agit de l'ancien temple de Vacuna dont parle Horace.

Rome, qui commence avant elle au Palatin, et ne sera aboli qu'après la lutte mémorable soutenue près de là dans la Curie, lorsque tomberont le paganisme et l'empire.

La forteresse des Pélasges (Roma) et la forteresse des Sabins (Palatium) étaient donc l'une et l'autre sur le mont Palatin. L'emplacement de Palatium était à l'extrémité méridionale de la colline, probablement au lieu où l'on admire maintenant les ruines gigantesques appelées les *Ruines du palais des Césars*[1].

La forteresse sabine[2] ayant donné son nom au mont tout entier, il est naturel de penser que les Sabins oc-

[1] Den. d'Halicarnasse nous fournit cette indication topographique en nous apprenant que Palantium était à trois stades du Capitole. (I, 34.) Ceci empêche de le placer plus près.

[2] On voulut dériver ce nom *Palatium* de celui d'une ville d'Arcadie. (Den. d'Hal., II, 1.) Palatium ou Palantium, et de celui d'un héros arcadien, Palas ou Pallas, lorsque la poésie eut converti l'établissement réel des Pélasges sur cette colline, en une colonie fabuleuse d'Arcadiens amenés par Évandre. Mais je crois plutôt à une étymologie indiquée par Varron (*De l. lat.* v, 53), qui tire le nom du Palatin de celui du pays qu'habitaient les Aborigènes quand ils étaient encore dans la Sabine, nom qui subsistait de son temps; or, Varron devait le savoir, car lui-même était Sabin. Corsiniani et Martelli citent dans la Sabine des noms de lieux très-semblables : *Palazzo, Pallanti*. Outre le Palatium, dont parle Varron, il y en avait d'autres encore. (Voy. Preller, *R. Myth.*, p. 365.) Un quartier de la ville de Frosinum (Frosinone) portait aussi le nom de Palatium. La racine de ce mot *Palatium* est peut-être *Palès*. Il conviendrait particulièrement au Palatium pastoral de Rome, ville dont la fondation était célébrée par des fêtes en l'honneur de Palès.

cupèrent tout ce qui sur le Palatin était en dehors de la forteresse des Pélasges.

Voilà donc où furent sur le Palatin les forteresses des deux peuples qui continuèrent le dualisme inauguré par les Sicules et les Ligures, dualisme que devaient reproduire plus tard les Sabins et les Romains quand les Romains auraient paru, puis les patriciens et les plébéiens, noms politiques de deux races; dualisme qui devait donner au peuple romain encore à naître son principe et son caractère.

Sur les autres collines, on ne peut, comme pour le Palatin, marquer exactement où étaient, à cette époque reculée, les Sabins et où étaient les Pélasges.

Mais sur l'une d'entre elles, où nous avons rencontré les Pélasges, nous allons rencontrer les Sabins. Cette colline est le Janicule.

Une tradition universellement admise dans l'antiquité[1] et adoptée par Virgile voulait que sur le Janicule eût existé une ville dont le nom, comme celui de la colline elle-même, était rapporté à Janus.

Or, si Saturne est le grand dieu des Latins, Janus est le grand dieu des Sabins.

Comme les noms de mont Saturnien et de Saturnia ont été pour moi la preuve d'un établissement latin sur le Capitole, le nom du Janicule et de Janiculum me fait reconnaître avec les anciens, sur cette colline, l'existence d'un établissement sabin.

[1] *Quis ignorat* vel dictum vel conditum a Jano Janiculum? (Solin, II, 5.)

Mais, a-t-on dit, Janicule ne vient point de Janus[1]. Ce mot veut dire une petite porte (de Janua), parce que le Janicule était pour les Romains l'entrée de l'Étrurie.

Je ne comprends pas, je l'avoue, comment le mont de beaucoup le plus élevé de Rome aurait été désigné par ce diminutif; d'ailleurs, un mont est une barrière et n'est pas une porte.

Deux faits tendent à corroborer l'indice tiré du mot *Janicule* (mont de Janus) et à mettre la colline de ce nom en rapport avec Janus et avec les Sabins.

Sur le Janicule, le dieu Fons ou Fontus, fils de Janus, et, par conséquent, dieu sabin comme son père, avait un autel[2].

Ce qui est plus décisif encore, sur le Janicule, près de l'autel de Fontus, était ou passait pour avoir été le tombeau de Numa[3], tombeau que l'on crut découvrir au sixième siècle de la république.

Pourquoi trouva-t-on ou supposa-t-on avoir trouvé le tombeau du roi sabin sur le Janicule, si loin de l'habitation de ce roi, placée par la tradition au pied du Palatin? Pourquoi Numa choisit-il ou bien crut-on que Numa avait choisi ce lieu pour sa sépulture, si ce n'est parce que là était le mont de Janus, principal dieu des Sabins; le Janicule, où de plus anciens chefs sabins avaient pu résider autrefois?

[1] On le disait déjà dans l'antiquité. (P. Diac., p. 104.)
[2] Cic., *De leg.*, II, 22. Arn., *Adv. nat.*, III, 29.
[3] Fest., p. 173. Den. d'Hal., II, 76. Val., Max., I, 1, 12.

J'en croirai donc Janus lui-même, disant, par la bouche d'Ovide, qui exprimait l'opinion commune :

« Ma citadelle était cette colline que notre âge, qui m'honore, appelle de mon nom Janicule [1]. »

Cette position devait tenter les Sabins; elle dominait le fleuve et permettait de rançonner les marchands tyrrhéniens qui se hasardaient à le remonter. Bien qu'elle fût en pays étrusque, on conçoit que dans un temps où l'art des siéges était peu avancé et où l'on voit, sans sortir de Rome, des populations ennemies, comme les Latins et les Sabins, rester chacune en possession de leurs collines respectives; on conçoit, dis-je, qu'un peuple vaillant se soit maintenu quelque temps sur le Janicule, dont la hauteur est beaucoup plus grande que celle du Capitole, et qui, sous le roi sabin Ancus Martius, devint la citadelle de Rome quand le pays environnant était encore étrusque.

Probablement il ne subsistait rien du *Janiculum* sabin dans les temps historiques; car il n'en est nullement fait mention dans la guerre de Tatius et de Romulus. Les Étrusques avaient sans doute détruit cet établissement isolé sur leur territoire et s'étaient emparés du Janicule, comme il leur arriva de s'en emparer momentanément pendant la guerre de Veies.

Janiculum ne devait pas être beaucoup moins ancien que Saturnia, avec laquelle il est mentionné par

---

[1] Ov., *Fast.*, 1, 245.

Virgile comme déjà en ruines, au temps d'Évandre.

Janus est souvent nommé avec Saturne. Macrobe[1], Ovide[2], Servius[3], disent que Janus précéda Saturne en Italie. Janus est appelé le plus ancien de dieux indigènes[4], ce qui montre l'idée qu'on se faisait de l'antiquité des Sabins, peuple de Janus, et appelé lui-même par Strabon un peuple très-ancien. Janus est toujours présenté comme l'origine, le commencement[5]. « Je suis une chose antique[6], » fait dire Ovide au dieu sabin. On peut en croire autant de l'établissement sabin qui portait son nom.

Tout nous conduit donc à reporter bien haut l'arrivée de Janus, ou, ce qui est la même chose, l'arrivée du peuple de Janus, des Sabins, dans le Latium et à Rome.

Par un hasard singulier, Janus, qu'on représentait une clef à la main[7], était le dieu du Janicule, voisin du Vatican, où est le tombeau de saint Pierre, que l'on représente aussi tenant une clef. Janus, comme saint Pierre, son futur voisin, était le portier céleste[8].

[1] Macr., *Sat.*, i, 7.
[2] Ov., *Fast.*, i, 235.
[3] Serv., *Æn.*, viii, 319.
[4] Herodian., i, 16.
[5] Penès Jani *prima*, penès Jovis summa. (Varr., *Ap. Aug. de Civ. d.*, vii, 9.) Janus était invoqué le premier dans les sacrifices.
[6] Ov., *Fast.*, i, 103.
[7] Ov., *ibid.*, i, 99.
[8] ... Cœlestis jan'tor aulæ
(*Ibid.*, 139.)

D'autres indices de la présence des Sabins à Rome dans un temps fort reculé ne se rapportent point au Janicule, mais à une région toute différente qui paraît leur avoir très-anciennement appartenu.

C'est encore un point de l'histoire de Rome avant les Romains éclairci, je crois, par l'étude des localités.

A l'extrémité du champ de Mars, dans sa partie la plus étroite[1], c'est-à-dire là où il va se resserrant, entre le pied du Capitole et le Tibre, était ce terrain vaseux et volcanique d'où sortaient des flammes et qu'on appelait *Terentum*[2].

---

[1] Zosim., II, 1-3.

[2] Ou Tarentum. On a beaucoup discuté sur la place du Tarentum ; on l'a mis tantôt à une extrémité du champ de Mars, tantôt à l'autre ; je n'hésite pas à le placer à son extrémité inférieure en suivant le cours du Tibre, ce qui est sa véritable extrémité, l'autre étant plutôt son commencement. La *villa Publica*, qui se trouvait de ce côté du champ de Mars (vers le palais de Venise), est dite par Varron (*De R. Rust.*, III, 2), *in campo Martio extremo*. Ovide (*Fast.*, I, 501) fait aborder au Terentum le vaisseau d'Évandre qui remontait le fleuve et dut s'arrêter non loin du Palatin, au lieu de continuer inutilement sa navigation jusqu'à l'autre bout du champ de Mars, pour revenir de si loin sur ses pas. Ovide dit positivement que près du Terentum était la petite ville d'Évandre, et elle était sur le Palatin ; nulle part le champ de Mars n'est aussi rétréci qu'en cet endroit. D'ailleurs les bas-fonds du Terentum, *Vada Terenti*, mentionnés par Ovide, conviennent très-bien à la contrée marécageuse du Vélabre, et leur nature volcanique porte à les rapprocher de l'Aventin, où l'histoire de Cacus nous a montré que des phénomènes volcaniques s'étaient encore produits après l'âge des éruptions ; je crois donc que le Terentum était entre le Capitole et le Tibre.

Le Terentum éveille le souvenir des Sabins par son nom qui est sabin[1], par une légende qui se rattache à ce lieu et dont le héros est un Sabin, par un culte perpétué dans une famille sabine et dont le caractère est conforme à celui de la religion des Sabins.

Voici la légende[2] :

Un Sabin d'Eretum, nommé Valesius, avait deux fils et une fille malades; nul secours ne pouvait les guérir. Tandis qu'agenouillé devant son foyer, cet homme en retirait l'eau chaude dont il avait besoin pour les soigner, il demanda aux dieux Lares de transporter sur sa tête le péril qui menaçait ses enfants. Une voix répondit : « Ils seront sauvés si, en suivant le cours du Tibre, tu les portes à *Tarantum*, et si là tu les baignes dans une eau puisée à l'autel de Pluton et de Proserpine. »

Le père est consterné à la perspective d'une navigation très-longue, pensant que c'était la ville de Tarente dont il s'agissait. Cependant il s'embarque pour gagner Ostie en descendant le Tibre. A la nuit, il aborde au Champ de Mars, et apprend qu'à peu de distance on voyait une fumée. Il y court, en rapporte une eau chaude qui jaillit de terre, la donne à boire à ses enfants, et cette eau les guérit. Ceux-ci dirent ensuite avoir vu en songe des dieux qui avaient ordonné

---

[1] *Terentum*, de *Teren*, qui, dans la langue des Sabins, voulait dire *mou*. (Macr., *Sat.*, ii, 14.)

[2] Val.-Max., ii, iv. 5.

d'immoler sur l'autel de Pluton et de Proserpine, aux pieds de laquelle l'eau bienfaisante avait jailli, des victimes noires et d'y célébrer des jeux nocturnes. Ce furent plus tard les jeux séculaires qu'Horace devait chanter [1].

A vingt pieds sous terre [2], on trouva un autel avec une inscription qui le consacrait à Pluton et à Proserpine. Valesius immola sur cet autel des victimes noires et célébra alentour des jeux pendant trois nuits.

Valerius Publicola, le grand Sabin, qui fut un des fondateurs de la liberté romaine, offrit les mêmes sacrifices, célébra les mêmes jeux funèbres et recouvrit de terre l'autel comme il était auparavant.

Le nom du lieu où Valesius découvre l'autel et son propre nom [3] sont sabins; lui-même vient de la Sabine. Les Sabins honoraient particulièrement les divinités infernales.

Un culte célébré dans un lieu où l'action des feux souterrains se faisait sentir avait le caractère de cette partie de la religion des Sabins qui comprenait le culte de Vesta, de Vulcain, et qu'ils avaient reçue des Pélasges.

---

[1] C'est à cause de cette origine sabine que l'institution des jeux séculaires fut attribuée au roi sabin Numa. (Hor., *Carm. Sec.*, I. *Comment. Cruq.*

[2] P. Diac., p. 350; Fest., p. 329.

[3] Valerius, nom d'une famille sabine, s'écrivait anciennement *Valesius*. C'était probablement l'orthographe sabine.

Tout près du Terentum, un autre autel fut trouvé également sous terre au temps de Romulus; c'était l'autel du dieu Consus, que l'on recouvrait ordinairement de terre, et qui ne paraissait que dans les jeux appelés *Consualia*. Consus était une puissance souterraine, un dieu stérile[1], infernal, et, en sa qualité de dieu souterrain, un dieu caché (absconsus, consus[2]), un dieu *absconse*, comme aurait dit Rabelais.

Consus était un dieu sabin; son nom[3] et son culte le prouvent.

Mais ce qui établit une analogie frappante entre l'autel du dieu Consus et celui des divinités infernales du Terentum sabin, c'est que l'un et l'autre paraissent appartenir à un culte oublié dès le temps de Romulus et retrouvé alors sous terre, comme on re-

---

[1] C'est pour cela que le mulet, animal stérile, était consacré à Consus. Le jour de sa fête (Plut., *Q. Rom.*, 48) on mettait des couronnes de fleurs aux ânes et aux chevaux, comme on les pare de rubans le jour de la fête de saint Antoine, protecteur des animaux. Les mulets figuraient seuls dans les courses célébrées en l'honneur de Consus. Ces mulets ont pu donner lieu à la confusion qui s'est établie entre les dieux Consus et Neptune *équestre*. (Voy. chap. xi.)

[2] On a donné une autre étymologie au nom du dieu Consus. On en a fait le dieu des *conseils* secrets. Mais il est bien antérieur à l'âge de la politique romaine.

[3] Il se retrouve dans des noms de lieux sabelliques : *Consa*, aujourd'hui *Conza* chez les Hirpins; *Consilinum* en Lucanie. C'étaient les *Vestales* et le flamen *Quirinalis* qui officiaient le jour de sa fête. Consus était associé à Bellone, déesse sabine. (Voy. chap. xiii.)

trouve encore aujourd'hui, sous terre également, les antres consacrés à un culte beaucoup moins ancien, celui de Mithra[1]; comme on vient de déterrer la basilique de Saint-Étienne, de l'âge des catacombes; comme on déterre en ce moment la basilique de Saint-Clément, du quatrième siècle, sous l'église du moyen âge.

Cette exhumation de deux autels souterrains[2] qui semblent tous deux avoir été consacrés par une même religion, dont l'un est visiblement sabin et dont l'autre a bien l'air de l'être; cette exhumation de l'autel du Terentum au bord du Tibre et de l'autel de Consus tout près de là, dans la vallée de l'Aventin, paraît indiquer en ce quartier un établissement sabin fort ancien, car la découverte du second autel est antérieure à l'établissement du grand cirque.

Lorsqu'on découvrit le premier, la terre s'était entassée au-dessus à une hauteur de vingt pieds, ce qui suppose un laps de temps considérable, premier exemple de cet amoncellement de terrain dont il y a eu depuis tant d'exemples à Rome.

Il faut donc voir là le signe d'un antique établisse-

---

[1] M. Visconti, qui poursuit avec succès ses fouilles d'Ostie, vient d'y trouver un *Mithræum*.

[2] On parle aussi d'un Hercule couché trouvé sous terre au delà du Tibre. (Prell., *Reg. d. Stadt. reg.*, xiv.) Hercule est probablement ici pour le dieu sabin Sancus avec lequel il a été identifié. Ce serait encore une trace de l'antériorité des Sabins.

ment des Sabins vers la partie inférieure du fleuve. On doit croire que l'Aventin était en partie compris dans cet établissement; car le dieu Consus avait un autel sur l'Aventin [1], comme au pied de cette colline, sur l'Aventin, était aussi un temple dédié à la Lune, divinité sabine [2], il pouvait être antérieur à Romulus; car il était, dit Tacite [3], consacré par une très-ancienne religion.

Cette antique possession de l'Aventin par les Sabins [4] expliquerait pourquoi la tradition y plaça plus tard le tombeau du roi sabin Tatius, et pourquoi le roi sabin Numa y éleva un autel à Jupiter [5].

Sur l'Aventin, les Sabins vivaient à côté des Pélasges comme sur le Palatin; car sur l'Aventin était la forteresse pélasge de Romuria. La tradition plaçait celle-ci sur la cime inférieure de la colline, celle qu'on appelle aujourd'hui le faux Aventin. Le reste de la colline pouvait appartenir aux Sabins, comme pouvait leur

---

[1] Conso in Aventino... Calend. amitern. et capranic. (Voy. Becker, *Handb. der Röm. Alt.*, p. 450.)

[2] Ov., *Fast.*, III, 884, la Lune est une des divinités auxquelles *Tatius* dédia des autels. (Varr., *De l. lat.*, v, 74.)

[3] Tac., *Ann.*, xv, 41. Tacite attribue la fondation de ce temple à Servius Tullius.

[4] L'origine véritable du nom de l'*Aventin* est le nom d'un fleuve de la Sabine, l'*Avens*. (Serv., *Æn.*, vii, 657.)

[5] Tit. Liv., i, 20. A Jupiter *Elicius* dont le culte était lié à l'art d'attirer et de diriger la foudre, art étrusque importé à Rome comme plusieurs autres choses de l'Étrurie par les Sabins. (Voyez chap. xii et xiv.)

appartenir tout ce qui sur le Palatin était en dehors de la forteresse des Pélasges.

Et, de même que sur le mont Janicule, occupé en commun par les Sabins et les Pélasges, il y eut une ville ou forteresse à nom pélasge, *Antipolis*, et une ville ou forteresse à nom sabin, *Janiculum*; sur le Palatin, occupée aussi en commun par les Sabins et les Pélasges, la forteresse de ceux-ci eut un nom pélasge, *Roma*, et un nom sabin, *Valentia* [1].

Les écrivains anciens [2] disent que le nom de Valentia, qui a un sens très-semblable à celui de *Roma*, était latin, qu'il avait été donné à Rome avant l'arrivée des Pélasges, et fut traduit par eux dans leur langue.

Mais si Valentia est un nom sabin, et si les Sabins sont venus avec les Pélasges, il est, ce me semble, vraisemblable que l'un des noms n'est pas plus ancien que l'autre.

---

[1] Je dis Sabin et non Latin parce que les Aborigènes, établis sur le Palatin avec leurs alliés les Pélasges, venaient de la Sabine et doivent être considérés comme Sabins. Ce qui le confirme, c'est que la déesse Valentia était honorée d'un culte local (Tert., *Apol.*, 24) dans une ville dont le nom lui-même était sabin, *Ocriculum* (Otricoli), d'*Ocris* en sabin, *montagne*, et qui était dans l'Ombrie, patrie originaire du peuple sabin. De plus, la racine du mot *Val*entia se retrouve dans *Val*erius, nom sabin, et *Valens* est un prénom usité dans les familles sabines. Je citerai Valens Aburnus, jurisconsulte sabin, et un Valens *Aurelius* Sabinus, dont le nom (Ausil ou Auril, en sabin *soleil*), et le surnom *Sabinus*, indiquent l'extraction sabine.

[2] Solin, 1, 1; Serv., *Æn.*, 1, 272; Fest., p. 266-9.

On sait que Rome avait un nom mystérieux qu'il était défendu de révéler. Pour l'avoir osé faire, Valerius Soranus fut mis à mort [1]. Quel pouvait être ce nom mystérieux que l'on cachait avec soin et que ceux qui le connaissaient ne devaient pas prononcer? Je pense que ce nom était *Valentia.*

Valentia, déesse sabine, fut probablement pour les Sabins la déesse Éponyme et protectrice de l'Oppidum que les Pélasges, leurs alliés et leurs voisins sur le Palatin, appelaient *Roma*.

Pourquoi faisait-on un mystère de ce nom *Valentia?*

Plusieurs exemples démontrent que les anciens cachaient les noms des divinités protectrices de leurs villes pour qu'on ne pût, par des évocations religieuses, contraindre ces divinités à en sortir. Au pied du Palatin, et précisément au-dessous du lieu où fut la Rome carrée, est un autel qui porte une inscription où se trouvent ces mots : *Sei deo, sei deivæ*, soit à un dieu, soit à une déesse [2]. On peut penser que cet autel, qui est du septième siècle de la République [3], en remplaçait un autre plus ancien, dédié à la déesse Éponyme

---

[1] Pl., *Hist. nat.*, III, 9, 11.

[2] Sur un bouclier consacré dans le temple de Jupiter au Capitole, on lisait ces mots : « Genio urbis Romæ sive mas, sive femina. » (Serv., *Æn.*, II, 351.) Cette formule désignait une divinité locale e tutélaire. Sive Deo, sive Deæ in cujus tutela hic lucus locusve est. (Marini frat. arv., tab. xxxii, col. 2.)

[3] L'autel a été restitué par Sextius Calvinus, fondateur de la colonie d'Aquæ Sextiæ, Aix en Provence.

et tutélaire de Valentia, dont ceux qui le connaissaient ne devaient pas trahir le mystère par la raison que j'ai énoncée plus haut, pour empêcher les ennemis de forcer par des conjurations[1] la divinité qui protégeait la ville de l'abandonner[2].

Ainsi, sur le Janicule, au pied de l'Aventin, sur le Palatin, les Sabins sont pour moi établis avant l'âge de Romulus. On en peut dire autant du mont Capitolin; car, lors de la guerre entre Romulus et Tatius, nous trouverons les Sabins en possession du Capitole et le défendant contre les Romains.

La possession du Capitole entraîne presque inévitablement celle du Quirinal, qui, jusqu'à Trajan, en était une dépendance; du Quirinal, dont le nom veut dire le *mont Sabin*, et sur lequel Niebuhr plaçait une ville sabine qu'il appelait *Quirium*[3].

---

[1] Selon Macrobe (III, 9) le mystère qu'on faisait du nom de Rome avait pour but d'empêcher qu'on pût évoquer la divinité qui la protégeait. Macrobe donne la formule par laquelle on somma le *dieu* ou la *déesse* qui protégeait Carthage d'en sortir.

[2] Macrobe (*Sat.* III, 9) dit, sans en donner aucune preuve, que ce nom de Rome qu'il ne fallait pas prononcer était celui de la déesse Ops Consivia. Si je pouvais douter que ce fût celui de Valentia, je croirais plutôt que la déesse tutélaire, au nom mystérieux, aurait été Palès, qui était quelquefois invoquée comme un dieu, que par conséquent on pouvait dire mâle et femelle. Palès eût été dans cette hypothèse le génie éponyme, non de la Roma pélasge, mais du *Pa*latium sabin.

[3] L'établissement des Sabins sur le Quirinal n'est pas douteux; la seule question est de savoir s'il a précédé l'établissement de Romulus

Les Sabins ont donc été à Rome avant Romulus.

Ce fait sera rendu encore plus vraisemblable si nous pouvons montrer dans cette époque reculée le pays des Sabins s'étendant jusqu'à Rome.

Pour cela, il faut parler de cette nation sabine destinée à jouer dans l'histoire du peuple romain un rôle dont on n'a pas saisi l'importance; il faut constater l'extension primitive du pays des Sabins, et dire un mot de la grande famille de peuples italiotes dont ils faisaient partie et qu'on appelle les peuples sabelliques.

Deux peuples de même famille, mais de races distinctes, ont été appelés à constituer par leur mélange le peuple romain, les Latins et les Sabins. Avant de se fondre en un seul corps de nation, ils ont été séparés et même ennemis. Considérons-les dans leur double

---

sur le Palatin. On pourrait croire que c'est le renfort de Sabins amené de Cures par Tatius qui l'a fondé. En effet, Tatius fonde plusieurs sanctuaires sur le Quirinal; mais on ne lui rapporte pas l'origine du Capitole sabin, lequel était aussi sur le Quirinal et s'appelait le *vieux Capitole* : il était donc antérieur à Tatius. Le Quirinal figure déjà dans la légende de l'apothéose de Romulus devenu le dieu sabin Quirinus. D'ailleurs il n'est pas vraisemblable que les Sabins aient occupé très-anciennement le Palatin, l'Aventin, le Capitole et sur la rive droite du Tibre, le Janicule; tandis qu'ils auraient été exclus du Quirinal, quand celui-ci était sur le chemin par où ils devaient naturellement passer, en suivant la voie Salaria qui conduisait dans leur pays, qui aboutit au Quirinal, et dont on leur attribuait l'origine. Elle s'appelait *Salaria*, disait-on, parce que c'est par elle que les Sabins apportaient le *sel* des bords de la mer.

berceau, qui est le berceau même de la nationalité romaine.

Si, de l'un des points qui domine la campagne de Rome, du Monte-Mario, par exemple, vous contemplez le magnifique panorama qui vous environne, vous voyez d'un côté des montagnes abruptes qui se rattachent aux Apennins, de l'autre une plaine qui s'étend jusqu'à la mer. Ces deux aspects bien tranchés indiquent la situation respective et correspondent au caractère si marqué des deux peuples que je viens de nommer : la montagne, c'est la Sabine guerrière; la plaine, c'est le Latium agricole. L'histoire de l'horizon romain, c'est l'histoire des Sabins; l'histoire des Latins est l'histoire de la plaine.

Le groupe volcanique et isolé des monts albains a fait partie du Latium. Il est séparé des montagnes calcaires de la Sabine par l'ethnographie comme par la géologie [1].

En remontant à l'époque la plus ancienne dont la tradition ait gardé le souvenir, on voit la montagne et la plaine également occupées par les sauvages habitants de la forêt primitive [2].

---

[1] Strabon dit des Albains qu'ils parlaient la même langue que les Romains et qu'ils étaient Latins. (v, 3, 4.)

[2] Virgile les place sur les montagnes.

Dispersum montibus altis.
Æn., viii, 321.

Les sauvages sont là où est la forêt primitive, et la forêt couvre les

Mais, dès que l'on commence à discerner quelque lumière dans ces antiques ténèbres, les Latins sont dans la plaine et les Sabins dans les montagnes.

Les Latins étaient issus des contemporains de Faunus, de ces hommes des bois, de ces sauvages civilisés plus tard par Saturne, c'est-à-dire qui passèrent alors de la vie de chasseurs à une existence agricole.

Leur territoire s'étendait du Tibre aux marais Pontins et de la mer au pied des montagnes, en comprenant le groupe détaché des monts volcaniques, sur lequel fut Albe, chef-lieu de la confédération latine.

Les Sabins sont le peuple de la lance, ou plus exactement le peuple-lance [1]. La lance, en sabin *quiris*, leur avait donné leur nom *Quirites* et à leur dieu son nom *Quirinus*.

Le contraste que forme le caractère des deux peuples est représenté par celui qui existe entre leurs deux principales divinités.

Le dieu national des Latins est Saturne, le semeur, que nous avons vu être un dieu de paix.

---

hauteurs comme le pays plat. Le culte du pic Vert s'étend aussi loin que les bois où réside l'oiseau mystérieux. Or, si *Picus* est un dieu indigène du Latium, c'est un pic-vert (picus) qui conduit une émigration sabine dans le *Picentin*. (Paul Diac., p. 212.) Ce sont ces sauvages, premiers habitants de la Sabine, dont les villes n'avaient pas de murailles (Den. d'Hal., II, 49), en cela semblables aux villages des Indiens en Amérique.

[1] *Quiris* voulait dire Sabin et lancé.

242   L'HISTOIRE ROMAINE A ROME.

Le grand dieu des Sabins[1] est Janus.

Janus fut primitivement le soleil[2], comme Jana ou Diana fut la lune. C'est pour cela que son temple regardait d'un côté le levant et de l'autre le couchant[3].

Janus, à l'état guerrier[4], s'appelait Janus Quirinus, le soleil armé de la lance. Ainsi, chez les Scandinaves, Odin, le dieu de la guerre, était primitivement le soleil.

Il est facile de concevoir comment l'on a pu passer de l'idée d'un dieu solaire à l'idée d'un dieu guerrier, quand on voit dans la religion scandinave les divinités de la lumière en lutte et en guerre avec les divinités des ténèbres.

Janus étant un dieu guerrier, en temps de paix, on fermait les portes de son temple, nommées aussi por-

---

[1] Outre son nom de Quirinus (le Sabin), plusieurs indices montrent que Janus était chez les Sabins un dieu indigène. Il a pour épouse *Camasene* (Serv., *Æn.*, vm, 330), nom qui nous reporte aux *Camènes*, divinités sabines. Janus était le seul dieu qu'on reconnaissait n'avoir point d'analogue parmi les divinités de la Grèce; il était célébré dans les chants des Saliens (*Lyd. de Mens.*, iv, 2), que nous verrons être d'institution sabine. (Voy. chap. xii.) On donnait au Tibre le dieu Sabin pour père parce qu'il vient de la Sabine.

[2] Macrob., *Sat.*, i, 9.

[3] Ov., *Fast.*, i, 139; Procop., *Bell. goth.*, i, 25. C'est probablement pour la même raison que le premier cadran *solaire* fut établi à Rome près du temple de Janus Quirinus sur le mont Sabin, le Quirinal par Papirius Cursor, dont le père avait voué ce temple que lui-même dédia. (Pl., *Hist. nat.*, vii, 60.)

[4] Bellorum potentem. (Macrob., *Sat.*, i, 9.)

tes de la guerre, parce que son culte devenait inutile, et pour empêcher la guerre de sortir [1].

De même les portes du temple de la déesse Horta ou Hora, épouse de Quirinus, étaient toujours ouvertes, parce que cette divinité était favorable aux combats. Par contre, on ne pouvait déclarer la guerre quand le Mundus était ouvert; car alors les puissances infernales et funestes étaient déchaînées.

La vaillance des Sabins, leur passion pour les combats, étaient célèbres, et l'austérité [2] de leurs mœurs si grande, qu'elle a pu faire supposer qu'ils descendaient des Spartiates; leur caractère était ferme et sombre.

Que les Sabins fussent un peuple rude, on le comprend en voyant de Rome leurs montagnes escarpées et nues, dont la physionomie est rendue encore plus sévère par l'aspect gracieux des monts latins d'Albano et de Frascati, que couvre en grande partie une riche végétation, indice d'un sol fécond.

Cependant les Sabins guerriers étaient aussi agricul-

---

[1] C'est ce que Virgile exprime dans ces beaux vers :

Furor impius intus
Sæva *sedens* super arma, et centum *vinctus* ahænis
Post tergum *nodis*, fremit horridus ore cruento.

Il faut dégager cette idée primitive de Janus Quirinus, le soleil armé de l'idée qu'on se forma postérieurement du dieu sabin comme du principe suprême des choses, de dieu des dieux, tantôt lui attribuant la création du monde, tantôt l'assimilant au ciel ou au chaos.

[2] Quo genere nullum quondam incorruptius fuit. (Tit. Liv., i, 18.)

teurs, comme les Latins, surtout agriculteurs, étaient aussi guerriers. Janus, tout guerrier qu'il était, passait pour avoir, instruit par Saturne, enseigné l'agriculture aux hommes [1]. Cela prouve que les Sabins n'étaient pas étrangers à l'agriculture; mais il n'en est pas moins certain que le caractère dominant de leur dieu national, Janus Quirinus, fut, comme celui de leur race, un caractère belliqueux [2].

Quand Hésiode opposait à Latinos Agrios (le farouche), peut-être avait-il une notion vague du caractère des Sabins, dont le nom n'était pas arrivé jusqu'à lui [3].

---

[1] Macr., *Sat.*, ɪ, 7. Le père mystique de la race sabine, *Pater sabinus*, est appelé dans Virgile *Vitisator*, celui qui plante la vigne. (*Æn.*, vɪɪ, 179.) Il a une faux pour l'émonder, de même que Saturne, avec lequel il a pu être confondu. Les Sabins cultivèrent la vigne, comme les Latins, mais leur vin paraît avoir été médiocre. Horace invite Mécène à venir boire son méchant vin de la Sabine, *vile sabinum*. Cependant le vin de Nomentum avait quelque réputation. (Colum., ɪɪɪ, 3.)

[2] Lorsque les Latins et les Sabins se furent fondus en un seul peuple, le peuple romain, l'on confondit l'ancien dieu latin, Saturne, et l'ancien dieu sabin, Janus. On mit la tête de Janus sur les as en regard du vaisseau de Saturne, d'où l'expression les têtes ou le *vaisseau* (capita aut navia), nous disons pile ou face. On racontait même que Janus exilé était venu à Rome sur un vaisseau (Serv., vɪɪɪ, 357), comme Saturne ou Évandre. On attribuait à Janus l'honneur d'avoir civilisé les hommes par l'agriculture, comme avait fait Saturne. (Macr., *Sat.*, ɪ, 7.) Évidemment les Sabins, voulant faire de leur dieu Janus un rival du dieu latin Saturne, empruntèrent à celui-ci ce qu'ils donnaient à celui-là.

[3] Hésiode Théogon (v, 110-1), ou l'auteur, quel qu'il soit de ces vers,

Les Sabins appartiennent à une famille de peuples qui comprend toutes les nations parentes des Latins et qui ne sont pas latines.

Les langues parlées par cette famille de peuples qu'on a nommée Sabellique [1], bien qu'analogues au latin, en différaient cependant plus qu'elles ne différaient entre elles [2]. Tout le groupe sabellique est donc d'un côté; l'individualité latine est seule de l'autre.

A l'antique nation des Ombriens se rattachent les Sabins [3]; des Sabins, ces ennemis de la Rome primitive, sortirent les Samnites [4], adversaires formidables de la Rome républicaine; des Samnites, la plupart des autres peuples de l'Italie centrale, qui firent une si rude guerre aux Romains; au cœur de l'Apennin, les Marses [5], et autour d'eux les Vestins [6], les Marrucins, les Péligniens [7]; au bord de l'Adriatique, les Picentins

peut être interpolés, dit que Latinos et Agrios régnèrent sur les Thyrréniens. Les Thyrréniens furent longtemps le peuple le plus célèbre de l'Italie.

[1] C'était le nom national du peuple que les Grecs appelèrent Samnites, dit Pline. (*Hist. nat.*, III, 17, 1.)

[2] L'affinité des langues et par suite la parenté des nations sabelliques ressortent de l'excellent ouvrage de M. Mommsen sur les districts de la basse Italie.

[3] Den. d'Hal., II, 49.

[4] Varr., *De l. lat.*, VII, 29. Sur les médailles samnites frappées pendant la guerre sociale, on lit : *Safinim* (Sabinorum).

[5] Niebuhr, *Hist. rom* , traduction française, I, 140 et suiv.

[6] *Ibid.*

[7] Ovide (*Fast.*, III, 95) revendiquait pour les Péligniens, ses compatriotes, une extraction sabine.

et les Frentanes[1]; à la même race appartenaient les Hirpins, les Herniques[2] et les Volsques[3]; dans l'Italie méridionale, les Lucaniens[4].

Le puissant rameau sabellique s'étendait donc vers le sud depuis l'Ombrie jusqu'à l'extrémité de la péninsule.

Les mêmes mots qui reparaissent chez différents peuples appartenant à la race sabellique concourent à établir l'unité de cette grande race des Apennins[5]. Les mêmes divinités sont honorées en divers lieux du pays sabellique[6].

L'unité des nations sabelliques est encore démontrée par la similitude des noms de lieux[7] et d'hommes

---

[1] Strab., v, 4, 2.

[2] C'est ce que prouvent les noms de ces deux peuples dérivés de deux mots qui se retrouvent dans la langue sabine : *hirpus*, loup (Serv., Æn., xi, 785), et *herna*, rocher. (*Ib.*, vii, 684.)

[3] La langue des inscriptions volsques a la plus grande analogie avec l'ombrien. (Schwegler, *Röm. Gesch.*, i, p. 178.)

[4] Strab., v, 3, 1.

[5] Outre le mot sabin *herna*, qui, chez les Herniques, voulait dire rocher, et *hirpus*, loup chez les Sabins, d'où venait le nom des *Hirpins*, *Mulcta* amende, mot qui du sabin a passé dans le latin, se retrouvait dans la langue des Samnites. (Varr. Ap. Gell. *Noct. att.*, xi, 1); *Cascus ancien*, dénomination sabine des Aborigènes, reparaît dans la langue osque (Varr., *De l. lat.*, vii, 28), née du mélange des dialectes sabelliques avec les idiomes indigènes de l'Italie méridionale.

[6] Le culte de la *lance* existait à Preneste comme chez les Sabins (Tit. Liv., 24, 10). Marica, nymphe latine, était une divinité de Minturne, dans le pays des Volsques. (Serv., *Æn.*, vii, 47.)

[7] Je citerai seulement quelques exemples. Pour les noms de lieux,

qu'on rencontre chez ces nations à de grandes distances.

Tandis que les Latins cultivaient paisiblement leurs plaines, d'où on ne voit pas qu'ils soient alors sortis, cette grande famille des peuples sabelliques s'avançait, en suivant la direction de l'Apennin, du nord au sud, et en s'avançant se répandait à droite et à gauche là où l'Apennin jette des rameaux vers l'une ou l'autre

Anxanum, chez les Frentanes et en Apulie, *Anxur*, chez les Volsques; *Acerræ* en Campanie et en Ombrie, aux deux extrémités du pays sabellique; *Volcentum*, ville de Lucanie, *Volsci*, nom de Volsques; *Potentia*, ville du Picentin, *Potentia*, ville de Lucanie; *Varia* chez les Sabins et en Apulie; *Faleri*, près de Rome, *Faleria*, dans le Picentin, *Falernius ager* en Campanie; *Taurania*, ville de Campanie, *Taurasia*, ville des Hirpins; *Cameria*, dans la Sabine, *Camers*, nom ombrien d'une ville d'Étrurie; *Tifata*, montagne dans la Campanie, *Tifernum*, deux villes de ce nom dans l'Ombrie, *Tifernus* fleuve du Samnium; *Bovillæ*, près de Rome, *Bovianum*, chez les Samnites. Il va sans dire que dans ces rapprochements il faut se défier des noms qui auraient une physionomie pélasgique ou ibérienne et les exclure, car les Pélasges et les Ligures ont pu les porter avec eux et les laisser dans les divers lieux où ils ont passé. On ne saurait reconnaître les noms Sicules, car on ne sait quelle langue parlaient les Sicules. Mais, en faisant une part raisonnable à cette quantité inconnue, il reste, sur divers points souvent très-éloignés du pays habité par les nations sabelliques, assez de noms de lieux dont on ne peut attribuer la ressemblance au passage des Sicules, des Ligures, des Pélasges, et qu'on est forcé de rapporter à la race sabellique dont ils prouvent l'unité. Pour les noms d'hommes, je citerai *Atta* ou *Attius : Attius Tullus*, chef des Volsques; *Atta Clausus*, sabin. La racine de quelques noms d'hommes portés par des Sabins se reconnaît dans des noms de lieux situés hors de la Sabine, mais en pays sabellique. *Appius Herdonius*, Sabin, *Herdonia*, ville d'Apulie.

mer. La migration sabellique s'établit dans les montagnes, s'y fortifia, s'y endurcit et engendra toutes ces nations vaillantes qui, comme le dit Tite Live de l'une d'elles, les Volsques, ont été créées pour exercer sans relâche le peuple romain.

La Sabine était habitée par celui des peuples sabelliques qui figure le plus anciennement dans l'histoire romaine, et que, sous le nom d'*Aborigènes*, nous avons trouvé établi à Rome avec les Pélasges. Je crois qu'avant Romulus la Sabine venait jusque-là.

Ce n'est pas, il est vrai, ce que nous disent les anciens. Selon leur témoignage [1], la Sabine ne venait que jusqu'à l'Anio.

Mais il ne s'agit pas ici du temps de Strabon ou de Pline : il s'agit d'un temps antérieur à celui de Romulus. Alors le territoire occupé par les Sabins pouvait s'étendre jusqu'aux huit collines et même au delà.

Il ne faut pas confondre ce que j'appellerais la Sabine moderne des anciens, telle qu'elle fut après que la frontière de ce pays eut reculé devant les Romains, avec ce qu'était la Sabine primitive, alors que les Romains, qui n'existaient pas encore, n'avaient pu arrêter les progrès des Sabins, nation qui occupait un pays étroit, mais, en longueur, s'étendant des bords du Tibre jusqu'au pays des Vestins [2], sur un

---

[1] Pl., *Hist. nat.*, III, 9, 2 ; Strab., v, 3, 1.
[2] Strab., v, 3, 1.

espace de mille stades (environ quarante lieues).

L'extension du Latium, tous les auteurs en conviennent, a plusieurs fois changé, et avec elle a dû changer celle de la Sabine, qui était limitrophe [1].

Les Sabins ont donc très anciennement dépassé au sud les limites de l'Anio; quelques indices donneraient même à penser qu'ils ont pénétré jusque dans le Latium proprement dit, entre Rome et la mer [2].

L'espace entre l'Anio et Rome a été, comme le Bor-

---

[1] Il règne une grande incertitude dans l'attribution de la même ville au Latium ou à la Sabine. Pline, qui place la frontière du Latium à l'Anio, nomme, parmi les anciennes villes latines qui n'existaient plus de son temps (*Hist. nat.*, III, 9, 16), Corniculum; or, Corniculum est au nord de l'Anio. De même Tite Live (I, 38), qui a fait de Crustumerium une ville latine, donne une origine sabine à la tribu crustuminia. (XLII, 34.)

[2] Les noms du petit fleuve *Numi*cius, près de Lavinium, et du roi albain *Numi*tor, ressemblent beaucoup aux noms de la ville sabine de *Nom*entum, du roi sabin *Num*a à celui de *Numi*ternus, dieu protecteur des habitants d'Atina en pays sabellique. (Prell., *R. Myth.*, 570.) *Num*ana était le nom d'une ville sabellique dans le Picentin; les Rutules semblent bien être des Sabins, car ils ont le *ver sacrum*, coutume sabine et des Fesciaux (Den. d'Hal., II, 72), institution sabine. La mère de Turnus s'appelait Venilia (*Æn.*, x, 76), et Venilia était l'épouse de Janus le grand, dieu sabin. Ne voit-on pas dans ces exemples les noms et les mythes sabins pénétrer dans le Latium, et, avec eux, les Sabins eux-mêmes? Pour Tibur au bord de l'Anio, il avait été primitivement sabin, mais, au temps de Catulle, on y dédaignait cette origine qui semblait rustique : « Ceux qui veulent déplaire à Catulle, dit le poëte, disent que son bien de Tibur est sabin. » (Cat., *Ep.*, 44.) Le nom l'Anio lui-même était sabin, ce qui s'accorde avec la supposition que ses deux bords l'avaient été, Anio ou Anien comme Nerio ou Nerien nom d'une déesse sabine.

der entre l'Angleterre et l'Écosse, un pays contesté, *debatable land*. La plupart des villes de ce pays furent tour à tour latines et sabines, après avoir appartenu aux Sicules, aux Pélasges, quelquefois aux Étrusques; leur histoire ressemble à celle des collines de Rome, qui ont subi les mêmes vicissitudes.

Au milieu de cette confusion de races qui se combattent et se succèdent, on peut suivre les pas des Sabins jusqu'aux portes de Rome, jusqu'à Fidène (Castel-Giubileo), jusqu'à Antemne (Acqua-Acetosa)[1].

De là les Sabins pouvaient, en une heure, être sur le Quirinal, le Capitole, le Palatin, l'Aventin, le Janicule. Il n'y a donc pas lieu d'être surpris qu'ils aient occupé ces collines aussi anciennement que celle d'Acqua-Acetosa.

Ainsi Rome a été possédée en commun par les Sabins et les Pélasges. Quand viendra l'époque de Romulus, nous n'y rencontrerons plus que les Sabins. On ne voit pas cependant que personne en ait chassé les Pé-

---

[1] Plutarque (*Romul.*, xvii) semble regarder comme sabines, Fidène et Antemne, car, après la défaite de ces villes par Romulus, il dit les *autres Sabins* en parlant des Sabins de Cures amenés par Tatius. En effet, la guerre déclarée par Fidène et Antemne à Romulus, immédiatement après l'enlèvement des Sabines, ne saurait s'expliquer autrement dans le récit traditionnel. Cœnina avait devancé les tentatives de vengeance nationale; Cœnina est donnée aussi comme Sabine par Plutarque. Selon Denys d'Halicarnasse, Cœnina et Antemne avaient été prises aux Sicules (Den. d'Hal., ii, 35) par les Aborigènes. On peut croire qu'elles étaient sabines depuis ce temps-là.

lasges. Il n'en est pas besoin pour expliquer leur disparition : l'humeur errante de ce peuple ne lui permettait de se fixer nulle part. Les Pélasges abandonnèrent Rome; les Sabins y restèrent.

Mais quelque chose demeura des Pélasges chez ces antiques Sabins d'avant Rome. Les Pélasges leur communiquèrent certains cultes et peut-être certaines institutions que plus tard ils transmirent aux Romains.

La *gens*, la tribu, la curie, ces éléments de la société civile romaine, ne sont pas nées sur le Palatin au sein de la promiscuité d'une population hétérogène, sans organisation antérieure, composée de fugitifs et de malfaiteurs. Ils sont sortis, comme nous l'indiquerons, de la nation sabine, qui seule pouvait les contenir dans son sein.

Les Sabins eux-mêmes ont pu en devoir l'acquisition ou le perfectionnement à leur contact avec les Pélasges; car les analogues de la *gens*, de la tribu et de la curie se montrent dans les origines de la civilisation grecque avec des ressemblances trop frappantes pour être l'effet d'un pur hasard [1].

---

[1] A Athènes, il y avait très-anciennement trois tribus comme à Rome dans l'origine. A Athènes et à Sparte, les tribus étaient divisées en fratries, analogues aux curies romaines, et les fratries en *genea*, analogues aux *gentes*. La prédominance des nombres trois et dix achève de prouver, pour ces associations politiques de la Grèce et de Rome, une origine commune, et d'où pouvait leur venir cette communauté d'origine, si ce n'est des Pélasges?

Quant aux cultes religieux, l'influence des Pélasges sur les Sabins est encore plus certaine. Sauf le dieu suprême Jupiter, commun à toutes les populations grecques et italiotes, il n'est peut-être pas une des grandes divinités romaines qui ne soit d'origine pélasgique, et la plupart sont venues aux Romains des Pélasges par les Sabins.

Les noms de Minerva[1], Juno, Diana[2], Cérès[3], Mars[4], sont des traductions sabines des noms d'Athena, Héra, Artemis, Dèmèter, Arès.

Je ne sais guère d'autre dieu que Saturne qui appartienne certainement aux Latins.

Toutes ces divinités furent pélasgiques ou se confondirent avec d'anciennes divinités pélasgiques avant d'entrer par la religion sabine dans la religion romaine; sans eux, celle-ci eût été presque exclusivement réduite à ces innombrables petits dieux présidant à toutes les phases, à tous les actes, à tous les détails de la vie, qui constituaient le fond unique assez misérable et souvent ridicule[5] de la mythologie d'un peu-

---

[1] Nous savons positivement que Minerve était une déesse sabine. (Varr., *De l. lat.*, v, 74.) Elle avait un ancien temple dans la Sabine. (Den. d'Hal., I, 14.)

[2] Juno et Jana (d'où Diana) étaient deux formes féminines d'un nom dérivé de Janus, et par conséquent sabin.

[3] *Cérès* voulait dire *pain* en sabin. (Serv., *Géorg.*, I, 7.) C'était donc le nom d'une divinité sabine. Ce nom pouvait venir du mot sabin *Cérus*, créateur, qui produit.

[4] Mars sera démontré avoir été un dieu sabin. (Chap. XIII.)

[5] Il y avait des dieux pour tous les détails de la conception, de

ple sans aïeux, et, par conséquent, sans tradition.

Cette antique alliance du culte pélasgique et du culte sabin, effet nécessaire de l'union de deux peuples, est un enseignement donné par le spectacle de leur cohabitation, qu'à Rome on a pour ainsi dire sous les yeux.

On y est ramené encore en voyant les mêmes lieux et les mêmes sanctuaires consacrés par les Pélasges à leurs divinités nationales et par les Sabins aux divinités qui furent les leurs après qu'ils les eurent empruntées aux Pélasges; en voyant par les yeux de la tradition le sanctuaire d'Hestia, placé au pied du Palatin, qui fut sabin et pélasge, près de la maison du roi sabin Numa, dont le nom est resté attaché à l'organisation des Vestales; en voyant le Vulcanal, où fut l'autel du dieu du feu, de l'Héphaistos pélasge de la Samothrace, devenir pour les Sabins un lieu consacré où leur roi s'entretient au pied de son Capitole avec le petit chef du Palatin et domine le Comitium, dans

l'enfantement, pour toutes les périodes de la végétation, pour toutes les parties de la demeure. On peut les voir dans la *Cité de Dieu*, énumérés par saint Augustin avec une maligne complaisance. Ces petits dieux sont les seuls qui, dans la religion romaine, appartiennent en propre aux Romains. Ils convenaient merveilleusement au caractère pratique et prosaïque de ce peuple, et ne sont pas sans analogies avec certains cultes superstitieux des Romains modernes, qui ont aussi une madone, un saint ou une sainte pour chaque circonstance et chaque besoin de la vie : la *madonna delle partorienti*, pour les femmes en couche; sainte Lucie, pour les maux d'yeux; un saint, j'ai oublié lequel, pour les maux de dents, etc.

lequel les patriciens sabins, qui s'y assemblent pour délibérer, inaugurent les assemblées et les délibérations futures du Comitium romain.

Nous avons, pour ainsi dire, amené les Sabins à Rome. Nous y avons constaté leur présence avant l'époque de Romulus. Nous ne pourrons donc plus nous étonner de les y trouver établis quand viendra Romulus, et il faudra tenir compte de l'influence des Sabins, comme de celle des Étrusques.

Les Étrusques eux-mêmes, cette grande nation guerrière, était déjà civilisée quand la petite Rome naissait guerrière et barbare. Les Étrusques n'ont-ils pas, avant Romulus et avant les Sabins, occupé une des collines romaines dont cette dernière recherche terminera l'histoire durant les temps antérieurs aux Romains ?

Avant que les Sabins se fussent emparés du Janicule, les Étrusques s'étaient, je crois, emparés du Capitole.

Il n'avaient pour cela que le fleuve à traverser. On sait que l'Étrurie venait jusqu'à la rive droite du Tibre, et on est même fondé à retrouver leurs traces dans le champ Vatican (ager Vaticanus), nom qui supposait un Vaticum ou Vaticanum [1], nom très-an-

---

[1] *Hist. nat.*, xvi, 87. L'Yeuse qui, au temps de Pline, passait pour être plus vieille que Rome, portait une inscription sur métal en caractères *étrusques*. M. Bunsen a remarqué avec raison que l'expression *Ager vaticanus* donnée à un territoire qui s'étendait jusqu'à

cien et qui remontait à l'époque des sauvages primitifs du Latium [1].

Dans tous les cas, il est extrêmement vraisemblable que les Étrusques avaient de très-bonne heure franchi le Tibre; que quelques chefs de cette nation étaient venus d'un pays si voisin chercher fortune dans le Latium, comme ils le firent certainement plus tard à l'époque des rois; car les Étrusques étaient guerriers, et le Latium était fertile.

C'est ce que semble indiquer, dans l'âge des légendes héroïques, l'histoire de Mézence, tyran de Cœré, réfugié dans le Latium avec ses soldats, aussi bien que la tradition d'après laquelle il avait exigé des Latins tout le vin que le pays pouvait produire. C'est ce qu'indique également Tarcho, aussi roi de Cœré, et venant dans le Latium au secours d'Énée.

Sur la rive gauche du Tibre, Fidène, placée en face de Véies, et prenant part à toutes ses guerres contre les Romains, était à demi étrusque [2].

Les prêtres qui en sortirent un jour avec des flambeaux et des serpents pour épouvanter l'armée ro-

---

celui de Véies (Pl., *Hist. nat.*, III, 9, 2), suppose un *Vaticum*, comme l'Ager veientinus, une Véies.

[1] Voy chap. III.

[2] Fidenates... Etrusci fuerunt. (Tit. Liv., I, 15.) Cette assertion est trop absolue. En général on compte les Fidénates parmi les peuples du Latium. Je crois qu'ils furent tour à tour Latins, Sabins, et toujours en partie Étrusques.

maine ne pouvaient être que des prêtres étrusques[1]. On racontait la même chose de Tarquinie[2] en Étrurie. Toujours sur la rive gauche du Tibre, Crustumerium passait, comme Fidène, pour être d'origine étrusque[3]. Le nom de la ville de Cœnina[4] a une physionomie étrusque, et celui de Tusculum indique la présence des anciens Toscans (Tusci). Ardée a des tombes pareilles aux tombes étrusques, et un double agger fort semblable à celui que construisit à Rome Servius Tullius, que nous savons avoir été un roi étrusque; les peintures[5] qui s'y voyaient encore au temps de Pline, et qu'on croyait plus anciennes que Rome, ne pouvaient guère être que des peintures étrusques. Enfin c'est d'Ardée qu'une tradition faisait venir un chef étrusque au secours de Romulus[6].

---

[1] Tit. Liv., iv, 33.
[2] Tit. Liv., vii, 17.
[3] Crustumina tribus a Tuscorum urbe Crustumena dicta est. (P. Diac., p. 55.)
[4] On ne saurait déterminer avec certitude la position de Cœnina; mais on sait qu'elle était très-près de Rome. (Tit Liv., i, 9.) Elle ne pouvait en être éloignée, puisqu'elle passait pour avoir été la première conquête de Romulus.
[5] Pl., *Hist. nat.*, xxxv, 6.
[6] P. Diac., p. 119. Denys d'Halicarnasse dit (ii, 37) de Solonium : Il y avait un champ solonien près de la route d'Ostie. Vraies ou fausses, ces traditions trahissent un souvenir confus de la présence des Étrusques sur la rive gauche du Tibre. Le Tibre lui-même est souvent nommé le fleuve étrusque, parce que, dans une partie de son cours, il coulait entre deux rives étrusques.

Les Étrusques, qui furent de bonne heure maîtres de la Campanie, ne possédèrent-ils rien sur le littoral du Latium qui devait séparer un jour les deux moitiés de leur empire? Nous savons du moins que les Volsques, qui habitaient cet espace intermédiaire, passaient pour avoir été soumis aux Étrusques [1].

Ceci fait comprendre la possibilité qu'un chef étrusque ait occupé le mont Capitolin avant les Sabins et les Romains. Si cette occupation a été possible, elle est probable; car deux des noms qu'a portés le Capitole en établissent la vraisemblance.

D'abord le nom de *Tarpéienne*, donné souvent à toute la colline, est attribué en particulier à l'une de ses deux sommités, celle qui s'appelle encore aujourd'hui la roche Tarpéienne.

Properce était un poëte savant, trop savant même pour un poëte amoureux. Il hérisse ses élégies d'une érudition qui devait quelquefois ennuyer la belle Cynthie, mais qui, pour un historien, est précieuse à recueillir.

Ici je demande pardon au lecteur, que je vais traiter un peu comme Properce traitait Cynthie, en l'ennuyant peut-être par une discussion étymologique; mais elle importe, et elle sera courte.

---

[1] Servius (*Æn.*, xi, 567), dit, d'après Caton : « Gente Vulscorum quæ etiam ipsa Etruscorum potestate regebatur. » Les habitants de Vulci en Étrurie (Volceii) portaient un nom très-semblable à celui des Volsques (Volsci); ceux-ci ont-ils reçu le leur des Étrusques?

Properce dit, et c'est ce que l'on croit généralement, que le mont Tarpéien a reçu son nom de Tarpéia[1].

Mais il est assez difficile de l'admettre.

Si le nom de Tarpéien avait été donné au Capitole en mémoire d'une trahison, les Romains auraient-ils continué, comme ils l'ont fait toujours, à le désigner par ce nom?

Je sais bien que l'histoire de Tarpéia est racontée de deux manières contradictoires, et qu'une version de la légende la peint comme mourant victime de son dévouement aux Romains; mais enfin, suivant la version reçue et populaire, elle les avait trahis. Aurait-on laissé au mont sacré, qui portait le temple de Jupiter très-grand et très-bon et le temple de la bonne Foi, un nom qui rappelait une perfidie et la citadelle de Rome livrée à l'ennemi?

Je crois donc qu'il faut chercher ailleurs l'origine de ce nom; qu'il fut primitivement étrusque, et remplaça le nom latin de mont Saturnien, comme les Étrusques y remplacèrent les Latins de Saturnia avant l'arrivée des Sabins et des Pélasges[2].

[1] A duce Tarpeiâ mons est cognomen adeptus.
(Propert., El., v, 4, 93.) C'est *Tarpeia* qu'il faut lire et non *Tarpeio*, ainsi qu'on lit dans plusieurs éditions de Properce. Les vers qui précèdent celui que j'ai cité se rapportent à Tarpéia. D'autres récits, il est vrai, attribuent la trahison à un chef nommé Tarpéius.

[2] Je n'ai pas besoin de dire que je ne tiens aucun compte des dates données par les anciens aux émigrations des Pélasges qui sont évi-

Je pense que le nom imposé par les Étrusques au mont Saturnien, qui fut depuis le Capitole, était primitivement *Tarqueius*. *Tarqueius*, selon les lois connues de la prononciation sabine[1], a dû devenir *Tarpeius* quand les Sabins ont occupé le Capitole.

Or le mot *Tarqueius* nous met en pleine Étrurie.

Tarcho est le nom que Virgile donne au chef étrusque allié d'Énée. Tarchon est le plus célèbre des héros indigènes dans la tradition étrusque. Il est le fondateur des douze villes de l'Étrurie septentrionale. La racine de ce mot se retrouve dans le nom de la ville de Tarquinii et des Tarquins.

Ainsi le nom du mont Tarpéien, de la roche Tarpéienne, serait d'origine étrusque; mais alors il s'ensuivrait que, si les Étrusques ont donné au Capitole cet ancien nom, c'est qu'ils sont venus anciennement sur le Capitole.

De plus, si l'origine de ce mot *Tarpéien* nous a conduits à placer des Étrusques sur le Capitole, ce mot *Capitole* nous amène à la même conclusion par un autre chemin.

---

demment antérieures à toute chronologie, la seule chose que la tradition ne conserve jamais, ce sont les dates.

[1] Dans les idiomes sabelliques, c'est-à-dire de la famille à laquelle appartenait l'idiome sabin, le *p* remplaçait constamment le *k*, *c* ou *q* dans la prononciation. Ceci a été reconnu par Niebuhr, O. Müller et M. Mommsen qui, plus que personne, fait autorité en tout ce qui concerne les anciens dialectes italiotes. Tzetzès (*in Lycoph.*, v 1446) appelle Tarquin, *Tarpinios*.

La tête coupée qu'on trouva en creusant la terre pour y jeter les fondements du temple de Jupiter Capitolin était la tête d'un devin étrusque ou d'un roi nommé Olus [1].

• Cela ne montre-t-il pas qu'on croyait que le Capitole avait été précédemment habité par la race à laquelle Olus appartenait; qu'il y avait eu là des devins, c'est-à-dire des prêtres étrusques, un temple, et par suite un établissement, peut-être un roi ou un chef étrusque?

Ainsi le Capitole aurait été très-anciennement étrusque, comme le Vatican [2].

Cæles Vibenna, ce lucumon qui fut l'auxiliaire de Romulus dans la guerre contre Tatius, et qu'on fait venir tantôt d'Ardée, tantôt d'Étrurie, n'est pas venu sans doute de si loin; on peut supposer que la population étrusque dont il était le chef, chassée par les Sabins du Capitole, s'était réfugiée sur la colline appelée le *mont des Chênes*, et à laquelle il donna son nom.

---

[1] D'où Caput-Oli, Capitolium. (Arnob., vi, 7; Serv., *Æn.*, viii, 345; Pl., *Hist. nat.*, xxviii, 4, 1.)

[2] C'est à quoi faisait peut-être allusion la tradition d'après laquelle Rome aurait été tributaire des Étrusques, et aurait été délivrée de leur domination par Hercule. (Pl., *Quest. rom.*, 18.) La trahison attribuée par quelques-uns à un chef nommé Tarpeius (Pl., *Rom.*, 17), nom que nous avons vu être étrusque (Tarqueius), et par suite de laquelle le Capitole fut occupé par des ennemis, se rapportait peut-être aussi dans l'origine à une occupation étrusque, à laquelle auraient mis fin les Pélasges, personnifiés dans Hercule. (Voy. chap. vii.)

Il est fort naturel que lui-même, en ce cas, ait pris le parti de Romulus contre les Sabins. Quoi qu'il en soit de cette supposition, avant que le Cælius fût étrusque, le Capitole l'avait été. Le nom étrusque du mont *Tarpéien* et le nom du *Capitole* fourni par la tête d'*Olus*, devin ou chef étrusque, me paraissent rendre très-vraisemblable une occupation du Capitole par les Étrusques avant l'époque de Romulus [1].

Cette occupation rendrait raison du choix que fit le premier roi étrusque d'une colline qui est la moins étendue et n'est pas la plus haute des collines de Rome pour y bâtir un temple d'architecture étrusque, dédié selon le rite étrusque. C'est que cette colline avait déjà été consacrée par des prêtres et possédée peut-être par un lucumon de l'Étrurie.

Si les Étrusques ont formé un établissement sur le Capitole, cet établissement a dû être antérieur à celui des Sabins; car ceux-ci, au temps de Romulus, sont en possession du Capitole, et rien n'autorise à croire que, depuis leur arrivée à Rome avec les Pélasges, ils aient cessé de l'être.

Les Étrusques auraient dépossédé du Capitole les Latins, qui, très-anciennement, y avaient fondé la

[1] Selon Denys d'Halicarnasse (ii, 36), et Varron (*De l. lat.*, v, 46), Cæles Vibenna fut contemporain de Romulus; Tacite (*Ann.*, iv, 65), place l'arrivée à Rome du condottiere étrusque sous le premier Tarquin; mais ceci se rapporte, je crois, à une autre occupation étrusque du mont Cælius. J'y reviendrai en traitant du règne de Servius Tullius.

ville de Saturnia, et en auraient eux-mêmes été chassés par les Sabins et les Pélasges.

Ainsi se sont formés les divers établissements qui ont précédé l'établissement de Romulus. Sur chacune des collines qui avoisinent le Tibre, s'est arrêtée une population qui y a construit non pas une ville, si l'on veut, mais une bourgade fortifiée.

Si nous les récapitulons tels que je crois les avoir retrouvées avec quelque labeur, mais, ce me semble, avec quelque vraisemblance; en leur donnant, pour préciser le résultat de ces recherches, les noms que leur donnent les anciens ou ceux qu'elles ont pu porter, mais dont je ne réponds point, nous aurons :

1° Vaticanum, centre religieux de l'époque des sauvages, plus tard étrusque;

2° Saturnia, latine sur le Capitole;

3° Esquilia, ligure sur l'Esquilin, dans la Subura et les Carines;

4° Sikelia, sicule sur le Palatin;

5° Tarquinium, étrusque sur le Capitole;

6° Sur le Palatin, à l'ouest, Roma, forteresse des Pélasges, qui donna son nom aux sept autres collines occupées par les Pélasges;

7° Sur le Palatin, au sud, Palatium, forteresse des Sabins Aborigènes, établis à côté des Pélasges sur le Palatin et les sept autres collines;

8° Sur l'Aventin, une forteresse pélasge, appelée Romuria, d'abord indépendante de Roma;

9° Cælium, sur le Cælius, où campe un chef étrusque.

Ce sont neuf Romes avant Rome.

A l'époque où nous sommes arrivés, les Sicules et les Ligures ont disparu de ce sol d'où ils ont été chassés par les Sabins et les Pélasges, et que, dans leur humeur vagabonde, les Pélasges ont abandonnés. Il ne reste plus d'Étrusques ailleurs que sur le Cælius. Ceux du Capitole ont fait place aux Sabins, sur lesquels les Étrusques de la rive droite ont repris le Janicule. Les Sabins sont exclusivement en possession des collines de Rome, sauf deux d'entre elles que toutefois quelques Sabins Aborigènes peuvent encore habiter ; mais ces deux collines, le Palatin et l'Aventin[1], appartiennent maintenant, nous allons le voir, aux rois d'Albe, qui y font garder leurs troupeaux par des pâtres albains, dont l'un sera Romulus.

[1] Il n'est pas sûr que la population de brigands, qui semble avoir habité surtout le plus haut des deux sommets de l'Aventin, n'existât plus. C'est sur le moindre de ces sommets qu'on plaçait Romuria, et probablement Romulus trouva encore dans la grande forêt de l'Aventin, parmi les successeurs de Cacus, de quoi recruter des sujets.

X

ROMULUS

De la légende historique et de la vérité qu'elle peut contenir. — Exposition de Romulus et de Rémus au bord du Vélabre. — La louve, louve du Capitole, époque des loups. — Romulus est un berger des rois d'Albe. — L'asile, antérieur à Romulus. — Un reste des murs de Romulus existe encore. — L'enceinte sacrée de Rome tracée selon le rite étrusque. — Où étaient les portes de la Rome du Palatin. — Présages consultés par les deux frères selon le rite étrusque. — Les vautours sont des faucons. — Romuria, forteresse pélasge devenue latine. — Romulus tue Rémus, double sens de la légende. — Prétendu tombeau de Rémus.

Je crois à Romulus; il faut, dans l'état actuel de la science, un certain courage pour l'avouer. Il va sans dire que je ne crois pas aux fables indigènes ou grecques dont on a entouré sa mémoire et auxquelles ne croyait pas Tite Live lui-même.

En général, la légende invente les faits plutôt que les personnes; elle prête beaucoup à ses héros, mais elle ne les crée pas; elle a prêté à Alexandre, à Charlemagne, au roi Arthur une foule d'aventures merveilleuses : Alexandre, Charlemagne et même le roi Arthur n'en ont pas moins existé.

La plus grande objection à l'existence réelle de Romulus, c'est son nom, d'après lequel Rome elle-même aurait été nommée. La fausse science de tous les temps a supposé des personnages imaginaires qui sont censés avoir donné leur nom à une ville ou à un peuple; la vraie science n'en a jamais trouvé [1]. Personne ne croit aujourd'hui que les Français doivent leur nom à Francus, les Danois à Dan, les habitants de la Grande-Bretagne à Brutus, fils d'Hector, Florence à Florinus; il n'est pas plus vraisemblable que les Romains aient dû le leur à Romulus, non plus que les habitants d'Ardée et d'Antium à Ardéas et à Antias, fils d'Ulysse et de Circé.

Mais pour nous cette objection n'existe pas, puisque Rome est antérieure à Romulus; Romulus veut dire l'homme de Roma [2], l'homme du Palatin, où était la forteresse pélasge de Roma [3].

[1] Excepté quand il s'agit d'une colonie qui peut avoir été nommée d'après son fondateur ou le souverain du pays d'où elle provenait, comme Baltimore, la Pensylvanie, la Caroline, le Maryland, etc.

[2] La terminaison du mot *Romulus*, comme Niebuhr l'a remarqué, n'indique point nécessairement un diminutif, surtout dans l'usage ancien; on trouve chez Ennius, *Vulsculus* pour *Vulscus*. (*Fest.*, p. 22.) De même *Romulus* était l'équivalent de *Romus*, et voulait dire l'homme de Roma.

[3]
   Roma ante Romulum fuit,
   Et ab ea nomen Romulus
   Adquisivit.
       (Marianus apud Serv., *Bucol.*, ı, 20.)
Romam et Romulus fecisse dicitur, quam ante Evander condidit.
       (Serv., *Æn.*, vı, 773.)

Les Romains n'avaient sur les premiers temps de Rome d'autres notions que celles qui leur avaient été transmises par la tradition conservée dans le peuple ou dans les familles et par ces chants en l'honneur des ancêtres qu'au temps de Caton on récitait encore [1].

Leur histoire primitive, et celle de Romulus en particulier, était donc à l'état de légende.

La légende orale n'est point la fiction poétique; la fiction est intentionnelle, la légende est naïve. Aux époques avancées, les poëtes inventent et les historiens parfois mentent sciemment; aux époques primitives, le peuple écoute, croit et répète; en répétant, il altère sans le vouloir ce qu'il a entendu, comme il peut arriver à ceux qui racontent plusieurs fois la même chose s'ils n'y font grande attention, et comme il arrive toujours quand un récit passe de bouche en bouche avant qu'on l'ait fixé en l'écrivant.

L'imagination, et les peuples peu civilisés en ont beaucoup, glisse à leur insu le merveilleux dans le réel. Ainsi se forment par un procédé naturel, par un besoin irrésistible et d'après une loi constante de la nature humaine, les récits légendaires que la croyance générale adopte, que la poésie consacre, que l'histoire accepte jusqu'au jour où la critique parait.

Celle-ci commence par rejeter la légende dont il ne

---

[1] Den. d'Hal., ɪ, 79; Horat., *Carmen.*, ɪv, 15, 29; voy. Cic., *Tuscul.*, ɪ. 2; ɪv, 2; *Brut.*, xɪx; Val.-Max., ɪɪ, 1, 10. Non. Marcell., p. 54-5. Gerl.

lui est pas difficile de signaler les contradictions et de démontrer les impossibilités. Cette critique nie tout ce que la légende affirme. Pour elle les faits sont des mensonges et les personnages sont des mythes. Elle conteste l'existence d'Homère et de Jésus-Christ. A ce compte, je ne sais pas ce qui resterait de l'histoire; car tout peut s'expliquer par des symboles : en appliquant ce système aux contemporains sans trop l'exagérer, on est parvenu à prouver d'une manière assez plausible que Napoléon n'a jamais existé.

Je ne l'appliquerai point à ce qu'on raconte de Romulus; mais, d'autre part, on n'exigera pas que je sois bien convaincu que lui et son frère Rémus ont eu Mars pour père, et que Romulus a déclaré, après sa mort, qu'il était admis au rang des dieux.

Je chercherai à distinguer dans la légende un fond de vérité qui n'a point été inventé, mais transmis, et ce qu'ont ajouté peu à peu à cette vérité traditionnelle l'imagination ou la crédulité de ceux qui l'ont transmise.

L'étude approfondie des traditions orales apprend à s'en défier et à y croire; dans ce qu'elle rapporte, à ne pas tout rejeter comme à ne pas tout admettre.

Non-seulement la tradition en s'altérant ajoute des faits merveilleux aux faits historiques ou donne aux faits historiques la couleur du merveilleux, mais elle transforme insensiblement même ce qu'elle ne rend point invraisemblable.

Elle efface beaucoup de détails; elle concentre plusieurs événements dans un seul; elle identifie une race à un homme; elle rapproche les faits qui l'intéressent et supprime les faits qui ne l'intéressent point.

A travers tout cela, elle conserve souvent un sentiment très-juste, quelquefois un sentiment très-profond du caractère des temps, du génie des peuples, du sens des événements.

Elle agit à la manière des grands artistes qui sacrifient les traits accessoires pour faire ressortir les traits principaux, à la manière des grands poëtes qui modifient un fait historique pour mieux montrer les ressorts de l'âme humaine et son jeu dans l'histoire.

On peut donc beaucoup s'instruire à la légende; mais il faut savoir comprendre son langage, il faut lui demander ce qu'a été la physionomie générale d'un temps, la signification d'un fait, non les circonstances particulières de ce temps ou de ce fait. Quelquefois cependant un détail individuel a surnagé par des raisons que nous ignorons sur l'oubli où se sont abîmés d'autres détails qui auraient pour nous beaucoup plus d'importance; mais ce n'est pas pour nous que la légende a été faite. Surtout il ne faut pas lui demander des dates; la légende méprise le temps et n'en tient aucun compte. Oubliant ce qui ne la frappe pas assez pour être retenu, elle fait contemporains les événements qui la frappent également. Le comble de l'erreur, c'est de chercher dans la légende une chronologie [1].

La légende tient compte des lieux plus que des temps; quelquefois elle s'y attache et s'y incarne pour ainsi dire. La persistance d'un nom ou d'un souvenir local conserve la mémoire lointaine d'un événement dont tout autre vestige a péri. Aussi l'étude des lieux éclaire la légende comme l'histoire et aide à en tirer l'histoire.

Quand un souvenir local est ancien, croyez qu'il a sa raison d'être soit dans la réalité du fait ou du personnage auquel il se rapporte, soit dans quelque relation de ce fait et de ce personnage avec le lieu où leur mémoire est attachée.

Ainsi l'exposition de Romulus et de Rémus au bord des eaux doit être une tradition sinon vraie, au moins ancienne, car elle se lie à un état de choses lui-même très-ancien; elle suppose l'existence du grand marais tel qu'il était avant qu'il fût desséché par les rois étrusques, lorsqu'il venait jusqu'au pied du Palatin. Tite-Live, qui ne se représentait pas clairement la

[1] Canina, dont les travaux utiles et considérables ont été poursuivis avec une constance et un désintéressement dignes d'éloge, mais qui était plus architecte qu'archéologue, me fournit un exemple de cette confiance naïve dans des chiffres qui sont sans valeur pour la critique. D'après lui, l'arrivée d'Énée « eut lieu cinquante-cinq ans après le départ d'Hercule, alors que régnait sur les Aborigènes, Latinus, fils de ce Faunus, qui gouvernait le peuple au temps d'Évandre. » Voilà des dates très-précises pour des faits imaginaires.

disposition primitive des lieux et qui avait peine à se figurer des marécages là où était de son temps le plus beau quartier de Rome, remplace ces marécages par un débordement accidentel et merveilleux du Tibre[1], effaçant d'une tradition, je crois fabuleuse, la vérité topographique qu'elle renfermait.

La tradition n'avait pas besoin d'une crue extraordinaire du Tibre, comme il y en eut au temps de Tite-Live, car elle avait le Vélabre pour faire déposer sur ses bords les deux enfants[2].

Pour nous, nous pouvons, grâce à l'étude que nous avons faite de l'état antique des lieux, retrouver plus exactement la tradition primitive.

Nous sommes sur le bord d'un vaste marais où croissent des roseaux, et sur lequel se penchent des saules. C'est là que commence l'histoire légendaire suivant laquelle Rome, la splendide capitale du monde, sortira d'un bourbier. La légende, ainsi restituée, est

[1] La tradition, plaçant le lieu de l'exposition au pied du Palatin, il fallait expliquer comment les eaux avaient pu venir jusque-là. (Tit. Liv., i, 4.)

[2] Dans le récit de Fabius Pictor, rapporté par Denys d'Halicarnasse (i, 79), il y a aussi un débordement du Tibre, et l'ancien Vélabre est oublié. De plus, l'auteur fait entrer dans sa narration une foule de détails évidemment ajoutés à la tradition, pour rendre la tradition vraisemblable en l'accommodant à la disposition des lieux, telle qu'elle était de son temps; le Tibre se retire, la barque où se trouvaient les enfants heurte contre un rocher, elle est renversée, ils roulent dans la boue, etc.

pleine d'une poésie qu'on sent plus profondément aux lieux qui l'ont inspirée.

En effet, ces lieux ont encore un air et comme une odeur de marécage. Quand on rôde aux approches de la nuit dans ce coin désert de Rome où fut placée la scène des premiers moments de son premier roi, on y retrouve, à présent mieux qu'au temps de Tite-Live, quelque chose de l'impression que ce lieu devait produire il y a vingt-cinq siècles, à l'époque où, selon la vieille tradition, le berceau de Romulus s'arrêta dans les boues du Vélabre, au pied du Palatin, près de l'antre Lupercal. Il faut s'écarter un peu de cet endroit, qui était au pied du versant occidental du Palatin, et faire quelques pas à droite pour aller chercher les traces du Vélabre là où les rues et les habitations modernes ne les ont pas entièrement effacées. En s'avançant vers la Cloaca maxima, on rencontre un enfoncement où une vieille église, elle-même au dedans humide et moisie, rappelle par son nom, *San Giorgio in Velabro*, que le Vélabre a été là. On voit sourdre encore les eaux qui l'alimentaient sous une voûte sombre et froide, tapissée de mousses, de scolopendres et de grandes herbes frissonnant dans la nuit. Alentour, tout a un aspect triste et abandonné, abandonné comme le furent au bord du marais, suivant l'antique récit, les enfants dont on croit presque ouïr dans le crépuscule les vagissements. L'imagination n'a pas de peine à se représenter les arbres et les plantes aquatiques qui croissaient sur le bord de cet enfoncement que voilà, et à travers lesquelles la louve de la légende se glissait à cette heure pour venir boire à cette eau. Ces lieux sont assez peu fréquentés et assez silencieux pour qu'on se les figure comme ils étaient alors, alors qu'il n'y avait ici, comme dit Tite-Live, vrai cette fois, que des solitudes désertes : *Vastæ tunc solitudines erant.*

En avant du Palatin, au-dessous de l'endroit où se terminait la Rome carrée et de la cabane de Romulus, mais plus loin de l'emplacement du cirque [1], s'élevait un rocher couronné de grands arbres. Au bas était un figuier. Sous ce figuier de Romulus [2], ou Ruminal [3], un pâtre trouva à l'entrée d'une caverne deux enfants qu'une louve allaitait [3]. On voit au Capitole une louve en airain admirable de sentiment, malgré la barbarie du travail, et il est vraisemblable que cette louve de bronze est la même que celle qui fut placée [4] au lieu

---

[1] La *Notitia urbis* reg. x commence par la cabane de Romulus, fait le tour du Palatin et revient à l'antre Lupercal.

[2] Romularis. (Tit. Liv., I, 4.)

[3] On tirait le mot *ruminal* de *ruma* mamelle, parce que les enfants exposés avaient sucé en cet endroit la mamelle de leur sauvage nourrice.

[4] Les enfants *seulement* furent placés sous le ventre de la louve par les édiles Q. et Cn. Ogulnius. (Tit. Liv., x, 23.) C'est probablement celle qu'on admire au palais des Conservateurs, et qui a été trouvée non loin de l'antre Lupercal. On l'a prise à tort pour la louve en bronze qui se voyait au Capitole et fut frappée par la foudre dont on a cru y reconnaître les traces ; mais d'après les paroles de Cicé-

où avaient été trouvés, disait-on, Romulus et Rémus.

Sous le rocher avait été plus anciennement, nous l'avons vu, une caverne consacrée par les Pélasges, qui habitaient au-dessus, à leur dieu Pan, le protecteur des troupeaux contre les loups. A cause de cela, cette caverne s'appelait l'antre Lupercal. Probablement les loups se réfugiaient parfois dans l'antre de Pan, leur ennemi.

Ce fait vraisemblable et la dénomination de l'antre Lupercal donnèrent peut-être naissance à l'histoire de la louve nourrice de Romulus.

Cette histoire d'enfants nourris par des animaux sauvages se retrouve plusieurs fois attribuée à des personnages mythologiques et héroïques de la Grèce[1];

ron, qui mentionne l'incident, cette image de la louve fut détruite. (Cic. *in Cat.*, III, 8; *de Div.*, II, 20.) En outre, elle était dorée, et la louve du palais des Conservateurs ne l'a jamais été.

[1] Plusieurs de ces histoires se rapportent à des contrées ou à des personnages pélasgiques. Une ourse allaite Pâris sur le mont *Ida;* Téléphe, héros *arcadien* et fils d'*Hercule*, est nourri par une biche. Si on admettait la possibilité du fait, on pourrait croire qu'il s'est plusieurs fois reproduit. Il serait possible aussi qu'une légende se fût réalisée. Tout le monde connaît l'aventure de la *pie voleuse:* dans un conte persan, une aventure très-semblable est racontée d'un perroquet qui volait des diamants. Ce conte, plus ancien que la servante de Palaiseau, n'empêche point que celle-ci n'ait existé et n'ait trop réellement subi le supplice immérité que rappelait la *messe de la pie*. De plus, le loup joue un grand rôle dans la religion et les traditions pélasges : il est en rapport avec *Pan* et avec *Apollon pasteur*. On peut donc voir dans l'allaitement de Romulus et de Rémus par une louve la répétition d'un vieux récit pélasge, peut-être aussi d'une légende

mais il n'est pas besoin de la faire venir de Grèce, car les loups figurent souvent dans les souvenirs anciens de Rome, et l'intervention d'une louve dans le début de l'histoire romaine est un trait local qui peut avoir été fourni par une tradition locale.

Cette louve reporte la légende romaine à une époque reculée que je nommerai l'époque des loups. Ils devaient abonder dans un pays de forêts, dont leur présence achève de dessiner le caractère sauvage. Longtemps des fêtes religieuses conservèrent la mémoire de cet âge des loups. Telle était celle qu'on célébrait sur le mont Soracte, et dans laquelle les Hirpins[1] venaient saisir la victime sur l'autel en souvenir des loups dont ce peuple portait le nom[2], et qui un jour avaient fait la même chose en pénétrant dans le temple pendant un sacrifice. Cela peint bien une époque où les bêtes féroces disputaient à l'homme le terrain et entraient jusque dans les temples.

Deux colléges de prêtres qui portaient le nom des Fabius et des Quintilius, célébrèrent jusqu'au dernier âge de l'empire d'Occident les Lupercales, la fête des loups. Les Fabius prétendaient que leur nom venait d'un de

ibérienne (Justin., xliv, 4) apportée par les Ligures. Mais, s'il en est ainsi, ce qui l'a fait adopter par les Romains et l'a *localisé* au pied du Palatin, c'est le souvenir indigène à Rome de ce que j'appelle plus bas l'*époque des loups*.

[1] Varr., ap. Serv., *Æn.*, xi, 785.
[2] *Hirpus* dans le dialecte sabellique, parlé par les Sabins, voulait dire *loup*.

leurs ancêtres qui avait inventé l'art de prendre les loups au piége[1]. Les loups paraissent encore de temps en temps dans Rome durant les derniers siècles de la république; mais alors leurs apparitions, devenues plus rares, sont rangées parmi les prodiges. Même sous l'empire, Horace les montre venant sur l'Esquilin dévorer les cadavres[2]. Le loup était une des enseignes romaines, parmi lesquelles l'aigle devint la seule officielle depuis Marius[3]. La nourrice de Romulus, digne nourrice du fondateur d'un peuple qui eut toujours dans son sang un peu du lait de la louve, a donc un double sens dans la légende : elle rappelle et un culte antique des Pélasges, et un âge où les loups habitaient auprès de l'homme dans la forêt primitive.

Aujourd'hui il n'y a plus de loups aux portes de Rome, et la louve de Romulus ne figure plus que sur les panneaux de la voiture de gala de l'unique sénateur et des conservateurs, derniers et tristes héritiers du sénat romain.

Le dieu de la guerre, donné pour père au premier

---

[1] Pauly, *Real Encyclopédie*, t. III, p. 366.
[2] Horat. Epod., v, 99.
[3] Pl., *Hist. nat.*, X, V (iv), 1. Le bœuf, dont on avait fait le minotaure grec, était dans l'origine l'emblème du Latium agricole; le sanglier, celui des plaines marécageuses du littoral, où il abonde encore; le cheval, le symbole des Sabins guerriers; l'aigle, qui habite les montagnes, celui des autres races sabelliques qui les habitaient. Marius, Volsque d'Arpinum, appartenait à une de ces races; il choisit l'aigle.

roi des Romains, recevra plus tard son explication[1]. La tradition, qui fait de sa mère une Vestale, n'est point, comme il semble d'abord, un anachronisme. Le culte de Vesta, dont l'établissement est attribué d'ordinaire aux rois sabins, à Tatius ou à Numa, remontait plus haut. Vesta, ou Vestia, était une divinité pélasge dont le sanctuaire existait au pied du Palatin avant que le Palatin eût vu naître la Rome de Romulus.

La mère de Romulus était, disait-on, de la famille des rois d'Albe. Je me permettrai de ne pas croire à l'extraction royale de Romulus. Romulus fut, je pense, un pâtre hardi, quelque peu brigand, comme il s'en rencontre encore auprès de Rome. Quand il eut fondé une ville, il fallut au parvenu des aïeux. Si sa vanité ne fut pas coupable d'un tel désir, la vanité du peuple romain eut pour lui cette prétention et voulut rattacher son premier roi à la fabuleuse famille des anciens rois de la métropole latine; car Albe fut avant Rome la métropole des cités du Latium. Elle dut probablement cet avantage au voisinage de la magnifique montagne où devait être, comme sur tous les lieux élevés, un sanctuaire du dieu latin Saturne, peut-être aussi un sanctuaire consacré par les Pélasges aux dieux de la Samothrace[2]. Cette cime majestueuse et

---

[1] Au chap. xiii.

[2] Une inscription trouvée non loin d'Albano porte ces mots : *Diis Cabesiis*. On sait que dans l'ancienne orthographe latine *s* est mis pour *r*. On peut donc lire *Caberiis* aux dieux cabires; les Cabires dont les

isolée, qui domine le Latium, sur laquelle, dans l'*Énéide*, Junon va se placer pour contempler tout le pays, ainsi que le font dans la même intention les touristes de nos jours, cette cime du Monte-Cavi fut bien choisie pour être le centre et comme le trône de la confédération des villes latines. Aussi y élevèrent-elles le temple de Jupiter latin (*Jupiter Latiaris*). Ce temple existait encore à la fin du dernier siècle, quand un Stuart dépossédé, le cardinal d'Yorck, qui était évêque de Frascati, imagina d'en détruire les restes pour bâtir un couvent. Il est plus aisé d'abattre un vieux temple que de relever un vieux trône.

Romulus et Rémus avaient-ils amené d'Albe[1] une colonie sur le mont Palatin? Je ne puis voir là qu'une explication au moins très-douteuse d'un fait très-véritable : c'est qu'Albe et Rome étaient deux villes latines. Quant aux nombreuses colonies que les auteurs anciens attribuent à la ville d'Albe, on n'y croit plus guère[2]. Il suffit de considérer l'emplacement d'Albe la Longue, bâtie, comme son nom l'indique, dans un

---

rapports avec Samothrace sont connus, et la Samothrace avait été visitée par les Pélasges.

[1] Denys d'Halic., i, 85.

[2] Ces colonies sont au nombre de trente (Denys d'Halic., iii, 31), nombre mystique qui reparaît plusieurs fois dans l'histoire fabuleuse d'Albe. La truie blanche, qui passe pour lui avoir donné son nom, avait trente nourrissons, et Ascagne, son fondateur, règne durant trente années.

espace resserré entre la montagne et le lac[1], pour avoir quelque peine à admettre cette abondance de colonies sorties d'une ville qui, bien que d'un côté elle s'étendît vers la montagne, prise dans son ensemble, devait ressembler beaucoup à une rue. C'est tirer beaucoup de rivières d'une bien petite source.

Je ne pense donc pas que Rome ait été une colonie d'Albe; mais je crois que le Palatin, sur lequel elle fut établie par Romulus, faisait partie du territoire albain.

Aux époques historiques, ce territoire ne venait qu'à cinq milles de Rome, et se terminait aux fosses Cluiliennes, célèbres dans l'histoire de Coriolan, qui, vaincu par sa mère, s'y arrêta.

Mais, avant que Rome existât, il n'y a pas encore de territoire romain. Les Romains, dès qu'ils existèrent, repoussèrent à quelques milles les voisins qui les serraient de trop près. Alors les Albains ne dépassèrent plus les fosses Cluiliennes, comme les Sabins ne dépassèrent plus l'Anio. Mais on peut admettre qu'avant Romulus les possessions albaines venaient, comme la terre sabine, jusqu'au Palatin[2].

Même en supposant que les rois d'Albe ne fussent

---

[1] M. Rosa, la grande autorité en ces matières, place, je crois, avec grande raison Albe la Longue sur un plateau assez étroit à mi-côte du mont Albain, au-dessus de Palazzola.

[2] Strabon (v, 3, 2) dit que la domination d'Albe s'étendait jusqu'au Tibre.

pas en possession de tout l'espace qui s'étendait de leur montagne jusqu'à Rome, ils pouvaient avoir, et l'histoire de Romulus, en cela très-vraisemblable, nous fait croire qu'ils avaient des troupeaux et des bergers à eux sur le Palatin. Ces troupeaux de bœufs et de vaches étaient parqués, comme ils le sont encore, dans des enceintes de bois que Denys d'Halicarnasse appelle *boustaseis*, et qui s'appellent aujourd'hui *stagionate*.

Romulus était, selon toute vraisemblance, un berger des rois d'Albe, chargé de garder leurs troupeaux sur le mont Palatin.

Ce fut assez pour que plus tard, dans la légende, il devînt le petit-fils d'un de ces rois. Un jour, ce berger s'avisa de fonder une ville. Fonder une ville n'était pas alors une grande affaire. On choisissait un sommet escarpé, on l'entourait d'un mur ou d'un fossé; quelques pâtres venaient s'y réfugier avec leurs troupeaux. Cela a dû se passer ainsi bien des fois sans qu'on en ait parlé. Rome étant devenue très-puissante, cette humble origine a paru singulière par le contraste qu'elle présentait avec ce qui avait suivi, et le souvenir s'en est toujours conservé. Une telle histoire doit être vraie; ce n'est pas l'orgueil romain qui se fût avisé de l'inventer; d'ailleurs, on disait de Cures[1] et de Préneste[2] que

---

[1] Denys d'Halic., II, 48.
[2] Serv., *Æn.*, VII, 678.

ces deux villes avaient eu une semblable origine.

Tel est le vrai commencement de Rome et la vraie condition de Romulus. Le fondateur de Rome n'est ni un mythe, comme le veut Niebhur, ni, comme l'a dit Mendoza, un gentilhomme portugais : c'est un berger des rois d'Albe [1].

Un trait particulier de la fondation de Romulus, c'est l'asile ouvert par lui aux *Outlaws* des environs, qui pouvaient être ou des bandits ou des réfugiés, des *Fuorusciti*, chassés de leurs villes par quelque querelle de famille, par quelque trouble politique.

L'asile était probablement plus ancien que Romulus.

Un pâtre révolté ne pouvait créer pour son besoin cette garantie religieuse qui appartenait à certains sanctuaires. L'asile existait sans doute avant lui; peut-être avait-il été institué par les Pélasges, car le mot et la chose sont grecs : en Grèce, un grand nombre de temples étaient *asiles*, et c'étaient les descendants d'*Hercule* qui passaient pour avoir fondé le premier de ces *refuges* dans Athènes [2].

Peut-être si les populations primitives du Latium

---

[1] La Rome du Palatin, qui avait été pastorale au temps des Pélasges, le fut encore au temps de Romulus. Des traces de cette origine subsistèrent longtemps après. Les *Septa*, enceintes dans laquelle se faisaient les élections du Champ de Mars, s'appelaient *Ovilia*, le parc aux moutons, et cependant ce n'étaient point des moutons qu'on y parquait.

[2] Serv., *Æn.*, viii, 342.

ont aussi connu le droit d'asile, ce droit fut-il attaché plus anciennement encore à l'autel de Saturne, dieu de l'égalité, qui devait protéger les esclaves fugitifs; dieu de paix, qui devait offrir un abri contre toutes les violences; dieu ami des étrangers, parce que lui-même était venu d'un pays étranger [1].

Au moyen âge, le souvenir de l'antique asile de Romulus s'était conservé, et avait passé du sanctuaire de Saturne à l'église de Saint-Adrien, qui en est tout proche. Cette église s'appelait [2] Asile et Temple du refuge.

Rome a abusé du droit d'asile pour les meurtriers, abus que la philosophie d'Euripide [3] attaquait déjà; mais, dans un sens plus noble, elle a toujours été l'asile des grandeurs déchues, comme la famille de l'empereur actuel des Français et lui-même l'ont éprouvé.

Romulus se logea sans doute dans la forteresse qu'avaient bâtie sur le Palatin les Pélasges, et qu'ils avaient appelée Roma. Ce fut alors qu'on lui donna le nom de Romulus, s'il ne le portait déjà. Mais il

---

[1] Denys d'Halicarnasse (II, 15) ne sait à quelle divinité était consacré le temple qu'il fait bâtir à Romulus dans l'Asile. Ovide (*Fast.*, III, 432) paraît croire que le dieu de l'Asile était Vejovis, le Jupiter funeste, ce qui est invraisemblable. S'il en était ainsi, l'Asile serait à Rome, comme ce dieu lui-même, d'origine étrusque et d'importation sabine. (Voy. chap. XII, *Numa*.)

[2] *Ord. rom.*, Mabillon, *Mus. Ital.*, II, 143.

[3] Eurip., *Ion,*, v, 1312.

voulut faire plus : il voulut entourer d'une muraille tout le Palatin, dont les Pélasges n'avaient fortifié qu'une partie.

Ici, pour la première fois, nous rencontrons, à l'appui de notre récit, un monument existant : une partie de la muraille de Romulus subsiste encore [1].

Le mur du Palatin n'a été découvert qu'il y a peu d'années; c'est le plus ancien monument de Rome. Cette muraille, construite en tuf pierreux, tel que celui du mont Capitolin, où ont existé des carrières d'où il fut probablement tiré, cette muraille est bien celle de Romulus; car elle suit le contour du Palatin et n'a pu jamais être autre chose que la muraille d'une ville bâtie sur le Palatin, c'est-à-dire de la Rome de Romulus.

Le système de construction est le même que dans

[1] On la voit dans trois endroits au bas du Palatin appliquée contre la colline, comme on voit les restes du mur de Servius Tullius appliqués contre l'Aventin, et comme sont les murs étrusques de Fiesole et de Volterre. (Den., *Sep. of Etr.*, II, 152.) Canina supposait qu'elle devait suivre la crête du mont et ne s'est pas fait faute de la restituer ainsi. Cependant on ne pouvait la placer qu'au bas de la colline, où elle est effectivement, car nous savons qu'une des trois portes du Palatin (la **Porte romaine**) était *au bas de la montée de la Victoire* (infimo clivo Victoriæ, Fest., p. 262). Ce qui entraîne la position de la muraille dans laquelle cette porte était percée. Denys d'Halicarnasse (II, 37) et Cicéron (*De Rep.*, II, 6) parlent de la muraille de Romulus, mais tous deux paraissent confondre cette muraille adossée au Palatin avec l'enceinte des rois étrusques, qui enveloppait d'autres collines.

les villes d'Étrurie et dans la muraille bâtie à Rome par les rois étrusques. Cependant l'appareil est moins régulier. Les murs d'une petite ville du Latium fondée par un aventurier ne pouvaient être aussi soignés que les murs des villes de l'Étrurie, pays tout autrement civilisé. La petite cité de Romulus, bornée au Palatin, n'avait pas l'importance de la Rome des Tarquins, qui couvrait les huit collines.

Du reste, la construction est étrusque et devait l'être. Romulus n'avait dans sa ville, habitée par des pâtres et des bandits, personne qui fût capable d'en bâtir l'enceinte. Les Étrusques, grands bâtisseurs[1], étaient de l'autre côté du fleuve. Quelques-uns même l'avaient probablement passé déjà et habitaient le mont Cælius. Romulus dut s'adresser à eux, et faire faire cet ouvrage par des architectes et des maçons étrusques.

Ce fut aussi selon le rite de l'Étrurie, pays sacerdotal, que Romulus, suivant en cela l'usage établi dans les cités latines, fit consacrer l'enceinte de la ville nouvelle. Il agit en cette circonstance comme agit un paysan romain, quand il appelle un prêtre pour bénir l'emplacement de la maison qu'il veut bâtir.

Les détails de la cérémonie par laquelle fut inaugurée la première enceinte de Rome nous ont été transmis par Plutarque[2], et, avec un grand détail

---

[1] Denys d'Halic., I, 26.
[2] Plut., Romul., XI.

par Tacite[1], qui sans doute avait sous les yeux les livres des pontifes. Nous connaissons avec exactitude le contour que traça la charrue sacrée. Nous pouvons le suivre encore aujourd'hui.

Romulus attela un taureau blanc et une vache blanche à une charrue dont le soc était d'airain[2]. L'usage de l'airain a précédé à Rome, comme partout, l'usage du fer. Il partit du lieu consacré par l'antique autel d'Hercule, au-dessous de l'angle occidental du Palatin et de la première Rome des Pélasges, et, se dirigeant vers le sud-est, traça son sillon le long de la base de la colline.

Ceux qui suivaient Romulus rejetaient les mottes de terre en dedans du sillon, image du Vallum futur. Ce sillon était l'Agger de Servius Tullius en petit. A l'extrémité de la vallée qui sépare le Palatin de l'Aventin, où devait être le grand cirque, et où est aujourd'hui la rue des *Cerchi*, il prit à gauche, et, contournant la colline, continua, en creusant toujours son sillon, à tracer sans le savoir la route que devaient suivre un jour les triomphes, puis revint au point d'où il était parti[3]. La charrue, l'instrument du la-

[1] Tac., *Ann.*, xii, 24.

[2] Prell., *R. Myth.*, 456.

[3] Tacite ne ramène pas Romulus vers le nord-ouest au delà du Forum. C'est que plus au nord-ouest le Vélabre venait assez près du Palatin pour qu'on ne pût continuer le sillon sacré à la distance où il devait être du mur appliqué à la colline, et dont il était séparé par l'espace appelé *Pomœrium*.

bour, le symbole de la vie agricole des enfants de Saturne, avait dessiné le contour de la cité guerrière de Romulus. De même, quand on avait détruit une ville, on faisait passer la charrue sur le sol qu'elle avait occupé. Par là, ce sol devenait sacré, et il n'était pas plus permis de l'habiter qu'il ne l'était de franchir le sillon qu'on creusait autour des villes lors de leur fondation, comme le fit Romulus et comme le firent toujours depuis les fondateurs d'une colonie; car toute colonie était une Rome.

Là est aussi l'origine de la forme donnée constamment au camp romain[1]. Ce camp, que les généraux établissaient avec soin dès qu'ils s'arrêtaient quelque part, était, comme on peut le voir à Rome par le camp des Prétoriens, un espace de forme carrée entourée d'un vallum[2], c'est-à-dire d'un fossé et d'un rempart formé par la terre rejetée du fossé.

Ainsi, jusqu'aux derniers jours de l'empire, dans toutes les parties du monde où ils portèrent leurs aigles victorieuses, depuis les déserts de l'Orient jusqu'aux forêts de la Germanie, les Romains dessinèrent leur camp d'après le type sacré de la Rome du Palatin, qui elle-même avait pour modèle la Rome car-

---

[1] Virgile fait construire aux Troyens la première ville qu'ils établissent sur le sol du Latium, à la manière d'un camp, *Castrorum in morem*. (Virg., *Æn.*, vii, 159.)

[2] Le camp des prétoriens était un camp à perpétuité, une véritable caserne; le *vallum* y fut remplacé par un mur.

rée des Pélasges. Rome fut donc dans l'origine un camp; elle s'en souvint toujours.

Puis Romulus creusa un grand trou dans lequel on jeta les prémices de tout ce que les champs produisent d'utile. Chaque assistant y jeta une poignée de terre apportée de son pays, car y avait là des réfugiés venus de diverses contrées d'alentour. Ce trou s'appela le Mundus. Si l'on prenait ce mot dans son sens ordinaire, on pourrait dire que Romulus venait réellement de fonder un monde, et que déjà la destinée de Rome était indiquée par ces différents peuples qui, en apportant chacun une poignée de leur terre natale, figuraient l'universalité future du monde romain; mais le Mundus étrusque n'était pas le monde des vivants, c'était celui des mânes, le monde inférieur, contre-partie du monde céleste. Son ouverture était le soupirail de la région qu'habitaient les divinités souterraines[1]. On le fermait ordinairement au moyen d'une pierre qu'on soulevait parfois; mais on ne pouvait commencer une guerre quand le Mundus était ouvert. Le Mundus étrusque a peut-être donné naissance à la belle légende de Curtius se précipitant dans le gouffre[2].

[1] Macr., Sat., I, 16; Paul. Diac., p. 156; Serv., Æn., III, 134.
[2] Plutarque, Romul., XI, dit que la fosse sacrée fut ouverte dans le Comitium, c'est-à-dire au-dessous de la cime nord-est du Capitole, par conséquent en dehors et assez loin du Pomœrium de Romulus. Le Mundus primitif ne pouvait être là, on dut plutôt le creuser sur le

Entre le sillon sacré et le mur de la ville était le Pomœrium extérieur, espace où il n'était pas permis de bâtir, de même que dans un espace également laissé libre à l'intérieur des murs, et qui s'appelait aussi le Pomœrium[1], coutume instituée sans doute dans l'intérêt de la défense des villes. Une prescription semblable s'observe aujourd'hui pour la sûreté des places fortes. Le Pomœrium était indiqué par des bornes qui entouraient le Palatin, des *termes* (cippi). Ce devait être encore une coutume empruntée à l'Étrurie, d'où vint le culte du dieu Terme. Varron[2] parle des cippes ou termes qui existaient de son temps autour de Rome et autour d'Aricie. A Rome, on a retrouvé quelques-unes de ces bornes du Pomœrium.

Signalons dès à présent une marque du génie agricole, qui fut toujours le génie des Romains après avoir été celui des Latins, leurs pères.

Chez les Romains, le Mundus des Étrusques, cette ouverture de la région infernale, devint le Mundus de Cérès, qu'on ouvrait pendant le temps des semailles

---

Palatin dans la Rome carrée, où, dit Solin, on enfouissait les choses de bon augure pour la fondation des villes, ce qui est dit aussi du Mundus. S'il y a eu un Mundus près du Comitium, c'est plus tard, quand Rome fut composée de la ville latine du Palatin et de la ville sabine dont la citadelle était sur le Capitole. Le nouveau Mundus se trouvait alors entre les deux villes.

[1] Tit. Liv., I, 44; Gell., *Noct. Att.*, XIII. 14
[2] Varr., *De Ling. lat.*, v, 143.

et de la moisson[1]. Romulus avait défendu, disait-on, l'exercice des arts sédentaires aux hommes libres[2]; mais il leur avait permis l'agriculture comme la guerre. On faisait dériver de Romulus le goût des Romains pour l'agriculture; ce goût était plus ancien, car il remontait à la vieille civilisation agricole, qu'on supposait avoir été importée dans le Latium par Saturne.

C'est ainsi qu'on rapportait à Romulus l'origine des Frères Arvales, confrérie religieuse instituée pour obtenir des dieux la conservation et la prospérité des moissons.

On prétendait que Romulus avait remplacé dans cette confrérie un des douze fils de sa nourrice, Acca Larentia, qui furent les premiers Arvales. Peut-être cette tradition venait-elle tout simplement de la vanité de corps des Frères Arvales, qui formaient comme un ordre religieux et aimaient à avoir pour fondateur le fondateur même de Rome. Si les capucins pouvaient faire croire que César a été capucin, ils n'y manqueraient pas. Pour le dire en passant, cette Acca La-

---

[1] Voy. Preller, *Rom. myth.*, p. 457. Du reste, du Mundus étrusque au Mundus romain la transition était facile, car dans les religions antiques tout ce qui était souterrain se liait à la fois aux idées infernales et aux idées de fécondation. Cérès, déesse de la moisson, descendait sous la terre pour y chercher sa fille Proserpine, déesse des enfers; et à Rome il y avait une *Venus Libitina* ou Vénus des funérailles, double et profond symbole de la vie et de la mort.

[2] Den. d'Hal., II, 28.

rentia, nourrice de Romulus et femme du berger Faustulus qui l'avait recueilli, auprès de laquelle il joue le rôle de fils, pourrait bien être tout simplement la mère et Faustulus le père de Romulus [1].

Du reste, il était convenable d'attribuer à un roi latin l'établissement d'une institution religieuse dont l'agriculture était l'objet. Les Frères Arvales forment sous ce rapport, avec les Saliens, prêtres guerriers institués par un roi de la belliqueuse nation sabine, Numa, un contraste qui exprime très-bien l'opposition du génie des deux peuples. La tradition, il est vrai, représentait Romulus comme un roi guerrier et Numa comme un roi pacifique; n'importe, le collége des Arvales, fondé par le roi latin, avait le caractère latin; il était rustique et agricole. Les Frères Arvales portaient une couronne d'épis [2] ou de laine festonnée en forme de roses, une robe blanche, symbole et souvenir de l'état innocent de l'antique royaume de Saturne; ils offraient des sacrifices non sanglants : des fleurs, des fruits, des parfums. Tout était pacifique dans leurs fêtes, mêlées de danses et de banquets. L'élection des

---

[1] En ce cas Romulus aurait une mère sabine ; *acca*, féminin d'*accus; actius, attius, attus, atta*, sont diverses formes d'un prénom sabin; car il est celui de l'aïeul des Claudius. Dans *Larentia* se trouve le nom des *Lares*, divinités étrusques adoptées par les Sabins. Cette origine d'Acca larentia n'aurait rien que de vraisemblable, car il devait rester des Sabins aborigènes sur le Palatin même après qu'il était devenu la propriété des rois d'Albe.

[2] Pl., *Hist. nat.*, xviii, 2.

membres de la confrérie se faisait dans le temple de la Concorde, et il n'était pas permis d'apporter un couteau dans le bois témoin de leurs réjouissances paisibles. Ce bois[1], consacré à Dia[2], déesse pélasgique du Latium, était situé à quatre milles de Rome, sur la route qui conduit à la mer à travers le pays latin. Les Saliens, institués par le premier roi sabin, étaient armés. Ils exécutaient des danses martiales en frappant sur leurs boucliers. Le lieu primitif de leur réunion fut le Quirinal, le mont Sabin.

Quand Romulus avait dirigé la charrue autour de sa cité future, là où il voulait qu'il y eût une porte, il avait, selon le rite antique, *porté*[3], c'est-à-dire soulevé sa charrue et interrompu le sillon augural ; car rien ne devait jamais franchir ce sillon ni le mur qui allait s'élever derrière lui et que protégeait ainsi la religion contre l'ennemi. L'enceinte des villes était sacrée ; il fallait que le seuil des portes ne fût pas sacré pour qu'on pût le franchir.

La Rome du Palatin avait trois portes[4]. Cherchons où s'ouvraient ces portes.

[1] Gell., *Noct. Att.*, vii, 7, 8. Voy. Becker, *Handb. d. Röm.-Alt.*, continué par Marquardt, t. IV, p. 411 et suiv.

[2] *Dia* était en Grèce le nom de l'épouse d'Ixion et de deux autres personnages mythologiques.

[3] C'est l'origine du mot latin *porta*.

[4] Pline, **Hist. nat.**, iii, 9, 13, dit trois ou quatre. C'est trois qui est le nombre véritable. Car, selon le rite étrusque, une ville devait avoir trois portes comme elle devait avoir trois temples. (Serv.,

L'une était la porte Mugonia, qu'on nomma ainsi à cause des mugissements dont elle retentissait quand les troupeaux descendaient boire dans les eaux du Vélabre. Elle était à peu près là où est l'arc de Titus.

De ce côté fut toujours la principale entrée du Palatin, et la porte du palais impérial : au même endroit où mugissaient les troupeaux de bœufs du temps de Romulus et où ils mugissent encore couchés à l'ombre du Palatin [1].

Une autre porte, nommée *Porta Romana* [2], regardait le Vélabre; on y arrivait par une rue qui côtoyait le flanc de la colline au-dessus du marais; elle s'appelait la Rue Neuve, *Via Nova*, et était une des plus anciennes des rues de Rome; car elle avait pu exister avant que le Vélabre eût été desséché par les Tarquins [3].

Æn., i, 422.) En Étrurie, Cosa et Rosellæ avaient trois portes. (Ot. Müller, *Die Etr.*, ii, 147.)

[1] La porte *Mugonia* s'appelait aussi *Mugionis* ou *Mucionis*. Denys d'Halicarnasse dit *Mykônisi pylais,* ce qui fait penser à *Mycènes* et reporte encore aux Pélasges.

[2] Festus, p. 262, l'appelle ainsi, et Varron (*De l. lat.*, v, 164) *Porta Romanula*, c'est le même nom. La terminaison *ulus-a* n'est pas toujours, ainsi que je l'ai dit plus haut, un signe du diminutif.

[3] Le pont Neuf est aussi un des plus anciens ponts de Paris. On peut déterminer assez exactement l'emplacement de la Porte Romaine, car Festus nous apprend qu'elle était au bas de la *montée de la Victoire* (*infimo clivo Victoriæ*). Or, cette montée, avec l'escalier qui en faisait partie, était ainsi nommée parce qu'elle conduisait du Vélabre au temple de la Victoire, élevé primitivement par les Aborigènes au nord-est de la Rome quarrée des Pélasges.

Ce nom de *Romaine*, appliqué à une porte de Rome, étonne. Les Romains n'ont pu le lui donner ; il lui est venu des Sabins, qui, occupant le Capitole, passaient par cette porte quand ils allaient sur le Palatin, et pour qui elle était la porte de Rome, la porte Romaine.

On ne connaît pas aussi sûrement la position de la troisième porte de la Rome palatine; mais nous savons qu'on descendait du Palatin dans la vallée où fut depuis le grand cirque par des degrés voisins du lieu qu'on appelait le bel Escarpement[1], et dont on a fait, ce qui est incroyable, un quai sur la rive actuelle du Tibre. Là était la troisième porte du Palatin. Si on en ajouta une quatrième, elle dut être nécessairement sur le quatrième côté du Palatin, celui qui est tourné vers le Cælius, et où il paraît qu'existait sous l'empire une entrée près de laquelle Septime Sévère éleva le Septizonium, ce monument singulier dont, grâce à Sixte-Quint, il ne reste plus vestige, mais dont on sait l'emplacement.

Telle était la ville de Romulus. Le Palatin en in-

---

[1] *Kalè actè* (Plut., *Romul.*, 20). Cette confusion qu'on a peine à comprendre en présence du passage de Plutarque, tient à ce que le mot *actè*, qui veut dire aussi escarpement, se prend en général pour *rivage*. Il était d'autant plus naturel de donner ce nom à une berge du Palatin que le Tibre venait autrefois en battre le pied. Mais le Palatin n'a jamais voyagé jusqu'aux bords actuels du Tibre. Le *bel escarpement* n'a jamais été un quai; il n'y en a jamais eu à Rome, pas plus dans l'antiquité que dans les temps modernes.

dique encore aujourd'hui l'étendue et en dessine la forme; des fragments imposants de sa muraille subsistent, et on reconnaît exactement où étaient ses portes. Nous pouvons donc dès à présent nous orienter dans les faits que vont évoquer en ce lieu ainsi déterminé avec précision la poésie et l'histoire.

C'est à la poésie qu'appartient le débat tragique de Romulus et de son frère. Nous chercherons si cette poésie ne contient pas un peu d'histoire.

D'abord elle atteste un fait historique en montrant sur Rome naissante l'influence de cette Étrurie qu'en nous plaçant nous-mêmes sur le Palatin nous voyons si voisine, séparée de nous seulement par le fleuve, et que nous avons trouvée dans un récit vraisemblable de Plutarque, de Denys d'Halicarnasse et de Tacite, consacrant l'enceinte de la cité de Romulus; cette Étrurie, dont nos yeux peuvent contempler et nos mains toucher l'œuvre antique, debout encore en partie de nos jours.

En effet, c'est selon le rite étrusque que Romulus et Rémus consultent les présages qui doivent décider lequel des deux régnera sur la ville nouvelle[1].

---

[1] C'est le motif qu'Ennius donnait à la consultation des présages :
Omnibu' cura viris uter esset Enduperator.

Les deux frères, en consultant les présages, ne pouvaient avoir pour motif de savoir lequel des deux donnerait son nom à la ville du Palatin, car ce nom *Roma* existait déjà. Cela a été imaginé plus tard, à une époque où l'on croyait que les hommes donnaient leur nom aux

On le reconnait au nombre 12, qui est le nombre étrusque par excellence[1], tandis que le nombre favori des peuples sabelliques et latins est 10[2].

Romulus voit dans le ciel douze vautours et Rémus en voit six. Cela suffit pour me faire dire qu'ils consultent le sort au moyen d'une vaticination étrusque[3].

Les oiseaux prophétiques sont des vautours; le temps de l'aigle n'est pas encore venu; mais pourquoi des vautours?

L'aigle est indigène en Italie; le vautour n'y a jamais existé; et cependant on parle souvent de l'oiseau appelé *vultur*, et son nom se retrouve dans des noms de montagnes habitées sans doute par ces oiseaux, de

---

villes, tandis que c'est l'inverse qui a lieu le plus souvent; et d'ailleurs les deux frères portaient le même nom. Denys d'Halicarnasse appelle toujours Rémus *Romos, Romulus* est appelé *Romus* chez Festus (p. 266), et Properce l'appelle *Remus. Regnave prima Remi.* (El., II, 1, 23.) *Domus alta Remi.* (El., IV, 1, 9.) *Signa Remi.* (IV, 6, 80.)

[1] Les confédérations étrusques se composaient toujours de douze villes. Selon les Étrusques, il y avait douze grands dieux; chaque période du monde embrassait douze siècles ; les licteurs d'origine étrusques étaient au nombre de douze, etc.

[2] Toute l'organisation de Rome repose sur le nombre dix multiplié par lui-même, et souvent par le nombre trois. Romulus a trois cents celeres. Dans chaque tribu, il y a dix curies; dans chaque curie, dix décuries; les décemvirs sont au nombre de dix. L'année, attribuée à Romulus, était de dix mois, etc

[3] Sans cela ce pourrait être une vaticination sabellique. L'art de consulter l'avenir par le vol des oiseaux était connu des peuples sabeliques, notamment des Marses.

fleuves comme eux dévorants et rapides[1]. Cette difficulté m'arrêtait, mais je crois l'avoir résolue.

Vultur, que nous traduisons par *vautour*, était le nom du faucon[2], et j'ai remarqué que l'oiseau de proie appelé encore aujourd'hui *avoltoio*, mot qui vient évidemment de *vultur*, était le faucon. Dès lors tout s'explique. Les vautours qui volent au-dessus du Palatin sont des faucons, et, ce qui est important, la légende où ils figurent peut être une légende locale et ancienne.

Les deux frères, pour prendre les auspices, vont s'asseoir, Romulus sur le Palatin[3], où est sa ville, Rémus sur l'Aventin, où était la sienne, qui s'appelait Romoria.

Car pourquoi ne pas croire à cette Romoria que la tradition disait avoir existé sur l'Aventin[4], et

[1] Le *Vultur mons* (*monte Voltore*) le fleuve *Vulturnus* dans la Campanie.

[2] *Capis* était synonyme de *Vultur*. Le nom de Capoue (*Capua*) fut une traduction du premier nom de cette ville *Vulturnum*. Or, un passage de Servius (*Æn*., x, 145) montre évidemment que *capis* était synonyme de *falco*.

[3] Ennius seul dit sur l'*Aventin* (Cic., *de Div.*, i, 48) : ceci tient à une confusion entre les deux frères qui allait jusqu'à faire donner à Romulus le nom au fond identique de Rémus (Voy. plus haut.) Ennius plaçait Romulus sur l'Aventin comme Properce parlait de la maison de Rémus sur le Palatin. Dans un autre passage, le même poëte, pour accorder des traditions contradictoires, nées de la ressemblance et de la confusion des noms, supposait que les deux frères avaient habité ensemble sur le Palatin. (Prop. *El.*, iv, 1, 10.)

[4] Paul Diac., p. 276. Cette ville s'est appelée aussi *Remuria*, *Remora*,

sur la cime, la moins élevée de cette colline [1] ?

Là fut un grand rocher qui n'existe plus, mais dont la présence dans les temps historiques est attestée [2].

Pourquoi Rémus ou Romus n'aurait-il pas occupé aussi sur l'Aventin une forteresse bâtie et abandonnée par les Pélasges, et dont le nom, très-semblable à celui de la Roma du Palatin, voulait également dire forteresse ? Romus ne serait pas un frère de Romulus ; il serait un autre aventurier, un autre pâtre des rois d'Albe, qui avaient des pâturages sur l'Aventin comme sur le Palatin, mais moins bons, parce que l'Aventin était rocailleux et le Palatin abondant en sources. Chacun des deux chefs, naturellement ennemis parce qu'ils étaient voisins [3], aurait espéré d'abord qu'un signe céleste lui

Remona, Remé, ce qui ressemble beaucoup à *Romé.* Selon d'autres récits Romoria était à trente stades, quatre milles environ de Rome (du côté de Saint-Paul). (Den. d'Hal., ı, 85.) Si la tradition avait placé une Romuria tout juste à trente stades de Rome, c'est peut-être qu'il y eut en cet endroit une autre forteresse pélasge. On trouve chez les Hirpins une ville nommée *Romulea.*

[1] Virgile, (ıx, 360) parle d'un Remulus de Tibur. Chez les Hirpins il pouvait y avoir eu aussi une *Roma*, c'est-à-dire une *forteresse* pélasge, devenue *Romulea* quand Romulus fut célèbre, et la *Roma*, c'est-à-dire la forteresse du pélasgique Tibur, avait pu donner son nom à un chef tiburtin comme la Roma du Palatin à Romulus.

[2] Par le nom de *Subsaxana* donné à la Bonne Déesse dont le temple était sous le rocher. (Not. Urb., *Reg* xıı.)

[3] La communauté de race de deux pâtres albains les aurait fait appeler frères. La communauté d'origine et la ressemblance de nom des deux cités eût été la cause de cette confusion entre Romulus et Rémus (Romus) que je signalais tout à l'heure.

serait favorable et aurait essayé si, par ce moyen, il obtiendrait, non l'honneur de donner son nom à une ville naissante qui avait déjà un nom, mais l'avantage plus réel de dominer sur deux villes. Chacun aurait ensuite prétendu que le présage devait être interprété en sa faveur. On en serait venu à une lutte armée. L'homme de l'Aventin aurait franchi, non pas en se jouant, mais très-sérieusement et les armes à la main, le fossé de la ville du Palatin, dont les murailles n'étaient pas encore bâties, l'homme du Palatin aurait repoussé l'agresseur et l'aurait tué sur le fossé.

Denys d'Halicarnasse semble avoir connu cette forme de la tradition, car il parle d'un combat meurtrier que se livrèrent les deux chefs[1], lisons les deux cités, de même origine et presque de même nom.

Conjectures, me dira-t-on ; je ne le nie pas. L'histoire de Rome, dans ces temps-là, est conjecturale, et je ne sais faire l'histoire conjecturale qu'avec des conjectures. Si on m'accorde que celle-ci n'est pas absurde, si on va même jusqu'à la juger plausible, je n'en demanderai pas davantage.

Quelque crédit qu'on accorde à cette explication historique, la tradition reste avec le caractère terrible que les Romains lui ont donné, et ce caractère lui-même est historique, car il révèle dès le berceau de

[1] Den. d'Hal., I, 87.

Rome ce qui fut toujours un trait distinctif du peuple romain, je suis fâché de le dire, mais cela n'ôte rien à sa grandeur : la férocité : *Romuli gentem feram*.

En effet, selon la tradition telle qu'elle était reçue et telle que l'ont racontée d'après le récit populaire les écrivains latins, l'histoire romaine commence par un fratricide.

Ce meurtre pourrait s'accomplir aujourd'hui dans des circonstances assez pareilles chez les paysans romains.

Supposons qu'une mésintelligence existe entre deux frères. L'un d'eux trace un sillon autour de son champ et défend à l'autre de le franchir. Celui-ci devient soudain furieux, et, pour faire *dispetto* à son frère, saute par-dessus le fossé. Il reçoit immédiatement une *coltellata*. Personne ne s'en étonne, personne ne s'en émeut, et les plus sensibles diront : *È quel poverino che ha amazzato questo poveretto*.

Les historiens romains ont jugé à peu près comme jugerait le peuple de Rome. Tite Live ne se met pas en frais de pitié pour Rémus ou d'indignation contre Romulus, et puis c'était un grand crime de violer l'enceinte et le droit de la cité consacrés par la religion [1]. Cette enceinte était littéralement sacrée, inviolable, infranchissable. Là où la charrue augurale avait passé,

---

[1] Ces expressions de Cicéron montrent ce qu'était la *religion des remparts:* Proque urbis muris quos vos, pontifices, sanctos esse dicitis, diligentioreque religione quam muris ipsis cingitis.

nul ne devait mettre le pied. Là où il fallait une porte, on soulevait la charrue pour qu'on pût passer sans sacrilége. Sauter par-dessus le fossé, qui n'était que le sillon de la charrue augurale élargi, c'était la plus grande des impiétés, et un ancien Romain ne pouvait pas plus la pardonner qu'un Romain d'il y a cinquante ans n'eût pardonné qu'on violât le droit d'asile d'une église pour en arracher un criminel. Aujourd'hui cela est bien changé.

Cependant les beaux esprits du siècle d'Auguste éprouvèrent le besoin d'adoucir un peu cette légende, forte expression de mœurs et de sentiments qu'ils ne comprenaient plus, et que, grâce aux modèles qui viennent poser dans les ateliers de Rome, nous comprenons mieux que ne le faisait Ovide. Ovide[1] transforme le rude nourrisson de la louve, le féroce meurtrier d'un frère égorgé dans l'emportement brutal de la colère, en un malheureux prince qu'une main dévouée prive d'un frère adoré, et qui donne à ce frère mort les plus touchants regrets. En effet, ce n'est plus Romulus qui a frappé Rémus, c'est Céler, un serviteur, j'allais dire un courtisan trop empressé, qui a cédé à l'indignation de voir manquer de respect à la majesté de son maître. On sentait ainsi à la cour d'Auguste, et, si Auguste eût été accompagné dans le lieu où Ovide le surprit faisant ce qu'il ne fut jamais par-

---

[1] Ov., *Fast.*, v, 470.

donné au poëte d'avoir vu, le zèle d'un autre Céler aurait bien pu épargner à Ovide les tristesses de l'exil.

Rien ne manque à cette attendrissante bucolique, substituée à la rude légende des premiers temps. Le bon berger Faustulus est tué en voulant séparer les deux frères[1]. Romulus verse les plus touchantes larmes sur son pauvre Rémus; il est innocent et sensible; enfin il ordonne en mémoire de Rémus que sur une chaise curule — y avait-il alors des chaises curules? — soient placés la couronne, le sceptre et les autres insignes de la royauté[2].

Voilà comment, dès le temps d'Auguste, on travestissait en sentimentalité banale la férocité expressive de la tradition[3]; mais Auguste avait songé un moment à prendre le nom de Romulus, et dès lors Romulus devait être le modèle de toutes les vertus.

Cette tragique histoire est la principale origine de la défaveur qui s'attacha toujours à l'Aventin, abandonné aux plébéiens et exclu de l'enceinte sacrée de Rome jusqu'à Claude. On s'explique surtout cette défaveur si l'on admet sous la légende dramatique du fratricide le fait historique de l'existence de Romuria,

[1] Den. d'Hal., I, 87.

[2] Serv., Æn., I, 276.

[3] La tradition était vive et plus vraie quand elle faisait lancer à Romulus sa pique de l'Aventin sur le Palatin pour montrer que dès lors tous deux lui avaient appartenu. (Plut., Romul., 20.)

d'une cité rivale de Rome et son ennemie dès le berceau.

L'Aventin pouvait avoir déjà une mauvaise réputation, à cause des brigandages célèbres dont il avait été le théâtre. Mais il avait prétendu lutter contre le Palatin : cela ne lui fut jamais pardonné; il devint un lieu néfaste, parce qu'il avait été un lieu hostile.

La tradition antique plaçait sur l'Aventin le tombeau élevé par Romulus à Rémus dans sa ville de Romoria. Le moyen âge, qui ne connaissait pas la tradition romaine, voyait dans la pyramide funèbre de Cestius, en dépit de l'inscription où Cestius est nommé, le tombeau de Rémus. Le Pogge reproche à Pétrarque d'avoir partagé cette erreur. Mais à Rome, Pétrarque avait autre chose à faire que de lire attentivement une inscription : il y venait pour être couronné au Capitole.

Je passe à l'enlèvement des Sabines.

XI

SUITE DE ROMULUS

La vérité sur l'enlèvement des Sabines. — Guerres de quelques villes voisines de Rome contre Romulus; ce que peut être son triomphe. — Temple de Jupiter Feretrius. — Guerre de Tatius et de Romulus; le chef étrusque son allié. — Tarpéia. — Miracle, porte et temple de Janus; légende mal comprise. — Combat dans le Forum — Mettus Curtius, lac de Curtius. — Retraite de Romulus, temple de Jupiter Stator. — Supplication des Sabines. — La paix jurée entre les deux rois; en quel endroit. — Comitium, lieu d'assemblée des Sabins. — Vulcanal. — Ce que n'a pas fait Romulus. — Mort de Tatius. — Mort de Romulus. — Variantes de la tradition à ce sujet; explication. — Tombeau et reliques de Romulus. — Chant du Vélabre.

Après le meurtre vient le rapt, car l'histoire de Romulus ressemble assez à ce que serait la confession d'un brigand de la montagne; après l'assassinat de Rémus, vient l'enlèvement des Sabines.

Rien ne paraît plus vraisemblable en soi qu'un tel enlèvement. Des réfugiés qui manquaient de femmes en ont pris à leurs voisins, c'est très-croyable.

Mais je pense aussi que bien des circonstances imaginaires ont été ajoutées depuis à ce fait véritable.

Voici le récit des historiens qu'a admis un peu légèrement la postérité et que l'art a souvent reproduit.

Les Sabins viennent de Cures, aujourd'hui Corrèse, qui est à douze lieues de Rome, pour voir des jeux équestres; ils sont reçus avec une gracieuse hospitalité. Pendant les jeux, à un signal donné, on leur enlève leurs filles et leurs femmes. Les Sabins se retirent dans leurs pays sans qu'on voie qu'ils aient cherché à mettre obstacle au larcin. Assez longtemps après, le roi Tatius amène une armée de Sabins. A la suite de deux combats, les troupes ennemies sont séparées par les Sabines devenues les épouses des Romains. Romulus et Tatius font la paix, et conviennent de régner ensemble sur les deux nations, qui forment un seul peuple.

Il y a à tout cela d'assez nombreuses difficultés, dont plusieurs tiennent à l'état des lieux, aux distances, aux points occupés par les Sabins, avant et sous Tatius, à l'importance respective du peuple sabin et de la horde de Romulus.

Nous allons examiner ces difficultés et chercher à mettre de la vraisemblance dans cette histoire; car, si elle est vraie, quoi qu'en dise Boileau, elle doit être vraisemblable, et quand, ce qui est possible, mais n'est pas probable, elle reposerait sur une tradition entièrement fausse, cette tradition elle-même n'a pu être acceptée dans l'origine que parce qu'elle était vraisemblable. Il faut restituer l'histoire ou au moins la tradition.

Et d'abord j'ai quelque peine à croire que les pâtres du Palatin et les réfugiés de l'asile aient exécuté une course de chevaux pareille à celles qui ont eu lieu plus tard dans le grand cirque ou dans le Champ de Mars, et dont la tradition s'est conservée dans la course des *barberi* au Corso pendant le carnaval[1]. Je ne vois pas que l'on parle beaucoup de chevaux et de cavalerie pendant les guerres de Romulus.

A propos du Palatin, il n'est guère question que de bœufs.

De plus, ces jeux sont donnés en l'honneur de Neptune équestre. Neptune était sans doute l'équivalent latin de Poseidôn, dieu grec, et, avant d'être grec, pélasge[2].

---

[1] En effet, ces courses paraissent remonter directement à celles que les Romains exécutaient sur les gazons du Champs-de-Mars, au bord du Tibre, et qui s'appelaient *Equiria*. L'on dit même que l'église de Santa Maria in *Aquiro* leur doit son nom; j'en doute, car cette église est assez éloignée du Tibre, et l'on sait que les courses, appelées *Equiria*, en étaient très-voisines, puisqu'en cas de débordement du fleuve elles avaient lieu sur le Cœlius. Ce qui est plus certain, c'est qu'encore au seizième siècle on faisait courir des chevaux au bord du Tibre; quand Jules II eut bâti la rue Julia il fallut transporter les courses, et on les transporta dans la rue du *Corso*, qui datait de Paul II.

[2] Poseidôn était honoré dans l'*Arcadie*, en plusieurs lieux, sous le nom de *Poseidôn équestre*. (Pausanias, VIII, 10, 14, 36, 37.) Les Ar-

SUITE DE ROMULUS.

Mais on ne voit pas pourquoi il eût été honoré par des jeux solennels dans une tribu de pâtres et de fugitifs encore sans relation avec la mer. Le rapport de Neptune avec le cheval tient à une fable grecque sur la fondation d'Athènes [1], et, en supposant que cette fable tienne elle-même à un mythe plus ancien [2] qui remonterait aux Pélasges, quand ce culte aurait été apporté par eux sur le Palatin, les sujets de Romulus n'avaient aucune raison de le célé-

cadiens prétendaient avoir invoqué les premiers le dieu de la mer sous ce nom (Paus., VIII, 25), et passaient pour en avoir fondé le culte. (Den. d'Hal., I, 33.)

[1] On sait que, dans le débat qui eut lieu à cette occasion, Neptune fit sortir de terre un cheval, et Pallas Athéné un olivier.

[2] Je crois que les *chevaux de Neptune* furent dans l'origine, une de ces allusions pittoresques de la Mythologie grecque dont j'ai parlé ailleurs. (Voy. *la poésie grecque en Grèce*.) Je crois qu'on a voulu exprimer par le mythe des coursiers de Neptune l'impétuosité du flot qui semble courir, et le blanchissement de l'écume sur le dos des vagues, métaphore si naturelle qu'elle s'est présentée à l'un des hommes qui ont le mieux senti et rendu la poésie de la mer, lord Byron (*Child-Harold*, IV, 184), lorsqu'il a dit à l'Océan : Et j'ai posé ma main sur ta *crinière*. De plus, Poseidôn, en rapport avec la fondation de *Troie* dont il bâtit les murs, créateur du cheval, selon les uns en *Attique*, selon les autres en *Thessalie*, et en *Crète* du taureau de Pasiphaé, dieu enfin de la mer, c'est-à-dire de l'élément humide et fécondant, peut, par toutes ces raisons, être considéré comme un dieu primitivement pélasgique. Le nom même de la mer, *Pélagos*, est peut-être devenu le nom des Pélasges. Le culte du dieu de la mer convenait à ce peuple navigateur. Mais, malgré cette origine, Neptune tint peu de place dans la religion romaine. On ne cite qu'un temple de Neptune dans le cirque flaminien et non dans le grand cirque.

brer par une fête nationale. Enfin ces courses prétendues ont lieu dans la vallée située entre le Palatin et l'Aventin; mais, dans son état primitif, elle est représentée comme une gorge étroite, peu favorablement disposée pour des courses de chevaux.

D'ailleurs, les eaux du Vélabre devaient inonder cette vallée, alors plus profonde; car elle fut en partie comblée après le desséchement opéré sous les Tarquins.

Ainsi le théâtre même manquait pour la représentation qu'on dit avoir été donnée par Romulus aux peuples voisins, et c'est une première invraisemblance dans le récit des historiens. Des courses de chevaux n'ont pu avoir lieu dans les fanges du Vélabre. On les a imaginées plus tard quand le grand cirque a été construit, et on les a placées là où depuis le grand cirque exista.

Les fêtes que célébra Romulus s'appelaient fêtes de Consus, *Consualia*, ce qui est sans rapport avec le Neptune grec ou pélasge, mais se rapporte au dieu indigène Consus, qui avait dans le grand cirque un autel trouvé sous la terre [1].

Je crois avoir découvert ce qu'étaient réellement ces jeux en l'honneur du dieu Consus. On va voir qu'ils n'avaient rien de commun avec les courses d'Olympie.

Voy. plus haut, chap. ix.

C'était un amusement rustique, lequel consistait à sauter sur des peaux de bœufs huilées [1].

Ce divertissement grossier, fait pour provoquer la gaieté par les chutes de ceux qui s'y livraient, et dont on rencontrerait plus d'un équivalent dans nos fêtes de villages, me paraît beaucoup mieux en harmonie avec ce que devaient être les mœurs des pâtres du Palatin que des courses de chevaux pareilles aux jeux isthmiques célébrés par Pindare, et auxquels pensaient peut-être un peu trop les auteurs qui écrivaient l'histoire de Romulus sous Auguste.

Si cela est, croira-t-on que les Sabins soient venus de Cures avec leurs femmes et leurs filles, qu'ils aient fait douze lieues pour voir des bergers glisser sur des peaux de bœufs huilées? Quant à moi, je ne saurais l'admettre, et j'y vois une preuve de plus que les Sabins s'étaient déjà établis sur le Quirinal et le Capitole, où Denys d'Halicarnasse, très-positif sur ce point [2], nous les montre pendant la guerre et après la paix.

---

[1] C'est ce que nous apprend un vieux vers saturnien conservé par le grammairien Nonius Marcellus (p. 13, Ger. Cernuus) :

Sibi pastores ludos faciunt coriis *consualia*.

Ce qu'expliquait ainsi Varron : Etiam pelles bubulas oleo perfusas percurrebant. (Voy. Preller, *Rom. Mythol.*, p. 421.) Ennius parlait de jeux semblables institués par Romulus à l'occasion de la dédicace du temple de Jupiter Feretrius. (Ennius, apud Serv., *Georg.*, II, 384.)

[2] Tatius était sans doute un chef sabin de Cures; les Sabins de Rome attendirent son arrivée pour prendre une vengeance dont le besoin d'un auxiliaire explique le retard.

En ce cas, des femmes sabines ont pu, pour voir des jeux célébrés en l'honneur d'un dieu sabin, d'après une coutume de leur pays, en voisines et sans être accompagnées, descendre, non dans la vallée où fut le cirque, vallée que les eaux du Vélabre inondaient, mais plus près encore de chez elles, dans l'emplacement du Forum futur, dont une partie, le récit du combat de Romulus et de Tatius le prouvera, n'était pas submergée.

Cela se conçoit mieux que la narration de Tite Live, car j'avoue ne pouvoir comprendre la longanimité des Sabins qui se laissent prendre leurs filles et leurs femmes sans chercher à les défendre et se retirent tranquillement chez eux. Est-ce possible, je le demande, de la part d'un peuple aussi belliqueux et aussi farouche que les Sabins? Cette invraisemblance est rendue surtout visible dans les tableaux où l'on a voulu représenter l'enlèvement des Sabines.

Dans la plupart de ces tableaux, on voit les Romains, tous en costume de guerre, emportant dans leurs bras les Sabines, qui la plupart se défendent très-bien. Mais, en général, elles se défendent seules; il ne se trouve là, pas plus que dans les tableaux de Tite Live, ni un père ni un fiancé dont le désespoir résiste ou au moins menace. Les choses n'ont pu se passer ainsi à Rome au temps de Romulus, pas plus qu'elles ne s'y passeraient ainsi aujourd'hui si nos soldats voulaient enlever de vive force les filles du Transtevère qui les regardent défiler.

La suite n'est pas moins étrange. D'après le récit consacré, les Sabins ne se pressent pas beaucoup de se venger. Ce sont les habitants de trois petites villes que Tite Live ne donne pas pour sabines, Antemne [1], Cænina [2] et Crustumerium [3], qui prennent fait et cause pour les Sabins, tandis que ceux-ci n'ont pas d'abord l'air de ressentir leur offense, et les Sabins ne paraissent qu'après que Romulus, attaqué par les trois villes, en a triomphé.

Ce triomphe lui-même mérite réflexion.

Romulus monte au Capitole sur un char attelé de quatre chevaux blancs, ce qu'aucun triomphateur ne se permit avant Camille, pour y offrir à Jupiter Ferétrius les dépouilles du petit chef qu'il a vaincu et tué de sa main.

Je veux croire que Romulus ait pris la bourgade

[1] Antemne était sur la colline d'Acqua-Acetosa, près de Rome, au confluent du Tibre et de l'Anio. (Varr., *De l. lat.*, v, 28.)

[2] La position de Cænina n'est pas déterminée d'une manière certaine. La physionomie de son nom est étrusque, celle du nom de son roi Acron, que tua Romulus, est grecque. Properce lui donne l'épithète d'*herculéen ;* ce qui semble indiquer une origine pélasgique.

Acron Herculeus Cænina ductor ab arce.
(Propert, *El.*, iv, 10, 19.)

[3] On ne sait rien de précis sur la position de Crustumerium ou Crustiminium, sinon qu'elle était près du mont Sacré, puisque Varron (*De l. lat.*, v, 81) appelle la fameuse sécession qui eut lieu sur cette colline Secessio *Crustumerina ;* selon Tite Live l'Allia prenait sa source dans les monts Crustuminiens. (Tit. Liv. v, 37.) Nibby place Crustumerium à Tor-san-Giovanni. (Dint., i, 527.)

qu'on appelle la ville de Cænina et tué celui que Tite Live appelle un roi; mais je doute qu'il soit monté au Capitole sur un char dans l'intérêt de la majesté royale, comme dit Denys d'Halycarnasse[1]. Les abords du Capitole étaient difficiles; la voie triomphale n'existait pas encore, et la gorge étroite par où l'on montait au Capitole n'était pas faite à l'usage des chars. Romulus triompha, s'il triompha, sur le Palatin. On triomphe chez soi et non pas chez les autres. Un seul trait vrai de la tradition a été conservé par Plutarque, lequel, plus naïf que Denys, déclare que toutes les statues de Romulus qu'il avait vues le représentaient à pied. « Romulus, dit-il, prit un tronc d'arbre, le dégrossit, y attacha les armes de son ennemi, le plaça tout droit sur son épaule et alla le suspendre à un chêne[2]. »

Voilà qui est conforme au caractère du temps et de la légende.

C'est aussi sur le Capitole que Romulus avait, disait-on, élevé un temple à Jupiter Feretrius.

Ce petit temple a, en effet, existé sur le Capitole. Ses dimensions — il avait moins de quinze pieds de longueur[3] — conviendraient au peu d'étendue de la cité de Romulus; cependant ce que l'on disait de

---

[1] Den. d'Hal., ii, 34.

[2] Plut., *Romul.*, xvi. Virgile semble faire allusion à la tradition rapportée par Plutarque dans ce vers :

  Hæc arma exuviasque viri tua quercus habebit.

[3] Den. d'Hal., ii, 34.

l'agrandissement de ce temple, qu'on attribuait à un roi sabin, Ancus Martius [1], pourrait bien se rapporter à sa fondation; car un roi sabin était nécessairement en possession du Capitole [2].

Puis vient la grande guerre des Sabins amenés de Cures, disent les historiens, par le roi Tatius. Celle-ci dut être sérieuse. Les Sabins étaient des montagnards belliqueux. Leur pays s'étendait depuis Amiternum, dans le royaume de Naples, jusqu'aux confins de l'Étrurie. Les Romains possédaient une petite colline aux environs du Vélabre. La partie n'était point égale, et le résultat douteux de cette guerre ne put mettre les Romains sur un pied d'égalité avec leurs ennemis. Ce qui est étonnant, c'est qu'ils n'aient pas péri.

Tite Live a tout fait décider par une bataille. A en croire Denys d'Halicarnasse, cette bataille décisive fut précédée par plusieurs combats. Son récit de la guerre est plus détaillé, et a, je crois, conservé plus de traits de la vieille légende, qui reposait elle-même, on n'en saurait douter, d'après la physionomie héroïque de la narration, sur un vieux chant [3].

---

[1] Tit. Liv., i, 33.

[2] Ce nom de Feretrius semble dériver de *Feretrum*, désigner un dieu funéraire, peut être Vejovis, et n'a rien à faire avec les armes que portait le vainqueur. Feretrius ne vient pas plus de *ferre*, porter, que de *ferire*, frapper, comme le veut Plutarque.

[3] Cette narration pouvait encore avoir une autre source, les *Annales*

Selon l'historien grec, Romulus a pour allié un Lucumon ou chef étrusque.

Quel était ce chef que l'on fait venir de différents endroits au secours de Romulus, et dont Properce, qui était Ombrien, c'est-à-dire à demi Étrusque, nous a conservé le nom latinisé de Lycomedius[1], tandis que d'autres donnent pour auxiliaire à Romulus ce condottiere étrusque, Cœles Vibenna, dont le nom devint celui du mont Cœlius, et dont on place aussi la venue à Rome sous le premier Tarquin.

Ce qui me semble probable, c'est qu'il y avait déjà un établissement étrusque sur le *mont des Chênes*, et que l'aventurier qui se trouvait là aida Romulus à repousser les Sabins du territoire commun.

L'hésitation du souvenir traditionnel qui place l'occupation du Cœlius tantôt sous Romulus, tantôt sous

---

des Pontifes. Denys d'Halicarnasse (ii, 52) parle d'une guerre entre Romulus et Tatius qui avait duré *trois ans*. Ce qui ne s'accorde point du tout avec son propre récit. Le récit reproduisait la tradition telle que l'avait faite l'ancien chant. La tradition et la poésie populaire résument volontiers en quelques faits généraux les faits particuliers, car l'imagination s'attache à ce qui la frappe, et la mémoire oublie volontiers quand l'imagination n'a pas été frappée. Le combat du Forum, c'est un souvenir de la poésie, qui groupe les faits; les trois ans de guerre, c'est un renseignement recueilli dans les *Annales des Pontifes* qui marquaient les années.

[1]   Tempore quo sociis venit Lycomedius armis
   Atque Sabina feri contudit arma Tati.
              (Prop., *El.*, iv, 2, 51.

Tarquin, me fait penser que cette colline a été occupée à deux reprises par les Étrusques[1].

L'alliance du Palatin et du Cœlius, qui sont très-voisins, est naturelle et d'autant plus vraisemblable, qu'après la paix avec Tatius, Romulus est dit avoir eu en partage ces deux collines. Il occupait le Palatin avant la guerre, et, pour le Cœlius, on peut croire que ce ne fut pas lui qui s'y maintint, mais son allié, car il n'en est pas plus fait mention dans l'histoire de Romulus après qu'avant; toute cette histoire se passe sur le Palatin.

Mais revenons à la résistance que le chef latin et le chef étrusque opposent aux Sabins. Il est évident que ni l'un ni l'autre ne sont en possession du Capitole, car ils le défendraient; mais il n'en est rien : ils semblent, au contraire, le menacer[2], et ce sont les Sabins qui sont postés pour le défendre. Romulus est sur l'Esquilin, Tatius entre le Quirinal et le Capitole[3], sur ce plateau qui les unissait et qui a disparu[4] sous Trajan.

[1] Properce suppose que ce fut après la guerre contre Tatius que l'on fit descendre les Étrusques du Cœlius pour les établir entre le Palatin et le Capitole, dans le lieu qui s'appela depuis le *Quartier étrusque* (Vicus tuscus). Tite Live (II, 14) et Tacite (*Ann.*, IV, 65) rapportent ce déplacement à l'époque des Tarquins, ce qui paraît plus vraisemblable, car alors seulement l'espace occupé jusque-là par le Vélabre fut en partie desséché.

[2] Den. d'Hal., II, 37.

[3] Den. d'Hal., II, 38.

[4] Par là peut s'expliquer l'erreur de Denys d'Halicarnasse (II, 37),

Plus tard, les Romains sont en bas, dans le Forum: ils défendent le Palatin, comme les Sabins défendent le Capitole. C'est dans l'espace intermédiaire entre le Capitole sabin et le Palatin romain, espace occupé depuis en partie par le Forum, qu'aura lieu la grande lutte, dans laquelle les Sabins, descendant du Capitole, repousseront les Romains, puis seront repoussés à leur tour, et chacun finira par rester maître chez soi. Voilà ce qui résulte de l'ensemble du récit et de la situation des lieux.

Le seul incident qui étonne, c'est la forteresse des Romains placée sur le roc Tarpéien, un des sommets du Capitole, et livrée aux Sabins par Tarpéia.

On peut admettre que ce sommet isolé du Capitole, opposé à celui qui tenait au Quirinal sabin, appartenait dans l'origine aux Romains et formait la citadelle du Palatin, détachée, selon l'usage des cités grecques et italiotes, de la ville qu'elle devait protéger. On conserve ainsi l'histoire de Tarpéia, histoire qui n'a pas l'air d'avoir été inventée à plaisir, qui semble antique et qui, à cause de cette antiquité même, a subi plusieurs transformations. On reconnaît une version sabine et une version romaine de la légende dans l'aventure de cette Tarpéia, qui est représentée tantôt comme trahissant les Romains, tantôt comme une victime de

qui fait aussi occuper le mont Sabin, le Quirinal, par le Lucumon, allié de Romulus. La langue de terre qui unissait le Quirinal au Capitole a pu être considérée comme appartenant au premier.

son dévouement pour eux[1], dont[2] le tombeau était honoré par des sacrifices[3] et par une statue placée dans un temple, dont Properce[4] fait une héroïne de roman que perd sa passion exaltée pour le beau Tatius[5], et dont l'existence repose peut-être tout entière sur le mot *Tarpéien*, auquel nous avons cru trouver une origine parfaitement étrangère à la belle Tarpéia.

Même en supposant que cette pauvre Tarpéia, que je me reproche d'écraser sous le poids de mes arguments, comme elle le fut, selon la légende, sous les boucliers des Sabins, n'ait pas existé dans l'histoire, elle vit encore dans l'imagination populaire des habi-

[1] Den. d'Halicarnasse (II, 38); et Tite Live (I, XI), indiquent les deux versions.
[2] Den. d'Hal., II, 40.
[3] Fest., p. 363.
[4] Propert., *El.*, v (IV), 4, 3 et suiv.
[5] Tarpéia va puiser de l'eau à une source sortant d'une grotte dont Properce fait une description charmante. « Un bois sacré s'enfonçait sous un antre tapissé de lierre ; l'eau qui naissait en ce lieu murmurait parmi les arbres, demeure ombreuse de Sylvain, où la douce flûte des bergers menait boire les brebis lassées des ardeurs de l'été. » C'est à cette source que Tarpéia allait puiser l'eau sacrée, une urne d'argile était posée sur sa tête.

Urgebat *medium* fictilis urna caput,

dit le poëte qui avait vu les jeunes filles de Rome soutenir en équilibre l'urne qu'elles portaient, comme elles font encore aujourd'hui. « Elle vit Tatius s'exercer aux jeux guerriers dans la plaine poudreuse ; elle admira le visage du roi, ses armes brillantes... et l'urne, que ses mains oubliaient de soutenir, tomba. »

tants actuels du rocher Tarpéien. Niebhur y a entendu raconter par une petite fille que, dans un souterrain de la montagne, — où y il a en effet des souterrains, — est la belle Tarpéia, couverte d'or et de bijoux, et retenue par des enchantements. Aucun de ceux qui ont voulu pénétrer jusqu'à elle n'a pu retrouver son chemin [1].

La situation des Sabins sur le Capitole et sur la hauteur par laquelle il était soudé au Quirinal une fois bien déterminée, le combat avec tous ses incidents épiques se comprend facilement; les faits merveilleux eux-mêmes prennent une sorte de vraisemblance pour l'imagination, quand on voit comment ils ont été rattachés à la nature et à la situation des lieux.

Tel est le récit de la source d'eau bouillante que Janus fit sortir de terre sous les pas des Sabins pour les empêcher de passer par une porte que les Romains s'efforçaient de fermer. Ce récit est en rapport avec

[1] Niebuhr s'engagea dans un de ces souterrains du Capitole, mais ne put aller bien loin. On y trouverait peut-être, sinon les bijoux de la belle Tarpéia, souvenir évident des anneaux d'or promis par les Sabins, d'autres trésors précieux pour les antiquaires, surtout si l'on arrivait aux *favissæ* du temple de Jupiter, dans lesquelles on enfouissait les objets sacrés qui ne pouvaient plus servir. Pour moi, moins heureux que Niebhur, sur la roche Tarpéienne où je suis allé bien souvent profiter des lumières de M. Henzen, directeur de l'Institut archéologique, et des ressources d'une bibliothèque toujours mise avec empressement à la disposition des étrangers, je n'ai rencontré dans les petites filles du lieu que d'effrontées et opiniâtres mendiantes, qui, j'en suis sûr, ne savaient rien de la belle Tarpéia.

l'existence d'eaux sulfureuses, reste des anciennes actions volcaniques.

Cette porte, qui était près du temple de Janus[1], avec lequel on l'a confondue[2], et par conséquent dans les environs de Sainte-Martine, s'appelait, pour cette raison, la *Porte de Janus*, et a été prise pour une des trois portes du Palatin, bien qu'elle fût évidemment au pied du Capitole[3]. Oubliant que les Romains défendaient le Palatin, où était leur ville, contre les Sabins, maîtres du Capitole, on a interprété l'intervention du dieu comme empêchant les Sabins de gravir le mont Capitolin, tandis que le Capitole était sabin aussi bien que le Quirinal, dont alors il n'était pas séparé.

Les anciens eux-mêmes ont donné l'exemple de

---

[1] Ad Janum geminum aquæ caldæ fuerunt. (Var., *De ling. l t.*, v, 156.)

[2] Niebuhr supposait que le temple de Janus était une porte qu'on ouvrait en temps de guerre pour établir entre la ville romaine et la ville sabine une communication que les circonstances rendaient nécessaire, et qu'on fermait en temps de paix. Il expliquait ainsi la clôture du temple de Janus. L'idée est ingénieuse, mais la description de Procope qui vit encore le temple de Janus, et une médaille qui le représente, montrent que c'était bien un temple et pas une porte.

[3] Macrobe (Sat. ɪ, 9) place cette *porte de Janus* au pied du Viminal. Ceci est contraire à tous les témoignages et même au nom de la porte; car ce nom indique la proximité du temple de Janus. Macrobe aura été induit à cette erreur de topographie pour avoir confondu avec le Viminal, qui est comme une ramification du Quirinal, l'ancien prolongement de celui-ci qui venait autrefois rejoindre le Capitole, et qui, au temps de Macrobe, n'existait plus.

cette confusion, et Ovide[1], qui avait cependant chaque jour sous les yeux ce théâtre de la légende, car il demeurait tout près[2], ne l'a pas comprise[3].

Ovide, en effet, paraît croire que les Romains sont sur le Capitole et s'efforcent de fermer la porte en question pour empêcher les Sabins d'y monter. C'est le contraire qui est vrai : la porte de Janus était au pied du Capitole et en défendait l'approche. Les Romains, qui étaient au bas, voulaient empêcher les Sabins de l'ouvrir et de fondre sur eux. La relation topographique des deux armées a été renversée par Ovide; mais, malgré les témoignages de l'histoire et l'évidence des lieux, comment, au temps d'Auguste, ne pas se figurer les Romains au Capitole[4]?

Une seule chose embarrasse dans cette partie de la légende, c'est de voir Janus, qui est par excellence le

---

[1] Ov., *Fast.*, I, 261.
[2]   ... Capitolia cernens,
   Quæ nostro frustra juncta fuere Lari.
                    (Ov., *Trist.*, El., I, 3, 29-30.)
[3] Ovide suppose que Janus arrête les Sabins au moment où ils ont gravi le chemin qui conduisait à la citadelle, mais la tradition ne parle d'aucune attaque tentée par eux contre la citadelle et repoussée par les Romains, elle ne connaît que la trahison de Tarpéia par qui elle leur fut livrée sans coup férir.

[4] Servius (*Æn.*, VIII, 361) a mieux compris la situation respective des combattants. Pour lui, l'éruption des eaux bouillantes a délivré les Romains qui fuyaient et arrêté les *poursuites* des Sabins. Des hommes qui fuient devant des ennemis qui les poursuivent ne sont pas des assiégés qui résistent.

dieu des Sabins, protéger contre eux les Romains. Ce trait a dû être ajouté plus tard, quand les Sabins et les Romains s'étant fondus à la fin en un seul peuple, ceux-ci eurent adopté Janus, fait de la clôture de son temple le symbole d'un état de choses qui frappait d'autant plus les esprits qu'il était plus rare, la paix, et, fidèles à l'esprit tout pratique et souvent mesquin de leur mythologie propre, transformé le grand dieu solaire et guerrier des Sabins en un dieu qui présidait à l'ouverture et à la fermeture des portes; alors on lui attribua l'honneur d'avoir empêché, par un miracle dont on croyait voir l'effet, les Sabins de fermer la porte *Janualis*, autrefois porte de la cité sabine, et qui, pour cette raison, avait reçu le nom du dieu sabin, dont le temple d'ailleurs était de ce côté. Il n'en fallait pas tant aux Romains pour proclamer l'assistance du dieu dans un combat où ils l'usurpaient.

Quant aux faits qui n'ont rien de mythologique, je crois que les détails et les vicissitudes du combat peuvent contenir quelque vérité, car je suis convaincu que la source primitive du récit qui nous a été conservé par Tite Live et par Denys d'Halicarnasse est un vieux chant que certainement ils n'avaient ni l'un ni l'autre sous les yeux, mais d'où la tradition leur était venue[1].

[1] Je ne pense pas que les chants nationaux, que l'on récitait encore au temps de Pline, fussent de véritables épopées, mais quelque chose d'analogue aux romances héroïques de l'Espagne, aux ballades épiques des peuples du nord.

Or certains détails véritables d'un combat fameux peuvent être fixés par la poésie naïve des contemporains de ces faits. Seulement, je crois que ce chant était sabin[1] et non romain; car, malgré la prédilection de l'historien latin pour ses compatriotes et la prédilection non moins grande de l'historien grec pour les Romains, ils n'ont pu effacer du récit, qui fut poétique avant d'être traditionnel, une inspiration hostile aux hommes du Palatin et favorable aux hommes du Quirinal et du Capitole.

Je rencontre d'abord Curtius. Ce que l'on raconte de lui est un de ces faits qui n'ont pas d'importance pour l'histoire, mais que la poésie du moment célèbre, parce qu'ils ont frappé les témoins, excité l'intérêt et la crainte durant l'action, et qu'ils se détachent, par quelques circonstances extraordinaires, des autres faits guerriers. S'il y avait des bardes parmi les zouaves, ce ne serait pas l'ensemble d'un combat qu'ils célébreraient, mais tel exploit singulier, telle de ces aventures de la journée que le soldat aime à raconter le soir au bivac. De plus, l'aventure de Curtius était liée à une localité bien caractérisée, le marais du Forum, où il avait pensé périr. Enfin Curtius[2] est un héros sabin, et les chantres sabins ont dû se

---

[1] Silius Italicus (Punic., VIII, 422) parle des chants sabins qui célébraient le dieu national Sancus.

[2] Le radical *curis*, lance, se retrouve dans ce nom comme dans celui de la ville sabine de Cures, et sous son autre forme *quiris* dans *Quirites* et *Quirinal*.

plaire à célébrer un incident pour nous assez indifférent, mais qui avait dû, au milieu de la mêlée, remuer un moment le cœur des compagnons du guerrier.

Curtius, blessé, perdant son sang, veut faire retraite et regagner le Capitole; mais il rencontre sur son chemin le marais qui en défendait l'approche. Alors il prend un parti désespéré : il se précipite à cheval, à travers l'eau et la fange, en vue des deux armées, qui se demandent s'il s'en tirera et forment des vœux contraires touchant l'issue de son entreprise. Son cheval se débat, il le presse, il lutte pour sa vie en présence du danger; enfin il parvient à se sauver. Cette évasion hardie et quelque temps douteuse avait excité la crainte des Sabins, l'espoir des Romains, l'admiration des deux peuples, et le marais garda le nom de Curtius[1].

Un bas-relief d'un travail ancien[2], dont le style ressemble à celui des figures peintes sur les vases dits archaïques, représente Curtius engagé dans son marais; le cheval baisse la tête et flaire le marécage, qui est indiqué par des roseaux. Le guerrier, penché en

---

[1] Le marais avait été comblé, si l'on en croit Ovide. (*Fast.*, vi, 406.) Cependant il ne devait pas l'être complétement, car, d'après Suétone (Oct., 57), on y jetait des pièces de monnaie au temps d'Auguste.

[2] Ce bas-relief se voit dans l'escalier du palais des Conservateurs; il a été trouvé près de l'église Sainte-Marie Libératrice, qui fut antérieurement S. Sylvester *de Lacu*.

avant, presse sa monture. On a vivement, en présence de cette curieuse sculpture, le sentiment d'un incident héroïque probablement réel, et en même temps de l'aspect primitif du lieu qui en fut témoin.

Après cet épisode tout homérique vient le moment décisif et dramatique du combat. Les Sabins descendent du Capitole et repoussent l'ennemi jusqu'à la porte principale de Rome, c'est-à-dire du Palatin. Romulus est atteint d'un rocher comme en lancent les géants dans leur bataille contre Jupiter et les héros dans l'*Iliade*. Tite Live a oublié cette blessure de Romulus. Près d'être forcé dans sa bourgade, le chef latin voue un temple à Jupiter *qui arrête* (Jupiter Stator). Arrêter l'ennemi, à cela se borne sa prière et son espoir; il est exaucé. Alors il commence à reprendre l'offensive. Les Sabins plient à leur tour. Il les poursuit jusqu'au pied du Capitole, c'est-à-dire seulement jusqu'au marais. Romulus n'avait regagné que quelques centaines de pas depuis la porte Mugonia. La victoire était donc loin de se décider en sa faveur, quand, selon Tite Live, le coup de théâtre de l'arrivée des Sabines enlevées, se jetant entre leurs pères et leurs époux, mit fin au combat et amena la paix.

Tout cela est très-clair. Le temple de Jupiter Stator, qui, refait sans doute, existait encore au temps d'Ovide, était, comme il devait l'être d'après le récit antique, à côté de l'ancienne porte Mugonia, devenue la porte du palais impérial. « Ici est le temple de Jupiter

Stator, là Rome a été autrefois fondée, » dit le poëte exilé dans son livre des *Tristes*[1], quand il lui trace, comme à un suppliant, le chemin à suivre pour arriver jusqu'à l'empereur, qu'il ne devait pas attendrir...

Ce temple était dans la partie la plus élevée de la voie Sacrée, au bas du Palatin[2], là où est l'arc de Titus; car c'est dans cet endroit que tous les témoignages plaçaient l'entrée du palais impérial, aussi bien que de la Rome de Romulus, bornée au Palatin[3].

Romulus a été blessé, et son allié, le Lucumon étrusque, percé de part en part. En présence du danger de leur chef et de leurs concitoyens, ceux qui étaient restés à la garde des murailles ont fait une sortie. Romulus, à leur tête, a repoussé les Sabins vers le marais. Ceux-ci ont regagné par la gorge

---

[1] Ov., *Trist. El.*, III, 1, 31-2.

[2]
... Ædis quam Romulus olim,
Ante Palatini condidit ora jugi.
(Ov., *Fast.*, VI, 795-6.)

[3] On n'en a pas moins pris pour un reste du temple de Jupiter Stator les trois colonnes qui sont vers l'extrémité du Forum, assez loin de l'entrée du palais impérial. Cette opinion est aujourd'hui abandonnée aux *ciceroni*. Les passages d'Ovide cités plus haut auraient dû prévenir une telle erreur. Sur un bas-relief du musée de Saint-Jean de Latran, où plusieurs monuments de ce quartier sont figurés, suivant l'opinion très-ingénieuse de M. de Rossi, dans l'intention d'indiquer le chemin que devait suivre une pompe funèbre, à côté d'un arc sur lequel on lit : *Summa Velia*, et qui ne peut être que l'arc de Titus, on voit la représentation d'un temple, qui est très-problablement le temple de Jupiter Stator.

du Capitole leur camp fortifié. Personne n'a été vaincu. Le succès a été alternatif des deux côtés. On ne sait ce qu'on doit faire. C'est alors, selon Denys d'Halicarnasse, que les Sabines interviennent, non pas pendant la mêlée, mais pendant la trêve qui suit le combat; non pas en se jetant entre les glaives tirés, mais en allant, ce qui est beaucoup plus conforme à la vraisemblance, demander aux Sabins la grâce du peuple romain [1].

Je passe sur la délibération en règle de ces femmes et sur l'autorisation donnée à leur démarche par le sénat. C'est un anachronisme politique qui transporte dans l'âge héroïque de Rome les habitudes délibératives, et ce qu'on pourrait appeler les formes parlementaires des âges suivants. Mais je retrouve le poëme sabin ou la légende sabine dans ce qui suit, et qu'une tradition purement romaine se serait gardée de présenter ainsi.

Les femmes sabines montent au Capitole, où était le camp des Sabins, vêtues de deuil et conduisant leurs enfants par la main, comme on faisait plus tard à Rome pour attendrir ses juges.

Conduites en présence du roi Tatius dans l'assemblée des chefs, elles demandent à genoux qu'on accorde pour l'amour d'elles la paix à leurs époux.

« Ayant dit ces choses, toutes tombent aux pieds du

[1] Den. d'Hal., II, 45-6.

roi avec leurs enfants et y demeurent prosternées jusqu'à ce qu'on les relève de terre [1]. »

Voilà un abaissement qui s'explique par la situation véritable des deux peuples.

Suivant la tradition, qui est notre seule histoire, les Romains avaient fui et ne s'étaient arrêtés qu'à la porte de leur ville; ils avaient à leur tour repoussé l'ennemi. Mais les Sabins occupaient le Capitole, la citadelle, le Quirinal, plusieurs autres points encore. Une ligne de villes sabines les rattachaient à leur capitale de Cures. C'était une armée qui avait derrière elle un peuple. Les Romains possédaient une bourgade isolée sur une colline de peu d'étendue; il n'est dit nulle part qu'une seule ville de la confédération latine eût pris parti pour eux.

Un aventurier étrusque, établi sur la colline prochaine, avait seul et sans succès embrassé leur défense.

Vraie ou non, la version de l'événement, conservée par Denys d'Halicarnasse, s'accorde très-bien avec l'état de choses qui suivit, et que tout nous prouvera avoir été un état d'infériorité pour les Romains.

---

[1] La peinture a plusieurs fois représenté les Sabines se jetant entre les deux armées et les arrêtant en étendant les bras, comme l'Hersilie de David. Ne viendra-t-il pas un jour à l'esprit d'un artiste de montrer l'événement d'après la version sabine? Une telle peinture aurait au moins le mérite de la vraisemblance et de la nouveauté.

Tite Live glisse sur les conditions du traité. Selon Denys d'Halicarnasse, on convint que Tatius et Romulus, avec un pouvoir égal et des honneurs égaux, régneraient ensemble à Rome. En admettant, ce qui n'est pas, qu'ils régnèrent conjointement sur ce qui ne forma une seule ville qu'après eux, je le demande, si, à la suite d'une guerre où les succès auraient été partagés, la reine d'Angleterre venait exercer une moitié de souveraineté à Paris, ne serait-ce pas une condition bien humiliante pour les Français et l'accepteraient-ils?

On vient de proposer au pape de partager ainsi avec un autre souverain la domination, non de sa capitale, mais d'une portion de ses États, et le pape, tout faible qu'est son pouvoir, a refusé. Son premier prédécesseur dans le pouvoir temporel à Rome n'a pu être supposé consentir à un arrangement pareil que parce que les Sabins étaient beaucoup plus forts que lui. On a déjà vu les Sabins anciennement établis sur plusieurs des collines de Rome. Je montrerai bientôt qu'après la paix ils occupèrent toutes celles de la rive gauche, à l'exception du Palatin et du Cœlius; mais, dès à présent, il est clair qu'il ne pouvait y avoir aucune parité entre une nation assez considérable et une ville très-petite.

En présence de cette inégalité entre la nation sabine et l'établissement du Palatin, entre l'espace occupé par les Sabins dans Rome et la colline isolée de

SUITE DE ROMULUS. 327

Romulus, on lit avec quelque surprise dans Servius [1]
que le roi des Sabins fut *admis* au partage de la ville,
que les Sabins *obtinrent* le droit de cité [2], mais sans
droit de suffrage. C'est ainsi que les choses sont présentées par les historiens anciens et modernes de
Rome. La vérité est que les Sabins laissèrent aux Romains leur taupinière du Palatin, où ils ne mirent pas
le pied.

Les Sabins conservèrent le Capitole, qu'ils occupaient depuis le commencement [3], où Tatius habita la
citadelle Tarpéienne [4].

Romulus demeura retranché sur le Palatin; à mi-chemin entre les deux villes, le traité fut juré par les
deux chefs. Là ils immolèrent une truie [5]. Le sacrifice
fut offert sur la voie Sacrée. La tradition avait conservé le souvenir de ce lieu que nous pouvons reconnaître encore [6], et où, au temps de Servius, s'éle-

---

[1] Serv., *Æn.*, viii, 635.
[2] *Ibid.*, vii, 709.
[3] Den. d'Hal., ii, 50. C'est ce que veut dire Tacite (*Ann.*, xii, 24) par cette assertion d'ailleurs inexacte que Tatius *ajouta* le Capitole à la ville. Tatius n'*ajouta* pas le Capitole, il le *conserva*.
[4] Plutarque (*Romul.*, 20) dit que ce fut au Comitium.
[5] Virg., *Æn.*, viii, 641. Le porc et la truie figurent à Rome dans de plus anciens récits et dans les plus anciens sacrifices. Le porc est l'animal domestique des temps primitifs, il peut vivre dans les forêts avant l'époque du défrichement qui amène les pâturages, durant l'âge plus reculé où l'homme lui-même se nourrit de glands.
[6] En nous plaçant sur la voie Sacrée à une égale distance entre

vaient deux statues, celle de Romulus du côté du Palatin, et du côté du Capitole celle de Tatius [1].

Les Sabins se hâtèrent de couper la forêt qui, couvrant la pente orientale du mont Capitolin [2], descendait jusqu'à la plaine. Cette forêt était celle de l'Asile; ils ne se souciaient pas que l'Asile restât ouvert à tous les gens sans aveu qui viendraient grossir la population suspecte du Palatin.

Demeurés en possession du champ de bataille, les Sabins, après avoir en partie desséché et comblé le marais qui s'étendait au pied du Capitole, établirent là un marché; car il ne faut pas oublier que, dans l'origine, *Forum* ne voulait pas dire autre chose [3]. Le Forum devint plus tard le lieu des délibérations plébéiennes; mais les boutiques y restèrent longtemps : on le voit par l'histoire de Virginie. Le Forum fut donc dans l'origine le marché des Sabins. Les Romains y venaient du Palatin pour acheter. C'était, je crois, la seule communication des deux peuples. Au pied du Capitole était le lieu où les Sabins s'assemblaient, et

l'arc de Titus qui marque l'entrée de la ville du Palatin et l'arc de Septime Sévère qui indique à peu près le lieu où se terminait la voie Sacrée du côté du Capitole.

[1] On disait que de là venait le nom de la voie Sacrée. (Fest., p. 290.)
[2] Den. d'Hal., II, 50.
[3] Les villages ou les villes qui s'appelèrent *Forum Appii*, *Forum Julii*, etc., reçurent cette dénomination parce qu'il y existait des marchés.

qui, pour cette raison, reçut le nom de Comitium[1].

Le Comitium fut, en effet, le lieu où s'assemblèrent par curies les patriciens.

Jusqu'au temps des Gracques, ce fut au Comitium que s'adressèrent toujours les orateurs parlant de la tribune qui en était voisine.

Le Comitium fut le théâtre de presque toutes les délibérations qu'on place d'ordinaire au Forum. Le Forum n'était que le marché dans lequel les plébéiens venaient assister aux débats, comme chez nous le peuple assiste aux jugements des tribunaux.

Je doute que les Romains aient été admis dans le Comitium. Romulus a pu rassembler à son de trompe, dans un pré du Palatin, les anciens du lieu, ces sénateurs couverts de peau de mouton dont parle Properce[2], et dont le costume est encore celui des pâtres romains de nos jours. Mais j'ai peine à croire que les chefs des clans sabins, qui, comme nous le savons des Claudius, avaient plusieurs milliers de clients, aient admis à leurs conseils les gens de toute sorte qui s'étaient emparés du Palatin, dont la plupart ne

---

[1] Ce mot, qui vient de *cum*, et *ire*, n'indique nullement, comme le veut Niebhur, un lieu de réunion pour les Romains et les Sabins, mais simplement un lieu d'assemblée. L'emplacement du Comitium, sur lequel on a beaucoup disputé, a été pour la première fois déterminé d'une manière, selon moi, incontestable par M. Dyer, dans son excellent article ROMA du *Dictionary of greek and roman Geography*, edited by W. Smith, t. II, p. 775, 777.

[2] Prop. *El.*, v (iv), 1, 12-14.

savaient pas le nom de leur père, et dont plusieurs avaient fait ce métier que Juvénal n'osait pas nommer[1].

> Aut pastor fuit, aut illud quod dicere nolo.
> (Juv., Sat. viii.)

Je ne crois pas à un gouvernement commun des deux peuples unis sous les deux rois, gouvernement dont on ne voit nulle trace dans l'histoire, que ne comportaient point l'inégalité des deux villes ni l'état relatif des deux populations; car tout l'ensemble des faits et la vraisemblance démontrent qu'elles maintinrent au moins quelque temps leurs territoires séparés, et que les Romains n'étaient point vis-à-vis des Sabins sur un pied d'égalité[1].

Si les deux chefs voisins avaient à s'entendre sur quelque intérêt commun, sur quelque incident qui touchait également les sujets de l'un et les sujets de l'autre, ils se réunissaient sur une plate-forme située au pied du Capitole, au-dessus du Comitium, et qu'on appelait le Vulcanal, à cause d'un autel de Vulcain[2]. Il est à remarquer que, dans ce lieu intermédiaire où l'on croyait que les chefs des deux peuples ennemis avaient

[1] Voy. plus loin, chap. xiii.
[2] Cet autel, consacré à une divinité du feu, comme Vesta, était probablement un ancien autel pélasge. Ce qui le confirme, c'est qu'on y offrait des poissons à Vulcain au lieu d'âmes humaines (Fest., p. 258), souvenir de l'abolition des sacrifices humaines, qui était un souvenir de l'époque pélasgique.

parfois délibéré en commun, on construisait plus tard le temple de la Concorde, dont l'emplacement est encore visible; on peut y observer le Caducée, signe de paix; on y plaça la Græcostasis[1], dans laquelle le sénat recevait les ambassadeurs étrangers, comme le roi sabin y avait reçu, disait-on, le chef latin, qui était pour lui un étranger.

Pline[2] attribue à Romulus la fondation du Vulcanal; probablement plus ancien que lui, et qui était sur le territoire sabin.

On sait, hélas! très-peu ce qu'a fait Romulus; mais on pourrait écrire un assez long chapitre de ce qu'on lui a prêté, et qu'il n'a point fait, parce qu'il n'a pu le faire. Il n'a point organisé une cité modèle avec une hiérarchie savante, classant ses sujets en patriciens et en plébéiens. — On ne fait point des patriciens. — Romulus ne créa point les trois tribus dont l'une, les Tities, était sabine; car il ne régna point sur les Sabins. La pompe des licteurs, dont l'origine est étrusque, n'a pu être introduite dans un temps où l'on portait, en guise d'étendard, une botte de foin.

Montesquieu a dit : « Il ne faut pas prendre de la ville de Rome, dans ses commencements, l'idée que nous donnent les villes que nous voyons aujourd'hui, à moins que ce ne soit celles de la Crimée, faites pour

---

[1] Plin., *Hist. nat.*, xxxiii, 6, 3. Quæ tunc *supra comitium* erat.
[2] Id., *ibid.*, xvi, 86.

renfermer le butin, les bestiaux et les fruits de la campagne[1]. »

Dans cette phrase, qui me revenait toujours en mémoire quand je voyais entrer à Rome ces gigantesques charrettes de foin que précède souvent un paysan à cheval armé d'une lance, assez semblable à un Tartare de Crimée, dans cette phrase de Montesquieu il y a plus de sentiment historique de l'ancienne Rome que dans tout Rollin.

En général, ceux qui ont parlé de Romulus semblent n'avoir pas vu le Palatin, petite colline isolée, dont le possesseur ne pouvait faire la loi à la nation qui était maîtresse des autres collines, c'est-à-dire d'un espace vingt fois plus considérable, et avoir oublié qu'au temps de Romulus, sur ce Palatin, était une sorte de repaire plutôt qu'une ville véritable.

Pour moi, qui ai beaucoup considéré le Palatin et me suis toujours plus pénétré du sentiment de son exiguïté et de son isolement; pour moi, qui pense que les deux villes, celle du Palatin sous Romulus et la cité sabine sous Tatius, sont restées distinctes et même ennemies, je m'étonne moins que cette association, qu'on présente comme un modèle de bonne harmonie, ait fini par la mort violente de Tatius, à laquelle il est difficile de croire que Romulus soit demeuré étranger.

[1] *Considérations sur les causes de la grandeur et de la décadence des Romains*, chap. i.

Voici ce que racontait la tradition, cette fois très-vraisemblable [1] :

Des amis de Tatius, c'est-à-dire quelques chefs sabins, allèrent brigander chez les Laurentins, dans les environs de Lavinium, en pays latin. Romulus, qui était Latin, poussé par un sentiment où, j'imagine, l'équité n'entrait pas seule, s'empressa de prendre le parti des Laurentins. Tatius en fut irrité, et des Sabins, sans doute par son ordre, suivirent les députés qui étaient venus se plaindre à Romulus et les tuèrent pendant leur sommeil. Romulus, s'irritant à son tour, livra les coupables aux Laurentins. Tatius fit enlever les Sabins qu'on emmenait prisonniers. On voit que, malgré la bonne harmonie dont parlent les historiens, à la première occasion les deux rois se trouvaient d'un parti contraire. Légende ou histoire, ces faits peignent bien l'antipathie des deux peuples que Romulus et Tatius représentent.

Enfin Tatius seul, selon les uns, et, selon les autres, avec Romulus, se rend à Lavinium pour offrir un sacrifice. Il y est assassiné avec des couteaux de cuisine et des broches. Ce dernier trait pourrait être une invention romaine et populaire pour jeter du ridicule sur la mort du chef ennemi.

Je ne suis pas bien sûr que le roi sabin soit allé offrir un sacrifice à Lavinium, qui fut, avant Albe, le centre religieux et politique de la confédération latine;

[1] Den. d'Hal , II, 51-2.

mais, précisément à cause de cela, je ne m'étonne pas que la légende ait fait figurer le nom de Lavinium dans le récit de la mort de Tatius. Ces différends des deux rois, cette mort à laquelle Romulus est mêlé, cette mort ridicule du roi sabin au cœur du pays latin, me semblent conserver la trace de l'inimitié sourde, mais ardente, de la Rome latine contre la Rome sabine, qui la dominait et l'opprimait.

La fin mystérieuse de Romulus pourrait bien avoir été originairement dans la tradition une revanche prise par les Sabins de la mort de Tatius.

Il y a deux versions de la mort de Romulus, l'une naturelle et l'autre merveilleuse.

D'après la première, il aurait été assassiné.

D'après l'autre, il aurait disparu dans une miraculeuse tempête qui aurait répandu en plein jour de subites ténèbres.

La mort violente est placée dans deux endroits.

Selon les uns, il aurait été tué près de l'autel de Vulcain, à l'extrémité nord-est du Forum, au pied du Capitole, sur cette plate-forme sacrée qu'on appelait le Vulcanal.

Selon d'autres, et c'est le récit qui a été le plus répété, il aurait péri, pendant une revue, au bord du marais de la Chèvre.

Dans le premier cas, des patriciens ont tué Romulus; ils l'ont tué dans le Vulcanal, au-dessus du Comitium, lieu d'assemblée des Sabins.

Si, comme tout porte à le supposer, les hommes du Palatin ne furent point admis dans le Comitium sabin, ce sont des patriciens sabins qui ont tué Romulus; si même on croyait au sénat mi-parti de Sabins et de Romains institués par Romulus, il faudrait se souvenir qu'il y avait dans ce sénat cent Sabins.

D'après une autre version de la légende, Romulus avait été mis à mort près du marais de la Chèvre.

Le marais de la Chèvre, en quelque lieu qu'il fût, était, comme le Vulcanal, sur le territoire sabin. Plutarque dit positivement que Romulus était sorti de la ville pour s'y rendre.

Je suis porté, par ces indications topographiques, à déclarer que, suivant la légende primitive, soit sur le Vulcanal, soit au bord du marais de la Chèvre, Romulus a été mis à mort par les Sabins, qui ont vengé Tatius. On peut le conclure du vieux récit qui présentait ainsi cette mort, véritable ou non.

Ce récit avait du moins le mérite d'être fort vraisemblable.

Tatius avait péri à la suite de démêlés qui semblent trahir l'irritation réciproque et bien naturelle des deux populations, dans des circonstances qui devaient inspirer certains soupçons contre Romulus.

Romulus aurait-il voulu profiter du moment où les Sabins n'avaient pas de chef pour changer la relation des deux peuples, pour donner au sien l'ascendant ou au moins l'égalité, soit par une négociation, soit par les armes?

Romulus serait-il venu sur le Vulcanal demander des conditions meilleures pour son peuple?

Ce devait être un diplomate un peu rude que le pâtre du Palatin devenu roi, et les anciens de la nation sabine n'étaient peut-être pas très-patients. En présence de celui qu'ils accusaient d'avoir été la cause de la mort de leur roi, irrités de ses propositions et de son langage, ils se seraient jetés sur lui et l'auraient égorgé.

On comprendrait ainsi ce trait de la tradition rapportée par Denys d'Halicarnasse[1], qu'ils s'étaient précipités sur Romulus, l'avaient mis en morceaux, et que chacun avait emporté un de ces morceaux. Il y a dans ce détail horrible une férocité qui n'appartient qu'à une haine de race.

Ou bien Romulus étant sorti de la ville et étant venu ranger son monde au pied du Quirinal, car c'est là que que l'on peut avec quelque probabilité placer le marais de la Chèvre[2], par un jour sombre et

---

[1] Dans Plutarque, le lieu du meurtre est appelé *Vulcanal*. (Romul... 27.) Par Valère Maxime (v, 3, 1), la *Curie*. Ce mot ne peut vouloir dire ici que le lieu où le Sénat délibérait : la Curie ne fut bâtie très-près, il est vrai, du Vulcanal que sous Tullus Hostilius.

[2] Ce lieu est redevenu marécageux au moyen âge et l'est demeuré plus tard, jusqu'à ce qu'on ait remplacé par des égouts modernes les égouts des Tarquins. Une inscription fixée au mur de l'église de Saint-Quirico et indiquant la présence des eaux, le nom d'*Arc des Bourbiers*

orageux comme on en voit quelquefois à Rome cacher tout à coup presque entièrement la lumière, ce qui était propice à une surprise, les Sabins seraient-ils descendus de leur colline pour prévenir cette surprise, et y aurait-il eu un engagement après lequel Romulus ne se serait plus retrouvé?

Mais le coup fait, il ne fallait pas pousser à bout ces hommes peu nombreux, il est vrai, mais très-résolus, du Palatin, et le récit de l'apothéose de Romulus vint fort à propos pour calmer leur irritation en flattant leur vanité. L'instrument et, si j'osais le dire, le compère de l'apothéose, fut un homme d'Albe, nommé Julius Proculus[1], qui affirma avoir vu Romulus lui apparaître sur le Quirinal[2] et l'avoir entendu déclarer qu'il était au rang des dieux.

Le choix du Quirinal pour y placer l'apparition de Romulus est favorable à la supposition d'après laquelle c'est une partie du Vélabre, composé, comme le récit du combat l'a prouvé, de flaques d'eau séparées, qui portait le nom de *Marais de la Chèvre*, car le Vélabre s'étendait jusqu'au pied du Quirinal.

(Arco dei Pantani), que porte encore l'entrée du Forum d'Auguste, montrent combien facilement les eaux s'accumulent dans cette région.

[1] Les Sabins passaient pour n'avoir été établis à Rome qu'après la destruction de cette ville par T. Hostilius; mais un Albain pouvait être venu s'y établir dès le temps de Romulus, lui-même originaire d'Albe.

[2] Cic., *De Rep.*, ii, 10.

Cette dénomination de marais de la Chèvre conviendrait à une flaque d'eau placée au pied d'une colline, car cela rendrait naturelle la présence en ce lieu de la chèvre qui, pour une raison quelconque, avait donné son nom au marais. Les chèvres se plaisent sur les hauteurs [1], et le nom populaire de la roche Tarpéienne est encore aujourd'hui le *mont des Chèvres*, *Monte-Caprino* [2].

Les Sabins s'empressèrent d'admettre cette glorification de Romulus, dont ils étaient débarrassés et qu'ils voulaient bien dans le ciel, pourvu qu'il ne fût plus sur la terre. Leur roi Tatius éleva un autel au nouveau dieu Quirinus [3].

Pour achever de désarmer la colère des Romains, les Sabins identifièrent le héros latin avec leur dieu éponyme et national, Quirinus. La version de la légende, inspirée par cette transaction, supprima soigneusement toute trace d'un meurtre qui avait servi, mais dont la mémoire eût pu être dangereuse. Il n'en est resté aucune : tout a été idéalisé, tout a été pré-

---

[1] Plutarque dit (*Romul.*, 27) le marais de la Chèvre ou de la Chevrette. La femelle d'un chevreuil avait pu être tuée là, en sortant du bois Argiletum pour venir boire dans le petit Vélabre.

[2] On place en général le marais de la Chèvre dans le Champ de Mars, mais c'est faire aller Romulus bien loin du Palatin à travers le territoire sabin, et on ne voit pas par quel motif. Il est naturel d'ailleurs de chercher l'emplacement d'un marais dans la région du Vélabre.

[3] Var., *De l. lat.*, v, 74.

senté comme un hommage rendu à Romulus [1].

Mais c'était un hommage qui l'effaçait en tant que chef hostile d'une population disposée à se révolter. De même que les Romains après la guerre ont reçu le nom de *Quirites* (Sabins), Romulus après sa mort s'est appelé Quirinus, le dieu sabin, et on lui a élevé un temple sur le mont Sabin, le Quirinal. Les Sabins n'ont-ils pas de cette sorte absorbé et comme confisqué la mémoire de Romulus?

En effet, il y a eu à Rome un temple de Quirinus; il n'y a jamais eu de temple de Romulus [2].

---

[1] Cependant la rancune sabine semble percer dans la tradition d'un Romulus, roi impie d'Albe, roi latin, qui avait été foudroyé.

[2] L'*Ædes Romuli* sur le Palatin n'était pas un temple, mais la cabane de Romulus. Quant au temple de Romulus et de Rémus, dont on croit reconnaître un reste dans la partie inférieure de l'église de Saint-Cosme et Saint-Damien près du Forum (Nibby, *Rom. ant.*, II, 710-711), il n'a jamais existé. Les passages des écrivains des bas temps et que cite Nibby, où l'on trouve *templum Romuli* ou *templum Romi*, ne se rapportent ni à un temple de Romulus ni à un temple de Rémus. *Romi* a été écrit par erreur pour *Romæ* (Preller, *Die Regionen der Stadt rom.*, p. 7), et *Romuli* par une confusion née de la première. Il ne s'agit d'autre chose que du temple de Vénus et de Rome nommé souvent temple de *Rome* et construit au-dessus de la voie Sacrée, là où est indiqué le prétendu temple (Becker, *Handb.*, I, 238) appelé tour à tour de Romulus et de Rémus, et que l'on a sans raison supposé avoir été dédié aux deux frères. Ce fut sans doute par suite de cette attribution erronée que l'on consacra à deux martyrs frères aussi l'église élevée au lieu où l'on croyait que le temple avait existé. Cette erreur a pu être confirmée par les médailles qui représentent un *temple de Romulus*, temple rond comme l'était celui sur lequel on a bâti l'é-

Mais le vrai dénoûment, ou du moins le plus vraisemblable, Romulus tué dans une surprise et ceux qui l'accompagnaient fuyant en désordre après l'événement, voilà ce qui s'était transmis dans le rite bizarre d'une fête populaire que l'on célébrait aux nones caprotines le jour anniversaire de celui où l'on croyait que Romulus avait péri.

Cette fête s'appelait la *Fuite du Peuple*. On se rendait près du marais de la Chèvre pour y sacrifier, et en s'y rendant on s'appelait par les prénoms les plus usités chez les Romains, criant Marcus! Caius! comme nous dirions Jean! Pierre! imitant, dit Plutarque[1], la fuite qui eut lieu alors et les cris de gens qui s'appellent les uns les autres avec crainte et en désordre. C'est ce que nous nommons une panique, et ce qu'à Rome on nomme une *cagnara*, genre de tumulte qui, dans les fêtes publiques, n'y est pas rare.

Je le demande, ce souvenir populaire d'une fuite soudaine, d'une confusion pleine d'épouvante, n'était-ce pas le souvenir de la déroute de ceux qui accompagnaient Romulus lorsqu'il disparut dans un jour sombre auprès du marais de la Chèvre? Ceci n'était point officiel, point sabin : c'était la mémoire vivante dans le peuple d'un désastre tout romain. Peu importent les origines plus ou moins absurdes qu'on donna à la

glise de Saint-Cosme et de Saint-Damien; mais le temple figuré sur ces médailles est celui de Romulus, fils de Maxence.

[1] Plut., *Romul.*, 29.

Fuite du Peuple quand vint une époque où on n'en comprenait plus le sens [1]. Le nom de cette fête, le jour et le lieu où on la célébrait, qui étaient l'un et l'autre celui de la mort de Romulus, ne permettent pas d'y voir autre chose qu'une allusion à cette mort et au tumulte qui la suivit.

Romulus ayant disparu miraculeusement ou naturellement, il ne faut pas chercher son tombeau à Rome, bien qu'on l'y montrât cependant déjà du temps d'Auguste dans le milieu du Comitium [2], et qu'au moyen âge on ait donné ce nom au hasard, comme on les donnait tous alors, à un grand tombeau romain près du château Saint-Ange, dans le Transtevère, qui était pays étrusque au temps de Romulus, et où, par conséquent, dans aucun cas, son tombeau n'a jamais pu se trouver.

Comme l'antiquité avait ses légendes, elle avait ses reliques.

---

[1] On peut les aller chercher dans Plutarque à la fin de la vie de Romulus. Dans l'une d'elles figure un figuier sauvage (Caprificus amené là par le nom des nones *caprotines*. Les traditions dont l'origine est postérieure à l'événement auquel elles se rapportent, et par conséquent entièrement fausse, naissent souvent d'un calembour.

[2] On disait aussi que c'était le tombeau du berger Faustulus, celui qui recueillit les enfants exposés. Là était un lion en pierre. (Den. d'Hal., I, 87.) Le lion ne peut appartenir à la tradition latine et doit se rapporter à quelque tradition pélasge. Le lion en Grèce se plaçait sur les tombeaux des guerriers. (Paus., IX, 40, 5.) Peut-être avait existé en cet endroit le tombeau de quelque héros pélasge, celui de

On conservait le bâton augural avec lequel Romulus avait dessiné sur le ciel, suivant le rite étrusque, l'espace où s'était manifesté le grand auspice des douze vautours dans lesquels Rome crut voir la promesse des douze siècles qu'en effet le destin devait lui accorder. Tous les augures se servirent par la suite de ce bâton sacré, qui fut trouvé intact après l'incendie du monument dans lequel il était conservé [1], miracle païen dont l'équivalent pourrait se rencontrer dans plus d'une légende de la Rome chrétienne. On montrait le cornouiller né du bois de la lance que Romulus, avec la vigueur surhumaine d'un demi-dieu, avait jetée de l'Aventin sur le Palatin, où elle s'était enfoncée dans la terre et avait produit un grand arbre.

On montrait sur le Palatin le berceau et la cabane de Romulus. Plutarque [2] a vu ce berceau, le *Santo-Presepio* des anciens Romains, qui était attaché avec des liens d'airain, et sur lequel on avait tracé des caractères mystérieux. La cabane était sur le Palatin, à l'angle nord-ouest de la Rome carrée [3].

Romulus était indiqué par une pierre noire également dans le Comitium. (Fest., p. 177.)

[1] Cic., *De div.*, I, 17.
[2] *Romul.*, 7.
[3] De là un chemin creux, tournant à gauche, conduisait au grand Cirque passant au-dessous du *bel escarpement* (Kalè actè) qui allait rejoindre l'angle occidental du Palatin d'où un escalier descendait directement au Cirque. On se représente très-clairement cette dispo-

C'était une cabane à un seul étage, en planches et couverte de roseaux [1], que l'on reconstruisait pieusement chaque fois qu'un incendie la détruisait; car elle brûla à diverses reprises, ce que la nature des matériaux dont elle était formée fait croire facilement.

J'ai vu dans les environs de Rome un cabaret rustique dont la toiture était exactement pareille à celle de la cabane de Romulus.

Des urnes funéraires très-anciennes [2], trouvées près du mont Albain, et qu'on voit au musée étrusque du Vatican, mettent sous nos yeux ce qu'étaient ces habitations primitives du Latium, dont la cabane de Romulus conserva le type. Leur aspect fait sentir vive-

sition des lieux en combinant un passage de Denys d'Halicarnasse (I, 79), et un passage de Plutarque (*Romul.*, 20). La position précise de la cabane de Romulus, qui était près du Germale (Varr., *De l. lat.*, v, 54), détermine celle de cette éminence qui n'existe plus, mais qui existait encore à la fin de la république; elle faisait saillie sur la face nord-ouest du Palatin; nous la retrouverons un jour dans l'histoire de Cicéron.

[1] Ov., *Fast.*, III, 184; Virg., VIII, 654. Elle durait encore au temps de Vitruve, qui dit l'avoir vue. (Vitr., II, 1.) Ovide et Virgile ont donc pu la décrire d'après nature.

[2] Pas tout à fait aussi anciennes cependant que l'ont pensé ceux qui supposaient ces antiquités antérieures aux volcans, qui ont précédé l'apparition de l'homme sur la terre. On les avait trouvées au-dessous d'une couche de lave, et l'on ne s'était point aperçu que la tombe qui les renfermait avait été creusée plus bas, sur le bord d'une route que l'on n'avait pas découverte; il avait été facile d'ouvrir le flanc de la montagne au-dessous de la lave sans avoir à la percer par en haut. Je dois ce renseignement topographique, ainsi que plusieurs autres plus importants, à M. Rosa.

ment à quel point la Rome de Romulus était modeste et combien l'historien, pour être vrai, doit écarter de semblables commencements beaucoup d'idées qu'on y a souvent mêlées.

La maison de Romulus, entièrement semblable à une cabane de berger dans la campagne romaine, avertit que la Rome du Palatin était une ville de pâtres et rien de plus.

Tout cela est bien différent de Romulus, sage législateur et savant organisateur d'une cité, tel que l'ont présenté les anciens eux-mêmes et, dans les temps modernes, des historiens qui n'avaient pas le sentiment des temps primitifs; tels qu'on peut les retrouver dans la vieille légende romaine, étudiée en présence du Palatin.

De nos jours seulement, on a bien compris ce qu'était la légende; on a vu qu'il y avait là un fond de vérité transmise et altérée que l'historien ne devait ni accepter entièrement ni rejeter tout à fait. La légende est comme un manuscrit très-corrompu, une sorte de palimpseste : on a récrit sur ce texte primitif. Il ne faut pas mépriser le manuscrit, mais tâcher de déchiffrer, sous les lignes récrites, le texte à demi raturé.

Cela ne peut se faire que par une sorte de divination toujours incertaine, mais qui ne trompe pas toujours, et, comme l'a dit un écrivain spirituel, M. de Bonstetten :

« Il y a dans les aperçus nombreux de l'histoire de ces temps-là une harmonie de faits qui nous permet de juger par le tact là où les preuves rigoureuses nous manquent. L'histoire très-ancienne, il faut la voir à distance, comme les dessins en mosaïque, qui, vus de près, disparaissent entièrement. »

C'est ce que j'ai cherché à faire. J'ai tâché de démêler dans l'histoire de Romulus ce qui appartenait à l'ancienne légende, et qui, par conséquent, devait être d'accord avec les mœurs d'une époque pastorale et avec l'état antique des lieux. Au fond de cette légende est la poésie primitive, cette poésie qui a toujours sa vérité.

J'ai tâché d'en dégager l'histoire; j'ai tâché surtout de la dégager elle-même des fables postérieures, où il n'y a point d'histoire.

Avant d'aller plus loin, il me prend envie d'essayer de restituer un lambeau de cette antique poésie populaire qu'on sent palpiter sous les récits de Tite Live et de Denys d'Halicarnasse, et qui les anime à leur insu. M'inspirant au spectacle des lieux, non tels qu'ils sont aujourd'hui, mais tels qu'ils étaient au temps du combat de Romulus et de Tatius, et que divers témoignages nous les ont rendus, j'ai osé refaire le vieux chant sabin où ce combat était raconté et dont plusieurs traits me semblent avoir évidemment passé à travers les récits traditionnels de ce chant, dans la narration que les historiens du siècle d'Auguste ont empruntée à leurs devanciers.

CHANT DU VÉLABRE.

L'eau du Vélabre dort sous les joncs et baigne le pied des saules.

L'eau du Vélabre ici noire, là blanche, blanche où la source de Janus, la source sacrée, la blanchit.

La vieille forêt descend des cimes escarpées jusque vers les eaux, ici noires, là blanches, du Vélabre.

Deux collines sont en présence; elles se querellent et se menacent.

L'une est le mont antique de Saturne, du paisible Saturne; elle est habitée par le peuple belliqueux de la lance.

L'autre porte la ville nouvelle du Palatin, la ville des pâtres et des brigands,

La ville des loups rapaces, où règne le chef, fils de la louve, le chef qui a tué son frère.

J'ai vu l'antre où la louve les a nourris tous deux, non pas de lait, mais de sang.

Ces loups rapaces, ces fils de la louve qu'elle a nourris de sang, ils nous ont enlevé nos brebis blanches.

Ils ont emporté dans leur tanière nos filles et nos femmes; mais nous sommes venus pour les reprendre avec la lance.

En voyant la lance brillante, la lance sainte, le loup a grincé des dents.

Le loup est sorti de son repaire; il a voulu mordre la lance sacrée.

Les hommes du Palatin ont voulu reprendre la forteresse que nous avait livrée la belle Tarpéia.

La belle et la rusée, elle voulait tromper les Sabins, les simples et rudes enfants de la montagne.

Que nous demandes-tu, belle fille, belle Tarpéia, pour nous livrer la citadelle que ton père défend?

Elle a souri, elle a regardé de côté, elle a vu l'or de nos bracelets que nous portons au bras gauche.

Car nous avons de l'or, nous sommes riches; nous ne sommes pas comme ces misérables fugitifs de Roma.

Nous avons de l'or; nos voisins, les hommes de la mer, les Tyrrhéniens, en ont beaucoup, et nous le leur prenons.

Elle a vu aussi, la belle Tarpéia, nos boucliers que nous portons de même au bras gauche.

Et elle a dit : « Donnez-moi ce que vous portez au bras gauche, et je vous ouvrirai la citadelle que mon père défend. »

Voulait-elle nos bracelets d'or?

Voulait-elle nos boucliers d'airain?

Nos bracelets d'or pour s'en parer, nos boucliers d'airain pour désarmer nos bras et nous livrer à son peuple?

Le chef nous a dit : « Défilez devant elle, et jetez-lu en passant ce qu'elle vous a demandé. »

Et le premier, il a jeté sur elle de toute sa force son bouclier d'airain, et il lui a brisé une épaule.

Nous avons compris, nous avons ri, et tous, l'un après l'autre, nous avons jeté à la fille de la trahison nos boucliers d'airain.

Et nous avons fracassé son beau corps, et nous avons fait crier ses os.

Et nous l'avons écrasée avec nos boucliers, comme à coup de pierre on écrase un serpent.

Les hommes de Roma l'ont maudite, et ils l'ont pleurée; car ils ne savent pas qui elle a voulu trahir.

Mais qu'importe? Les Sabins sont un peuple ami de l'équité, et que la trahison soit contre ou pour eux, ils la punissent.

Puis nous avons défendu la citadelle, non par une ruse de femme, mais avec nos bonnes lances.

Car nous sommes les Quirites, le peuple terrible de la lance.

Les Romains voulaient gravir le mont de Saturne et reprendre la citadelle.

Ils venaient à travers le marécage de la plaine, à travers les gorges de la colline, à travers la forêt de l'Asile, se glissant d'arbre en arbre comme des loups.

Non, non, enfants de la louve, vous ne reprendrez pas la citadelle que les Sabins vous ont prise.

Et voilà qu'ils sont culbutés, précipités; ils roulent

dans le Vélabre, ils y enfoncent ; nous les étouffons dans la boue.

L'eau du Vélabre est ici blanche, là rouge : blanche où la source de Janus, la source sacrée, la blanchit; rouge là où les Romains ont voulu passer.

Oh! voyez-les rouler, ces hommes de la Rome carrée, ces pâtres grossiers du Palatin, ces brigands de l'Asile.

Voyez-les rouler dans la fange du Vélabre, comme s'y roulent les porcs de leur troupeau.

C'est de la fange du Vélabre qu'est sorti votre roi, et dans la fange nous allons le replonger.

Mais vous fuyez, et il fuit avec vous : une grosse pierre, lancée par le bras vigoureux d'un fils de la lance, l'a frappé au front; il s'enfuit, il arrive à la porte de sa ville, il s'arrête et respire enfin.

Il voudrait, avec ses fuyards, rentrer dans sa ville; mais ceux qu'il a laissés à la garde des murailles,

Mais les vieillards et les enfants, mais les femmes, les femmes sabines qu'ils nous ont prises,

Elles-mêmes du haut des murs crient aux fuyards : « Honte! honte! honte! trois fois honte! »

« Retournez, retournez à la mêlée, au combat : retournez à l'ennemi. »

Et les vieillards, les enfants, les femmes, lancent contre eux des pierres d'en haut, et la mêlée recommence.

C'est alors qu'est arrivée la fameuse aventure du vaillant Curtius et de son bon cheval.

Écoutez.

Le vaillant Curtius, le Sabin, a été blessé; son sang coule, il s'affaiblit; il ne veut pas tomber dans les mains de l'ennemi; blessé et sanglant, il veut regagner notre camp sur le mont de Saturne.

Il se retourne souvent pour regarder l'ennemi.

Chaque fois que Curtius regarde les ennemis, les ennemis ont peur de Curtius.

Mais, quand il ne les regarde plus, ils se rassurent et le poursuivent.

Ils s'excitent les uns les autres en disant : « Il est bless, il perd son sang; nous le tuerons ou nous le prendrons. »

Curtius les entend, mais il n'en a nul souci.

« Loups sans dents, dit-il, vous ne me tuerez pas, vous ne me prendrez pas. »

Son cheval boite; mais il est plein d'ardeur, et il hennit de rage contre les Romains.

Arrivé au bord du marais, il s'arrête et ne hennit plus; il regarde l'eau, il la flaire, il avance un pied dans la vase, il le retire.

L'eau est profonde et le bord est fangeux. Curtius veut pousser son cheval dans le marais; mais le cheval reste immobile.

Curtius se penche sur son cheval, il le flatte; le cheval flaire l'eau du marais, avance un pied, puis le retire et reste immobile.

Curtius, furieux, enfonce ses deux éperons dans les

flancs du cheval; le cheval se cabre, il va rouler avec lui dans le marais.

Les Romains s'arrêtent et disent : « Nous ne craindrons plus le vaillant Curtius : voilà que lui et son cheval sont allés rouler dans le marais. »

Du haut du mont de Saturne on se dit : « Curtius va-t-il périr dans le marais ou échappera-t-il encore une fois, lui qui échappe à tous les dangers? »

Les deux armées regardent Curtius. Chacun se demande : « Périra-t-il ou sera-t-il sauvé? »

Il songe à faire le tour du marais, à gagner le sentier par où l'on monte à la porte de Saturne, le sentier escarpé des Chèvres.

Mais l'eau lui barre le passage. L'ennemi croit le tenir. « Tu es pris! lui crie-t-on de tous côtés, tu es pris! »

Mais le brave Curtius s'obstine à pousser son cheval dans le marais.

Le cheval recule en baissant la tête; Curtius le blesse de sa lance et fait couler son sang.

Le cheval, furieux, se précipite dans la fange; il s'y débat en poussant de terribles hennissements.

Curtius le blesse de sa lance toujours plus profondément. Le cheval fait d'incroyables efforts en piétinant au milieu de la vase parmi les roseaux.

Enfin il enfonce dans la vase et tombe sur le côté; mais Curtius a dégagé sa jambe pendant qu'il tombait; il est debout sur le flanc du cheval, et de là il s'élance à terre, et le marais est franchi.

Le bon cheval a péri, mais le fort Sabin est sauvé; il est au milieu de ses amis, et cette eau s'appellera le lac de Curtius.

L'eau du Vélabre dort sous les joncs et baigne le pied des saules.

L'eau du Vélabre là blanche, ici rouge : blanche où la source de Janus, la source sacrée, la blanchit; rouge là où les Romains ont voulu passer.

XII

NUMA POMPILIUS

Ascendant définitif des Sabins. — Culte et temple de Vesta. — La porte Stercoraria. — Cloître des Vestales, et demeure de Numa. — Caractère guerrier des cultes institués par Numa. — Les Saliens, les Féciaux, la colonne de la guerre et le temple de Janus. — Le temple de la Bonne foi. — Le roman d'Égérie, fontaine d'Égérie à Rome, grotte d'Égérie près du lac de Némi. — Influence de l'Étrurie sur Rome, par l'intermédiaire des Sabins. — Divinités étrusques apportées à Rome par les Sabins et importation par eux des arts étrusques à Rome. — Sépulture de Numa.

L'inimitié de Tatius et de Romulus, mal déguisée par les historiens, ou, ce qui est la même chose, l'hostilité de la ville sabine et de la ville romaine, ne paraît plus après que Tatius et Romulus en ont été successivement victimes. Vient alors un seul roi, Numa, qui gouverne paisiblement les deux cités; ce roi est Sabin. On peut donc considérer l'avénement de Numa comme le triomphe de l'ascendant des Sabins. Ils le garderont jusqu'à ce qu'il leur soit enlevé par les Étrusques; car il n'y aura plus de roi romain à Rome.

C'est la domination incontestée du chef sabin sur les deux peuples qu'exprime le caractère paisible attribué au règne de Numa.

Comment cette paix, qui était pour les Romains la consécration de leur dépendance, fut-elle présentée par la tradition sous un aspect aussi favorable? C'est que la tradition du règne des rois sabins a été l'œuvre des Sabins.

Ce règne fut pacifique, je le crois bien; il s'agissait d'asseoir la domination du Quirinal et du Capitole sur les farouches habitants du Palatin; ce n'était pas le cas de guerroyer au dehors.

On entrevoit des velléités de résistance au sein de la minorité romaine. Après les tentatives de rébellion qui marquèrent la fin du règne précédent, et dont Romulus, qui en est le représentant, semble, par sa mort violente, constater l'avortement, il y a un interrègne. Les deux populations s'agitent en faveur de deux personnages dont l'un est Sabin et l'autre Latin, Volesus et Proculus[1]; mais tout finit par l'élection d'un roi sabin, Numa, fils de Pompo.

Je pense que l'ambition des hommes du Palatin n'allait pas jusqu'à prétendre régner sur la nation sabine, mais qu'ils auraient voulu un chef indépendant. Cela même ne leur fut pas accordé : un Sabin leur fut

---

Plut., *Numa*, 5. Volesus comme Valesus ou Valerius, nom sabin. Proculus, nom latin c'était celui d'un Julius; les Jules, famille d'Albe, étaient Latins.

donné pour maître, et, vu l'inégalité des deux races, ils durent l'accepter. Pour épargner à Rome une telle humiliation, l'histoire officielle supposa que l'on était convenu qu'un des deux peuples nommerait le roi, mais qu'il le prendrait chez l'autre. Il est peu d'inventions plus invraisemblables.

Les Sabins étaient trop forts pour accorder ce droit à un si faible ennemi; ils avaient laissé à Romulus sa colline du Palatin, mais ils ne pouvaient permettre à une poignée d'étrangers de leur donner un souverain. L'honneur de le choisir hors de leurs concitoyens eût d'ailleurs médiocrement flatté les Romains.

De cette situation, un chef étranger régnant sans conteste, situation qu'ils n'aimaient pas à confesser, les historiens latins ont fait, adoptant Numa de meilleure grâce que ne le firent, je crois, leurs ancêtres, un idéal de gouvernement régulier. Quand on y a intérêt, on confond si volontiers avec l'ordre la servitude ! Numa est presque un nouveau Saturne; il adoucit les mœurs des Romains par l'agriculture et la religion : moyens qu'il employa sans doute, en effet, pour dompter la férocité des sujets de son peuple.

Puis les Sabins étaient religieux. On disait déjà de Tatius qu'il avait établi des cultes assez nombreux sur le Quirinal et sur le Capitole. Numa n'en fit pas tant; mais il organisa plusieurs cultes d'origine pélasgique, et, entre autres, celui de Vesta.

Le caractère sabin était austère : la chasteté des

femmes sabines demeura proverbiale dans un temps où à Rome cette vertu était devenue rare, longtemps après avoir donné un magnanime exemple dans Lucrèce, que nous revendiquerons pour la nation sabine.

Le culte de la déesse du feu prit sous l'influence des Sabins un caractère de sévère pureté qu'il n'avait pas sans doute quand il fut établi au pied du Palatin par les Pélasges, lesquels adoraient avant tout les puissances fécondantes de la nature. Le supplice barbare qui punissait la faute d'une vestale n'a pu être institué que par un roi sabin, et s'explique par la rudesse et la pureté des mœurs sabines [1].

Je remarque que le lieu où l'on enterrait vivantes les vestales coupables de fragilité était sur le mont Quirinal, le mont sacré des Sabins [2].

[1] Plutarque parle de ce supplice infligé aux vestales, dans la *Vie de Numa*. Denys d'Halicarnasse l'attribue au premier Tarquin (III, 67), ce qui est peu vraisemblable, l'organisation de ce culte ancien étant attribuée à Numa. Numa avait condamné la vestale coupable à être lapidée, selon Cedrenus. *Comp. hist.*, p. 148.

[2] On peut déterminer avec assez de précision l'emplacement où se faisaient ces exécutions : c'était dans l'intérieur de la ville, tout près de la porte Colline, à droite. (Plut., *Numa*, 10; Tit. Liv., VIII, 15.) La porte Colline était un peu en avant de la *porta Pia*, dans l'alignement du rempart de Servius, l'*agger* dont on voit des restes, qui en indiquent la direction. Il faut donc chercher le champ Scélérat à droite de la rue *Pia*, cette promenade, chère aux cardinaux, dont les prédécesseurs ne faisaient pas enterrer vivantes les religieuses qui avaient violé leurs vœux de chasteté, mais quelquefois brûler vifs les philosophes, et qui aujourd'hui ne font brûler personne.

En effet, sur le Quirinal, ils élevèrent les temples de leur dieu national Quirinus, de leur dieu Sancus, de leur déesse Salus; enfin le temple de Jupiter, Junon et Minerve : les deux dernières étaient des divinités sabines [1]. C'est ce qu'on appela l'ancien Capitole. Le champ scélérat, c'est-à-dire le champ de malheur où l'on enterrait vives les vestales, fut toujours à l'extrémité du Quirinal [2].

Un caractère dominant de la religion sabine était le culte des divinités souterraines et infernales. La nature de l'atroce genre de mort infligé aux vestales se rattachait à ce trait sombre de la religion des Sabins : Vesta, les anciens nous l'apprennent, était prise pour la terre aussi bien que pour le feu [3], ce qui ne saurait surprendre dans un pays volcanique et où toutes traces de l'action des anciens volcans n'avait pas disparu [4].

[1] Voyez les chap. IX, XIII et XVI.

[2] Du même côté, hors de la ville, logeait le bourreau. La fosse où l'on enfouit les cadavres des impénitents est au pied des murs de la ville actuelle, au-dessous du Pincio, un peu plus loin, mais toujours dans cette région néfaste, dont l'autre extrémité était formée par le champ Esquilin (près de Sainte-Marie-Majeure), où, jusqu'à Mécène, on jetait les indigents dans des trous infects (*puticuli*), quand on ne laissait pas leurs restes sans sépulture pour être la pâture des chiens ou servir aux sortiléges des compagnes de la sorcière Canidie. Rome est, de ce côté, bordée comme d'une lisière de révoltants souvenirs.

[3] Significat sedem terra focusque suam.
(Ov., *Fast.*, VI, 268.)

[4] Vesta eadem quæ terra, subest vigil ignis utrique.
(Ov., *ibid.*, VI, 267.)

C'est parce que Vesta était la terre[1] que la terre devait engloutir et dévorer celle qui avait profané le culte de Vesta.

D'autre part, c'était dans le Comitium, placé originairement au-dessous du Vulcanal, où était le sanctuaire de Vulcain, que l'on faisait mourir sous les verges le complice de la vestale condamnée. Tout cela encore rattache aux austères Sabins les vengeances terribles de la chasteté violée; car le Comitium était le lieu de leurs assemblées, Vulcain un dieu du feu comme Vesta, et dont le culte, aussi bien que celui de Vesta, était venu aux Sabins des Pélasges[2].

On était si soigneux de la pureté du temple de Vesta, et on portait si loin la religion pour tout ce qui se rapportait aux Vestales, qu'à un certain jour de l'année on transférait en cérémonie, du temple à la

[1] Ovide dit que les temples de Vesta étaient ronds, parce que la terre est ronde, que, semblable à une balle, elle est soutenue dans l'air, sans appui, par la rapidité de son mouvement.

Ipsa volubilitas libratum sustinet orbem.
(Ov., Fast., vi, 271.)

Il me semble que ce vers exprime assez bien l'effet de la force centrifuge. C'était pour achever de reproduire la forme sphérique de la terre qu'on plaçait une coupole (*tholus*) sur les temples de Vesta et sur ceux de Cybèle, qui était aussi la terre.

[2] En général, Numa est parmi les Sabins l'instaurateur des vieux cultes pélasgiques; on lui a attribué ce qu'il n'avait fait que renouveler, les Vestales, les Saliens. De même on a dit qu'il avait établi les *argéens*, ces sanctuaires dont le nom indique l'origine argienne, c'est-à-dire pélasgique. (Varr., *De l. lat.*, vii, 44-5; Tit. Liv., i, 21.)

porte Stercoraria, ce que désigne assez crûment le nom de cette porte [1].

Je suis obligé d'indiquer cette cérémonie étrange, car elle se rapporte à une localité qui a son importance.

La porte Stercoraria était située vers la partie moyenne de la montée du Capitole, près du temple de Saturne, et on a vu que, comme inventeur du fumier, Saturne portait le nom de Stercutius.

Le sanctuaire de Vesta demeura où les Pélasges l'avaient placé, au-dessous de l'angle du Palatin qui regarde le Forum, près du temple de Castor [2] et Pollux, dont il reste trois magnifiques colonnes; dans la partie inférieure de la *rue Neuve* [3], qui, après s'être séparée de la voie Sacrée, longeait le Palatin pour aller gagner le Vélabre.

Le bois sacré de Vesta [4] s'étendait derrière le temple et le séparait de la colline. Au temple était attaché une sorte de couvent où les Vestales, auxquelles on coupait les cheveux comme à nos religieuses, vivaient dans des cellules sous la direction d'une supérieure.

[1] Fest., p. 344.
[2] .....Vicinum Castora canæ
    Transibis Vestæ. (Mart., *Ep.*, 1, 71, 3.)
[3] Aulu-Gelle (*Noct. Att.*, XVI, 17) met, *infimâ viâ Novâ*, l'autel d'Aius Locutius, que Tite Live place *in nova via* (v, 50, 2) et *supra ædem Vestæ* (*ib*, 32).
[4] A luco Vestæ qui a palatii radice ad Novam viam devexus est. (Cic., *de Div.*, 1, 45.)

Ce couvent, appelé *Atrium Vestæ*, était plus à l'ouest que le temple, là où est l'église de Sainte-Marie-Libératrice.

Car on a trouvé en cet endroit les piédestaux des statues de douze Vestales et des inscriptions en leur honneur [1].

Ce couvent devait être semblable aux couvents modernes, car son nom, *atrium*, désigne une cour entourée d'un portique, un cloître.

Le cloître de Vesta était séparé du temple où le sénat s'assemblait; mais on n'avait point consacré auguralement le cloître lui-même, pour que le sénat ne pût pas tenir séance dans la demeure des vierges de Vesta.

[1] Ce fait et l'indication donnée par Servius et mentionnée plus haut, que la Regia, qu'on sait avoir été très-près de l'Atrium de Vesta, se trouvait à l'extrémité du Forum et au pied du Palatin, ne peuvent laisser aucun doute sur la position du temple de Vesta. Cependant on s'obstine à donner ce nom à un joli temple rond, que chacun a vu reproduit sous la forme d'un encrier. Mais ce temple, qui est assez loin du Forum, n'est point au pied du Palatin, il est au bord du Tibre. On appelle aussi temple de Vesta, Saint-Théodore, qui n'a jamais été qu'une église, mais paraît avoir succédé à un temple antique. Saint-Théodore est bien au-dessous du Palatin, mais il n'est point à l'extrémité du Forum. Pour Nibby, qui avait transporté le Forum dans la vallée située entre le Palatin et le Capitole, Saint-Théodore, se trouvant situé à l'extrémité de ce Forum imaginaire, pouvait être considéré comme indiquant l'emplacement du temple de Vesta; cela n'était pas conforme à la vérité, mais ne blessait point la logique. Je ne saurais en dire autant de l'opinion de ceux qui, remettant, comme le fait aujourd'hui tout le monde, le Forum à sa place, laissent le temple de Vesta à Saint-Théodore, où Nibby l'avait mis en vertu d'arguments dont ils ne peuvent faire usage.

Une fois par an, on célébrait la fête de Vesta. Ovide y avait assisté; en rentrant chez lui, car il demeurait de ce côté, il fut arrêté peut-être par un genre de curiosité qui eût plus flatté qu'édifié les Vestales, et assez semblable, j'imagine, à celui qui conduit les jeunes Romains dans les églises et à l'heure du beau monde. En sortant du temple, à l'endroit, on peut le reconnaître exactement, où la voie Neuve communiquait avec le Forum par un bout de rue qu'on venait d'ouvrir au temps d'Ovide et qu'on a retrouvé dans le nôtre, il aperçut une procession de matrones romaines qui, pieds nus, descendaient la voie Neuve. Ce spectacle frappa le léger poëte, assez du moins pour qu'il en ait consigné le souvenir dans son poëme des *Fastes*[1]. Beaucoup de voyageurs ont été frappés presque au même endroit de la rencontre d'une procession de femmes romaines allant faire les stations du Colisée. Numa, ce roi pieux, qui, selon Plutarque, était supérieur des Vestales, habitait à côté du monastère, car là était sa demeure royale [2].

Là habita toujours le grand pontife jusqu'à César, qu'on est un peu inquiet de voir logé si près des Vestales.

[1] Forte *revertebar* sacris vestalibus illuc
Qua Nova romano *nunc* via juncta Foro est.
(*Fast.*, vi, 397.)
Je rentrais chez moi pendant les fêtes de Vesta, là où la voie Neuve est *maintenant* réunie au Forum.

[2] Propter ædem Vestæ in regiâ. (Solin., i, 21.)

La tradition, qui mit en ce lieu la demeure de Numa, nous fait voir que la ville du Palatin, dépendante de la ville du Quirinal et du Capitole, en était distincte. C'est pour cela que cette tradition plaçait la demeure du roi sabin hors de la cité romaine. Elle donnait aussi à Numa une autre demeure sur le Quirinal; on la montrait encore au temps de Plutarque. C'était la maison du chef sabin : ainsi Tatius avait habité le mont Tarpéien. Mais, quand il vient près du temple de Vesta, au pied du Palatin, Numa semble vouloir se rapprocher de sa ville latine comme pour atténuer, en s'interposant entre eux, l'antagonisme du Capitole et du Palatin, ne menaçant plus celui-ci d'en haut comme Tatius, mais le surveillant de près.

Outre la rénovation de l'ancien culte de Vesta et la sévérité homicide introduite dans ce culte originairement pélasgique, par la farouche austérité des Sabins, leur roi donna aussi une nouvelle organisation à un corps de prêtres dont l'institution paraît également remonter aux Pélasges.

Les Dactyles de l'Ida et les Curètes de Crète, les Corybantes de la Samothrace, célèbres par leurs danses guerrières et sacrées, se rattachent, en Asie et en Grèce, à l'antique patrie et à l'antique religion des Pélasges.

Il est difficile de ne pas reconnaître en eux les aïeux [1]

---

[1] On attribuait cette origine à un homme de la *Samothrace* (Plut,

des prêtres saliens, que l'on disait avoir une origine pélasgique[1]. Ce qu'il y a de sûr, c'est que ceux-ci furent à Rome, sinon d'institution, au moins d'instauration sabine[2]. Les Saliens sont des prêtres de Quirinus et de Mars. Leurs principales solennités ont lieu dans le mois consacré à ce dieu de la belliqueuse nation des Sabins[3]; leurs danses guerrières ont pour théâtre le Forum et le Capitole[4].

Le séjour des Saliens est le mont sacré des Sabins, le Quirinal[5]. Sur le Quirinal fut l'autel de Mamurius, celui que célèbrent leurs chants, l'artiste inspiré qui

---

Num., 13; Serv., *Æn.*, II, 325); à un *Arcadien* (Serv., *Æn.*, VIII, 285); à Dardanus. (Serv., *ibid.*)

[1] Les Saliens de Tusculum passaient pour être plus anciens que les Saliens de Rome. (Serv., *Æn.*, VIII, 285.) C'est sans doute que les Sabins et les Pélasges avaient occupé Tusculum avant Rome. Il y avait aussi des Saliens à Tibur, ville d'origine pélasgique; ils étaient consacrés à Hercule. (Macr., *Sat.*, III, 12.)

[2] Denys d'Hal., II, 70.

[3] Denys d'Halicarnasse (II, 70), Voy. Marquardt, *Handb. der R. Alt.*, IV, 373.

[4] Denys d'Halicarnasse, *ibid.*

[5] Ce mont avait été pélasge sous le nom d'*Agon*. Les Saliens *Collini* (*Collis* désignait le Quirinal sabin) s'appelaient *Agonales* (Denys d'Hal., II, 70), et *Agonenses*. (Varr., *De l. lat*, VI, 14.) Il y eut aussi des Saliens sur le Palatin. Ce fut sans doute un emprunt des Romains au culte de Mars, que tout prouve avoir été originairement sabin. (Voy. chap. XIII.) Peut-être aussi y eut-il des Saliens sur le Palatin, parce qu'il était resté sur cette colline des Sabins aborigènes, même après qu'elle fut devenue un pâturage des rois d'Albe, puis une ville latine au temps de Romulus.

a reproduit onze fois en airain le bouclier divin tombé du ciel; et ces douze boucliers se conservaient dans la demeure du roi sabin, dans la Régia, consacrée à Mars, où sacrifiaient des Saliennes [1]. Avant de déclarer une guerre, on remuait les boucliers sacrés, on agitait une lance dans la main du dieu, et on lui criait : « Mars, éveille-toi [2]. »

Des mots sabins sont cités dans les chants des Saliens [3], et l'on sait que Janus, le dieu sabin, y était célébré [4].

Si ce culte guerrier ne fût pas venu aux Romains par les Sabins, comment l'eût-on attribué à celui qu'on représentait comme le pacifique Numa?

C'était aussi Numa qui avait fondé le culte de la déesse Fides (la bonne Foi) [5], dont le temple était au Capitole.

Caton [6] admirait la sagesse des anciens, qui avaient placé l'autel de la Foi près du temple de Jupiter. La tradition, qui veut que cet autel ait été élevé par Numa, montre que la Foi était une divinité sabine. Son culte a donc été fondé sur le mont Capitolin pendant l'époque des rois sabins, avant l'ère des rois étrusques, et, par conséquent, avant le temple de Ju-

---

[1] Fest., p. 329.
[2] Serv., *Æn.*, VIII, 3.
[3] Manus (bonus). P. Diac., p. 122.
[4] Lyd., *de Mens.*, IV, 2; Macr., *Sat.* I, 9; Varr., *De l. lat.*, VII, 26.
[5] Tite Live, I, 21.
[6] Cité par Cic., *de Officiis*, III, 29.

piter. La Foi était plus ancienne que Jupiter au Capitole; mais y a-t-elle régné toujours avec lui? Hélas! sa religion a été bien souvent profanée, et c'est de ce temple de la Foi, où le sénat était assemblé [1], que les patriciens sortirent un jour pour violer le droit en assassinant Tiberius Gracchus, qui le réclamait.

Aujourd'hui la bonne foi siége-t-elle au Capitole?

Le roi sabin n'eut garde d'oublier le grand dieu de sa race; il éleva à Janus le petit temple de bronze que Procope, au sixième siècle de notre ère, a vu encore debout, le temple du belliqueux Janus, comme dit Lucain[2].

On voit que le paisible Numa, dont on devait faire plus tard l'idéal du roi pacifique, quand ce n'eût été que pour la beauté du contraste avec le caractère guerrier de son prédécesseur, ne démentait point, dans une tradition plus ancienne que cette rhétorique, son ca-

[1] App. *bell. Civ.*, i, 16.
[2] L'emplacement de ce temple n'est pas douteux. Il était entre deux Forum : le grand Forum et le Forum de César.

Hic ubi juncta Foris templa duobus habes.
(Ov., *Fast.*, i, 258.)

Près de la Curie (Dion. Cas., LXXIII, 13), à l'extrémité inférieure du bois Argiletum (Tit. Liv., i, 19); tout cela met le temple de Janus vers l'église de Sainte-Martine. Il y avait un autre temple de Janus près de la porte Carmentale, dans les environs du théâtre de Marcellus (Tac., *Ann.*, II, 49); mais le temple, élevé par Numa, était le plus célèbre; lui seul renfermait une statue de Janus. (Ov., *Fast.*, I, 257.)

ractère de dur Sabin. C'était lui qui avait probablement établi la peine de mort, et quelle mort! pour les Vestales coupables d'une faiblesse. Il avait institué les Saliens, prêtres de Mars, et leurs danses armées; il avait élevé le temple de bronze du dieu de la guerre. Le type sabin reparaît donc dans Numa si l'on remonte, des historiens qui n'ont plus le sentiment de la tradition antique à cette tradition elle-même, telle qu'elle a été conservée par les vieilles légendes et exprimée par les vieux monuments.

Après avoir tenté d'en retrouver le vrai caractère, nous allons faire comme la tradition elle-même et passer au roman.

En effet, bien des siècles avant que M. de Florian eût transformé Numa Pompilius en un soupirant d'Égérie et un élève de Zoroastre, les anciens voyaient en lui l'époux de cette nymphe et le disciple de Pythagore. Déjà, dans Plutarque, le personnage de Numa a quelque chose de romanesque. Vivant dans la retraite, occupé de l'étude des choses divines, ses vertus ont attiré l'attention du roi Tatius, qui lui donne pour épouse sa fille Tatia. Le sage Numa continue à vivre dans ses montagnes, occupé à soigner son vieux père. Tatia, de son côté, préfère à la royale demeure du sien la solitude avec son époux. Elle meurt après treize ans de ce bonheur conjugal et champêtre. Numa, inconsolable, erre à travers la campagne, passant sa vie dans les bois sacrés et les lieux déserts. Enfin il s'éprend d'une nymphe qui lui enseigne les choses divines et devient sa Béatrice. On voit que l'imagination de ceux qui étaient, relativement à Numa, des modernes, avaient singulièrement modifié la figure du Sabin, qui, par le droit de la supériorité de son peuple, régna sur Rome après Tatius[1], et, je crois, ne ressemblait pas au Numa de Plutarque beaucoup plus qu'au Numa de Florian.

La seule donnée antique dans tout cela, c'est l'inspiration d'Égérie, une Camène. On appelait ainsi certaines divinités sabines auxquelles étaient consacrés un bois de chênes sur le Cælius et une source qui coulait dans ce lieu, riche en fontaines.

Tite Live parle agréablement de ce bois sacré, « arrosé par une source sortant d'un antre obscur et qui ne tarit jamais[2]. »

Moins d'un siècle après, au temps de Juvénal, ce beau lieu avait beaucoup perdu de son charme. On avait loué le bois des Camènes à des Juifs, qui y venaient étaler leurs chiffons, comme ils font aujourd'hui, le dimanche, dans les sales rues du Ghetto, et l'on avait entouré les eaux d'un bassin de marbre. Juvénal, avec un sentiment des beautés naturelles qui pourrait presque s'appeler romantique, déplore ces prosaïques changements, et regrette que la fontaine

---

Le roman n'est pas le légende, mais parfois la légende passe au roman; c'est sa dernière déviation du vrai.

Tit. Liv., i, 21

d'Égérie « soit emprisonnée dans le marbre, au lieu de courir librement sur le sol et de n'avoir d'autre bordure qu'un vert gazon [1]. »

Vers le même temps, quand Plutarque vint à Rome, il remarqua seulement que la fontaine et les prés d'alentour étaient dédiés aux muses, et que l'eau de la source servait aux usages sacrés [2]. Plutarque était, comme on sait, très-dévot au paganisme, qu'il interprétait un peu librement. Il considérait la fontaine d'Égérie plus au point de vue religieux qu'au point de vue pittoresque. Il y a une classe respectable de voyageurs qui font à Rome comme faisait Plutarque.

Égérie visitée la nuit par Numa dans la solitude du bois des Camènes et lui donnant des enseignements sacrés au bruit de la source à laquelle elle a laissé son nom, cette vieille et poétique histoire a un grand charme : elle a inspiré à Byron des strophes ravissantes, mais d'où, il faut en convenir, le caractère religieux a tout à fait disparu, et a été remplacé par un sentiment passionné qui aurait peut-être un peu scandalisé le bon Plutarque.

« Ici tu habitas dans cette retraite enchantée, Égérie ! ici ton sein céleste palpitait aux pas lointains de ton amant mortel; le sombre minuit voilait les mystérieuses rencontres, de son dais le plus étoilé; tu t'asseyais près de ton adorateur, et alors que se passait-il?

[1] Juv., *Sat.*, III, 10-20.
[2] Plut., *Num.*, 13.

Cette grotte fut certainement formée pour les rendez-vous d'une amoureuse déesse, et cette chapelle hantée par l'amour sacré, le plus ancien des oracles.

« Et les battements de ton sein répondant à ceux du sien, ne fondis-tu pas un cœur céleste dans un cœur humain? Ne partageas-tu pas les immortels transports de l'amour qui meurt comme il naît dans un soupir? Ton art put-il, en effet, les rendre immortels et communiquer la pureté du ciel aux joies terrestres[1]? »

Comment faire à cette poésie une chicane topographique? La nature de cet ouvrage l'exige. Lord Byron a pris, sur la foi des guides de son temps, pour la source de la nymphe Égérie ce qu'à Rome l'on appelle encore ainsi. Ce nom est resté à une source qui, à deux milles de Rome, dans un lieu nommé la Caffarella, sort, non pas d'une grotte, mais d'une salle antique probablement consacrée au génie d'une petite rivière, l'Almo. Or ce lieu charmant que connaissent tous les voyageurs, et qui était digne d'inspirer à lord Byron les vers cités plus haut, ce gracieux vallon à la fois ouvert et retiré, dominé par un bouquet d'arbres qu'on dirait le reste d'un bois sacré, n'est certainement pas celui où les anciens plaçaient les entretiens mystérieux de la divine conseillère et du sage roi.

---

[1] Byron, *Childe Harold*, IV, CXVIII, IX

Juvénal s'exprime à ce sujet de manière à rendre le doute impossible.

Il nous apprend qu'il est allé avec un ami attendre à la porte Capène la voiture qui devait emmener celui-ci ; tandis qu'ils l'attendent en cet endroit, Juvénal contemple et décrit la source et le bois sacré[1].

Or, s'il est une des anciennes portes de Rome dont on puisse déterminer la place avec certitude, c'est la porte Capène.

Juvénal lui-même et Stace, en parlant de cette porte, font allusion à l'aqueduc qui la surmontait. On suit encore la ligne de l'aqueduc, et, comme la porte Capène était à l'entrée de la voie Appienne qui existe aujourd'hui, on voit précisément où se trouvait cette porte. C'était à l'angle occidental du Cælius, près de *Saint-Grégoire*. C'est donc là, au pied du Cælius, qu'étaient le bois des Camènes et la fontaine d'Égérie. Il ne faut pas la chercher dans la campagne romaine, c'eût été un peu loin pour les Vestales, qui devaient aller y puiser l'eau nécessaire aux usages sacrés ; et

---

[1] Lord Byron, qui croyait, à la Caffarella, avoir sous les yeux la grotte d'Égérie décrite par Juvénal, s'applaudit que l'enceinte artificielle de la source, dont se plaignait Juvénal, n'existe plus ; tous deux ont eu la même impression : l'un, regrettant que le marbre ait remplacé le gazon ; l'autre, se réjouissant que le gazon ait de nouveau reparu et remplacé le marbre.

Whose green art's works wild margins now no more erase.

Childe Harold, IV, CXVI.

aussi pour Numa, qui habitait, comme les Vestales, au bout du Forum; il n'avait, pour faire ses nocturnes et poétiques visites, qu'à suivre la voie Sacrée, et, tournant à droite, il était bientôt arrivé. La tradition avait arrangé les choses plus commodément pour les Vestales et pour lui.

La tradition, comme il advient souvent, sans être vraie, était plus vraisemblable qu'une fausse science; le but de la science doit être de retrouver la tradition et de la justifier en l'expliquant.

La promenade publique de Saint-Grégoire, qui remplace le bois des Camènes, a été plantée par les Français pendant la première occupation romaine; pendant la seconde, qui dure encore, on a imaginé de placer là l'*école de caisses*. Une douzaine de tambours frappés en même temps avec un rhythme différent, et qui vous poursuivent de leur tapage discordant jusqu'au Colisée et au Forum, ôtent aux lieux les plus poétiques de Rome toute leur poésie.

Malgré mon respect sincère pour nos incomparables soldats, je ne puis m'empêcher de regretter les Juifs du temps de Juvénal; du moins ils ne faisaient pas tant de bruit que les tambours.

Le roman de Numa continue; il ne cesse point d'être gracieux, et il devient touchant.

Après la mort du vieux roi, qui est universellement pleuré, Égérie s'enfuit et va cacher sa douleur dans le bois d'Aricie, près de Laricia, au bord du lac charmant et mélancolique de Némi[1]. Les nymphes du bois et du lac cherchent en vain à la consoler en lui racontant des malheurs célèbres. Cette consolation, qui n'a jamais, pas plus que toutes les autres, consolé personne, ne peut rien sur le désespoir d'Égérie; elle se couche au pied de la montagne qui domine le lac et se résout en larmes. Diane, la divinité de Némi, a pitié d'elle et la change en fontaine : c'est l'eau qui tombe dans le lac au-dessous du village de Némi, et qui, hélas ! dans ce siècle prosaïque, sert à faire tourner des moulins.

Ovide dit que les gémissements de la pauvre Camène troublaient le culte de Diane, établi par Oreste. On sait que Diane avait ressuscité Hippolyte et l'avait caché sous le nom de Virbius dans le bois de Laricia. Oreste s'y était, disait-on, refugié avec Iphigénie après le meurtre de Thoas, et y avait apporté la statue de Diane[2].

A la religion sanglante de la Diane de la Tauride se rattachait sans doute cette coutume bizarre et cruelle qui voulait que le prêtre de la Diane de Némi eût pour successeur celui qui l'aurait égorgé[3]. La férocité du culte de la Tauride fait un singulier contraste avec le caractère paisible du lac sur les bords duquel ce culte homicide avait été transplanté. Celui

[1] Ov., *Met.*, xv, 467.
[2] Serv., *Æn.*, ii, 116.
[3] Ov., *Fast.*, iii, 271; Suet., *Calig.*, 35.

que présente la gracieuse légende d'Égérie associé à ces horreurs n'est pas moindre.

Le récit antique de la mort d'Égérie, mêlé au souvenir de l'amitié fraternelle d'Oreste et d'Iphigénie, s'est singulièrement transformé en une légende du moyen âge. Égéria, prêtresse de Diane, est amoureuse d'un frère éloigné d'elle, et, comme la nymphe veuve de Numa, est changée en fontaine.

Je me suis complu dans les fictions pathétiques que des lieux charmants et si longtemps aimés me rappellent; il faut revenir à de plus graves considérations historiques. Nous avons déjà rencontré les Étrusques au berceau de Rome, et son fondateur bâtissant par leurs mains, consacrant par leurs rites sa ville naissante du Palatin. La partie antique et sérieuse de la légende de Numa va nous montrer ce même peuple inaugurant la royauté sabine. En effet, les formules de l'art augural qu'avaient observées Romulus et Rémus quand ils se disputaient la petite souveraineté du Palatin, ces formules empruntées au rituel étrusque, nous allons les voir appliquées à l'inauguration du roi sabin[1].

---

[1] Je sais qu'on doit distinguer les augures des aruspices, que les augures étaient des magistrats romains, et les aruspices des devins, en général Étrusques. Je sais que l'observation du vol des oiseaux se retrouve chez différents peuples italiotes, entre autres chez les Marses; je n'en suis pas moins convaincu que l'art augural était étrusque, et que la consultation des auspices se faisait d'après le rite étrusque, car cette consultation était liée à la délimitation des régions du

Ce rituel s'est conservé jusqu'à Tite Live, comme celui d'après lequel avait été tracée l'enceinte sacrée de Rome s'est conservé jusqu'à Tacite. A Rome, tout ce qui tenait aux vieilles cérémonies se transmettait fidèlement de génération en génération et de pontife en pontife; car Rome, en matière religieuse comme en matière politique, était le pays de la coutume. C'est encore sa force dans la religion; mais l'État n'y étant pas constitué comme au temps de la république romaine, c'est sa faiblesse dans la politique. Alors aux novateurs qui voulaient changer l'État, la sagesse traditionnelle opposait la coutume des ancêtres, *mos majorum*; aujourd'hui, à toute tentative d'amélioration, l'on répond : *Non s'è fatto mai*. Cela ne s'est jamais fait.

Laissons parler Tite Live d'après les livres des pontifes, où le vieux rituel de l'inauguration des rois devait être consigné [1].

« Conduit par l'augure en l'honneur duquel cette fonction fut changée en un sacerdoce public [2] et per-

---

ciel, et cette délimitation tenait à un ensemble d'idées *cosmiques* particulières aux Étrusques.

[1] Voy. Varr., *De l. lat.*, VII, 8.

[2] Il me semble que ces expressions de Tite Live font comprendre comment s'effectua la transition de l'humble condition du devin mandé par Numa pour faire par son ordre ce que j'appellerai une opération prophétique à l'état honoré, à la fonction publique et perpétuelle qui devint un sacerdoce et fut le partage des augures romains.

pétuel sur la cime du Capitole, Numa s'assit sur une pierre en se tournant vers le midi. L'augure prit place à sa gauche, le chef voilé, tenant à la main un bâton recourbé et sans nœuds, qu'on appelait un *lituus* [1].

Alors, ayant arrêté sa contemplation sur le ville et la campagne et prié les dieux, l'augure délimita les régions célestes de l'orient au couchant ; il déclara droite la partie du ciel qui était au midi, et gauche la partie du ciel qui était au septentrion, et dans sa pensée il détermina le point extrême de l'espace où le regard pouvait atteindre. Ensuite, ayant fait passer le lituus dans sa main gauche et posé sa main droite sur la tête de Numa, il pria ainsi :

« O Jupiter! ô père! si c'est le droit que ce Numa Pompilius règne à Rome, montre-moi des signes certains dans l'espace que j'ai défini. » Puis il exposa quels auspices il demandait [2]. Les auspices s'étant manifestés, Numa descendit du *templum* [3].

Ce n'est pas, nous allons le voir, le seul rapport avec

[1] L'emploi du *lituus* (le mot et la chose sont étrusques) achève de déterminer le caractère étrusque de l'inauguration.

[2] *Auspicium* (*avi-spicium*), l'inspection des oiseaux; *auspices*, leur apparition aux regards de l'augure (*av-gur*) dans le nom duquel se trouve aussi le mot *av-is*, oiseau. Les auspices sont les signes découverts par l'inspection du vol des oiseaux.

[3] Tit. Liv., i, 18. J'ai soin de dire *templum*, lieu auguré, et non pas *temple*. Tous les édifices religieux n'étaient pas augurés, et certains édifices civils, qui avaient reçu l'auguration, comme la Curie, les Rostra, étaient des *temples*.

l'Étrurie que présente l'établissement religieux de Numa [1].

Mais il faut remarquer d'abord qu'avant Numa, Tatius avait établi le culte de diverses divinités parmi lesquelles plusieurs sont évidemment étrusques.

De ce nombre étaient les Lares [2], puissances infernales et terribles chez les Étrusques, devenus dans la famille romaine les protecteurs de la ville et du foyer. Ils étaient honorés dans chaque carrefour à peu près comme dans la Rome de nos jours, à chaque bout de rue, est une madone qui protège le quartier; et, de même qu'on ne trouve presque pas une boutique qui n'ait son image de saint devant laquelle brûle une petite lampe, chacun avait dans sa demeure ses Lares domestiques. De cette dévotion familière il ne peut rester aucune trace; mais le noyau d'un édicule en brique, qui se voit à la bifurcation de deux rues, vers l'angle occidental du Cælius, et où l'on remarque des niches qui pouvaient recevoir les figurines des dieux Lares, m'a toujours semblé le reste d'un de ces innom-

---

[1] Je pense qu'on peut attribuer particulièrement aux Étrusques les idées et les instructions dont les anciens ont voulu faire honneur à Numa, a dit Winckelmann.

[2] Varr. (De L. lat., v, 74.) Leur nom voulait dire les seigneurs, les puissants, *lar-th* devant les noms propres étrusques dans les inscriptions funèbres. Certains génies ailés des deux sexes, qui ressemblent assez à des furies, portent sur les vases étrusques le nom de *las*, d'où *lar*.

brables petits édifices en pleine rue qui leur étaient dédiés[1].

Les Lares avaient en outre un sanctuaire public; cette chapelle des Lares était sur la voie Sacrée, au sommet de la Velia, devant la porte du Palatin[2], et placée entre les deux villes, car la ville sabine s'étendait jusque-là. Les Lares étrusques, dont Tatius établit le culte au Quirinal, avaient fait comme Numa : ils en étaient descendus pour venir protéger le peuple qui les avait adoptés, et veiller à la porte de son ennemi.

Le Capitole ayant été d'abord étrusque, puis sabin, il n'est pas étonnant d'y rencontrer des divinités étrusques devenues sabines. Ce qu'on pourrait appeler la topographie religieuse confirme ici la topographie historique.

Parmi les divinités domiciliées sur le Capitole avant Jupiter était le dieu Terme, dont le culte avait été fondé à Rome, selon les uns par Tatius[3], selon les autres par Numa[4], tous deux Sabins, mais qui était, je crois, d'origine étrusque; car le terme est la borne sacrée qui divise les champs, la limite religieuse qui sépare les États, et qu'il n'est pas permis de franchir.

[1] Composita sunt loca in quadriviis, quasi turres.
[2] Solin., 1, 23.
[3] Tit. Liv , 1, 55.
[4] Plut., Num., 16 ; Quæst. Rom., 15.

Or la division régulière et méthodique du sol était chez les Étrusques une science liée à l'étude du ciel, leurs prêtres partageaient le sol en régions correspondant aux régions célestes. D'après cela, n'est-ce pas d'Étrurie qu'a dû venir le dieu qui consacre la délimitation des champs, et par là devient le garant de la propriété?

Le temple du dieu Terme était ouvert par en haut, précisément, je pense, à cause de cette idée tout étrusque du partage du sol en régions correspondant à des espaces déterminés du ciel.

On sait que le dieu Terme, gardien immobile de la frontière des champs et des États, ne voulut pas faire place à Jupiter sur le Capitole, et qu'on fut obligé de l'envelopper dans le temple de Jupiter. Aujourd'hui que le temps, qui déracine toutes les bornes, a emporté même celle qui était plantée sur le rocher immobile du Capitole, c'est dans l'église d'Ara-Celi, puisque c'est elle qui a succédé au temple de Jupiter Capitolin, qu'on doit aller chercher le lieu où le dieu Terme resta debout. Il y a à Rome une autre borne qui voudrait bien n'être jamais ébranlée, mais qui est menacée aujourd'hui dans son immobilité, c'est le dieu Terme du Vatican.

Du reste, ce culte d'un dieu qui présidait aux limites et devait le fixer à jamais était singulier chez les Romains, qui reculèrent toujours plus loin le confin de leur puissance. Il y avait aussi un Terme au sixième mille ¹ ; il marquait de ce côté l'extrémité du territoire primitif de Rome. Les Romains n'oublièrent point ces humbles commencements; car, sous Auguste, ils célébraient chaque année sur cette frontière, qui fut celle de leur empire naissant, des fêtes appelées *Terminalia;* mais l'immobilité de ce terme-là ne fut point respectée : ils le déplacèrent beaucoup et l'emportèrent assez loin.

Sur le Capitole, je rencontre deux autres dieux sabins dont l'origine étrusque ne me semble pas douteuse, car c'étaient des dieux fulgurateurs.

En effet, si la science des présages tirés des entrailles des victimes et du vol des oiseaux se retrouve chez différents peuples, l'art fulgural appartient en propre aux Étrusques. Ils avaient fait une doctrine de cet art; ils avaient classé les divers accidents de la foudre, observé qu'elle vient parfois de terre, alors que l'électricité se dégage du sol au lieu de se précipiter des nuées.

Ils étaient même, j'en suis convaincu, arrivé, à savoir, ce qui demande plus d'audace que de science ², attirer la foudre. *Elicere fulmen* ne peut guère avoir un autre sens que tirer l'étincelle électrique des nuages ³.

¹ Strab., v, 3, 2.

² Il suffisait d'avoir vu des étincelles électriques se montrer autour d'une pointe métallique et d'oser présenter cette pointe à la foudre.

³ Nous verrons que cet art d'attirer le tonnerre, auquel semble se

Les prêtres étrusques prétendaient avoir le pouvoir de diriger la foudre et de la faire tomber où il leur plaisait.

Numa éleva un temple sur l'Aventin à Jupiter Élicius. On peut croire que les prêtres étrusques faisaient solennellement cette expérience, qui devait donner au peuple une grande idée de leur puissance. Numa, instruit par eux, les imita, ce qui ne dut pas nuire à la sienne.

L'autel consacré par le roi sabin Tatius sur le Quirinal au dieu Summanus [1], qui eut aussi un sanctuaire sur le Capitole, et dont les Tarquins placèrent la statue au sommet du temple de Jupiter Capitolin, nous offre un exemple de plus de l'introduction à Rome d'un culte étrusque par les Sabins; car le dieu Summanus, qui était le dieu des foudres nocturnes [2], et auquel Tatius éleva un autel, se rattachait manifestement à cette classification des diverses sortes de foudres qui était particulière aux Étrusques [3].

rapporter le temple élevé par Numa sur l'Aventin, y fut pratiqué par un autre roi sabin, Tullus Hostilius, que son inexpérience rendit victime de son audace.

[1] Merkel (*De Obscuris Ovidii Fastorum*, p. cxiii) établit l'existence d'un temple de Summanus auprès du temple de la Jeunesse; il y avait près du grand Cirque, comme sur le Capitole, un temple de la Jeunesse, et dans divers calendriers Summanus est dit : *ad circ. max*. Comme la Jeunesse avait deux temples, Summanus en avait deux également, et celui du grand Cirque pouvait être le plus fréquenté, bien que l'autre fut plus ancien.

[2] Fest., p. 229; P. Diac., p. 75.

[3] A en croire saint Augustin, ce dieu, presque oublié de son temps,

On a déjà pu remarquer chez les Sabins une prédilection pour les cultes sombres : le culte des feux souterrains, des divinités infernales dont on découvre les autels sous terre, et auxquelles on immole des taureaux noirs et des brebis noires.

Ne doit-on pas expliquer ce côté sombre de la religion sabine, qui est une religion solaire, puisque son principal dieu est Janus ou le Soleil, par les influences de l'Étrurie, dont le génie lugubre se montre dans l'antique usage des sacrifices humains, dans la décoration parfois sanguinaire des tombeaux[1], dans les divertissements homicides des gladiateurs qu'elle inventa, dans les figures hideuses et menaçantes que produit l'art étrusque lorsqu'il est livré à lui-même ? Enfin c'est de l'Étrurie que devait sortir un jour le peintre formidable de l'enfer.

Vejovis[2], le Jupiter funeste, me semble être une de

---

avait été anciennement plus révéré que Jupiter. (Aug. *De Civ. D.*, IV, 23.) Au siècle d'Ovide, on ne savait déjà plus ce qu'était Summanus. *Quisquis is est*, dit l'auteur des *Fastes* (VI, 733). On **rétablit** son culte (*reddita templa*) pendant la guerre de Pyrrhus. Évidemment le culte de Summanus était très-ancien.

[1] Les belles peintures découvertes à Vulci, grâce aux fouilles entreprises par M. Noël Desvergers, représentent un véritable égorgement.

[2] Ou Vediovis, par ce changement du *j* en *di*, dont on trouve plusieurs exemples, qui fit dire *Jana* pour *Diana*, et auquel il faut attribuer la forme *Diespiter* pour *Jupiter*.

Vejovis s'appellait aussi Vedius ; il est assimilé à Pluton par Martianus Capella, II, § 166

ces sombres divinités que les Sabins avaient empruntées aux Étrusques, car Vejovis était un dieu fulgurateur[1]; il n'eut point à céder sa place à Jupiter, et son sanctuaire n'était pas placé sur l'un des deux sommets du Capitole, mais dans l'espace intermédiaire entre les deux bois sacrés qui subsistèrent longtemps en mémoire de la forêt primitive, là à peu près où est la statue équestre de Marc Aurèle : l'image du plus humain des princes a remplacé l'autel du dieu redoutable.

Vejovis était représenté ayant une chèvre auprès de lui, trait local et permanent, car l'une des cimes du mont Capitolin s'appelle encore aujourd'hui mont des Chèvres (*monte Caprino*).

Le formidable dieu tenait dans sa main un faisceau de flèches, et il en détachait une pour la lancer contre l'ennemi.

J'imagine que la statue du dieu était tournée vers le Palatin et le menaçait de ses flèches terribles.

Tatius avait élevé aussi un autel sur le Quirinal à un personnage d'un caractère plus doux, à Vertumne, dieu des fruits, comme Pomone en fut la déesse; mais, avant d'être Sabin, ce dieu avait été indubitablement Étrusque[2]. Quand les Étrusques eurent un

---

[1] Ses foudres causaient, disait-on, la surdité, même avant d'avoir frappé (Amm. Marcell., xvii, 10, 2), idée bien contraire à la réalité; ceux qui sont frappés par le tonnerre ne l'ont pas entendu.

[2] On ne peut séparer le dieu Vertummus ou Vortummus de Vol-

quartier à Rome, qui s'appela le Vicus Tuscus, la statue de Vertumne en décora la principale rue. Vertumne était le patron national du quartier étrusque. Comme au temps où les différentes nations habitaient chacune un coin séparé de la Rome moderne, les Florentins placèrent au milieu d'eux l'église de Saint-Jean des Florentins, en l'honneur du patron de Florence.

A l'influence du génie étrusque sur les Sabins, il faut rapporter la modification que le type du grand dieu sabin Janus avait subie à Falère, dans ce pays intermédiaire entre l'Étrurie et la Sabine, et qui tenait de l'une et de l'autre. A Falère, Janus, au lieu d'avoir deux têtes, en avait quatre comme un dieu indien. Ces quatre têtes étaient sans doute une allusion bien dans le génie des Étrusques, aux quatre régions que le bâton de leurs prêtres dessinait dans le ciel.

Ce Janus à quatre têtes, à quatre fronts, fut apporté à Rome[1] et placé dans le Forum de Domitien. Aujourd'hui il n'existe plus, mais un *Janus* d'une au-

---

tumna, grande déesse de l'Étrurie. Près du temple de Voltumna, qu'Orioli place à Viterbe (*Viterbo*, p. 80 et suiv.), se rassemblaient les délégués des douze villes de la Confédération étrusque. La déesse, dont le temple fut considéré comme le centre religieux et politique de l'Étrurie moyenne, devait être autre chose qu'une Pomone. Elle était sans doute une expression plus haute et plus générale de la fécondité de la nature. L'idée fondamentale de la religion des Pélasges devait se retrouver dans l'Étrurie, visitée aussi par les Pélasges.

[1] Macr., *Sat.*, 1, 9.

tre sorte, un de ces arcs qui s'appelaient ainsi, porte le nom de Janus *Quadrifons* (à quatre fronts), probablement en mémoire du nom de la célèbre statue étrusque du dieu sabin, et cet arc a aussi quatre fronts, c'est-à-dire quatre portes[1] tournées assez exactement vers les quatre points cardinaux. Ainsi un monument peu intéressant par lui-même atteste et rappelle une transformation opérée au sein de la religion sabine par la religion étrusque. On voit donc qu'à part les communications directes de l'Étrurie et de Rome, aussi anciennes que le jour où a été consacrée son enceinte et bâtie sa première muraille, les Sabins ont établi entre le grand peuple étrusque et la très-petite ville latine d'autres communications dont en général on a négligé de tenir compte.

C'est que ceux qui ont écrit l'histoire romaine n'avaient pas assez contemplé l'horizon romain, et, suivant de l'œil dans le lointain les montagnes, de la Sabine, remarqué que les dos bleuâtres de ces montagnes allaient s'allongeant vers le nord et se rapprochant du mont Ciminus, boulevard de l'Étrurie. Ce magnifique spectacle eût appelé leur attention sur le voisinage des deux peuples et sur le rôle qu'a dû jouer ce pays placé entre le Soracte et le mont Ciminus, entre le pays des Sabins et le pays des Étrusques.

C'était, comme l'œil l'indique, un pays intermé-

---

[1] Les portes étaient consacrées à Janus, d'où leur nom *Janua*.

diaire, et, par suite, un pays mixte, historiquement un point de contact, comme géographiquement un point de jonction entre les deux peuples.

Toute cette région de Falère et de Veies était moitié étrusque et moitié sabine [1].

C'est peut-être parce que Veies n'était pas purement étrusque que les autres villes d'Étrurie l'abandonnèrent pendant sa guerre contre les Romains.

De plus, les deux peuples se rencontraient au pied du Soracte, dans le bois sacré de Feronia, où était un temple célèbre de cette déesse [2], enrichi d'offrandes, et qui tenta la cupidité d'Annibal, de même que le sanctuaire de Lorette a tenté celle de Bonaparte. Là se trouvait, comme souvent près des temples, un grand marché fréquenté par les Sabins, et qui devait attirer les Étrusques du voisinage. Là, sans doute, il y eut entre les deux peuples des échanges de plus d'une

---

[1] Strabon (v, 2, 9) doute que *Falère* soit étrusque ; selon quelques-uns, dit-il, les Falisques sont un peuple à part, parlant une langue qui lui est propre : cette langue devait être le sabin. Le nom de Veies, l'une des douze villes de la Confédération étrusque, ressemble au mot osque, *Veia*. (Fest., p. 368.) On faisait venir de Veies les Saliens, ces prêtres guerriers des Sabins. (Serv., *Æn.*, viii, 285.) Voy. O. Müller, *die Etr. Einl.*, 2, 14.

[2] Feronia me paraît être une déesse sabellique, dont le culte était particulièrement cher aux Ombriens et aux Sabins. Outre ses sanctuaires, dont on connaît plusieurs, on la suit à la trace des noms de lieux depuis Ferentinum, sur la route de Rome à Naples (Ferentino), jusqu'à Ferentia (Ferento), près de Viterbe, et ailleurs.

sorte, où les Sabins, étant les moins civilisés, eurent le plus à gagner.

Outre l'influence religieuse qu'ils durent subir de la part des Étrusques[1], outre les dieux et les rites sacrés qu'ils leur empruntèrent, ils reçurent aussi de ce peuple plus avancé dans la civilisation et les arts, que le commerce maritime avait enrichi, le goût des ornements en or, qui forme un singulier contraste avec leur austérité native, et a évidemment une origine étrangère.

Déjà les Sabins apparaissent avec des bracelets d'or dans la légende de Tarpéia, et Denys d'Halicarnasse parle de l'or qu'ils aimaient à porter[2] comme les Étrusques. Ce goût semble avoir été légué par les anciennes Sabines aux femmes de la montagne, près de Rome. Elles ne peuvent se marier que lorsqu'elles ont un collier : c'est souvent leur seule dot, et la passion des colliers est chez elles aussi vive que celle des bracelets chez Tarpéia.

C'est ce luxe importé de l'Étrurie dans l'âpre Sabine qui a pu faire appeler la patrie de Numa la très-opulente Cures[3], et faire dire, ce qui étonne, que les Ro-

---

[1] His (Etruscis) cum multo major necessitudo cum Sabinis quantum ad deorum cultum affinet, quàm cum latinis... (Merkel Ovid., *Fast.*, p. ccxiii.)

[2] Den. d'Hal., ii, 58.

[3] Urbs opulentissima sabinorum. (Fest., p. 49; Den. d'Hal., iii, 42.) Virgile appelle le pays de Cures, une terre *pauvre*. (*Æn.*, vi, 812.) Mais Virgile parle ainsi par comparaison avec Rome; il écrivait dans

mains ne commencèrent à avoir l'idée de la richesse que lorsqu'ils eurent soumis les Sabins¹. Cette richesse n'a pu venir aux Sabins que du dehors, que de l'Étrurie. Quelque chose d'analogue eut lieu chez les Samnites, peuple de la même race et du même tempérament que les Sabins, quand le voisinage des villes étrusques et des villes grecques de la Campanie répandit chez les agrestes montagnards du Samnium l'usage des armes brillantes.

On ne voit pas que l'art étrusque ait beaucoup pénétré chez les Sabins; cependant il y a pénétré², et c'est par Veies³, point de contact des Étrusques et des Sabins, que cet art est entré à Rome. Parmi les corporations d'artisans dont la fondation est attribuée au roi sabin Numa, étaient celle des orfèvres et celle des ouvriers en argile⁴.

Quant aux premiers, il fallait des ouvriers sachant travailler ces bracelets et ces colliers dont se paraient

un temps où les Sabins étaient depuis longtemps assujettis aux Romains, et je parle d'un temps où les Romains existaient à peine.

¹ Strab., v, 3, 1.
² Parmi les objets d'art en petit nombre trouvés dans la région du Soracte, est une tête en terre cuite, de travail étrusque. On a trouvé aussi sur la rive gauche du Tibre, à Sommavilla, près du Soracte, des tombes assez semblables aux tombes étrusques. (*Bullet., Arch.*, 1836, p. 171.) Voy. Den. Sep., *of Etr.*, I, 188.
³ Un artiste fut appelé de Veies par le premier Tarquin pour exécuter le Jupiter en terre cuite que ce roi fit placer sur le faîte du temple de Jupiter. (Pl., *Hist. nat.*, xxv, 45, éd. Littré, voy. la note 155.)
⁴ Plut., *Num.*, 17.

les femmes sabines et les guerriers sabins; quant aux seconds, il ne s'agit pas de simples potiers, mais d'hommes en état de fabriquer des vases et des statues en terre, industrie célèbre des Étrusques. Numa établit aussi la corporation des joueurs de flûte, et la flûte, qui figure constamment dans l'ancienne musique civile et religieuse des Romains, était l'instrument par excellence des Étrusques. C'est donc encore une importation des arts étrusques à Rome due aux Sabins.

Ainsi par eux l'art de la bijouterie, si ce mot n'est pas trop moderne, et l'art de la plastique, originairement étrusque, ont été transmis aux Romains. Le second est tout à fait oublié à Rome; mais le premier, ce fait mérite d'être signalé, vient d'y renaître, et, chose curieuse! c'est surtout en s'inspirant des parures retrouvées dans les tombes de l'Étrurie, de ces bracelets et de ces colliers dont se paraient les femmes étrusques et sabines, que M. Castellani, guidé par le goût savant et ingénieux d'un homme qui porte dignement l'ancien nom de Caetani, a introduit dans la bijouterie un style à la fois classique et nouveau. Parmi les artistes les plus originaux de Rome sont certainement l'orfèvre Castellani et D. Miguele Caetani, duc de Sermoneta.

Voilà bien des détails pour établir cette influence de l'Étrurie sur Rome par les Sabins; mais ce n'est qu'en rapprochant des faits dont l'importance ne frappe pas d'abord qu'on peut espérer d'arriver à découvrir les phases ignorées de l'histoire, à surprendre les rapports inconnus des anciens peuples, et qu'on assiste pour ainsi dire à la formation des civilisations célèbres. Sur une carte exacte, on n'oublie aucun des ruisseaux qui concourent à former les grands fleuves. Un fleuve qui a débordé sur le monde et l'a inondé mérite bien qu'on connaisse ses plus humbles affluents. D'ailleurs, tout ce qui précède m'a été inspiré par le spectacle de l'horizon romain, et n'est que le développement des résultats que la proximité du pays sabin et du pays étrusque, en frappant mes regards, a suggérés à mon esprit.

Je reviens à la légende de Numa, et je termine par ce qu'on racontait de sa fin. Après un règne très-tranquille et très-long qui figure l'établissement paisible et durable de la domination sabine sur les Romains, le vieux roi mourut, et ce qui, ainsi que je l'ai remarqué, confirme l'existence d'un ancien établissement sabin sur le Janicule, la tradition plaça son tombeau sur cette colline, la colline de Janus [1].

Au sixième siècle de la république, on prétendit avoir découvert ce tombeau et y avoir trouvé les livres de Numa, les uns en latin sur le droit pontifical, les autres en grec sur la philosophie [2].

---

[1] Pl., *Hist. nat.*, XIII, 27 ; Tit. Liv., XL, 29.

[2] Le sénat fit brûler ces livres, dans lesquels, dit Tite Live, toute religion était détruite, et qui pouvaient bien contenir quelque expli-

Nous avons vu Numa fonder la royauté sabine par la religion et par la paix. Nous allons voir cette royauté militante et violente, dans la personne de Tullus Hostilius, qui est pour moi, je dirai mes raisons, un compatriote de Numa, un roi sabin; mais auparavant il nous faut, maintenant que les Sabins sont définitivement établis à Rome, chercher quelle est la place qu'ils y tiennent, l'espace qu'ils y occupent, pour en déduire le rôle qu'ils ont dû y jouer. En voyant que cet espace fut considérable, on comprendra que ce rôle fut grand.

cation historique et physique de la mythologie romaine, sorte d'explication qui commençait à être à la mode, mise sous le couvert du pieux Numa. Il y a eu au dix-huitième siècle, en France, des attaques de ce genre contre le christianisme. Il faut voir dans cette supposition de prétendus ouvrages philosophiques de Numa une allusion à la fable qui lui donnait Pythagore pour maître, et dans leur condamnation un témoignage de l'antipathie qu'inspiraient alors aux zélateurs des antiques enseignements de la religion romaine les nouveautés de la philosophie grecque. Numa n'a probablement jamais écrit, et, s'il avait écrit, ce n'aurait point été en grec sur la philosophie, mais en langue sabine sur la science étrusque.

XIII

PROMENADE HISTORIQUE DANS LA ROME SABINE
AU TEMPS DE NUMA.

La Rome sabine sur toutes les hauteurs excepté le Palatin et le Cæ-lius. — Restes des Sabins aborigènes sur ces deux collines. — Cultes sabins et familles sabines sur le Quirinal. — Les Sabins sur le Viminal et l'Esquilin. — Le champ de Mars occupé par les Sabins; Mars n'est pas un dieu romain. — Mars introduit par les Sabins dans la légende de Romulus. — La Capitole sabin. — Les Sabins dans le Forum, les danses des Sabins. — Origine des étrennes. — Les Sabins tout autour du Palatin et sur l'Aventin; dans l'espace qui sépare du Tibre l'Aventin et le Capitole. — Junon, Minerve, Diane, divinités sabines. — Les Sabins dans l'île Tiberine, dans le Trastevère. — Conclusion historique; séparation et inégalité de la ville romaine et de la ville sabine. — Infériorité et dépendance de la première. — Grand rôle des Sabins dans l'histoire romaine.

La vanité romaine a falsifié l'histoire des commencements de Rome à plusieurs égards; mais c'est surtout en ce qui touche leurs rapports avec les Sabins que cette falsification est manifeste.

Car, s'il y a pour moi quelque chose de manifeste, c'est la prédominance des Sabins après le traité qui, à en croire les historiens latins, mit les deux peuples sur le pied d'une parfaite égalité.

On trouve chez ces historiens eux-mêmes assez de témoignages involontaires de la fausseté de leur assertion pour la démentir. Mais à Rome une première réfutation sort de terre, pour ainsi dire; quand l'on parcourt sur le terrain l'étendue de la ville sabine, et quand on fait le tour de la ville de Romulus, on voit de ses yeux et on mesure de ses pas leur inégalité. Il est impossible alors de ne pas se convaincre que les Sabins firent aux Romains une part chétive et gardèrent pour eux la part du lion.

Pour rendre sensible à mes lecteurs ce fait fondamental, je vais leur demander de m'accompagner une dernière fois dans une course historique sur ce terrain qui enseigne l'histoire.

Nous allons chercher à Rome les Sabins après que leur établissement, dont nous avons déjà découvert les premières traces avant Romulus, a achevé de s'y former avec Tatius. Nous ne distinguerons point ce qui, dans cet établissement, se rapporte à la première époque et à la seconde, distinction qu'il n'est pas toujours possible de faire. Ce que je me propose, c'est de découvrir les Sabins partout où ils étaient au temps de Numa. Pour cela, il faut entreprendre dans Rome un ensemble de fouilles pour y déterrer les restes enfouis du passé. L'érudition sera notre guide, et les auteurs anciens seront nos ouvriers.

Les fouilles ont toujours leurs lenteurs, comme je l'ai éprouvé en faisant celle-ci. J'en épargnerai le plus que je pourrai au lecteur, et tâcherai de le traiter comme ces princes qu'un antiquaire amène sur un terrain déjà exploré, seulement pour leur montrer les résultats de l'exploration.

L'exploration a duré pour moi plusieurs années; le lecteur n'aura, pour ainsi dire, qu'à se baisser pour en ramasser les produits.

C'est à une promenade que je l'invite. Une promenade dans Rome n'est jamais sans intérêt, surtout quand c'est une promenade de découvertes. *Cicerone*, je crois, exact et assez bien informé, ce qui n'est pas le cas de tous les *ciceroni*, je tâcherai de lui épargner des pas inutiles et de le fatiguer le moins possible. Je serai déjà récompensé de bien longs efforts s'il consent à me suivre; son approbation sera mon salaire, si je l'ai méritée.

Les antiques sanctuaires et les vieux cultes sabins dont la mémoire s'est conservée par les monuments nous aideront surtout à retrouver la Rome sabine que nous voulons recomposer[1]; car à Rome, dès la plus haute antiquité, les populations d'origine dif-

---

[1] Les temples, dont on place la date sous la république, se rattachent très-souvent à un culte ancien qui détermine leur emplacement; le temple de Cérès fut dédié par Sp. Postumius au troisième siècle, mais on parle d'un temple de Cérès attribué à Évandre, c'est-à-dire aux Pélasges; la fondation du temple de Saturne fait remonter de Minucius et Sempronius consuls à Tarquin le Superbe, de Tarquin

férente se sont groupées autour du sanctuaire d'une divinité nationale, comme au moyen âge les diverses *nations* se groupaient autour de l'église du saint patron de leur pays. Saint-Jacques indique où était le quartier des Espagnols; Saint-Yves, le quartier des Bretons; Saint-Jean, le quartier des Florentins, etc.

Sur toutes les hauteurs de Rome, nous rencontrerons des traces d'anciens cultes sabins; car toutes furent exclusivement sabines après Romulus, excepté le Palatin, qui était devenu romain, et le Cælius, qui était devenu étrusque.

Cependant il dut rester sur l'une et sur l'autre de ces deux collines quelques Sabins.

On le voit, pour le Palatin, par le temple de la Victoire, qui, beaucoup plus tard, donnait encore son nom à la montée *de la Victoire*, et dont la fondation datait des Sabins Aborigènes[1]; par un temple de la Junon Sospita, la Junon Armée, la Junon d'Argos qu'adoptèrent les Sabins; temple qui exista anciennement sur le Palatin, et qui, au temps d'Ovide, n'y existait plus[2].

à T. Hostilius, de T. Hostilius à Janus, ce qui veut dire aux Sabins primitifs. (Voir Hartung, *Rel. der Röm.*, II, 135, 124.)

[1] On se souvient que cette Victoire était la déesse sabine Vacuna; il y eut depuis plusieurs temples de la Victoire sur le Palatin, par suite de la tradition de l'ancien culte qui y avait été primitivement institué par les Aborigènes.

[2] Ov., *Fast.*, II, 58. Il faut y joindre un temple de la Lune, divinité sabine. (Varr., *De l. lat.*, v, 68.)

Je n'ai pu découvrir sur le Cælius presque aucune trace antique des Sabins ou des Romains; d'où je conclus que cette colline n'était possédée ni par les uns ni par les autres; vraisemblablement elle était occupée par un reste des Étrusques qui avaient secondé Romulus dans la guerre où leur roi trouva la mort.

Ce reste devait être peu considérable, puisqu'il ne sera plus question des Étrusques sur le Cælius quand Tullus Hostilius y transportera les habitants d'Albe détruite[1].

Parmi les collines de Rome, il en est une qui, très-probablement avant Romulus, et très-certainement après lui, fut le séjour des Sabins : c'est le Quirinal, qui porte encore leur nom. Tout y est en plein de leur souvenir. Un petit sommet, maintenant disparu, attestait seul, par sa dénomination remarquable, la *col-*

---

[1] Ce qui pourrait faire croire que quelques Sabins demeurèrent ou s'établirent sur le Cælius occupé par un reste d'Étrusques, c'est le choix qu'on fit de cette colline pour y exécuter les courses des chevaux quand le Champ de Mars était inondé, et le nom de champ de Mars donné à la partie du Cælius où alors elles avaient lieu. Nous verrons tout à l'heure que le champ de Mars, comme le dieu Mars lui-même, était sabin. Il faut chercher le Champ de Mars du Cælius derrière Saint-Jean de Latran, comme l'attestait le nom d'une église voisine des *Quattro Coronati*, église qui n'existe plus, et qui s'appelait *in Martio*. Denys d'Halicarnasse dit que Romulus conserva le Cælius. Peut-être quelques hommes de sa bande s'y étaient fixés et y restèrent. Cicéron (*de Harusp. resp.*, xv) parle d'une chapelle de Diane, divinité sabine (Jana), sur le petit Cælius ; il appelle ce sanctuaire *très-saint*, ce qui permet de supposer que le culte de Diane en ce lieu était ancien : le *Petit Cælius* faisait partie du mont Cælius.

line des Latins (*collis latiaris*)[1]; que quelques Latins ont pu y vivre isolés parmi les Sabins. Du reste, le Quirinal formait un quartier particulièrement sabin dans la grande cité sabine qui comprenait toute la Rome actuelle, moins le Palatin et le Cælius.

Si les Sabins s'y étaient établis, comme je le crois, avant Tatius, c'est à ce premier établissement que devait se rapporter la fondation de l'ancien Capitole[2], qui n'est point attribuée à Tatius[3]. Il était dédié aux trois divinités auxquelles fut plus tard dédié le nouveau : à Jupiter, dieu commun de tous les peuples de l'Italie et de la Grèce; à Junon et à Minerve, divinités des Sabins et des peuples de même famille.

Ce triple sanctuaire était où il devait être, sur le point culminant du Quirinal[4], en face d'une montée conduisant du temple de Flore[5], placé sur la pente oc-

[1] Varr., *De l. lat.*, v, 52.

[2] Varr., *De l. lat.*, v, 158. En face du temple de Flore et dominant le vicus patricius, aujourd'hui la *Via di S. Pudentiana* d'où on l'avait devant soi (Mart., *Ep.* vii, 72), près des Thermes de Constantin (palais Rospigliosi (*Reg.*, vi), par conséquent vers la villa Aldobrandini.

[3] Il l'est, il est vrai, à Numa, mais seulement par des écrivains des bas temps, dans les *Chroniques* d'Eusèbe et de Cassiodore.

[4] Comme l'autre Capitole, ce temple était peu élevé, ce qui est un signe d'antiquité. On n'avait rien changé à ses dimensions, sous ce rapport, en le reconstruisant. Car Valère Maxime (iv, 4, 11) dit encore : Perque veteris Capitolii *humilia* tecta. Ce qui montre qu'il s'agit bien ici du *vieux Capitole*, car on sait que les pontifes n'ayant jamais permis d'agrandir le temple de Jupiter capitolin, on augmenta sa hauteur.

[5] Le vieux Capitole étant près des Thermes de Constantin (palais

cidentale du Quirinal, au vieux Capitole.

Flore, qui présidait dans l'origine non à la floraison, mais à la fructification des plantes utiles[1], était une divinité pélasge, devenue sabine[2]; car la Rome sabine avait été aussi une Rome pélasge, et la religion des Sabins, dans ce contact, avait été pénétrée par la religion pélasge. Elle s'était beaucoup approprié de cette religion.

Sans remonter jusqu'à l'antique occupation du Quirinal par le premier flot de l'immigration sabine, au temps des Aborigènes et des Pélasges, à laquelle le vieux Capitole peut appartenir, je trouve sur le Qui-

---

Rospigliosi) et une montée conduisant du temple de Flore au vieux Capitole, on ne peut placer ce temple près de la place Barberini, et on n'a pu trouver dans ces parages les restes d'un prétendu cirque de Flore qui, dans aucun cas, n'a pu exister là. Selon Becker, l'existence de ce cirque de Flore est imaginaire et repose sur une mauvaise lecture d'un calendrier romain. Il faut placer le temple de Flore aux environs de la rue de la Dataria. Martial qui logeait tout auprès (*Ep.*, v, 233-5) voyait de son troisième, car il logeait au troisième, les arbres du portique d'Agrippa, situé là où est le palais Doria, il n'aurait pu les voir de la place Barberini. (Mart., *Ep.*, I, 109.)

[1] Ce qui le prouve, c'est un temple dédié à Flore, *Propter sterilitatem frugum* (Cal., *Præn.*, 28 apr.). L'été, l'époque de la moisson, était consacré à Flore chez les Sabins : ils appelaient le mois de juillet *floralis;* mais avec le temps le côté gracieux des attributs de Flore prévalut sur le côté sérieux et utile, alors on mit la fête de Flore au printemps. *Florere* s'appliquait aux moissons, à la vigne, à l'olivier. (Ov., *Fast.*, v, 263-4.)

[2] Varr., *De l. lat.*, v, 74, VII, 45. Il y avait un temple de Flore à Nomentum, dans la Sabine.

rinal de plus nombreuses traces du nouveau ban de Sabins amenés par Tatius.

En effet, selon la tradition, Tatius avait élevé un certain nombre d'autels à des divinités dont le culte faisait partie de la religion des Sabins ou avait été emprunté par eux[1] aux Etrusques. Plusieurs de ces autels étaient sur le Quirinal, à en juger par les temples qui les remplacèrent.

C'étaient ceux de Flore, de Quirinus, de la déesse Salus, du dieu Sancus, temples dont on peut déterminer la situation sur le Quirinal.

Nous connaissons celle du temple de Flore.

Nous connaissons également celle du temple de Quirinus[2]. Il était à peu près où est aujourd'hui l'hôpital militaire français, un peu plus au nord.

Ce qui suit va le montrer.

Le temple de la déesse sabine[3] Salus, la Santé, qui

---

[1] Varr., *De l. lat.*, v, 74; Den. d'Hal., ɪɪ, 50. Ces divinités sont en tout au nombre de quinze. Saturne, le dieu latin, s'y rencontre, associé à Jupiter; mais Varron nous avertit qu'il peut se trouver là pour une autre raison, et ne pas venir des Sabins.

[2] Par le nom de *vallis Quirini*, donné à une rue qui suivait le fond de la vallée placée entre le Quirinal et le Viminal, et qui s'appelle aujourd'hui *Via di S. Vitale*. Le temple qui donnait son nom à la vallée devait être au-dessus, par conséquent entre la place de Monte-Cavallo et la place *Delle quattro Fontane*.

[3] Varr., *De l. lat.*, v, 74. Elle était honorée par divers peuples sabelliques, à Signia, chez les Herniques (Orell., *Inscr.*, 1827); dans l'Ombrie (Pisaurum), où l'on a trouvé une coupe qui se conserve au Musée grégorien, avec cette inscription : Salutis poculum; à Ferentum, ville dont

était assez convenablement placée dans le voisinage de celui de la Fièvre, et qui donnait son nom à la porte *Salutaire*, devait être entre cette porte et le temple de Quirinus, et pas très-loin de celui-ci.

En effet, Pomponius Atticus était à la fois voisin de ces deux temples, ce qui permit à Cicéron [1] de lui adresser une plaisanterie confidentielle au sujet de César, qu'il aimerait mieux, disait-il, avec Quirinus qu'avec la Santé, c'est-à-dire mort que bien portant : jeu de mots assez cruel de la part d'un homme qui n'était pas trop mal avec César, ce qui fait paraître aussi bien excessifs ses transports de joie à la mort du dictateur. Mais, avec la barbarie d'un archéologue, je suis tenté de pardonner à Cicéron la plaisanterie qu'il adresse à Atticus, parce qu'elle me permet de déterminer l'emplacement de la *porte Salutaire* [2].

Puis, en allant vers le sud, venait la porte Sanqualis, qui devait son nom au temple du dieu sabin San-

---

le nom est ombrien, où Tacite nous apprend qu'elle avait un temple. (*Ann.*, xv, 53.) Quand on lui en érigea un au cinquième siècle de la république sur le Quirinal, où son culte avait été anciennement fondé, ce fut un membre d'une illustre famille sabine dont les *sacra* étaient sur le Quirinal, un Fabius qui peignit le temple.

[1] Cic., *ad Att.*, xii, 45.

[2] On l'a mis quelquefois près de Sainte-Suzanne, ce qui en premier lieu est bien près de la porte Colline; de plus, le temple de la Santé (Salus), voisin de la porte *Salutaire*, n'eût pas été près du temple de Quirinus, dont le lieu est déterminé par la vallée de Quirinus, qui correspondait certainement à la rue Saint-Vital. La porte Salutaire était donc aux *quatre Fontaines*.

cus. Sancus était le père de la race sabine[1]; il s'appelait aussi Fidius, le dieu de la bonne foi[2], comme Fides en était la déesse.

La bonne foi avait avait donc deux représentants dans la religion sabine, et des prêtres, les féciaux. Décidément les Sabins étaient d'honnêtes gens. Leurs voisins du Palatin n'avaient pas de ces dieux-là.

C'est à cause de ce caractère intègre du dieu Sancus que l'on conservait les traités de paix dans son temple[3].

Ce temple était en face de celui de Quirinus[4]; par conséquent, c'est du côté où sont les bâtiments du palais Quirinal, dans lesquels se tiennent les conclaves, qu'il faut chercher, mais au temps des Sabins, le temple de la bonne foi.

Un dernier souvenir des cultes sabins nous arrêtera encore sur le Quirinal. Au septième siècle de notre ère, il existait une rue allant des environs de l'église de Saint-Vital jusqu'à Sainte-Suzanne.

---

[1] Sil. It. *Punic.*, VIII, 423-4. Sabus ou Sabinus était fils de Sancus. (Den. d'Hal., II, 49.)

[2] Denys d'Halicarnasse l'appelle πίστιος.

[3] On y déposa le traité fait entre Tarquin le Superbe et la ville de Gabie. (Den. d'Hal., IV, 58.)

[4] Versùs ædem Quirini. (Tit. Liv., VII, 20.) M. Preller, *Röm. Myth.*, 635, cite *adversùs* ædem Quirini. Si cette version, adoptée par Sigonius, est la bonne, le sanctuaire de Sancus était du côté de la rue où je l'ai placé. Une raison de la préférer, c'est que, comme le remarque M. Quicherat dans son *Dictionnaire latin* qui fait autorité, à propos de cet exemple même : — Versùs ædem Quirini, cette locution est rare.

Cette rue s'appelait la Montée de Mamurius[1], la rue de Mamurius. Les régionnaires du quatrième siècle mentionnent près du vieux Capitole (vers la place de monte Cavallo[2] une statue de Mamurius. Or Mamurius, dont le nom ressemble à celui de Mamers, un des noms sabins de Mars, est un personnage éminemment sabin. C'est lui qui avait fabriqué les *ancilia*, ou boucliers sacrés que les Saliens portaient dans les danses guerrières, instituées, disait-on, comme leur sacerdoce belliqueux lui-même, par Numa; et Mamurius était un héros national célébré dans leurs chants[3].

Mais ce ne sont pas seulement les anciens cultes dont les souvenirs ont subsisté longtemps sur le Quirinal qui peuvent nous y faire reconnaître les Sabins; ceux-ci y ont laissé encore d'autres vestiges.

Les familles sabines aimaient à habiter le mont originairement sabin, et où l'on plaçait la demeure de Numa. Il faut que la tradition de la Rome sabine se soit conservée très-tard, puisque très-tard des hommes et des familles qui avaient, ou que l'on croyait avoir une origine sabine, ont choisi pour leur résidence la colline

---

[1] Anastase, *Innoc. I.* et *Act. St. Suzan.* En effet, cette rue, qui commençait à Saint-Vital, montait d'abord, puis suivait la direction de la via Pia.

[2] Les régionnaires (*Reg.*, vi) placent la statue de Mamurius entre le vieux Capitole et le temple de Quirinus.

[3] Den. d'Hal., ii, 71; Plut., *Num.*, 13; Ov., *Fast.*, iii, 389; Serv., *Æn.*, vii, 188.

autrefois séjour principal des Sabins. Les Fabius, cette puissante famille qui alla avec ses clients, au nombre de trois mille, faire la guerre contre les Étrusques, et ressemble, par ce chiffre considérable, aux Claudius, venus de la Sabine au nombre de cinq mille, les Fabius en étaient venus très-vraisemblablement aussi.

Ils avaient leur sanctuaire domestique sur le Quirinal[1].

Un homme de cette famille, Fabius Pictor, orna de peintures le temple de la déesse sabine Salus, qui y était placé[2].

Cette grande et superbe famille des Cornelius, d'où sont sortis les Scipions et Sylla, devait être sabine; car elle eut jusqu'à Sylla l'usage de ne pas brûler ses morts. Or il est dit que Numa défendit que son

---

[1] Tit. Liv., v, 46; Val., *Max.*, ɪ, 1, 11.

[2] De plus, les Fabius ont sur leurs monnaies Quirinus, le dieu sabin, avec la lance sabine et le bouclier. (Preller, *Röm. Myth.*, 329.) Les Fabius prétendaient descendre d'Hercule (Plut., *Fab.*, ɪ; Ov., *de Pont.*, ɪɪɪ, 3, 100; *Fast.*, ɪɪ, 237), et le dieu sabin Sancus passait pour être le même qu'Hercule. (Fest., p. 229; Varr., *De l. lat.*, v, 66.) Un des deux colléges de Luperques portait le nom des Fabius voués au culte de Pan dans l'antre Lupercal. Peut-être cette antique famille sabine des Fabius avait-elle quelques gouttes de sang pélasge, et peut-être son origine participait-elle des deux peuples dont l'identité de Sancus et d'Hercule, de Lupercus et de Pan, attestait la fusion sous le rapport religieux. Les Fabius prétendaient aussi avoir pour aïeul Évandre.

corps fût brûlé[1], ce qui semble, dans la tradition, un souvenir d'un usage sabin.

C'est parce que les Cornelius étaient Sabins qu'ils avaient leur demeure sur le Quirinal.

La rue ou le quartier des Cornelius, *Vicus Corneliorum*, car il ne fallait pas moins d'une rue ou d'un quartier pour loger une grande *gens* sabine avec tous ses clients, la rue des Cornelius était sur la pente du Quirinal.

Il y a eu près de *Monte-Cavallo* une église du Saint-Sauveur, qui était appelée *des Cornelius*.

L'analogie de l'existence féodale des familles sabines avec celle des grandes familles romaines du moyen âge est rendue sensible par un curieux rapprochement. Ce qu'étaient les Cornelius à Rome dans l'antiquité, les Colonna le furent au moyen âge; et non loin du lieu appelé autrefois le *Vicus des Cornelius* est une petite rue qui porte encore le nom de *Vico dei Colonnesi*.

Sur le Quirinal habitait Pomponius Atticus, de la gens Pomponia, qui prétendait descendre du père de Numa, Pompo; Martial, qui s'appelait *Valerius* Martialis, et qui, bien que né en Espagne, tenait par son nom à la gens sabine des Valerius.

Properce[2] y habitait également. Properce était pres-

---

[1] Plut., *Num.*, 22.
[2] Propert., *El.*, iii, 23.

que Sabin, car il était Ombrien et portait le nom d'un ancien roi de Veies, ville à moitié sabine.

Jusqu'à la fin de l'empire, on voit se continuer cette préférence des familles sabines pour le Quirinal.

On sait positivement que les Flaviens étaient Sabins [1].

Domitien naquit sur le Quirinal, et sur le Quirinal était le tombeau de famille qu'on appela le temple des Flaviens.

La gens Aurélia, qui a donné au monde l'austère Marc Aurèle, était d'extraction sabine [2]; car son nom est formé d'*auril*, en sabin le soleil : aussi c'est sur le Quirinal qu'Aurélien, cet aventurier dalmate qui voulait par là sans doute se rattacher à la famille sabine des Aurelius, éleva un magnifique temple au soleil.

Enfin, Constantin, qui, par Claude le Gothique, grand-oncle de son père, tenait à la famille sabine des Claudius, Constantin bâtit ses thermes sur le Quirinal.

Au pied du Viminal, nous rencontrons un souvenir bien mémorable de la présence des Sabins : c'est le Cyprius Vicus, cette rue dans laquelle Tullie força le cocher qui conduisait son char de le faire passer sur le corps

---

[1] Suet. *Vesp.*, 2. C'est pour quoi le frère de Vespasien s'appelait *Sabinus*, et un de ses fils *Titus*, prénom de Tatius.

[2] Les Aurélius venus de la Sabine étaient voués au culte du soleil, dieu sabin. (P. Diac., p. 23.)

de son père[1], et qui s'appela depuis la rue Scélérate, c'est-à-dire la rue funeste.

Je demande pardon à mon lecteur de le distraire de cette impression terrible par une observation philologique.

Cependant il m'importe de lui faire remarquer que, par un hasard singulier, la rue Scélérate s'était appelée, et nécessairement avant le crime, *la bonne rue* Cyprius Vicus; que ce mot *Cyprius* était sabin[2], et que des Sabins avaient habité là[3]. Quand ce précieux renseignement nous manquerait, il serait naturel de croire que le Viminal fut sabin, placé qu'il était entre le Quirinal, la plus incontestablement sabine des collines de Rome, et l'Esquilin, où nous allons retrouver d'assez nombreuses traces des Quirites.

Une de ces détestables étymologies qui abondent dans les écrits des anciens nous fournit une lumière fort utile sur la population des Carines, situées vers la pente méridionale de l'Esquilin et sur cette pente. Selon Servius, ce nom de Carines venait de ce que là

---

[1] Quand j'en serai à la mort de Servius Tullius, je montrerai où était le Cyprius Vicus. Je me borne à constater dès à présent qu'il ne pouvait être sur l'Esquilin, où on le place toujours, Tite Live disant positivement qu'arrivé à l'extrémité du Cyprius vicus, le cocher allait prendre à droite pour gagner l'Esquilin. (Tit. Liv., i, 48.)

[2] Cyprius sabine bonum. (Varr., *De l. lat.* v, 159.)

[3] Ibi Sabini cives additi consederunt. (*Ib.*) De plus, il y avait là un sanctuaire de Diane, divinité sabine, et le Clivus Urbius, de Virbius, personnage mythologique indigène qui fut identifié avec Hippolyte, et qui est en rapport avec Diane et avec la camène sabine Égérie.

avaient habité des chefs sabins, et, comme *carinare* voulait dire se moquer, ce quartier avait été nommé les *Carines*, parce que les Sabins étaient de grands moqueurs[1].

Ce ne fut pas leur réputation dans l'antiquité; mais, en les supposant aussi graves et aussi peu disposés à la jovialité que les anciens les représentent, je crois que, tout Sabins qu'ils étaient, ils n'auraient pu s'empêcher d'éclater de rire en entendant cette belle étymologie. Si bouffonne qu'elle soit, elle a un côté sérieux; car elle nous enseigne que des chefs sabins ont habité les Carines, comme nous venons de voir que des Sabins ont habité non loin de là, au pied du Viminal, le Cyprius Vicus.

Plusieurs divinités sabines ont eu leurs temples sur l'Esquilin, et des temples très-anciens[2].

Telle était Vénus Libitina[3], la Vénus infernale, divinité originairement pélasgique, comme toutes celles qui personnifiaient la force fécondante de la nature, et ayant pris, en devenant sabine, ce caractère lugubre

---

[1] Serv,, *Æn.*, VIII, 361. Ceux que mon étymologie basque du nom des *Carines* a le plus étonnés, ne la trouveront pas, j'espère, aussi absurde que l'étymologie dont s'est avisé Servius.

[2] Méphitis, déesse sabellique honorée chez les Hirpins, Diane dans le Vicus Patricius. (Plut., *Quest. rom*, 3.)

[3] Ce temple était dans un bois sacré où les libitinarii se livraient à la préparation des funérailles. Ce devait être près du champ Esquilin, qui fut longtemps un lieu de sépulture, et vers la porte Esquiline, aux environs de Sainte-Pudentienne.

que les Sabins devaient à leur sombre génie ou à l'influence des Étrusques [1]. Vénus Libitina exprimait l'alternative et la corrélation de la vie et de la mort, dont plusieurs des religions antiques, et la religion sabine en particulier, semblent avoir eu une intuition profonde [2].

Telle était aussi Junon Lucine [3], celle par qui on vient à la *lumière* [4], déesse de la naissance, déesse de la vie, par conséquent divinité pélasgique [5], mais adoptée par les Sabins [6], dont la religion présente sans cesse un singulier contraste : le culte des puissances

[1] Son temple est donné comme existant déjà au temps de Servius Tullius (Den. d'Hal., IV, 15), et nommé avec ceux de Junon Lucine et de la Jeunesse, divinités sabines.

[2] A cause de son double caractère, Vénus Libitina était identifiée avec Vénus et avec Proserpine. (Plut., *Num*. 12.)

[3] Son temple et son bois sacré étaient dans la région inférieure de l'Esquilin, *Monte sub Esquilio* (Ov., *Fast.*, II, 435), non loin du sommet appelé Oppius (Varr., *De l. lat.*, V, 50), où est Sainte-Marie-Majeure, ce qui les place dans les environs de Sainte-Pudentienne.

[4] Junon Lucine, comme Jana, était la lune, car elle présidait aux mois. (Ov., *Fast.*, I, 55; Macr., *Sat.*, I, 15.)

[5] Il y avait un temple de Junon Lucine sous le nom grec d'*Eiléthuya*, à Pyrgoi (Santa-Severa), ville pélasgique (Strab., V, 2, 8), bâti par les Pélasges non loin d'Agylla. Une légende rapportée par Ovide (*Fast.*, II, 441) rattache étroitement les fêtes de Junon Lucine à celle de l'an générateur.

[6] De là les rapports de Junon et de deux dieux sabins ; Janus qu'on appelait Junonius (Macr., *Sat.*, I, 9), et Mars qui était honoré en même temps que Junon le 1er mars, jour où l'on célébrait la fondation d'un temple de Junon Lucine, élevé sous la république. (Preller, *Röm. Myth.*, 245.)

lumineuses et des puissances des ténèbres, double caractère qui, je crois, peut s'expliquer par celui des deux religions avec lesquelles la leur fut en contact, la religion des Pélasges, où domine l'idée de fécondité, le culte de la vie, de ce qui la représente et la propage, la lumière, le feu, et la religion des Étrusques, où les idées de mort et de destruction tiennent une si grande place.

Il y avait en outre sur l'Esquilin un autel de Junon et un autel de Janus. La fondation de ces deux autels sabins se rapportait à Horatius, meurtrier de sa sœur[1]. Cela nous surprendra moins quand nous connaîtrons les raisons que j'ai de voir un Sabin dans le champion de Rome contre Albe[2]. On ne sera pas étonné non plus qu'il ait, au moins d'après la tradition, habité le quartier où nous avons vu plus d'une famille sabine domiciliée, si je parviens à établir que la gens Horatia était une de ces familles.

Redescendons maintenant dans la plaine, dans le champ de Mars.

Le champ de Mars embrassait tout l'intervalle qui s'étend du Tibre au Capitole et au Quirinal, l'un et l'autre occupés par les Sabins. Le champ de Mars, séparé du Palatin par l'espace que nous allons bientôt traverser, et où nous trouverons partout les Sabins, le champ de Mars, sans relation avec la ville latine, a

---

[1] Fest., p. 297.
[2] Voyez chap. xiv.

dû dépendre de la ville sabine et lui appartenir. Il ne faut pas que ce nom de champ de Mars nous embarrasse; car le moment est venu de prouver que Mars ne fut point un dieu romain, mais un dieu sabin.

Mamers, Mavors ou Mars, qui semble être une contraction de ces mots à physionomie rude, fut un dieu des nations sabelliques. On trouve Mars chez les Sabins aborigènes[1], chez les Ombriens[2] et à l'extrémité méridionale du pays sabellique, sous la forme *Mamers* dans le nom des Mamertins, comme on le reconnaît sous la forme *Mars* dans le nom des Marses, également sabelliques.

Le culte de Mars existait chez tous ces peuples et aussi chez les Sabins[3].

[1] On connaît l'existence d'un temple de Mars près de Rieti (Den. d'Hal., I, 14), dans le pays des Sabins aborigènes, et un oracle de ce dieu à Tiora-Matiene. (*Ib.*, id.)

[2] Son culte existait à Tuder (*Todi*), ville ombrienne, qui devint étrusque, où l'on a trouvé les restes d'un temple de Mars et le Mars de bronze du Musée grégorien. (Voyez Sil. It. *Punic.*, IV, 222.) On a trouvé aussi près d'Agubbio (Inguvium), avec une statue de Mars, cette inscription : *Marti Cyprio*. (*Orell.*, 4950-1.) *Cyprius* est sabin, et voulait dire *bon* dans la langue ombrienne, parente du sabin. Cette épithète était vraisemblablement un euphémisme, comme le nom des Manes, formé de *Manus*, qui, de même, voulait dire *bon* en sabin.

[3] Mars ab eo quod maribus in bello præest aut quod a Sabinis acceptus ubi est Mamers. (Varr., *De l. lat.*, v, 73.)

Tout homme doué du sens étymologique rejettera sans hésiter la première origine du nom de Mars, et sera porté à admettre la seconde.

A Rome, nous l'avons rencontré portant son autre nom sabin, Quirinus, sur le Quirinal, c'est-à-dire en plein pays sabin, et célébré par des prêtres sabins, les Saliens, institués par Numa.

Le culte de Mars avait aussi existé sur le Capitole, non moins anciennement sabin que le Quirinal; car Mars y était avec la Jeunesse et le dieu Terme quand Tarquin y construisit son temple de Jupiter[1].

Mars, qui le croirait? n'eut à Rome, jusqu'au temps d'Auguste, que deux temples, tous deux hors de la ville. On a remarqué que les statues de Mars y étaient rares, comme il est naturel que le soient les images d'un dieu étranger. Quoi? Mars étranger à Rome! Cela s'explique.

Les Romains étaient guerriers sans doute, mais de race latine, de race agricole, enfants de Saturne; leur mythologie se ressentait de cette origine, et, quand ils adoptèrent le dieu sabin de la guerre, ils lui donnèrent un caractère agricole[2]; ils le confondirent avec

---

[1] Saint Augustin (*De civ. D.*, IV, 23, 3) affirme que les trois dieux opposèrent à Tarquin la résistance en général attribuée seulement au dieu Terme, et qui l'est cependant aussi à la Jeunesse par Denys d'Halicarnasse (III, 69). Ceci exprimait dans la tradition la résistance que firent les cultes en possession du Capitole au culte nouveau.

[2] *Numa* avait institué une fête à Mars et à Robigus ou Robigo, le dieu ou la déesse qui préservait les blés de la rouille. Robigo était une divinité sabine, car c'est à Numa qu'on attribuait la fondation de son culte. (Pl., *Hist. nat.*, XVIII, 69, 5.) On sacrifiait à Robigo des

le dieu des champs et des troupeaux; ils élevèrent des autels à Mars Sylvain [1].

Les Arvales, dans leurs chants rustiques, lui demandaient, non d'accorder la victoire au peuple romain, mais de protéger les récoltes. Caton donne les détails du culte qu'on doit offrir à Mars Sylvain.

Le sacrifice du cheval dans le champ de Mars devait remonter aux Sabins. Tandis que les populations la-

chiens roux. Ovide raconte (*Fast.*, IV, 905) que, revenant de Nomentum, il a rencontré la procession des Robigalia :

Obstitit in mediâ candida pompâ viâ,

et que le Flamen de Quirinus a fait l'invocation. Nomentum et Quirinus sont un lieu et un dieu sabins. Une difficulté topographique s'est présentée ; la chapelle de Robigo est donnée comme étant à cinq milles de Rome, sur la voie Claudia, au delà de Ponte-Molle, ce qui n'est pas la route de Nomentum ; mais Robigo pouvait avoir plusieurs chapelles, la procession pouvait s'être avancée jusque sur la route de la Sabine. Enfin, comme l'a remarqué M. Merkel (Ov., *Fast.*, p. CLII), après avoir rencontré la procession, en revenant de Nomentum, Ovide pouvait ne pas être retourné directement à Rome, mais s'être rendu dans les jardins qu'il avait sur les collines qui dominaient la voie Flaminia, à l'endroit où celle-ci se détachait de la voie Claudia (*de Pont., El.*, 1, 8, 43), c'est-à-dire précisément derrière l'hôtellerie qui est au delà de Ponte-Molle.

[1] Hart., *Rel. de Röm.*, II, p. 169. Un vers de Lucilius présente Mars Sylvain comme faisant l'office pastoral de Pan,

Luporum exactorem Martem Sylvanum.

Le sacrifice du cheval au dieu Mars était devenu à Rome l'occasion d'une prière pour le bien de la terre : *Ob frugum eventum*. (P. Diac., p. 220.) Sur cette tête de cheval que l'antique férocité de la religion sabine allait clouer à la Regia une dévotion d'un tout autre caractère, d'un caractère vraiment latin, faisait déposer des *pains*.

tines offraient à Jupiter sur le mont Albain le *bœuf*, dont elles se partageaient la chair symbolique, les Sabins offraient dans le champ de Mars au dieu guerrier le *cheval* guerrier [1]. Ces deux animaux ont toujours été considérés comme représentant, l'un l'agriculture et l'autre la guerre. « Le bœuf qui laboure faisait place au cheval, » a dit Ovide [2], pour indiquer que la guerre prévalait sur la paix.

Ce sacrifice du cheval, qu'un flamen, prêtre sabin [3], offrait au dieu Mars, montre un rapport évident de ce dieu avec la Regia et le temple de Vesta, centre religieux et foyer sacré de la cité sabine. On emportait la queue du cheval immolé, dans la Regia, et on faisait dégoutter le sang de cette queue sur l'autel de Vesta. La Regia était la demeure du roi sabin, dont une tradition effacée avait fait l'inoffensif Numa.

Ce lieu, plein de souvenirs sabins, était tout rempli de la religion de Mars. Là on gardait les boucliers qui lui étaient consacrés; là les lances du dieu s'agitaient pour annoncer la guerre.

Le Mars sabin n'était point, comme l'Arès des Grecs, un dieu célibataire et galant, séduisant la belle Aphro-

---

[1] Equus potius quam bos immolabatur, quod hic *bello*, bos est *frugibus pariendis* aptus. (P. Diac., p. 220.)

[2] *Fast.*, ɪ, 698.

[3] Les Flamens avaient été institués, à ce que l'on croyait, par Numa, comme les Saliens et les Féciaux; ils appartenaient donc à la religion sabine.

dite, épouse d'un mari ridicule : il avait une femme légitime, Nérien, la déesse de la Force.

C'est ce nom que les Romains traduisirent par *Virtus*, dont le vrai sens est *la force*[1].

De cette déesse sabine ils firent Bellona[2]. Le premier temple de Bellone dont l'histoire fasse mention fut consacré par un Claudius[3], appartenant à cette forte race des Claudius que nous savons avoir été Sabins, et dans laquelle *Nero* (le fort) fut un surnom que Tibère, un Claudius, porta encore.

La colonne de Bellone était dans le champ de Mars, à son extrémité, près du Capitole; de ce côté se trouvaient aussi les terres consacrées à l'entretien des corps de prêtres par Numa; tradition qui n'est pas sans vérité, car l'organisation religieuse de Rome procédait presque entièrement des Sabins[4].

On voit que le dieu Mars est un dieu commun aux

---

[1] Nerio... Sabinum verbum est, eoque significatur Virtus et fortitudo. (Gell., *Noct. Att.*, xiii, 23.)

[2] Deæ Virtuti Bellonæ. (*Orell.* 4983.) Elle s'appelait aussi tout simplement la guerre, *bellum*, et selon l'ancienne forme, *duellum*. Elle figurait sous ce nom dans une inscription trouvée près de l'autel souterrain de Consus, avec ce dieu et les lares, ce qui achève de déterminer le caractère sabin de Consus.

[3] Par Appius Claudius Regillensis, qui y plaça, comme dans un sanctuaire national les images de ses ancêtres. Un autre Claudius, Appius Claudius Cœcus, répara le même temple. (Pl., *Hist. nat.*, xxxv, 3; Ov., *Fast.*, vi, 203.)

[4] Loca publica quæ in circuitu Capitolii pontificibus, auguribus, decemviris et flaminibus in possessionem tradita erant. (Oros., v, 18.)

races sabelliques, dont le culte, étranger aux populations latines, a été apporté à Rome par les Sabins, qui ont institué l'antique sacrifice du cheval dans la plaine située au pied des collines occupées par eux, plaine qu'ils durent pareillement occuper. C'est sans doute à cause du rapport dont j'ai parlé entre le dieu Mars et le cheval qu'avaient lieu dans le champ de Mars les courses de chevaux, les *equiria*, ces courses qui se faisaient dans l'origine entre deux murs de glaives [1].

Mais, me dira-t-on, vous oubliez la légende de Romulus, et que Mars est le père de Romulus.

D'après tout ce que je viens de dire, convaincu, à n'en pouvoir douter, que Mars n'est pas un dieu romain, il m'est impossible d'admettre que ce trait de la légende soit romain, et, par conséquent, de croire qu'il entrât dans la légende primitive.

J'y vois une interpolation sabine introduite par un des deux peuples, acceptée par l'autre. C'est le même principe qui avait porté les Sabins à identifier Romulus avec Quirinus, et à transporter sur leur territoire la cabane de Romulus, son tombeau, et jusqu'au figuier sous lequel la louve l'avait allaité.

Romulus avait laissé sur le mont Palatin une forte

---

[1] Ovide place ces courses sous la direction immédiate du dieu Mars.

Marsque *suos* junctis cursibus urget equos.
(Ov., *Fast.*, II, 857.)

Le cheval appartient donc à Mars. Equus Marti immolabatur... quod eo genere animalis Mars delectari putaretur. (P. Diac., p. 81.)

mémoire, celle d'un fondateur de ville. Il ne fallait pas abandonner aux hommes du Palatin, je dirais, le monopole de cette mémoire. Les Sabins se la sont assimilée pour ainsi dire, et, comme ils ont fait de Romulus leur dieu Quirinus, ils lui ont donné pour père Mars, leur autre dieu guerrier [1]. C'est ainsi que la tradition persane a fait d'Alexandre un roi de Perse, frère de Darius, et la tradition égyptienne, un fils du roi d'Égypte, Nectanebo.

Mars est donc un dieu sabin, et, si nous l'avons trouvé au Capitole, c'est que le Capitole était sabin, comme le Quirinal, dont il faisait alors, pour ainsi dire, partie.

Le vieux récit poétique du combat que se livrèrent dans le Forum Tatius et Romulus nous a montré les Sabins en possession du Capitole. Il va sans dire qu'à la paix ils le gardèrent. Tite Live [2] et Denys d'Halicarnasse sont d'accord sur ce fait que la suite de l'histoire romaine confirme. En effet, quand le premier Tar-

---

[1] Ils transportèrent sur le Palatin une légende nationale qui se rapportait à l'origine de la ville sabine de Cures, et suivant laquelle une jeune fille, attirée par un saint transport dans le bois sacré de Mars, avait cédé au dieu et était devenue mère de Modius Fabidius, fondateur de leur ville. (Den. d'Hal., II, 48.) Par suite de la même introduction de la mythologie sabine dans les origines de la race des Latins, on donnait Mars pour père, à Faunus le plus ancien aïeul de cette race. (Den. d'Hal., I, 31.)

[2] Tit. Liv., I, 33 ; Den. d'Hal., II, 50. Denys d'Halicarnasse se sert de cette expression : le Capitole que Tatius occupa depuis *le commencement*.

quin y éleva le temple de Jupiter, il y trouva les temples ou les autels de plusieurs divinités sabines, ce qui ne doit pas étonner; car les autels et les temples étaient sur une colline où pendant la guerre avait été placé le camp des Sabins, où habitait leur roi Tatius, dont ils occupaient la forteresse, qu'ils n'avaient eu aucune raison d'abandonner, et dont, pas plus que leur dieu Terme, ils n'étaient disposés à se laisser déposséder.

Une autre divinité purement sabine[1] opposa la même résistance. Ce fut la Jeunesse, Juventas. Celle-là, à Rome, on ne peut la trouver que dans l'histoire, et je ne serai pas, comme pour le dieu Terme, tenté d'aller la chercher au Vatican.

J'ai déjà parlé d'une divinité également sabine à laquelle un autel avait été élevé sur le Capitole par Tatius[2] ou par Numa[3] : c'est la bonne Foi, Fides; la droiture proverbiale de la nation sabine la rendait digne de consacrer un temple au culte de cette religion du petit nombre qu'elle eut l'honneur de fonder, fondation dont je doute que la population mêlée du Palatin eût pris l'initiative[4].

L'occupation du Capitole par les Sabins n'est donc

---

[1] Den. d'Hal., III, 69.
[2] Varr., *De l. lat.*, v, 74.
[3] Plut., *Num.* 16.
[4] Une tradition, évidemment fabuleuse, faisait ériger sur le Palatin, mais bien avant les Romain, un sanctuaire à la bonne Foi, par une *Roma*, petite-fille d'Énée. (Fest., p. 269.)

pas douteuse, et on a pu, sans invraisemblance, supposer que Tatius avait habité la citadelle[1], et placer sa demeure où fut depuis le temple de Junon Moneta, au palais Caffarelli[2].

Les Sabins demeurèrent aussi en possession du terrain marécageux qui s'étendait du pied du Capitole jusqu'au pied de la Velia, et qui devait être le Forum[3].

Le temple de Janus, qui était au pied du Capitole, montre les Sabins à l'entrée du Forum.

Au pied du Capitole était aussi le Comitium, lieu un peu élevé où se rassemblaient les chefs sabins, au-dessous de l'autel du dieu pélasge Vulcain, devenu l'une de leurs divinités nationales, avec Vesta, sa voisine, dont Vulcain partageait et suivait le culte.

Tous ces parages étant sabins, on ne saurait douter que le Comitium[4] fût sabin; la question est de sa-

---

[1] Solin., I, 21.

[2] Dans le jardin de ce palais qui rappelle aux amis de l'étude des antiquités romaines deux noms que ces études ont illustrés, Niebuhr et Bunsen, sont de grandes substructions, elles appartiennent probablement au temple de Junon Moneta.

[3] Denys d'Halicarnasse le dit positivement (II. 50), si, dans son récit, à ces mots : *Tatius conserva le Capitole qu'il occupait depuis le commencement, et le mont Quirinal....* on rattache ceux qui suivent : *et aussi la plaine qui s'étend au pied du Capitole*, ce membre de phrase, inutile à la période qu'on lui fait commencer me paraît avoir été séparé à tort par la ponctuation de la période qui précède et devoir en faire partie.

[4] Un roi sabin, Tullus Hostilius, construisit tout à côté la Curie qui porta son nom.

voir si les Romains y étaient admis. J'ai dit les raisons que j'ai de ne le pas croire.

Le Forum appartenait tout entier aux Sabins, depuis son extrémité nord-ouest, où était le Comitium, jusqu'à son extrémité sud-est, que bornait la Velia. Cette colline, bien qu'elle fût une dépendance du Palatin, n'était point au pouvoir de Romulus. C'était un lieu habité par les Sabins, car on les y trouve domiciliés au temps de la royauté et même après l'avénement de la république. Deux rois sabins, Tullus Hostilius et Ancus Martius, passaient pour y avoir résidé, et Valerius Publicola, Sabin d'origine comme tous les Valerius, y avait, on le sait, placé d'abord sa demeure. Les Valerius y eurent toujours leur sépulture. Être brûlé après la mort n'était pas un usage sabin; mais il paraît qu'ils l'avaient adopté, seulement ils tenaient à être brûlés en terre sabine [1].

A la gauche du Forum, en tournant le dos au Capitole, était une statue de Vénus Purifiante [2]. Cette sta-

---

[1] Plut., *Publ.*, xl. Au temps de Plutarque, l'exercice de ce droit était aboli, mais le droit subsistait; pour le constater, quand un Valerius mourait, on apportait son cadavre dans le Forum, un parent en approchait une torche, puis on le remportait. Toujours à Rome, comme en Angleterre, se voit le respect de la coutume antique, même alors qu'on ne l'observe plus.

[2] Vénus Cloacina, du vieux mot probablement sabin (*Cluana*, nom de ville dans le Picentin), *cluere, cloare,* laver, nettoyer, purifier, d'où *cloaca*, égout. Peut-être les Sabins commencèrent-ils en cet endroit le grand égout qui fut terminé par les Tarquins. Les écrivains chrétiens, méconnaissant le vrai sens du mot *cloacina;* et pensant à un

tue fut érigée, disait-on, par le roi sabin Tatius. La tradition rapportait[1] que les Romains et les Sabins, après le combat auquel l'enlèvement des Sabines avait donné lieu, furent purifiés en cet endroit avec des branches de myrte. Il ne fallait pas aller bien loin pour trouver les branches de myrte employées dans cette cérémonie expiatoire; car les myrtes croissaient en abondance sur les pentes voisines de l'Aventin.

C'est près du sanctuaire de Vénus Purifiante que le couteau de Virginius sauva la pudeur de Virginie.

Sur la voie Sacrée, à l'endroit où elle atteignait la plus grande hauteur de la Velia, c'est-à-dire sur l'emplacement de l'arc de Titus, était la chapelle des Lares[2], dieux de nom et d'origine étrusques, mais certainement adoptés par les Sabins[3], presqu'en face le temple de Vica-Pota, nom barbare et probablement sabin de la Victoire, déesse sabine[4].

---

cloaque, ont reproché aux Romains comme impur un culte qui ne rappelait que des idées de pureté. On injurie parfois faute de comprendre. (Aug., *C. D.*, iv, 23.) Lactance affirmait qu'on avait trouvé la statue de la déesse dans un égout. (*De Div. Inst.*, i, 20.)

[1] Plut., *Hist. nat.*, xv, 36.

[2] Solin, i, 23.

[3] Varr., *De l. lat.*, v, 74. Leur mère Larunda s'appelait aussi *Mania*, la mère des Manes, c'est-à-dire des *bons*, du mot sabin *manus*, bon; par suite de cet euphémisme qui faisait donner aux Furies le nom d'*Eumenides*, qui veut dire *bienveillantes*, et fait donner par un paysan écossais aux lutins qu'il craint d'offenser le nom de *bonnes gens*.

[4] Cic., *De Legib.*, ii, 11.

Properce, né dans l'Ombrie, pays habité par un peuple de même race que les Sabins[1], semble se complaire à rappeler avec quelque orgueil que ceux-ci avaient occupé le Forum[2].

« Qu'était Rome alors que la flûte de l'habitant de Cures frappait de son paisible murmure le rocher de Jupiter, et que là où la loi est aujourd'hui dictée aux nations vaincues, les javelots sabins se voyaient au milieu du Forum romain? »

Et plus loin il montre Tatius élevant une palissade en érable au pied du Palatin[3], dont les Sabins avaient en effet intérêt à se défendre.

Le même poëte représente Tarpéia, qui est donnée pour une Vestale traversant le Forum pour aller puiser de l'eau à une fontaine sacrée[4]. Or il ne lui eût

---

[1] Denys d'Halicarnasse (II, 49) dit que les Ombriens ont pris le nom de *Sabins*.

[2] Prop., *El.*, IV, 4, 9 et suiv.

[3]   Hanc Tatius partem vallo prætexit acerno
. . . .
                        (*El.*, v (IV), 4, 7.)

[4]   . . . . . Ubi nunc est Curia septa,
    Bellicus ex illo fonte bibebat equus.
             (*Ibid.*, 13-4.)

Cette fontaine dont parle Properce ne pouvait être que la fontaine de Juturne, au-dessous du Palatin. Il n'est donc pas question ici de la Curia Hostilia, mais de la Curia Julia, qui en était séparée par toute la largeur du Comitium.

On suppose qu'il s'agit de la fontaine d'Égérie, dont l'eau était employée pour le culte de Vesta. Tarpéia allait moins loin puiser l'eau

point fait mettre le pied sur un terrain possédé par les habitants du Palatin; car ceux qui avaient enlevé les Sabines auraient fort bien pu ne pas respecter une vestale.

Un usage antique, qui subsiste encore de nos jours, montre plus sûrement que les vers du poëte l'extension de l'espace occupé par les Sabins en allant au delà du Forum vers le sud-est : c'est l'usage des étrennes. Les étrennes, en latin *strenæ*, doivent leur nom à une coutume qu'on reportait à Tatius, et que, par conséquent, on croyait sabine. Le premier jour de l'année, on partait du sanctuaire de la déesse Strenia, situé au pied de l'Esquilin, et nous dirions aujourd'hui au nord du Colisée [1]; on suivait la voie Sacrée, dont le temple de Strenia marquait l'extrémité, et dont

---

sacrée à la source de Juturne, qui paraît avoir été une source sulfureuse, comme la source du même nom, près d'Ardée, laquelle guérissait les maladies et servait dans tous les sacrifices. (Varr., *De l. lat.*, v, 71.) Sur la fontaine de Juturne au Forum, voyez p. 315.

[1] La position de la chapelle de Strenia est donnée par Varron ; c'était au lieu appelé *Ceriolensis* (*De l. lat.*, v, 47), et le Ceriolensis luimême était entre le Cælius et l'Esquilin, car il est indiqué par Varron près des Carines, et par Ovide (*Fast.*, III, 857), près du Minervium, c'est-à-dire du petit temple de Minerve Capta ou Capita, au pied du Cælius. De ce petit temple un chemin conduisait vers un lieu appelé *Tabernola*, qu'on peut fixer un peu au-dessus du Colisée, au moyen de l'emplacement d'une église qui portait le nom de Saint Andrea *de Tabernola*. (Url., *Röm. top.*, p. 101.) Minerve était une déesse sabine ; Strenia était une déesse de la Force (Non. Marcell, p. 16) et probablement sabine, comme la coutume des étrennes, d'après le rôle qu'elle y jouait. On peut y voir un autre nom de la déesse Salus.

les dalles antiques du chemin par lequel on monte à l'arc de Titus indiquent encore aujourd'hui la direction. Puis on s'avançait portant des rameaux verts cueillis dans le bois sacré de Strenia jusqu'au sommet de la roche Tarpéïenne, demeure de Tatius. Cette procession, qui allait du temple de la déesse sabine à la demeure du roi sabin, devait traverser un territoire sabin.

Le nom de la fontaine de Juturne, près du temple de Castor et du temple de Vesta, est encore un nom sabin; car Juturne était l'épouse de Janus[1], et Janus rappelle toujours les Sabins. C'est parce que toute cette plaine, située au pied du Capitole, était sabine, qu'une tradition voulait que Janus eût dédié à Saturne[2] le temple qui la dominait.

Tout concourt donc à confirmer l'assertion de Tacite[3]; tout prouve que l'emplacement du Forum et du Comitium furent sabins comme le Capitole. Aussi les

---

[1] Arn., III, 29. Il y avait une autre source de Juturne dans le champ de Mars, lequel, comme nous l'avons vu tout à l'heure, appartenait aux Sabins; il y en avait une dans le Latium, près d'Ardée (Serv., XII, 139), et c'est ce qui a porté Virgile à faire de Juturne la sœur de Turnus; l'épouse de Janus n'en est pas moins une divinité sabine, qui se retrouve dans le Latium, comme la nymphe sabellique Marica, et de même fait voir que les Sabins y ont pénétré.

[2] Macr., *Sat.* I, 7. Les Sabins avaient sans doute accepté le culte de ce dieu latin dont le sanctuaire se trouvait sur leur territoire : c'est ce qui explique comment Saturne peut figurer parmi les divinités auxquelles Tatius éleva des autels.

[3] Tac., *Ann.*, XII, 24.

Saliens, prêtres sabins, étaient-ils dans l'usage de parcourir processionnellement le Forum et le Capitole [1], l'un et l'autre théâtre national de leurs danses guerrières qu'ils exécutaient aussi dans le Comitium.

Si le Palatin appartenait presque exclusivement aux Romains, on peut se convaincre que les Sabins les serraient de près, car ils venaient jusqu'au pied de leur colline de trois côtés.

Du côté du Vélabre, ils étaient en possession de l'antre Lupercal. Ce fut dans l'origine la famille sabine des Fabius qui eut la charge de présider aux sacrifices offerts à Pan, dieu pélasge, devenu le dieu Lupercus.

Du même côté était le tombeau d'Acca Larentia, la femme de Faustulus et probablement la mère de Romulus, que l'intervention des Sabins dans la légende avait faite Sabine [2], si elle ne l'était déjà.

Du même côté encore, sur la voie Neuve [3], près de la porte Romaine, était le sanctuaire de Volupia, la Volupté, et dans son sanctuaire [4] on sacrifiait à Angerona, la Douleur; symbole assez clair et assez vrai qui fait honneur au génie allégorique de la mythologie

[1] Den. d'Hal., II, 70.

[2] En lui donnant le nom d'*Acca Larentia*, *Acca*, féminin d'*Accus*. *Accius*, prénom sabin, et *Larentia*, où l'on retrouve les *Lares*, divinités introduites par les Sabins.

[3] Varr., *De l. lat.*, v, 164.

[4] Macr., *Sat.*, I, 10. Et aussi dans la Curia Acculeia. *Acculeia* est sabin, comme *Acca*.

sabine, à laquelle appartenaient Angerona[1] et Volupia[2].

Angerona, la déesse de la Douleur, était représentée la bouche fermée et scellée, signe expressif de la souffrance qui se tait, bien approprié à cette énergie de la race sabine qui avait pu la faire croire descendue de ces Spartiates chez lesquels un enfant, plutôt que de se plaindre, se laissait déchirer les entrailles par un renard.

Du côté du Forum coulait la source de Juturne, autre épouse de Janus.

Là aussi s'élevaient la chapelle des Lares et la demeure des Vestales.

En face du troisième côté du Palatin, au midi, était la source d'Égérie, l'amie du roi sabin Numa, et le bois des Camènes, nymphes sabines dont il ombrageait la source, lieu évidemment consacré par un culte sabin.

Nous avons déjà vu que les Sabins ont emprunté, ou, pour mieux dire, usurpé ce que la légende attribuait à Romulus, et se le sont en quelque sorte approprié.

---

[1] *Angerona* ou *Angeronia* devait être de la même famille qu'*Angitia*, déesse des Marses (Virg., *Æn.*, vii, 759), et de plusieurs autres peuples sabelliques. (Voyez Preller, *Röm. Myth.*, p. 362.)

[2] Volupia était associée à d'autres déesses sabines, Venilia, une des épouses de Janus, et Lubentina (Pr., *Röm. Myth.*, p. 581), ou *Lubia*, même forme que *Volupia*. Cette forme antique, et probablement sabine, empêche de voir là un culte de la Volupté introduit tardivement par suite des rapports avec la Grèce.

De même une prétendue cabane de Romulus, fort à sa place sur le Palatin, se conservait aussi dans la citadelle habitée par Tatius[1], où elle n'avait jamais pu exister.

Toujours par suite de la même usurpation, on montrait dans le Forum la place où avait été enterré le berger Faustulus[2]. Le berger Faustulus, s'il a existé, a été enterré sur le Palatin.

Enfin, de la base occidentale du Palatin, le figuier de Romulus avait été, disait-on, transporté miraculeusement dans le Comitium, où il subsista plusieurs siècles; mais, sous Néron, l'arbre, qui était né avec le peuple romain, et semblait pour ainsi dire en représenter la vie, se dessécha tout à coup[3]; puis poussa de nouveaux rejetons, avertissement prophétique. En effet, l'existence extérieure de ce peuple n'était pas terminée, mais la vie s'était retirée de lui.

En y comprenant ses environs, l'Aventin est, après le Quirinal, la colline de Rome où l'on trouve le plus

---

[1] Cette cabane de Romulus du Capitole est confondue par Servius (VIII, 654) avec la Curia Calabra où se tenaient les Comitia Calata. La Curia Calabra n'avait rien à faire avec la maison de Romulus, et Macrobe (*Sat.*, I, 15) les distingue nettement, car il dit que l'une est voisine de l'autre. Quant à supposer, comme le fait Becker (*Handb.*, p. 402), que l'existence d'une cabane de Romulus au Capitole repose sur un malentendu, c'est une proposition insoutenable en présence de ce témoignage de Macrobe et des passages de Virgile, de Sénèque, de Martial, de Vitruve, qu'il cite lui-même.

[2] Den. d'Hal., I, 87.

[3] Tac.. *Ann,*, XIII, 58.

de traces des anciens cultes sabins. On pourrait l'appeler une succursale sabine du Quirinal.

Une rue de l'Aventin portait le nom du dieu sabin Fidius[1]. Au pied de l'Aventin, près du temple de Cérès, était un temple de la Lune[2], à laquelle un autel avait été élevé par Tatius[3], ainsi qu'au Soleil. C'étaient, sans compter les personnifications de ces astres, Jana ou Diana et Janus, deux vieilles divinités sabines. Sur l'Aventin, le temple de la Lune était au bas de la montée appelée Clivus Publicius, qui est encore celle qui conduit à Sainte-Sabine. On le voit par l'histoire de la fuite de C. Gracchus[4].

Ces deux temples étaient près du grand cirque.

Jupiter était honoré sur l'Aventin avec deux divinités sabines, Junon et Minerve, comme il l'était sur le Quirinal, dans l'ancien Capitole, et comme il le fut depuis dans le nouveau[5].

C'est sans doute parce que Junon avait un ancien sanctuaire sabin sur le mont Aventin, qu'après la prise

---

[1] *Bas. Capit.*, xiii, reg.

[2] Tit. Liv., xl, 2.

[3] Varr., *De l. lat*, v, 74.

[4] C'est à ce temple de la Lune que désigne le *Janium* dont parle Orose (*Hist.*, v, 12), et non le temple de Diane, comme l'a cru M. Preller (*Röm. Myth.*, 282).

[5] L'association de Junon avec Jupiter et Minerve, pareille à celle que nous a présentée l'ancien Capitole sabin sur le Quirinal, doit faire supposer que le culte de Junon sur l'Aventin remonte de même au premier établissement des Sabins.

de Veies on y porta la statue de la Junon de Veies, de la Junon Falisque, qui était la Junon d'Argos.

Le culte de Minerve sur l'Aventin était vraisemblablement dans l'origine un culte sabin; car Minerve est une déesse sabine [1].

Au mois d'octobre, on célébrait sur l'Aventin une fête toute sabine, près du tombeau de Tatius [2]; elle avait pour objet la purification des armes.

Les idées de purification, comme de pureté, étaient à Rome des idées sabines. Cette fête de la purification des armes, tout empreinte d'un caractère martial, avait lieu dans le mois où l'on immolait un cheval au dieu sabin de la guerre; elle était accompagnée de danses guerrières [3], dans lesquelles on portait les boucliers sacrés appelés ancilia.

Dans tout cela, il est impossible de méconnaître un culte sabin ancien, et, par suite, une preuve de la présence des Sabins sur l'Aventin [4].

[1] Outre les raisons que j'ai données plus haut, Minerve était identifiée avec Nério, déesse sabine. (Porph. *ad Horat. ep.* II, 2, 209.) C'était une déesse vierge, ce qui convient à l'austérité sabine. C'était la déesse de l'intelligence, des arts et des artisans, dont les confréries se rassemblèrent toujours dans son temple de l'*Aventin*, et la fondation de la première confrérie d'artisans est attribuée au *Sabin* Numa. Minerve était honorée chez divers peuples de la famille sabellique (Ambrosch, *Stud.*, p. 151; Prell., *Röm. Myth.*, p. 258), d'où elle a passé chez les Étrusques. (O. Müller, *Etr.*, II, p. 48.)

[2] Plut., *Romul.*, XXIII.

[3] Lyd., *De Mens. Mart.*, VI.

[4] Le théâtre de ces danses était dans le voisinage de Saint-Alexis,

Il y eut aussi sur l'Aventin un culte de Diane antérieur au temple que Servius Tullius érigea à cette déesse, et dont il fit le centre de la confédération latine. Ce culte dut être primitivement fondé par les Sabins; car Diane était, comme Minerve, une déesse sabine[1] et sabellique[2].

Le temple de Diane s'élevait sur la pente de l'Aventin qui regarde le Palatin[3], au-dessus de la vallée des Myrtes, dont l'abondance en ce lieu fit donner à la déesse qui y était honorée le nom de Myrtea, la Vénus des Myrtes.

où l'on a trouvé une inscription qui se rapporte à la *purification des armes* (*armilustrium*). (Voyez Becker, *Handb.*, p. 450.) Ce qui détermine en même temps le lieu où la tradition plaçait le tombeau de Tatius, et le grand bois de laurier (*lauretum majus*), dans lequel était ce tombeau. (Varr., *De l. lat.*, v, 52.) Ce lieu, le plus élevé de la colline et où fut le temple de Junon, devait être le centre de l'établissement sabin sur l'Aventin.

[1] Voyez Varron, *De l. lat.*, v, 74. *Diana* ou *Jana* était la lune, comme l'indique son nom formé du nom de Janus, qui était le soleil. Varron emploie le mot *Jana* en ce sens, quand il dit : Jana qui *croît et décroît*. (Varr., *De R. Rust.*, i, 37; *De l. lat.*, v, 68; Macr., *Sat.*, i, 9.)

[2] Le culte de Diane se retrouve chez plusieurs peuples sabelliques, chez les Herniques, à Agnani, où il y avait un bois sacré de Diane (Tit. Liv., xxvii, 4); chez les Èques, dans le célèbre sanctuaire du mont Algide, cette forteresse naturelle qu'on les voit occuper sans cesse durant leurs guerres contre les Romains. (*Abek. Mittel it*, p. 215; Hor., *Carm. Sæc.*, 59.)

[3] Une épigramme de Martial (*Ep.* vi, 64, 12) démontre que le temple de Diane était voisin du Cirque. On ne peut donc, je crois, placer ce temple aussi haut et aussi loin du Cirque qu'on le fait d'ordinaire, dans le voisinage de *Santa-Prisca*.

Mais auparavant cette déesse s'appelait Murcia, ce qui était, je crois, un nom sabin [1].

Nous trouvons donc les Sabins dans la vallée où fut plus tard le grand Cirque, et où l'autel souterrain du dieu sabin Consus nous les a déjà montrés.

A l'entrée de cette vallée était le temple de Cérès, dans un lieu consacré plus anciennement au culte de Dèmèter Pélasge qui, chez les Sabins, était devenu Cérès [2].

Cérès était certainement, comme Vesta, avec laquelle on la confondait [3], une déesse honorée par les Sabins; car, dans leur langue, Cérès voulait dire pain [4]. Son culte fut donc primitivement sabin, et le

---

[1] Les étymologies qu'ont proposées les auteurs latins me semblent si peu plausibles (Serv., *Æn.*, viii, 636; Pomponius ap. Aug., *De civ. D.*, iv, 16), que je ne puis les expliquer que par un mot sabin, **murcus**, qu'on donne pour un nom de l'Aventin et qu'ils n'auraient pas compris. De plus, les terminaisons en *cus*, comme Cupen*cus*, et surtout en *rcus*, comme mane*rcus*, sont souvent des terminaisons sabines.

[2] Elle formait, avec deux autres divinités, *Liber* et *Libera*, une triade qui n'était autre que la triade de la Samothrace, composée de Déméter, Dionysos et Cora. Liber et Libéra étaient des puissances fécondatrices, dont le rapport avec la religion sabine est établi par cette circonstance qu'une de leurs fêtes, les *liberalia* du printemps, qui s'appelaient aussi *Agonia* dans les livres des *Saliens* (Varr., *De l. lat.*, vi, 14), se célébrait le 17 mars, au milieu des processions guerrières des Saliens. (Prell., *Röm. Myth.*, p. 444.)

[3] Cornutus, *De Nat. Deor.*, xxviii.

[4] Serv., *Georg.*, i, 7. Son nom pouvait venir aussi d'un mot sabin, *Cerus*, créateur, qui produit, et se rapporter à des idées de fécondation.

lieu où ce culte fut établi occupé par les Sabins.

Le nom de deux portes placées au pied de l'Aventin, la porte Nævia au sud et la porte Capène à l'orient, nous montrent les Sabins de deux côtés de l'Aventin, qu'ils entouraient tout entier. Le nom de la porte Nævia est sabin[1]; le nom de la porte Capène est celui d'un peuple sabin[2], ou au moins à demi sabin, les habitants de Capène, colonie de Veies. Sans doute ces hommes de Capène étaient venus avec ou avant Tatius, et s'étaient domiciliés en cet endroit auprès des Sabins qui habitaient alentour du bois des Camènes et de la source d'Égérie, comme d'autres Capénates vinrent s'établir à Rome après la guerre contre les Gaulois.

Le voisinage du temple de Mars, situé à peu de distance de cette porte, ne nous étonne pas, puisque nous savons que le culte de Mars était un culte sabin. Ce temple était celui de Mars Gradivus[3], Mars qui mar-

[1] Nævius était l'un des noms du fameux augure *Attus Nævius;* son autre nom prouve qu'il était Sabin. Attus, Attius, Accius, sont diverses formes latinisées du mot sabin *Atta*, prénom d'Atta Clausus ou Claudius, chef de la puissante tribu des Claudius, qui vint de la Sabine s'établir sur le territoire romain.

[2] La porte Capène ne peut devoir son nom, comme on l'a dit, à la ville de Capoue et à la Campanie, vers laquelle conduira un jour la voie Appienne encore à naître; car, à l'époque où l'on ouvrit dans le mur de Servius la porte Capène, Capoue s'appelait Vulturnum, et le nom, que les Samnites donnèrent plus tard à leur conquête, n'existait pas.

[3] Mars gradivus est la transcription latine de *Marte Crapufi* ou *Gra-*

che. On l'avait placé hors de la porte comme pour indiquer le premier pas du dieu à la conquête du monde.

Enfin c'était du temple de Mars qu'on traînait et roulait la pierre Manalis[1] dans les temps de sécheresse pour avoir de la pluie. Les matrones suivaient pieds nus.

Cette procession, très-pareille à celle qu'on fait à Rome en pareil cas, devait remonter aux Sabins; car, dans leur langue, la pierre Manalis voulait dire la bonne pierre[2].

Voilà donc les Sabins sur l'Aventin et tout autour de l'Aventin. De plus, on se souvient que le nom de cette colline est dérivé de celui d'un fleuve du pays sabin[3]; on peut donc croire qu'il fut lui-même sabin. Aussi disait-on que les Sabins y avaient été établis par Romulus[4]. Je crois qu'ils y étaient avant Romulus. Du reste, nous connaissons déjà le style officiel de l'his-

---

bovei des tables ombriennes (Müller, *Etr.*, I, p. 51), ce qui achève de donner à Mars le caractère d'un dieu sabellique. Le temple de Mars était à un mille et demi de la porte Capène, à gauche. (Can. *R. ant.*, 59.)

[1] Paul Diac., p. 128 ; Serv., *Æn.*, III, 175.

[2] On faisait dériver ce mot de *manare*, couler, à cause de l'usage superstitieux pour lequel on l'employait. Mais nous savons (Paul Diac., p. 128) que la pierre manalis était celle qui recouvrait le Mundus et fermait la porte par où les mânes venaient à la lumière; le nom des mânes lui-même était, par un euphémisme dont j'ai parlé, dérivé du mot sabin *manus, bon.*

[3] Voyez p. 235.

[4] Varr., *ap.* Serv., *Æn.*, VII, 657.

toire romaine; nous savons ce qu'il faut penser de ces concessions du faible au fort. Les Sabins n'avaient pas attendu Romulus pour s'emparer de l'Aventin, et s'y établirent, je crois, d'eux-mêmes [1].

Les Sabins n'avaient pas d'éloignement pour cette colline, que des raisons de famille ou que plutôt d'anciennes luttes de ville à ville rendaient odieuse à Romulus et à ses sujets. Ce fut lorsque l'ascendant romain prit le dessus par des causes que nous dirons, mais nous n'en sommes pas encore là, ce fut alors seulement que le vieux sentiment d'hostilité de Romulus contre Rémus, de Roma contre Romuria, du Palatin contre l'Aventin, reparut.

En revenant de l'Aventin vers le Tibre, nous ne sortirons point d'un territoire dans l'origine exclusivement sabin; nous rencontrerons le Terentum, que nous avons reconnu pour tel, et non loin de là, dans le marché aux bœufs, le temple de Matuta [2]; dans le marché aux légumes, le temple de l'Espérance [3].

Matuta fut, je n'en doute pas, une divinité sabine, dont le nom, dans cette langue, voulait dire la très-bonne [4].

---

[1] Voyez chapitre ix.

[2] Le temple de Matuta était dans le Forum Boarium (Tit. Liv., xxxiii, 27), en dedans de la porte Carmentale. (*Ibid.*, xxv, 7.)

[3] Le temple de l'Espérance était dans le Forum Olitorium, en dehors de la porte Carmentale (*Ibid*, 47), vers le théâtre de Marcellus.

[4] Matrem matutam antiqui ob bonitatem appellabant (P. Diac., 122), et (125), mana bona dicitur. *Matuta* était un dérivé de *mana*, pour *man-*

Son temple était ancien, car il fut réédifié par Camille¹ ; son culte devait être un culte sabin, car on le retrouve en pays sabellique².

On crut reconnaître dans Matuta une déesse grecque, Leucothoé, à cause d'un usage singulier et commun au culte des deux divinités : celui d'interdire l'entrée de leur temple aux femmes esclaves, sauf une que l'on battait³. Si cette ressemblance n'était pas l'effet du hasard, ce qui, du reste, serait étrange, elle doit remonter au fond commun de la religion pélasgique.

Ayant fait de Matuta une Leucothoé, il lui fallait un fils qui répondît au jeune dieu Palémon. On l'avait trouvé en donnant Matuta pour mère à Portunus, dont le temple était tout proche, vers l'Emporium ou port marchand de Rome⁴, et que, pour cette raison, l'on avait transformé en dieu des ports, tandis que, dans l'origine, ce dieu, qui, par la clef qu'il tient, ressemble à Janus⁵, n'était que le dieu des Portes. Il y a eu à Rome des portes avant qu'il y eût un port.

tuta, probablement un superlatif sabin analogue au superlatif grec en *tatos-a*. Janus s'appelait *Matutinus*, ce qui ne voulait pas dire *matinal*, mais *très-bon*.

¹ Tite Live (v, 19, 23).

² A Satricum et à Cora, chez les Volsques (Merk., Ov., *Fast.*, p. ccxvi); en Ombrie, en Campanie. (Prell., *Röm. Myth.*, p. 285.)

³ Plut., *Quæst. rom.*, xvi.

⁴ In portu Tiberino (Varr., *De L. lat.*, vi, 19), à côté du pont Sublicius, Portuno ad pontem. (Cal., *Amit.*, 17 august.)

⁵ Fest., p. 56.

Quant à l'Espérance, qui avait un temple près de là, mais en dehors de la porte Carmentale [1], dans le marché aux légumes, je suis bien tenté de voir en elle une déesse sabine. D'abord c'est une abstraction, comme la Santé, la Bonne Foi, la Jeunesse, la Volupté, la Douleur, objets de l'adoration des Sabins, peuple grave, réfléchi, et de bonne heure porté au culte des êtres abstraits.

De plus, l'Espérance était invoquée avec des divinités que nous avons reconnues pour sabines [2].

Enfin, si l'on remonte à l'idée primitive de l'Espérance divinisée, on trouve cette idée moins générale qu'il ne semblait d'abord : c'est l'espérance de la récolte, à laquelle Tibulle demande d'accorder en abondance les fruits de la terre et les dons de Bacchus [3]. L'Espérance ne fut dans l'origine qu'un autre nom de Flore, et,

---

[1] Voyez plus haut, p. 432.

[2] *Supplicatio Spei* et *Juventæ* (Grut, 1075)... te *Spes* et... *Fides* colit. (Hor., *Carm.*, I, 35, 21.) On l'identifiait avec Venilia, épouse de Janus. (Aug., *Civ.*, IV, 11.) Voyez Merkel, Ov., *Fast.*, p. 187.

[3] Tib., I, I, 9. L'Espérance est représentée, tenant des *épis*, sur un bas-relief qui lui est dédié par un portier du temple de Vénus, dans les jardins de Salluste. (*Gruter Inscript.*, p. MLXXV.) On sait que les statues de l'Espérance se reconnaissent à cette fine indication des vœux rapides de l'Espérance, qui consiste à la montrer soulevant légèrement sa robe pour courir plus vite. Il y a une telle statue de l'Espérance au Vatican. (Bracc. Nuov., 94.) D'après ce qui précède, je serais porté à croire que la célèbre Flore Farnèse de Naples, qui, elle aussi, soulève légèrement sa robe, en même temps qu'elle est une Flore est une *Espérance*.

comme elle, se rattachait à la religion des puissances fécondantes de la nature, enseignée aux Sabins par les Pélasges, et qu'attestait sur le Quirinal le temple de Flore. Ainsi comprise, la déesse Espérance était une déesse des Jardins, bien naturellement placée dans le marché aux légumes. Il est à remarquer qu'un temple fort ancien, car il s'appelait la *Vieille Espérance* (Spes Vetus), existait loin de là, vers la porte Majeure, dans un quartier qui fut toujours à Rome le quartier des Jardins et l'est encore. Je ne crois pas aller trop loin en disant que l'Espérance était vraisemblablement une déesse sabine, et que ses deux sanctuaires, l'un dans le marché aux légumes, près de la porte Carmentale, l'autre sur l'Esquilin, vers la porte Majeure, font supposer que ces deux endroits très-éloignés ont été dans l'origine habités par les Sabins. Nous savons, du reste, par d'autres témoignages, qu'ils ont occupé l'Esquilin.

Nous avons aussi d'autres preuves de leur habitation aux environs de la porte Carmentale. C'est d'abord la porte Carmentale elle-même, et, près de cette porte, le culte de Carmenta rattaché aux Sabins par ce nom de Carmenta [1], qui est celui des Camènes sabines et d'Égérie. C'est ensuite un temple de Janus

---

[1] Antiquæ vates *Carmentes* dicebantur. (Serv., *Æn.*, vııı, 336.) D'où *Carmenæ, Casmenæ, Camenæ*. La fête de Carmenta se célébrait le même jour que celle de la nymphe sabine Juturne, aimée de Janus. (Ov., *Fast.*, ı, 463.)

qui était tout près[1]. Partout où a été Janus ont été les Sabins.

Terminons notre exploration, et, si l'on me permet de le dire, notre résurrection de la Rome sabine. La fouille a été laborieuse, mais il me semble qu'elle a réussi.

Dans l'île du Tibre, où le culte du dieu Faunus rappelait la présence des plus anciens habitants du Latium, le culte du dieu sabin Sancus nous atteste celle des Sabins. Une inscription placée à la base d'une statue de Sancus[2] qui existait encore dans les premiers siècles du christianisme, a fait commettre aux auteurs ecclésiastiques une erreur singulière; ils ont cru que l'inscription qui portait ces mots : *Semoni Sancto*[3], se rapportait au magicien Simon, lequel, ayant tenté, par son art diabolique, de s'élever dans les airs, fut précipité, suivant la tradition, par les prières de saint Pierre, et tomba au pied du Capitole.

[1] Jano templum, quod apud Forum Olitorium... (Tac., *Ann.*, II, 49.) La fondation de ce temple est attribuée à Numa, par Servius. (*Æn.*, VII, 607.) Janus avait à Rome deux temples, l'un était auprès du bois Argiletum, c'est celui dont il a été question dans le chapitre précédent, l'autre, près du théâtre de Marcellus. Servius a eu le tort de les confondre.

[2] Eusèb., *Hist. eccl.*, II, 13. Cette statue fut dédiée par Sextus Pompée, mais il devait y avoir là quelque ancien sanctuaire de Sancus, car sans cela, qui au septième siècle de Rome aurait pensé à l'obscur dieu sabin? J'en dirai autant du temple de Faunus et de celui de Véjovis.

[3] On trouve des dédicaces semblables *Semoni sancto*, avec l'addition *fidio*, dans plusieurs inscriptions. (Prell., *Röm. Myth.*, 637.)

Il est bien reconnu aujourd'hui que *Semoni Sancto* veut dire : au Semon Sancus[1], et que la statue n'était point celle d'un magicien, mais celle d'un personnage divin honoré par les Sabins.

S'il y a *Sancto* dans l'inscription, c'est qu'on disait également Sancus et Sanctus[2].

Ce dernier mot, destiné à tenir une si grande place dans la langue religieuse des chrétiens, est sabin d'origine[3].

Un autre dieu sabin, ou du moins emprunté par les Sabins aux Étrusques, avait un sanctuaire dans l'île du Tibre : c'était ce Vejovis, ce Jupiter funeste, auquel avait été consacré par Tatius un autel, et qui avait un temple sur le Capitole.

Les Sabins placèrent sans doute dans l'île le sanctuaire de Vejovis pour qu'il protégeât de ses flèches, de ses foudres, de sa formidable puissance de dieu infernal les Sabins qui l'habitaient, et menaçât les pirates étrusques, contre lesquels un roi sabin, Ancus Martius, fortifia plus tard le Janicule, qu'il réunit à la ville.

J'ai remarqué qu'au moment de la guerre entre Romulus et Tatius, il n'est nullement question de l'éta-

---

[1] *Semo*, mot sabin, dieu ou demi-dieu. (Merk., Ov., *Fast.*, p. ccix.)

[2] Aug , *De Civ. Dei*, xviii, 19.

[3] On le retrouve dans *Amsanctus*, nom d'un lac du pays des Hirpins que ses eaux sulfureuses avaient fait regarder comme sacré, *amnis sanctus*.

blissement sabin sur le Janicule, ce qui m'a fait penser qu'alors le Janicule avait été repris par les Étrusques; il était redevenu sabin sous Ancus Martius, quand ce roi l'entoura de murailles, et par là le réunit à la ville. Mais n'avait-il pas été reconquis par les Sabins dès le temps de Numa?

La tradition, qui plaçait le tombeau de ce roi sur le Janicule, semble indiquer que les Sabins l'avaient repris avant sa mort, ou du moins ne l'avaient pas entièrement abandonné.

L'occupation du Janicule suppose celle du Transtevère, où les Sabins sont indiqués par le culte d'une déesse sabine, Furina[1], dont le bois sacré vit tomber le second Gracchus.

D'après ce que nous venons de voir, les deux peuples étant séparés, l'un ne paraissant pas où l'autre se montre, il faut renoncer à la fiction, en elle-même si invraisemblable, des deux rois régnant de concert sur les deux populations, confondues en une seule.

Ces deux peuples parlaient un dialecte différent. Chacun avait sa religion particulière.

Je crois que les uns étaient bruns et les autres

---

[1] Furina est associée à Mania, la mère des mânes, dont le nom est sabin. (Mart. Capella, II, 164.) Son nom à elle-même veut dire la *Noire* (Furva). (Prell., *Röm. Myth.*, p. 48.) Elle est un de ces personnages sombres et infernaux de la mythologie sabine. C'était une déesse antique au temps de Cicéron (*De Nat. deor.*, III, 18), qui, ne la connaissant plus, la confondait avec les furies.

blonds ¹. La tradition ne rapporte aucun fait qui montre une action commune des deux rois, sauf une guerrre insignifiante et pour moi très-douteuse.

Que doit-on conclure de tout ce qui précède?

La tradition ne sait rien de Romulus hors du Palatin, si ce n'est sa mort. Cette fois seulement, les Romains sont sortis de chez eux, et cela ne leur a pas réussi ². Depuis ce moment on n'entend plus parler des hommes du Palatin.

Je ne croirai au gouvernement des Sabins et des Romains par deux rois unis comme les deux peuples que lorsque l'on m'aura montré soit des traces un peu considérables des Sabins sur le Palatin après Romulus, soit des traces anciennes et nombreuses des Romains sur les autres collines, ou si le Capitole est

¹ Cette idée m'est venue à Saint-Pierre en voyant les femmes de la Sabine qui, le jour de Pâques, y arrivent par bandes. Elles m'ont semblé en général être blondes et ne pas offrir dans leurs traits le type latin des Romaines et des femmes d'Albano. Alors j'ai remarqué que Sylla, un Cornélius, famille sabine, avait les yeux bleus; qu'un de ses aïeux s'appelait *Rufin*us. (Plut., *Syll.*, I, 2) ; que le radical de *Flav*us, qui veut dire blond, se trouvait dans le nom des *Flav*iens, venus de la Sabine, dans les Campi *Flav*ini, qui étaient en pays sabin; qu'on vantait la belle chevelure blonde de la race de Constantin, issue des Claudius; que *Flavius*, *Rufus* (roux) étaient des noms fréquents dans les familles sabines; et ma conjecture m'a semblé plausible.

² Je conçois la ville sabine et la petite ville romaine comme deux cités séparées; telle était Emporion, en Espagne, dans laquelle la population grecque, colonie des Phocéens, habitait un quartier entouré d'un mur, et les indigènes un autre quartier. (Strab., III, 4, 80.)

jamais soudé au Palatin comme il l'était au Quirinal.

Jusque-là, il y aura pour moi deux villes en présence, dont l'une était sans union et sans égalité politique avec l'autre, comme sans proportion.

Quand, du haut de la tour du Capitole, on compare leur étendue et celle de la Sabine à l'horizon, on ne peut s'empêcher de trouver risible l'assertion des auteurs anciens, que Romulus a admis les Sabins à faire partie du peuple romain[1]. C'est comme si la république de Saint-Marin admettait dans son sein la légation de Rimini.

Je demande grâce au lecteur pour la course que je lui ai fait faire. Sa patience ne sera plus mise à pareille épreuve; mais il fallait découvrir la Rome sabine, et qui veut découvrir une antiquité doit se donner la peine de la déterrer.

Le titre et le plan d'une *Histoire romaine à Rome* exigeait surtout la démonstration de l'inégalité matérielle de la ville sabine et de la ville romaine.

C'est dans un autre ouvrage consacré spécialement aux *origines romaines* que je développerai toutes les conséquences historiques de ce fait que l'étude com-

---

[1] Servius (*Æn.*, vii, 635) dit, d'après Varron, que Tatius fut admis à faire partie de la cité, et il trouve très-naturel qu'à la suite de cette admission les Romains aient pris le nom des Sabins. Conséquence singulière qui semble n'avoir étonné personne, et qui était cependant assez extraordinaire. Un pareil fait, du reste, est si étrange que Servius (*Æn.*, i, 6, xii, 827), à propos des Troyens, qui auraient pris le nom de Latins, cherche à l'expliquer; mais du moins les Latins étaient en majorité.

parée des lieux m'a révélé. Mais je dois indiquer sommairement ici que ce qui devait être arriva, que la tribu fut soumise à la nation, et que la petite ville dépendit de la grande.

Désormais cette dépendance des Romains ne pourra plus nous suprendre. Pour moi, quand je considère ce qu'étaient les Sabins à Rome et hors de Rome avec ce qu'était l'Oppidum du Palatin, je n'admire pas que celui-ci ait subi la suprématie de ceux-là ; j'admire qu'ils l'aient laissé subsister.

Mais à cette époque un siége était une chose difficile, je dirai même une chose rare. On ne voit point de siége en règle avant celui de Veies. Les villes qu'on prend ne sont pas même en général emportées d'assaut. Le plus souvent, on force l'ennemi à rentrer dans ses murs, et on y entre avec lui en profitant du désordre de sa fuite. Une population résolue, derrière des murs étrusques, ayant des troupeaux et de l'herbe pour les nourrir, pouvait tenir longtemps, faire éprouver de grandes pertes aux assiégeants, et il n'y avait pas beaucoup de profit à la prendre. Les Sabins préférèrent faire, avec les vaillants défenseurs du Palatin, un arrangement où tout l'avantage était de leur côté.

La différence de condition entre les deux villes répondit, il ne pouvait pas en être autrement, à l'inégalité d'étendue et de puissance.

La première preuve en est dans ce nom de *Quirites*,

ce qui veut dire *Sabins*, imposé à la population latine et accepté par elle. *Quirites* est même devenu l'appellation emphatique des citoyens romains jouissant de tous leurs droits, par opposition aux soldats soumis au commandement militaire (imperium). *Quirites*, c'était donc comme citoyens, et, si l'on veut, comme bourgeois. Or, que les Romains en soient venus à se désigner eux-mêmes par le nom national d'un peuple étranger, cela ne me semble pouvoir s'expliquer que par la suprématie de ce peuple. Les Bretons se sont appelés Saxons et Anglais; les Gallo-Romains, Français; les Italiens, Lombards; les Neustriens, Normands : parce que les Saxons et les Angles, parce que les Francs, parce que les Lombards, parce que les Normands étaient les maîtres du pays.

Servius [1] dit avec beaucoup de raison : Nous savons que les vaincus reçoivent le nom du vainqueur. C'est ce que n'a paru savoir aucun des historiens de Rome.

Il y a plus, la formule officielle fut celle-ci : Le peuple romain *des Sabins* (Populus Romanus Quiritium).

Cela ne peut vouloir dire que deux choses : ou le peuple romain qui appartient aux Quirites, c'est-à-dire aux Sabins, ou le peuple romain qui est composé de Quirites, c'est-à-dire de Sabins. La première interprétation est fâcheuse pour la fierté romaine; la se-

[1] *Æn.*, 1, 6. Novimus quod victi victorum nomen accipiunt.

conde le serait encore plus¹. L'une établit l'assujettissement de la nationalité romaine; la seconde emporterait l'effacement complet de cette nationalité.

C'est la première qui est la vraie. Dans la formule qui marque le mieux la dépendance des Romains, les Romains sont nommés : *Populus Romanus*, le peuple de Rome, les hommes du Palatin, où était la forteresse Roma, comme les habitants des douze villes de la confédération étrusque sont appelés les douze peuples de l'Étrurie. Ce fait topographique ne préjuge rien sur leur importance politique. Mais le dernier mot de la formule (*Quiritium*) montre que ces hommes de Roma dépendaient ou au moins relevaient des Sabins.

Ce génitif peut se traduire par un adjectif : la *Rome des Sabins*, c'est la *Rome sabine*. La Rome sabine est aux Sabins comme l'Inde anglaise est aux Anglais.

¹ Je sais bien qu'on trouve la même formule énoncée d'une manière moins humiliante pour les Romains, *Populus Romanus Quirites*. Mais c'est toujours le nom des *Sabins* donné aux Romains, ce sont toujours les Romains appelés Sabins, les Romains qui sont des Sabins, à moins qu'on ne suppose avec Niebuhr que *Populus Romanus Quirites* est pour *Populus Romanus et Quirites*, mais c'est une supposition ; d'ailleurs, on trouve aussi *Quirites* et *Romani*. Quand, plus tard, on a écrit : *et Quirites*, toute notion du rapport primitif des deux peuples avait disparu ; mais il suffit d'avoir la preuve que ce rapport a existé. Après qu'eut cessé l'assujettissement qu'indiquait cette formule, si on l'employa encore, ce fut par habitude et sans en comprendre le sens. Sur un nummus que M. le duc de Luynes croit frappé sous Servius Tullius, il lit : *Roma Curi*, Roma Curitium. (*Numm. de S. Tullius*, p. 46.)

Ainsi l'on dit encore d'une partie de l'Italie heureusement bien réduite : l'Italie autrichienne. Je ne dis pas que la similitude soit complète, mais l'analogie est grande.

Dans le langage officiel, les Vénitiens sont des Autrichiens; quand leur joug sera brisé, plus fiers en cela que les Romains d'autrefois, ils ne continueront pas, je pense, à s'appeler les Italiens d'Autriche.

A Rome, un autre fait bien remarquable, c'est que le droit quiritaire est le droit par excellence, le droit qui régit les citoyens entre eux, de propriété absolue : *optimum jus* [1].

Ce droit de possession absolue, appelé droit quiritaire, est le droit de la lance. La lance (*quiris*) est à Rome le signe de la possession légitime (*signum justi dominii*). C'est sous la lance qu'on vendait les *choses* parmi lesquelles étaient les esclaves. On coupait les cheveux à la jeune épouse avec une lance [2]; car, une fois mise dans la main du mari, elle devenait la chose du mari, et cette cérémonie se faisait, disait-on, en mémoire de l'*enlèvement des Sabines*.

---

[1] Quod domini quiritarii re usucapta vacui essent a litibus, et unde *jure optimo* possidere dicebantur. (Hennecius, *Ant. juris romani*, p. 30. Le droit quiritaire est opposé au *droit latin;* Ulp., *Fragm.*; *Tit.*, III, p. 15.)

Ego hunc hominem jure Quiritium liberum esse aio.

Ego hunc hominem jure Quiritium meum esse aio. (Hennecc., *Ant. juris romani*, p. 143; Plut., *Quæst. Rom.*, 87.)

[2] P. Diac., p. 62.

La lance est donc à Rome le symbole de l'autorité. Or la lance est sabine; son nom est le nom même du peuple sabin.

Enfin une ligne de Festus est accablante pour l'orgueil romain. Il dit que les Sabins appelaient les Romains *esclaves*[1].

De ces conditions de séparation, de minorité et, par suite, de dépendance vis-à-vis des Sabins qui résultent de la nature des choses et des lieux, découlent une infinité de conséquences pour toute l'histoire de Rome. Il faut s'attendre à y trouver la place et le rôle des Sabins beaucoup plus considérables qu'on ne le croit communément.

[1] Romanos enim *vernas* appellabant (372). *Verna* désigne les esclaves nés dans la maison, esclaves de naissance, par opposition à ceux qui avaient été pris dans la guerre. Le reste du passage de Festus se rapporte à une défense faite aux Sabins, par Numa, de tuer ou d'enchaîner les Romains, et est assez obscur, mais ce que j'ai cité ne l'est point. *Verna* correspond au mot espagnol *criado*, qui, transporté des domestiques aux maîtres, est devenu le nom des *Créoles*. *Vernaculus*, diminutif de *verna*, et qui a le même sens, est, selon Ménage, l'origine de *laquais*. Il est vraiment heureux pour les Romains que l'étymologie de Ménage n'ait été goûtée. Je sais bien qu'on entendait par *verna* le natif, l'habitant. (Non. Marcell.. 43; Lyd. *de Mens. Febr.*, iv, p. 72.) Mais il reste toujours à expliquer comment l'expression qui avait ce sens dans l'origine en a pris un aussi fâcheux. Et habebatur nomen hoc pro vitabili maledicto. (Non., *ib.*) *Manant* aussi voulait dire d'abord *habitant*, mais la signification défavorable donnée à ce mot prouve l'infériorité de ceux qu'on appelait ainsi. De même *vernacula* resta synonyme de *grossier*. Eruditio vernacula ac plebeia, nihilque ex veterum scriptis habens neque gratiæ neque dignitatis. (Gell. *Noct. Att.*, xii, 2, 1.)

Comme le disait Caton [1], les Romains ont beaucoup emprunté aux Sabins; sans parler des emprunts de détail [2], d'abord leur religion presque tout entière, en grande partie leur organisation politique et l'organisation de la famille, des coutumes, des cérémonies.

Il y a plus, la population primitive de Rome étant sabine en grande majorité, la plupart des familles le furent nécessairement, et, par suite, la plupart des hommes qui ont joué un rôle dans l'histoire romaine sont d'extraction sabine. Enfin, ce qu'on appelle la langue latine contient une forte dose d'éléments sabins.

On conçoit l'étendue de cette influence quand on songe que les Sabins, beaucoup plus nombreux, étaient une nation antique, et à laquelle on reconnaissait des vertus que son contact prolongé avec les Étrusques avait commencé à civiliser.

Il y avait là des races; il pouvait y avoir une famille constituée et le germe d'une société réglée. L'idée de l'autorité patriarcale du père de famille [3] et de la majesté de patriciat y pouvait naitre, tandis que rien de

---

[1] Sabinorum etiam morem populum Romanum secutum esse Cato dicit, et quorum disciplinam *victores?* Romani in multis secuti sunt. (Serv., *Æn.*, viii. 638.)

[2] Romulus, dit Plutarque, emprunta aux Sabins leurs boucliers et leur armure. L'usage des anneaux a la même origine. Voyez chapitre xiv, à propos des *chevaliers* qui portaient l'anneau, et que je crois d'institution sabine.

[3] A moins qu'on n'ait recours à la singulière explication d'Hegel,

pareil ne pouvait se produire chez les aventuriers du Palatin, qui, ainsi que le disait un patricien des plébéiens, pour la plupart ne savaient pas le nom de leur père (*nec patrem ciere possunt*).

La nature de cet ouvrage ne comporte point la recherche approfondie de ces influences des Sabins sur la religion, les institutions et la langue des Romains.

Tout cela sera discuté, et, j'espère, démontré dans l'ouvrage dont je viens de parler.

On y verra qu'à Rome presque rien ne fut d'origine romaine, et qu'en retranchant du développement romain tout ce qui appartient aux Étrusques, surtout aux Sabins, et ce que les Grecs y ajoutèrent plus tard, il reste fort peu de chose.

Mais tout cela est devenu romain. Il y avait dans cette poignée de Latins campés sur leur étroite colline une énergie extraordinaire. Grâce à cette énergie native, grâce à des circonstances que nous indiquerons, la molécule romaine a fini par tout absorber.

Je vois sur le Palatin une petite plante dont le germe y est par hasard tombé, qui, douée d'une vitalité singulière, s'est assimilé tous les éléments à sa portée, et, fortifiée par cette assimilation puissante, a grandi, a poussé des rameaux, et a fini par être un arbre immense qui a couvert le monde.

qui fait dériver l'organisation si forte de la famille chez les Romains de leur condition de brigands. (Schwegler, *Röm. Gesch.*, I, 246.)

XIV

TULLUS HOSTILIUS

Tullus Hostilius est un roi sabin. — Guerre d'Albe. — Le combat des Horaces et des Curiaces, les uns et les autres Sabins ; leurs tombeaux. — Meurtre d'Horatia. — Jugement de Marcus Horatius, Pila Horatia. — La poutre de la Sœur, lieu de l'habitation de la famille Horatia. — Bataille contre les Véiens et les Fidénates. — Destruction d'Albe. — Les Albains sur le Cælius. — César est Latin. — La Curia Hostilia, origine sabine des curies. — Guerre contre les Sabins expliquée. — Tullus Hostilius d'impie devient dévot. — Il veut attirer la foudre et périt. — Autre version de sa mort.

Après ce qu'on a vu de la prépondérance numérique et politique des Sabins, il serait assez singulier que la royauté sabine, paisiblement reconnue sous Numa, se fût changée tout à coup en une royauté latine. Aussi le successeur de Numa fut-il un Sabin comme lui.

Tullus Hostilius descendait, selon la tradition, de la Sabine Hersilie; son aïeul, appelé aussi Hostilius, le fils d'Hostus ou de l'étranger, était venu de Medullia, où il était né, avait épousé une fille d'Hersilie¹, et avait embrassé la cause de Romulus. Il était mort, disait-on, en combattant, et il avait été enterré dans la partie la plus élevée du Forum², c'est-à-dire sur la pente de la colline appelée Velia, là où l'on plaçait la demeure de son petit-fils, celle d'Ancus Martius et la maison de Valerius Publicola, Sabin comme T. Hostilius et Ancus Martius; son origine paternelle et maternelle, ainsi que le lieu de sa sépulture, rattachent donc la famille Hostilia au peuple sabin.

Il en était de même du berceau de cette famille.

Medullia était alors une ville sabine³. Hostilius est un nom sabin⁴. Il n'est pas impossible que celui qui le

¹ Ou Hersilie elle-même. (Plut., *Rom.*, 18.)
² Den. d'Hal., III, 1.
³ Quel que soit l'emplacement précis de Medullia, sur lequel on n'est pas parfaitement d'accord, il faut le chercher certainement au delà de l'Anio, et par conséquent dans un pays qui était sabin, car la Sabine s'étendait jusque là. (Nibby, *Dint.*, II, p. 327.) Tite Live (I, 38) la nomme avec Corniculum, Cameria, Crustumerium, Ameriola, Nomentum, toutes sur la rive droite de l'Anio, toutes par conséquent en pays originairement sabin; il importe assez peu après cela que Tite Live les dise latines, et encore, ajoute-t-il, qu'au moins en partie elles étaient habitées par les *Prisci Latini*, les mêmes que les Casci dans lesquels nous avons reconnu des Sabins. (Voy. la page 112.) Peu importe aussi que Denys d'Halicarnasse fasse de Medullia une colonie d'Albe; je suis de ceux qui ne croient pas beaucoup plus aux trente colonies d'Albe qu'aux trente marcassins de la fameuse truie blanche, dont le nombre impossible, d'après l'*Histoire naturelle*, a déterminé le leur. J'en ai donné les raisons.
⁴ Hosti*lius*, Hosti-*filius;* son père s'appelait Hostus. Je trouve en 325 un Hostus Lucretius Tricipitinus, consul. Or, le père de Lucrèce s'ap-

portait ait combattu contre ses compatriotes pour les réfugiés du Palatin, dont il aurait fait partie; mais il est plus vraisemblable que le grand-père de Tullus Hostilius était tout simplement un chef sabin de l'armée de Tatius, et que, comme tel, il fut enterré dans un endroit dont les Sabins demeurèrent en possession après le combat, et où on les trouve encore établis deux siècles après, au temps de Valerius Publicola.

Le roi Tullius Hostilius lui-même était né, disait-on, dans une cabane et avait passé sa jeunesse à garder les troupeaux[1]. Ceci ne s'accorde pas très-bien avec l'importance que la tradition donnait à son aïeule et à son grand-père, avec l'établissement de celui-ci à Rome sous Romulus, et paraît une allusion à la vie rude et agreste des Sabins.

Peut-être les Hostilius étaient-ils retournés dans la Sabine, et le peuple sabin voulut-il y aller chercher un roi qui fût un vrai fils de ses montagnes.

Du reste, tout dans la vie de Tullus Hostilius montre le roi sabin[2]. La tradition plaçait sa première de

pelait Lucretius Tricipitinus; son nom, qui se retrouve dans celui du mont Lucretile, est sabin. On donnait à Numa une femme appelée Lucretia. (Pl., *Num.* 21.) Lucrèce était Sabine, je le montrerai. Ce nom *Hostus*, associé à deux noms sabins *Lucretius* et *Tricipitinus*, devait être un nom sabin.

[1] Val. Max., III, 4, 1.

[2] Je ne puis voir avec M. Preller (*Röm. Myth.*, 692) dans T. Hostilius, le destructeur d'Albe, un représentant des Albains, mais je suis tout à fait de l'avis de ce savant quand il voit en lui le descendant d'un étranger.

meure sur la Velia, au lieu où son aïeul, époux ou gendre d'Hersilie, avait été inhumé. La Velia, que maintenant on a de la peine à reconnaître, et dont le sommet est marqué par l'arc de Titus, fut dans l'origine une hauteur assez considérable pour que la maison de Valerius Publicola, qui y était située, parût menacer la liberté de la république naissante.

Hostilius s'y établit, non loin de la demeure du roi sabin Numa, et encore plus près de la porte du Palatin, pour en surveiller, comme lui, les habitants.

Tullus Hostilius continue l'œuvre de Numa. Il augmenta le nombre des Saliens [1], prêtres sabins; il perfectionna le droit fétial [2], en vigueur chez les peuples sabelliques.

Tullus Hostilius fonda le culte singulier de la Peur. Ce culte ne doit pas surprendre chez un peuple qui, comme les Sabins, élevait des autels à la Fièvre [3] et adorait le Jupiter funeste. Le temple dédié par Tullus Hostilius à la Peur et à la Pâleur, filles de Jupiter [4], était dans l'esprit de la religion sabine, qui inclinait, par un de ses côtés, vers le culte des mauvaises puissances.

Cette divinité étrange, la Peur, était la person-

[1] Tit. Liv., I, 27; Den. d'Hal., II, 70.
[2] Cic., *De Rep.*, II, 17.
[3] Le nom et le culte de la Fièvre (*Febris*) étaient liés à un ensemble de purifications étrusco-sabines; l'un des deux mois ajoutés par Numa s'appelait *februarius*.
[4] Serv., *Æn.*, VIII, 285.

nification d'une idée abstraite, ce qui est tout à fait conforme au génie de la religion des Sabins, qui divinisaient la Jeunesse, la bonne Foi, l'Espérance.

Mais ce qui dessine surtout le caractère sabin de Tullus Hostilius, c'est la guerre acharnée qu'il fit à la ville d'Albe, et qu'il termina par la destruction de cette ville, à laquelle se rattachaient les origines de la Rome du Palatin. Albe était le chef-lieu de la confédération latine. La détruire, c'était frapper la confédération au cœur et préparer l'asservissement du Latium, que le successeur sabin de Tullus Hostilius, Ancus Martius, devait en grande partie accomplir. Aussi toute cette guerre est-elle conduite par Tullus Hostilius avec une violence où respire une haine de race, haine de la race sabellique contre la race latine, que la tradition a exprimée avec une poésie farouche et vraie.

Ce sont les Albains qui déclarent la guerre. Leur roi, Cluilius, s'avance à cinq milles de Rome, aux fosses Cluiliennes [1].

---

[1] Selon Tite Live (I, 23) la *fossa Cluilia* devait son nom au roi Cluilius; Denys d'Halicarnasse dit qu'elle fut l'ouvrage de ce roi (III, 4). Elle devait être sur la route d'Albe, entre la voie Latine et la voie Appienne, entre les Sette Bassi et Roma Vecchia, à la limite du territoire albain et du territoire romain. Niebuhr affirme comme indubitable que la *fossa Cluilia* était un conduit souterrain d'un demi-mille de longueur, qui, de Grotta-Ferrata, conduit dans la campagne les eaux de la Maranna, et qui, selon lui, fut l'œuvre de Cluilius. M. Lewis (*On the credibility*, I, 454) réfute très-bien cette supposition gratuite de Niebuhr, d'après laquelle un ouvrage, que Tite Live dit ne plus exis-

Là était en effet la frontière de l'antique Rome.

C'est à une distance à peine plus considérable que, du côté de la mer, on célébrait les Terminalia, à deux lieues environ.

Voilà le commencement de la puissance romaine.

Le roi Cluilius meurt d'une mort soudaine et un peu suspecte. Tite Live donne aux Albains un dictateur; ce titre existait dans les villes italiotes, et le nom s'en conserva chez elles, même quand elles eurent perdu leur autonomie, réduit alors aux humbles proportions d'une dignité municipale. Ce dictateur s'appelait Mettius[1] Fufetius; il devint plus tard l'allié de Tullus Hostilius. Peut-être ne fut il pas étranger à cette mort subite du roi d'Albe qu'il remplaça.

La haine du roi sabin s'exalte; il menace les Albains du courroux des dieux qui a frappé leur chef, et qui les dévorera tous. Puis il exécute un coup hardi : il franchit nuitamment la fosse Cluilienne, traverse le camp des Albains, et se trouve ainsi sur leurs derrières. Le nouveau chef, intimidé, propose alors ce fameux combat dans lequel un petit nombre de guer-

ter de son temps, existerait encore. D'ailleurs la *fossa Cluilia* était plus près de Rome, car elle n'en était qu'à cinq milles. Les expressions dont se servent Tite Live et Denys d'Halicarnasse ne peuvent s'appliquer qu'à un fossé de défense.

[1] Ce nom de *Metius* ou *Mettius* est le prénom du héros sabin Curtius. Metius Fufetius pourrait avoir été un Sabin résidant à Albe, et nommé par une intrigue de Tullus Hostilius, qui lui-même peut bien avoir eu quelque part à la mort du roi albain.

riers décidera du sort des deux peuples, et qui tient plus de la légende que de l'histoire. Cependant il est raconté avec des détails tellement circonstanciés et tellement vraisemblables; les monuments, et, si je puis ainsi parler, les reliques qui s'y rapportent, ont été si soigneusement et si longtemps conservés à Rome, que je répugne à y voir une fable imaginée après coup. J'y vois plutôt le souvenir d'un chant contemporain de l'événement, où tout n'était pas faux, et dans lequel la poésie a, comme fait toujours la poésie naïve, transmis plusieurs traits de la réalité.

Le vieux poëme est perdu, mais il en reste quelques lambeaux dans l'admirable narration de Tite Live, et le mâle génie de Corneille en a quelquefois retrouvé l'esprit, quoique écrivant dans un milieu trop différent pour pouvoir nous rendre toujours l'inspiration de la poésie primitive.

Plaçons-nous donc près de la fosse Cluilienne, à cinq milles de Rome, sur le chemin d'Albano, et représentons-nous les combattants dans cette campagne d'un caractère si grand et si sévère en vue du Monte-Cavi, sur le flanc duquel nous apercevons la ville d'où les Albains étaient descendus. Les Romains étaient sortis par la porte Capène, un peu en arrière de la porte Saint-Sébastien, par où nous-mêmes nous sommes sortis.

Parmi les Romains, nous découvrons le vieil Horace, qui n'est pas resté entre les murs de sa maison, où l'a retenu seulement, dans la tragédie française, la nécessité de trouver pour le récit du combat un auditeur intéressé. Camille, qui s'appelle Horatia, n'est pas dans la foule, où nous serions tenté de la chercher. Une jeune Romaine ne venait point dans un camp. Elle ne sortira de la maison de son père qu'après le combat, pour aller, pleine d'angoisse, au-devant de Curiace et, aux portes de la ville, rencontrer son meurtrier triomphant.

Curiace lui-même ne répond tout à fait à l'idée que nous donne chez Corneille la désignation de ce personnage, un *gentilhomme* d'Albe. Cependant il y a une certaine vérité dans cette expression : il appartenait à une illustre famille, puisqu'elle était alliée à la famille Horatia. Seulement, comme nous allons le voir, ces deux familles n'étaient ni romaines ni albaines, mais sabines.

Ce qu'il y a de sûr, c'est que les champions ont été choisis parmi les guerriers les plus courageux et les plus robustes. Le combat commence. L'une et l'autre armée le contemple avec passion. Tous les cœurs battent en silence.

Deux Horaces succombent. Le troisième, resté seul contre trois assaillants, prend la fuite. D'un côté, des cris de joie s'élèvent dans cette vaste campagne; de l'autre, des cris de fureur. Le vieux père maudit son fils.

Mais cette fuite était une feinte, une ruse de sauvage, comme on en voit chez les Mohicans de Cooper. Horace égorge sans merci les deux ennemis, dont l'inégalité de forces a divisé la poursuite. Denys d'Halicarnasse, ou plutôt le poëme populaire qu'il ne connaissait pas, mais d'où émanait la tradition par lui recueillie, a soin d'indiquer, selon le procédé homérique, le genre de chaque blessure. Le second Curiace porte au second Horace un coup terrible entre les deux épaules. Il fuyait donc. Ni Denys d'Halicarnasse, ni Tite Live, ni les annalistes romains, n'auraient imaginé cela. L'épée qui est entrée dans le dos va déchirer les entrailles ; mais le mourant, par un dernier effort, glissant la sienne sous le bouclier de son ennemi, lui coupe le jarret. On croit lire un chant de l'Edda ou une page de l'Iliade.

C'est près du lieu où nous sommes que les trois Curiaces et les deux Horaces tombèrent. Il ne faut pas aller chercher la sépulture des premiers à Albano, qui n'est point sur l'emplacement d'Albe, bien qu'on y montre aux voyageurs un prétendu tombeau des Curiaces.

Ce tombeau a tout l'air d'être un tombeau étrusque. Il est surmonté de pointes tronquées très-analogues à celles que Pline[1], qu'il parle d'un monument réel ou d'un monument imaginaire, dit avoir existé sur la tombe de Porsenna. On pense que

---

[1] Plin., *Hist. nat.*, xxxvi, 19, 7; de Luynes, *Ist. Arch.*, 1829, p. 306.

le monument d'Albano a été le tombeau d'Aruns, fils de Tarquin le Superbe, tué près d'Aricie (Lariccia).

Comme le disent Tite Live[1] et le bon sens, les tombes des Curiaces, si on les éleva, comme il est probable, au lieu qui vit leur mort, devaient être plus près de Rome que celles des deux Horaces; car le frère de ceux-ci avait fui du côté de la ville pour attirer ses ennemis, inégalement blessés, sur ses pas et les vaincre l'un après l'autre.

Quant aux tombeaux des deux Horaces tués au commencement de l'action, ils devaient être près de la fosse Cluilienne, qui séparait les deux camps, à environ cinq milles de Rome.

A cette distance de la porte Capène[2] se voient encore aujourd'hui deux grands tombeaux de forme pyramidale comme les tombes étrusques de Cære (Cervetri) et de Tarquinii (Corneto). Tout ce qui se construisait alors se construisait à l'étrusque. La base, qui est formée de grosses pierres, représente bien ce que Tite Live, en parlant de la sépulture d'Horatia, appelle *saxum quadratum*[3].

[1] i, 25. Supulcra exstant, quo quisque loco cecidit.
[2] On voit des tombeaux fort semblables en divers lieux dans l'Étrurie, près de Corneto, de Chiusi, de Cære.
[3] Tit. Liv., i, 26. *Saxum quadratum*, comme on l'a remarqué, ne veut point dire pierre *carrée*, mais pierre *équarrie*, pierre taillée, et, dans l'usage, pierre de travertin; c'est en travertin qu'est le soubassement de ces deux tombeaux; en général, l'emploi du travertin ne remonte pas si haut, mais comme celui d'Horatia ils avaient pu être refaits.

Ces tombeaux sont très-voisins l'un de l'autre, et les deux frères furent tués presque en même temps sur le terrain primitif du combat.

Ce qui achève de rendre probable que ces monuments énormes et d'une forme ancienne soient ou du moins aient passé dans l'antiquité pour être les tombeaux des Horaces, c'est que les anciens font aussi mention du *champ sacré* des Horaces[1], et que, non loin des tombeaux qu'on peut croire les leurs, est une enceinte dont les murs trahissent par leur appareil une époque très-reculée. Cette enceinte semble bien avoir été construite pour enclore le champ sacré des Horaces.

Si le combat des trois Horaces et des trois Curiaces n'est pas entièrement imaginaire; si, comme je serais porté à le croire, il fut, soit une sorte de jugement de Dieu, auquel les deux peuples promirent de se soumettre, soit un fait d'armes singulier accompli en présence des deux armées qui suspendirent leur combat pour le contempler, comme plus tard le duel de Torquatus et du Gaulois au pont de l'Anio, il est permis

---

[1] Horatiorum quà viret sacer campus,

dit Martial (*Ep.*, III, 47, 3) en décrivant la voie Appienne, et avant de parler du temple d'Hercule dont on a cru, un peu plus loin, reconnaître les ruines. Quelques-uns des morceaux de péperin dont ce mur se compose ont jusqu'à sept pieds; et, chose remarquable, les joints verticaux, au lieu d'aboutir au milieu du côté horizontal des pierres, se continuent par un autre joint vertical; ce qui est pour les architectes un signe de haute antiquité.

de faire quelques observations historiques sur le nom des combattants, — leur nom est ce qui a dû le mieux se conserver dans la tradition, — et sur leur patrie, que ce nom peut indiquer.

Le nom des Curiaces[1] est sabin; il est formé du nom des Sabins eux-mêmes (Curites), qui est celui en particulier des habitants de Cures. Il en est de même du nom des Horaces, où l'on retrouve le nom de la déesse guerrière Hora, épouse de Quirinus[2]. D'ailleurs, la tradition donnait pour mère aux trois Horaces la sœur de la mère des trois Curiaces[3].

Les deux familles étaient donc apparentées. L'on doutait même si ce n'était pas les Curiaces qui avaient combattu pour les Romains[4].

On peut voir dans les Horaces et les Curiaces les

---

[1] Properce les appelle *Curii*. (*El.*, iii, 2, 7.) Janus et Junon, deux divinités sabines. — Le nom de la seconde n'était qu'une autre forme du nom de Jana pour laquelle on la prenait parfois, — Janus et Junon avaient pour épithète, le premier *Curiatius*, la seconde *Curis* (voy. plus bas). Plutarque (*Quæst. r.*, 4) parle d'un Sabin qui s'appelait *Antro Curiatius*.

[2] Hora Quirini (Gell., *N. att.*, xiii, 23), la même que la déesse guerrière Horta. (Prell., *Röm. Myth.*, p. 328.) Le vainqueur des Curiaces s'appelait *Marcus* Horatius. Marcus était un prénom sabin, dans l'origine formé de *Mars*, comme *Mamercus* de *Mamers*, autre forme du nom de ce dieu sabin.

[3] Den. d'Hal., iii, 13.

[4] Tit. Liv., i, 24. La puissante famille Horatia a dû faire prévaloir la version qui lui attribuait la victoire dans ce mémorable combat livré par ses ancêtres.

rejetons de deux branches d'une famille sabine établie dans la ville d'Albe parmi les Latins.

Des Sabins étaient les champions naturels de Rome, alors surtout sabine; les Albains voulurent opposer à des hommes de cette race belliqueuse d'autres hommes de la même race. D'ailleurs, on a des preuves que les Sabins avaient pénétré sur plusieurs points dans le pays latin et s'étaient mêlés aux populations latines [1].

Tite Live a omis la parenté des Horaces et des Curiaces; ainsi se trouvent supprimés plusieurs traits pathétiques de l'ancien chant qui sont venus de là bien certainement à Denys d'Halicarnasse, car sa rhétorique ne les aurait pas trouvés.

Les Horaces, avant de tirer le glaive contre leurs parents, demandent à consulter leur père. Ils lui expriment leur désir de combattre. Le vieil Horace du poëte inconnu, avec un sentiment digne du vieil Horace de Corneille, lève les mains au ciel et remercie les dieux de lui avoir donné de tels fils; puis les embrasse et les envoie au combat.

Le général albain conduit les Curiaces sur le champ

---

[1] J'en ai cité des exemples qui paraissent anciens. (Voyez p. 245.) J'ai parlé aussi des Saliens de Tusculum. Il y eut beaucoup de *Mani* à Aricie (Fest., p. 145), et Manus est un nom sabin. Tout à l'heure encore nous avons vu un dictateur d'Albe porter un nom sabin, Mettus. Enfin le culte ancien de Vesta dans la ville d'Albe et (Juv., *Sat.* IV, 60) ne peut être attribué qu'aux Sabins, à moins qu'on ne le fasse remonter aux Pélasges.

de bataille, et le roi de Rome y conduit les Horaces. Ils étaient tous bien armés et ornés comme des victimes dévouées à la mort.

Avant de croiser le fer contre des hommes de leur sang, les vaillants guerriers sont émus. Ils remettent leur glaive à des écuyers, et courent s'embrasser encore une fois en pleurant. Puis les champions reprennent leurs armes et commencent le combat terrible. Ce brusque mouvement de tendresse héroïque, saisissant des parents qui s'aiment et qui vont s'égorger, est dans l'esprit des épopées primitives. On ne serait pas surpris de le rencontrer dans les Niebelungen ou même chez Homère.

Horace revient tout sanglant dans Rome, faisant porter devant lui les dépouilles des ennemis qu'il a immolés. Arrivé à la porte Capène, il rencontre sa sœur. Celle-ci reconnaît sur l'épaule de son frère le manteau de son fiancé, manteau qu'elle avait tissu de ses propres mains, et dont le vainqueur s'était barbarement paré.

Elle détache ses cheveux et pleure. L'imprécation éloquemment furibonde de Camille contre son frère est plus dans le caractère d'une Romaine du temps d'Horace que dans celui d'une Romaine de nos jours. Aujourd'hui le frère répondrait certainement par un coup de couteau. Horace plonge son glaive dans le sein de sa sœur [1].

---

[1] Selon Denys d'Halicarnasse, qui semble encore ici suivre de plus

La différence des mœurs se fait sentir en un seul point. Aujourd'hui le Romain qui aurait donné le coup de couteau s'échapperait, protégé par l'intérêt de la foule. Sous Tullus Hostilius, la justice était plus sévère.

Horace est condamné à mort. Tout le récit de Tite Live est admirable. Les formules antiques du droit sabin, qui devint le droit romain, ont une solennité sombre : *Horrendum carmen*. Le père s'élance ; il parle. Son discours, qui surpasse peut-être encore celui que Corneille lui a fait tenir, est plein de vivacité et de force. La mémoire et l'imagination vont du poëte inconnu, premier auteur du récit de Tite Live, à Corneille, le poëte immortel, et notre vieux Romain semble parfois contemporain de la tragédie qu'il retrace.

Si les effusions langoureuses de Curiace choquent un peu en présence des terribles souvenirs de la Rome primitive, le *qu'il mourût*, ce mot héroïque et presque barbare, est de la date de l'événement; il a la grandeur, la simplicité, la rudesse des vieux tombeaux étrusques. Il aurait pu être prononcé dans cette campagne sauvage, en présence de cet horizon sévère et sublime comme le génie de Corneille.

près que Tite Live la vieille tradition poétique et en mieux reproduire le farouche caractère, Horatia fut ensevelie sous les pierres que jetaient à son cadavre les passants indignés. Son père n'avait pas voulu que ce cadavre fût apporté dans sa maison et déposé dans la sépulture de sa famille. (Den. d Hal., III, 21.)

La scène du jugement se passait dans le Comitium, au pied du Capitole, à côté de la prison Mamertine, là où fut depuis le siége du préteur. Le roi, entouré des patriciens sabins, faisait prononcer par les duumvirs l'arrêt terrible qui condamnait Horace à être pendu. Le père en appelait au peuple (populus), c'est-à-dire aux patriciens [1], et son fils était absous par ses compatriotes, dont, grâce à lui, la nationalité avait triomphé des prétentions latines.

Tout près, à l'angle du portique qui plus tard entoura le Forum romain [2], s'élevait une colonne à laquelle on disait qu'avaient été suspendues en trophée les armes des Curiaces [3]. C'est ce qui explique comment, dans le fameux procès où Horace fut sauvé par sa gloire et par son père, celui-ci pouvait, ainsi que le représente Tite Live, montrer au peuple ce trophée en embrassant son fils.

Une relique, conservée avec soin jusqu'à la fin de l'empire, va nous faire retrouver, toujours suivant la tradition, la demeure des Horaces.

[1] Ce sens du mot *populus*, primitivement opposé à *plebs*, quoique les anciens eux-mêmes aient employé l'un pour l'autre, n'est plus douteux depuis Niebuhr.

[2] Den, d'Hal, III, 21. Denys parle du *second portique*. Ce doit être celui qui était au nord-est du côté des boutiques *neuves* et aussi du Comitium.

[3] Ce monument s'appelait *Pila Horatia*, les armes d'Horace; c'est par confusion qu'on a pris *pila* pour un singulier ayant le sens de *pilier*, et qu'on a cru qu'il désignait la colonne commémorative elle-même. (Beck., *Handb.*, p. 298.)

Cette relique était la *poutre de la sœur* (tigillum sororium), sous laquelle Horace dut passer pour être purifié de son fratricide; humiliation analogue à celle qu'on imposait aux vaincus en les faisant *passer sous le joug*, d'après une coutume des peuples italiotes, et en particulier des peuples sabelliques, auxquels appartenaient les Samnites, qui firent passer les Romains sous le joug dans la vallée de Caudium.

La *poutre de la sœur*, souvent refaite, existait encore au quatrième siècle[1]; car elle est mentionnée par les régionaires. Nous savons précisément où elle se trouvait : elle était placée, en travers, d'un mur à l'autre, au-dessus de la tête des passants, dans une rue étroite par où l'on descendait de la partie élevée des Carines, et d'où l'on gagnait la Bonne Rue (Cyprius Vicus)[2], aujourd'hui Via Urbana. C'est donc sur la pente septentrionale de la hauteur sur laquelle est S. Pietro in Vincoli que devait se conserver la poutre de la sœur, dans une rue à laquelle correspond à peu près la rue de Saint-François de Pola, et c'est là, je crois, que la tradition plaçait la demeure d'Horatius.

En effet, cet endroit où rien n'indique l'existence d'un monument religieux, ne pouvait guère avoir été

---

[1] Curiosum urbis et notitia. (*Reg.*, IV.)

[2] Den. d'Hal., III, 21. La Bonne Rue était entre l'Esquilin et le Viminal, et se dirigeait vers le sommet du Cispius, indiqué par l'église de Sainte-Marie-Majeure. Les Carines étaient sur l'Oppius, dont la cime porte l'église de San-Pietro-in-Vincoli, et s'étendaient sur ses pentes.

choisi pour y faire l'expiation dont la poutre gardait le souvenir que parce que la demeure de la famille Horatia était là.

Là aussi on éleva deux autels, l'un à Junon, déesse sabine, l'autre à Janus Curiatius, dont, dit Denys d'Halicarnasse, les Curiaces portaient le nom, ce qui achève de prouver qu'ils étaient Sabins; ces autels consacrés, en mémoire de l'expiation d'Horatius, à deux divinités sabines montrent que lui aussi était Sabin.

S'il n'y avait eu que des Romains et des Albains en présence, peut-être la guerre en fût restée là. La Rome du Palatin avait des liens de parenté avec Albe, ville latine comme elle; parmi ses premiers habitants avaient été des pâtres albains; mais les Sabins n'avaient, eux, avec Albe aucune communauté d'origine. Ils n'appartenaient pas au même rameau de la race italique. La métropole de la confédération latine était une rivale qu'ils ne pouvaient souffrir. Hostilius, qui personnifie en lui cette haine nationale de la race sabellique pour la race latine, avait résolu la destruction d'Albe et l'accomplit.

Tite Live dit que la paix ne fut pas de longue durée. Elle ne pouvait l'être. Des deux parts on ne devait chercher qu'une occasion de la rompre.

Les Albains sont accusés d'avoir formé contre Tullus Hostilius des ligues secrètes. Cela n'est point invraisemblable. La conduite équivoque de leur chef, malgré lui sous les ordres de Tullus Hostilius, me paraît très-bien exprimer la situation d'un chef sabin conduisant des Latins, et d'un peuple devenu l'auxiliaire de son ennemi.

Tullus Hostilius ajourna ses projets contre Albe, mais il ne les abandonna pas. Il fit la guerre aux Véiens. Ceux-ci avaient pour alliés, comme ils les eurent constamment, les habitants de Fidène, ville située à quelques milles de Rome, sur la rive gauche du Tibre, en face de la vallée de la Cremera, sur la rive droite, vallée qui conduit à Veies.

Tullus Hostilius avait forcé les Albains à le suivre, ce qu'ils devaient faire très à contre-cœur. Rien n'est donc plus vraisemblable que la trahison qu'il leur reprocha. Tout est vraisemblable aussi dans les détails de cette bataille telle qu'elle est racontée par Tite Live.

Mais la cause véritable de la trahison fut la haine, la haine d'un corps d'armée latin, contre un roi sabin, et l'hésitation du général sabin de ce corps d'armée entre sa race et son devoir.

Et cela, Tite Live ne l'a point dit.

Le récit de la bataille est très-clair et se comprend parfaitement quand on est sur les lieux. Tullus Hostilius est campé au delà du confluent du Tibre et de l'Anio, ayant le Tibre à sa gauche et des collines à sa droite. Le fleuve fait en cet endroit un coude qui embrasse une plaine très-propre à camper et à combattre. Près du fleuve sont les Véiens, qui l'ont franchi pour venir au secours des Fidenates, ceux-ci près des collines sur lesquelles est leur ville. Aux Fidenates, Tullus oppose ses douteux alliés, les Albains, qui forment son aile droite, et, avec son aile gauche appuyée au Tibre, il attaque les Véiens.

Mettus Fufetius, le général des Albains, au lieu de s'élancer sur les Fidénates, qui sont en face de lui, fait un mouvement vers la droite et gagne les collines où il prend une position qui lui permet d'accabler les Romains, s'ils sont repoussés, et de les jeter dans le Tibre. Son dessein n'échappe pas à Tullus Hostilius; mais, en homme habile, il feint d'avoir ordonné ce mouvement et le crie à haute voix. Les Fidenates, qui l'ont entendu, craignant que les Albains ne descendent des collines et ne les écrasent, se retirent vers leur ville. Alors le chef albain, voyant que l'armée de Tullus a l'avantage, fond sur les Fidenates pour cacher la perfidie qu'il a conçue, mais qu'il n'ose plus exécuter.

Tullus Hostilius, délivré de l'un de ses deux ennemis, se porte sur les Véiens, et ce sont eux qui sont poussés dans le fleuve, en cet endroit, rapide et tourbillonnant, comme le remarque Denys d'Halicarnasse [1]. Le roi avait eu un moment terrible quand il avait reconnu la trahison des Albains. Il avait voué la fondation, je dirais presque d'un couvent de douze Saliens sur le Quirinal, et d'un temple à la Pâleur et à

[1] Den. d'Hal., III, 25.

l'Effroi. Il ne pardonnait pas au général albain la peur qu'il avait un moment ressentie. Dissimulant pour ce jour-là, il reçoit les félicitations de Fufetius.

Le lendemain, il assemble les deux armées; mais il a soin de faire entourer celle des Albains par la sienne. Alors il déclare que l'arrêt contre Albe est porté, qu'on la détruit en ce moment, que ses habitants seront transplantés dans la ville dont il est roi; et, après avoir reproché à Mettus Fufetius son crime; avec une dureté toute sabine, il condamne le violateur de la Foi, cette déesse à laquelle les Sabins avaient élevé un temple sur le Capitole, à être écartelé.

Si Fufetius était Sabin, c'était pour le roi sabin un motif de plus d'être sévère. En outre, le parti que Tullus voulait tirer de ce manque de foi dut contribuer à l'atrocité du châtiment.

Les détails du combat et de l'affreux supplice qui le suivit ont une précision que peut seule expliquer encore cette fois l'existence d'un ancien chant, source de la tradition où ont puisé Tite Live et Denys d'Halicarnasse, et qui permet de les croire. J'en dirai autant de l'émouvante peinture que fait Tite Live du désespoir des Albains en voyant détruire leur ville. Il les montre s'arrêtant sur le seuil de leurs maisons ou les parcourant pour les revoir une dernière fois [1].

Je crois entendre quelque élégie nationale, quelque

---

[1] Tit. Liv., i, 29.

nænia patriotique, dont l'écho lugubre semble gémir encore dans le pathétique récit de Tite Live.

Arrêtons-nous un moment, et des hauteurs de Fidène regardons cette montagne d'Albano si belle à l'horizon, et sur le penchant de laquelle, dominant le lac, se dessinait la ville d'Albe.

En voyant du lieu où nous sommes les tourbillons de poussière qui s'élevaient de leurs maisons abattues, les soldats albains durent éprouver une désolation profonde. Les hommes du Palatin, ancienne possession des rois d'Albe, et qui suivaient leur chef sabin peut-être avec autant de répugnance que les Albains eux-mêmes, ne durent pas grandement se réjouir; mais les Sabins et leur prince durent être transportés de joie.

La fiction poétique par laquelle Albe avait été rattachée à l'arrivée prétendue d'Énée au moyen de la truie blanche (Alba), et des trente petits cochons dont elle était mère, a fait croire que son nom *Alba* voulait dire la Blanche; mais, je l'ai dit, cette étymologie est insoutenable. Albe s'appelait *Alba longa*, Albe la Longue; or le premier de ces deux mots doit être nécessairement un substantif[1].

---

[1] Nous avons vu que ce substantif était probablement un mot ibérien. Quoi qu'il en soit, Alba était aussi le nom du sommet de la montagne,

Et residens summâ latiaris Jupiter Albâ.
(Luc., *Phars.*, i, 198.)

Quâque iter est latiis ad summam fascibus Albam.
(*Ib.*, i, 87.)

De plus, on ne voit pas d'où serait venu l'idée de blancheur : il est très-rare que la neige blanchisse le mont Albano; cela n'arrive chaque année que pendant peu de jours, tandis que la neige reste pendant plusieurs mois sur les sommets de la Sabine.

La couleur de la montagne d'Albe, composée de roches volcaniques, est plus sombre que celle des montagnes calcaires et blanchâtres qui l'avoisinent. Pour justifier cette origine du nom d'Albe, on a été jusqu'à supposer que ses édifices étaient blanchis. La truie, même quand on y croirait, serait une mauvaise explication, car Lycophron dit qu'elle était noire [1].

Albe était à mi-côte, tournée d'un côté vers la montagne et de l'autre vers le lac [2], s'étendant en longueur [3], ce qui l'avait fait nommer la Longue. M. Mommsen décrit très-bien les avantages de cette situation : « Au sud, les pentes escarpées du Monte-Cavi la rendaient inaccessible; il en était de même du côté du nord; à l'est et à l'ouest, on pouvait y arriver. » Chacun conçoit que les Latins eussent choisi une telle situation pour leur métropole et l'eussent préférée à Lavinium.

---

[1] Lycoph. Cassandra, v. 1255.
[2] Den. d'Hal., I, 46.
[3] Tit. Liv., I, 2. Nibby (*Dint.*, I, p. 61-2) a été conduit à étendre l'emplacement qu'Albe devait occuper, de Palazzola jusqu'à Marino, par la nécessité de la faire assez grande pour qu'elle ait pu donner naissance aux trente colonies latines. Mais l'existence de ces colonies est douteuse, et ce nombre de trente plus douteux encore.

TULLUS HOSTILIUS.

Albe, détruite par Tullus Hostilius, ne fut jamais rebâtie. On avait épargné les temples; mais des temples dans une ville déserte ne sont pas réparés, et il ne reste d'Albe aucune ruine de l'époque des rois.

On a trouvé à quelque distance des objets curieux, et qui peuvent remonter au temps de l'existence et de la domination d'Albe[1]. Ce sont des vases d'une forme particulière, une petite idole très-grossière, la pointe d'une pique et des couteaux en bronze. On était arrivé à cette découverte en perçant une couche volcanique, et on n'hésita pas à y voir des restes d'une civilisation antérieure à l'âge des volcans albains, antérieurs eux-mêmes aux âges historiques. On n'avait pas remarqué que l'entrée des tombeaux où avaient été trouvées ces antiquités, qu'on croyait antédiluviennes, était plus bas, et s'ouvrait sur une ancienne voie[2].

Ces vases n'en sont pas moins fort anciens et fort curieux, surtout parce qu'ils imitent et nous font connaître la forme qu'avaient à une époque très-reculée les cabanes du Latium, et qui dut être à peu près celle de la cabane de Romulus[3].

Tullus Hostilius établit la population d'Albe sur le mont Cælius; peut-être les Étrusques, alliés de Romulus contre les Sabins, furent-ils alors forcés de la

---

[1] Lettera d'Al. Visconti a Gius. Carnevali, sopra alcuni vasi, etc.

[2] Je dois encore ce renseignement topographique à M. Rosa.

[3] Ces vases, qui sont des urnes funèbres, peuvent se voir dans le musée étrusque du Vatican.

quitter et d'aller habiter le Vicus Tuscus (quartier étrusque), s'ils n'allèrent l'habiter plus tard.

Le souvenir de cette alliance n'était pas pour un roi sabin un motif de les ménager. Mais le Cælius devait revoir les Étrusques.

La tradition rapporte que Tullus établit sa demeure sur le Cælius. C'est toujours la même pensée qui avait fait placer sa première habitation, comme celle de Numa, aux abords du Palatin : on voulait indiquer que les rois sabins se logeaient près de leurs sujets latins pour les surveiller.

La tradition rapportait aussi qu'un chef hernique, nommé Oppius, était venu d'Agnani défendre Rome, tandis que Tullus Hostilius faisait la guerre aux Véiens, et qu'un chef de Tusculum, appelé Cispius, était venu dans la même intention; que l'un et l'autre avaient donné leur nom à deux cimes de l'Esquilin [1]. Cela est bien chevaleresque et peu probable. S'il y a quelque chose de vrai dans cette tradition, que je mentionne parce qu'elle se rattache à l'histoire locale de Rome, c'est plutôt, je crois, que les deux chefs profitèrent de l'absence de Tullus Hostilius pour s'établir sur l'Esquilin.

---

[1] Fest., p. 348-151. L'un de ces sommets, l'Oppius, était voisin des Carines; ce ne peut être que celui où est l'église de San-Pietro-in-Vincoli; l'autre, le Cispius, est désigné par Festus comme étant dans le voisinage du Vicus-Patricius, dans lequel on sait que se trouvait l'église de Sainte-Pudentienne. (Anast., *Vit. Pont. Pius I.*) Le Cispius était donc la cime de l'Esquilin indiquée aujourd'hui par l'église de Sainte-Marie-Majeure.

La destruction d'Albe était un grand événement. C'était un coup terrible porté par le roi sabin à la confédération latine, dont Albe était le centre; c'était l'hégémonie qu'elle exerçait sur les villes latines transportée à la ville où il régnait.

Aussi les villes latines se soulevèrent, mais, à ce qu'il semble, assez mollement.

La confédération latine avait été frappée au cœur, ou plutôt à la tête. Le roi sabin, qui lui avait porté ce coup décisif, triompha sans peine du Latium décapité.

Cet événement, qui abaissait la confédération latine, fut favorable aux Latins de Rome.

La population que Tullius transporta sur le mont Cælius était considérable. Celle de Rome, dit Tite Live [1], en fut doublée.

Le roi sabin s'était peut-être applaudi d'anéantir le berceau de la royauté romaine; mais il ne savait pas ce qu'il faisait en donnant ainsi, dans le Cælius *latinisé*, un allié au Palatin. Il préparait l'ascendant futur de la ville latine.

Plusieurs grandes familles d'Albe [2] se trouvaient parmi les nouveaux habitants du Cælius. Une d'elles était celle des Jules [3], de laquelle César devait un jour sortir.

---

[1] Tit. Liv., i. 30.

[2] De ces familles, données pour albaines, il en est une qui est évidemment sabine, les *Curiatii*.

[3] C'est parce que les Jules étaient originaires d'Albe qu'ils avaient

Tullus Hostilius ne se doutait pas qu'il introduisait dans Rome les aïeux de celui qui était destiné à renverser le gouvernement héritier futur du pouvoir des rois, et à venger de la république la royauté en détruisant la république et en préparant, en fondant réellement l'empire.

Le Cælius fut toujours considéré depuis comme le mont des Étrangers; on y honorait les dieux venus du dehors [1], et on y plaça le *camp des Étrangers* [2]. Il ne faut jamais l'oublier, dans Rome, qui alors fut surtout sabine, les étrangers, c'étaient les Latins.

Cependant, sans parler du Palatin, on découvre à Rome des traces de la présence des Latins, antérieurement à Tullus Hostilius.

Le culte d'un dieu indigène du Latium, Faunus, paraît avoir existé de très-bonne heure sur l'Aventin [3] et dans l'île Tibérine [4].

---

leur sanctuaire de famille à Boville. Boville dépendait d'Albe ; ses habitants s'appellent dans une inscription Bovillani Lungalbenses. Nibby dit y avoir retrouvé le *Sacrarium* des Jules. (*Dint.*, I, p. 311-12.)

[1] Aram adventiciorum deorum. (Tert., *ad Nat.*, II, 9.) Tertullien dit que cet autel était sur le Palatin, mais c'est évidemment un mot mis pour un autre, car il le place près du temple de la déesse Carna, et l'on sait que ce temple était sur le Cælius. (Macr., *Sat.*, I, 12.)

[2] *Reg.*, II.

[3] Ov., *Fast.*, III, 296.

[4] Ov., *Fast.*, II, 193. Pour le prétendu temple de Faunus, qu'on a cru retrouver sur le Cælius dans une église des bas-temps, San-Stephano-Rotundo, cette supposition ne repose sur aucun fondement.

L'on disait qu'un Julius Proculus, venu à Rome avec Romulus, avait fondé la famille des Jules; mais ce fut, je pense, une flatterie imaginée par un généalogiste qui trouvait que ce n'était pas assez pour la famille à laquelle appartenait César de n'être à Rome que depuis Tullus Hostilius.

L'histoire attribue à Tullus Hostilius un petit nombre de monuments. Cela se conçoit : guerrier avant tout, il eut peu le temps de s'occuper à bâtir; il détruisait plutôt. Il détruisit Albe, chef-lieu de la confédération latine. Son plus grand monument fut une ruine.

On rapportait à ce roi la consécration du temple de Saturne; peut-être, en effet, ce temple ne date-t-il que de lui. L'autel de Saturne était beaucoup plus ancien et remontait aux premières populations latines qui occupèrent le Capitole; mais il est possible que Tullus Hostilius ait voulu plaire ainsi aux Latins établis par lui sur le mont Cælius et remplacer pour eux leur temple de Jupiter Latiaris sur le mont Albain, afin de les attacher à leur nouvelle patrie par le culte de leur dieu national [1].

---

[1] Macr., *Sat.*, 1, 8. Macrobe dit qu'alors furent instituées les saturnales. Mais, comme le culte de Saturne dont elles faisaient partie, elles devaient être plus anciennes. Peut-être Tullus Hostilius, toujours pour plaire à ses sujets latins, donna-t-il à ces fêtes essentiellement latines plus d'éclat. Cedrenus parle d'un pont et d'une porte ajoutés par Tullus. (74.) Je ne sais quelle pouvait être cette porte; le pont est probablement celui par lequel Ancus Martius réunit la rive gauche

Tullus Hostilius a attaché son nom à un édifice d'une grande importance, la Curia Hostilia, principal lieu des assemblées du sénat jusqu'à Sylla[1].

Les curies furent dans le principe des associations entre patriciens, dont le but était l'exercice d'un culte commun et le règlement de certaines affaires.

Le lieu où les membres de la curie s'assemblaient s'appelait lui-même *Curia*, comme dans un autre ordre de faits on a appelé *commune* l'endroit où se réunissaient les magistrats de la commune.

Les *anciennes curies* étaient au pied du Palatin, du côté qui regarde le Cælius[2].

Tullus Hostilius, le premier, fonda une curia géné-

au Janicule, qu'il fortifia. Ce fut la citadelle créée par Ancus, sur le Janicule, qui dut amener la construction du pont, et c'est vraisemblablement par confusion que ce pont a été attribué au prédécesseur d'Ancus. Une autre confusion, causée par la ressemblance des noms, a pu faire dire que *Tullus* Hostilius avait fondé à Rome le culte de la Fortune, déesse favorite de Servius *Tullius*, ce soldat de fortune. Cependant, comme il y avait trois temples de la Fortune sur le Quirinal, le culte de cette déesse a bien pu être originairement un culte sabin.

[1] Tit Liv., i, 30.
[2] Tacite (*Ann.*, xii, 24), en décrivant la marche de la charrue de Romulus, dessinant le Pomœrium, désigne trois points : l'autel de Consus, au sud-ouest du Palatin; la chapelle des Lares, au nord-est; enfin les *anciennes Curiæ*, que Tacite nomme après l'autel de Consus et avant la chapelle des Lares, et qui par conséquent devaient se trouver au sud-est du Palatin. Des anciennes Curies, dont quelques-uns ne se laissèrent pas déplacer et existaient encore au temps de Festus, Nibby a cru reconnaître quelques restes de ce côté du Palatin. (*Rom. ant.*, ii, p. 480.)

rale où les chefs des curies particulières, en prenant ce mot dans le sens d'association, se réunirent. La curia de Tullus Hostilius devint le *temple* du sénat; car elle était un lieu auguré, et c'est là ce que l'on entendait par un temple.

La curia d'Hostilius, voisine du Comitium[1], placé lui-même au pied du Capitole, au-dessous de la plateforme du Vulcanal, aux environs de l'arc de Septime Sévère et du temple de la Concorde, la curia était au nord-est du Comitium, un peu en avant de l'église de Sainte-Martine[2].

[1] Vitruve (v, 2) dit que le Trésor, la Prison, la Curia, doivent être attenantes au Forum. C'est ainsi qu'à Rome étaient disposés ces trois monuments.

[2] L'emplacement de la Curia Hostilia, sur lequel on a beaucoup discuté, mérite d'être déterminé avec soin. D'abord elle était sur le côté nord-est du Forum. Car, comme Niebuhr l'a remarqué le premier, on fixait l'heure de midi en regardant le soleil de la Curia. (Pl., vii, 60.) Or, si elle eût été du côté opposé, à midi, on n'eût pas vu de là le soleil. C'est une preuve en quelque sorte oculaire qui a elle-même l'évidence du soleil en plein midi. De plus, on regardait le soleil entre les Rostra qu'on sait avoir été en avant de la Curia (Varr., *De L. lat.*, v, 155), et la Græcostasis qui était près du temple de la Concorde (Varr., *ib.* et 156), dont la position est certaine et dont la place est encore reconnaissable. On sait aussi que la Græcostasis touchait au Comitium. (Pl., '*Hist. nat.*,' xxxiii, 6.) Or, la position du Comitium confirme celle de la Curie, dont il était rapproché. (Tit. Liv., i, 36.) C'est ce qu'a démontré le premier avec une évidence qui, selon moi, ne laisse rien à désirer, M. Dyer, dans le *Dictionnaire d'Histoire et de Mythologie* publié en anglais par Smith, t. iii, p. 775, art ROMA. Dans un passage très-mutilé de Festus se trouvait *ibus;* O. Müller a suppléé ce qui manquait avant ces quatre lettres par

Ce lieu, voisin du temple de Janus, n'avait jamais été possédé par les Romains. Devant la curie était la statue de l'augure *sabin* Attus Nævius[1].

Cicéron dit que Tullus Hostilius entoura d'un mur le Comitium et la Curia; tous les autres témoignages le font l'auteur de la dernière.

Le Comitium était le lieu où se tenaient les Comices par curie, c'est-à-dire où votaient les patriciens.

La curia Hostilia fut le lieu où délibérèrent les chefs des patriciens, les *pères* qui formaient le sénat.

On disait que Tullus Hostilius avait entouré le Comitium d'un mur et avait bâti la *Curia*, qui portait son nom, parce que c'était Tullus qui avait organisé le patriciat.

C'est avec lui qu'on voit poindre l'organisation politique de Rome. Numa s'était occupé surtout de l'organisation religieuse.

J'ai dit que Romulus, le fondateur de la petite Rome palatine, n'avait rien pu faire en politique de ce qu'on lui a prêté.

Il n'avait pu diviser la population de Rome, dont une très-faible partie lui obéissait en trois tribus. Ces tribus étaient celle des Tities ou des Sabins, de beau-

Curiam sub veteri (veteribus), ce qui placerait la Curie au sud-ouest du Forum. (Voy. Cic., *Academ. Prior.*, ii, 22.) D'après ce qui précède, cette interpolation de l'illustre éditeur de Festus doit être rejetée.

[1] Ce prénom *Attus* qui était aussi celui d'Atta Clausus, chef de la gens sabine des Claudius, le prouve.

coup la plus considérable et occupant cinq des huit collines; celle des Luceres ou des Étrusques, sur le Cælius; celle des Rhamnes ou des Romains, sur le Palatin, la seule que gouvernât Romulus, et la plus petite des trois [1].

De même Romulus ne fut pour rien dans l'organisation des curies. Les anciennes n'étaient pas sur le Palatin, mais au pied du Palatin et en dehors de son enceinte, comme l'autel de Consus, dans la vallée de l'Aventin (grand cirque), et au sommet de la Velia, le sanctuaire des Lares, avec lesquels elles sont nommées par Tacite.

La curie supposait l'existence du patriciat, et, comme je l'ai dit, le Palatin ne pouvait contenir les éléments du patriciat.

La curie était une institution sabine [2]; le mot l'indique. Ce nom *curis*, lance, comme *Curites* (Quirites), était le nom même de la nationalité sabine que les curies représentaient; elles étaient mises sous la

---

[1] Les trois tribus pouvaient exister dès lors, puisqu'il y avait des Romains sur le Palatin (Rhamnes), des Étrusques sur le Cælius (Luceres, de Lucumo), des Sabins (Tities, nom sabin) sur presque toutes les autres collines. On n'a pas besoin d'attendre les Tarquins pour trouver à Rome les trois éléments de la population romaine.

[2] Les Sabins pouvaient avoir reçu la curie des Pélasges, car elle correspondait à la fratrie des Grecs ; les banquets des Curiales (Den. d'Hal., ii, 23) étaient analogues à ceux des prytanes de la Grèce; mais dans tous les cas les Sabins s'étaient approprié cette institution, car le mot *curia* était sabin

protection de Junon Curis, c'est-à-dire de Junon Sabine[1]. Dans chacune des curies, une table[2] qui servait d'autel lui était dédiée, et on rapportait cet usage à Tatius[3]. Le sacrifice dans les curies était fait par un flamen, prêtre sabin. Les cultes sabins de Quirinus[4] et de Vesta les consacraient[5]. L'on disait que les trente curies avaient porté dans l'origine le nom des Sabines enlevées[6], et plusieurs de ceux qui sont parvenus jusqu'à nous désignent une localité occupée par les Sabins[7].

[1] Junon Curis (Or., *Inscr*, 1303), ou *Curitis* (P. Diac., p. 49), ou *quiritis* (Fest., p. 254), ou *Curitia* (Den. d'Hal., II, 50), ou *Curulis* (Serv., Æn., I, 17.)

[2] Curiales mensæ. (P. Diac., p. 64.)

[3] Den. d'Hal., II, 50. A Numa, selon Ennius (*Ann.*, II, p. 36, éd. Hessel; Varr., *De l. lat.*, VII, 43.) C'était toujours le rapporter aux Sabins.

[4] L'image de Janus était placée dans toutes les curies; au mois de février, les trente curies rassemblées célébraient la fête de leur dieu national (les *Quirinalia*), et chaque curie les célébrait dans sa chapelle particulière consacrée à Junon Curitis. La veille était le jour des Fornacalia : ce jour-là les curies offraient un gâteau. Cette fête, disait-on, avait été institué par Numa en l'honneur de Romulus. Je crois plutôt qu'elle s'adressait dans l'origine au dieu sabin Quirinus, avec lequel Romulus fut identifié.

[5] Numa avait fait du temple de Vesta le sanctuaire et comme le foyer commun des curies.

[6] Den., II, 47. Cela montre seulement qu'on rattachait l'origine des Curies aux Sabins, et tout au plus qu'elles portaient des noms sabins. Le nom d'une d'elles, *Rapta* semble faire allusion à l'enlèvement des Sabines ; celui d'une autre *Titia*, est certainement sabin.

[7] Forensis (Fest., p. 174), du Forum; Veliensis, Velitia, de la Velia.

J'en dirai autant des chevaliers qu'on a voulu faire remonter aux Celeres de Romulus [1]; mais les Celeres et les chevaliers sont dans un lien étroit avec le culte sabin. Les premiers assistaient aux danses des Saliens; les seconds présidaient aux Lupercales [2]. L'anneau, leur marque distinctive, fait penser au goût des Sabins pour les ornements en or : les bracelets, les colliers, ces objets de luxe, venaient aux Sabins des Étrusques, mais n'avaient point pénétré parmi la horde rustique du Palatin. Sur le Palatin, il est plus question de bœufs que de chevaux.

Ainsi le sénat, le patriciat, l'ordre équestre, en un mot les éléments essentiels de l'organisation romaine, viennent des Sabins. Ce n'est pas sans raison que Janus, le grand dieu des Sabins, était appelé le patron des hommes bien nés [3]. Les Romains proprement dits sont dans l'origine étrangers à toutes ces institutions aristocratiques; ils concourront, il est vrai, à la formation de l'ordre plébéien, qui doit, avec le temps, absorber les deux autres; mais ce sera dans une faible proportion, parce qu'ils sont peu nombreux, et ce ne sera que lorsque la population latine, du sein de laquelle la *plebs* doit sortir, et à laquelle ils appartiennent, se sera augmentée des vaincus transplantés à Rome par Ancus Martius, quand le Cælius

---

[1] P. Diac., p. 55.
[2] Voy. Marquardt, *Handb. der röm. Alt.*, iv, p. 405-6.
[3] Lyd, *de Mens. Jan.*, p. 41.

et l'Aventin, ces deux collines considérables, seront venus en aide à leur humble sœur du Palatin.

Tite Live dit que Tullus Hostilius admit les chefs albains dans son sénat et prit parmi eux des chevaliers; cela ne m'étonne point. Les Sabins pouvaient traiter sur un pied d'égalité avec des familles puissantes venues d'Albe, ville ancienne, métropole de la confédération latine, et partager les honneurs avec elles; mais il ne pouvait être question des hommes sans aïeux du Palatin. Peut-être, à cause du service qu'ils avaient rendu dans la guerre de Véies, fit-on quelque chose pour eux. Il est dit [1] que Tullus Hostilius partagea le champ public entre les citoyens.

Cette expression, empruntée aux lois agraires, peut se rapporter à un fait véritable : une distribution de terre, dont les soldats romains eurent leur part; mais les Romains n'arrivèrent à jouer un rôle dans la cité que sous les rois étrusques, par des causes que nous dirons.

Albe détruite, Tullus Hostilius fait encore la guerre; cette fois contre les Sabins, qui l'avaient provoquée.

Cela ne doit pas surprendre. Les rois étrusques feront la guerre aux Étrusques.

Ancus Martius, que tout le monde reconnaît avoir été un roi sabin, fera la guerre aux Sabins.

Les marchands venus de Rome au marché de Fe-

---

[1] Den. d'Hal., III, 1.

ronia pouvaient très-bien, comme s'en plaignait Tullus Hostilius, y avoir subi quelques avanies, et Tullus Hostilius s'en irriter.

La guerre pouvait donc naître entre ces Sabins-là, d'ailleurs à moitié Étrusques, comme ceux de Fidène, et le roi sabin de Rome.

La Sabine indépendante pouvait prendre ombrage d'un pouvoir qui se fondait à sa frontière, bien qu'il fût sorti de son sein.

D'ailleurs, si les différences de race causent les guerres, l'unité de race ne les empêche pas toujours. On peut le croire pour l'Italie ancienne, l'Italie moderne, l'a trop prouvé.

Après cette guerre où je remarque, dans le récit de Tite Live, ces mots : la *cavalerie augmentée naguère*, — je suis porté à lire : la cavalerie *créée* par Tullus Hostilius, — après cette guerre et le combat terrible près de la forêt Mauvaise qui la termina, le roi sabin entre, suivant la tradition, dans une phase nouvelle de son caractère; d'impie, il devient dévot.

Tullus Hostilius avait négligé les cérémonies de Numa; il avait offert des entrailles de victimes qui n'étaient qu'à demi brûlées, et des pierres étaient tombées sur le mont Albain.

Le Jupiter qu'on adorait au sommet de cette montagne montrait son courroux à celui qui avait détruit la métropole latine. On entendit une voix sortir du bois qui couvrait alors la cime du mont. Bientôt une contagion et une famine se déclarèrent[1]. Alors Tullus est saisi, au milieu de son orgueil, d'une superstitieuse frayeur. C'est ici que Denys d'Halicarnasse place le vœu d'augmenter le nombre des Saliens; mais ce vœu est rejeté par les dieux.

Alors, sans doute, Tullus Hostilius, dans son trouble, se tourna vers la religion des Latins, ses ennemis; il voulut fléchir leur dieu Saturne en élevant ou en relevant son temple, en solennisant avec pompe les Saturnales.

Une longue maladie brisa cette âme hautaine et violente. « Celui, dit Tite Live, qui jusque-là n'eût estimé rien de moins royal que de s'occuper des choses sacrées, tout à coup devint la proie de toutes les superstitions, et remplit le peuple de pratiques religieuses. »

On croit lire l'histoire d'un tyran italien du moyen âge.

Le peuple lui-même, malade comme son roi, redemandait le règne pieux de Numa, seul moyen d'apaiser les dieux.

Dans cette disposition de l'âme de Tullus Hostilius, ce qui devait l'attirer surtout, c'était le culte étrusque, dépositaire de ces pratiques religieuses dont le roi et le peuple éprouvaient le besoin.

---

[1] Ce qui me fait croire à cette famine, c'est qu'au temps de Tacite (*Ann.*, xii. 8) on célébrait encore dans les moments de *disette* certaines cérémonies expiatoires qu'on croyait avoir été prescrites par Tullus Hostilius.

Aussi, dès ce moment, le roi sabin tourne au lucumon étrusque. Selon quelques récits, il aurait introduit, à la suite d'une guerre heureuse contre l'Étrurie, les insignes de la royauté étrusque [1].

C'est alors peut-être qu'il prit le nom de Tullus, qui appartient aux peuples sabelliques [2], mais qui fut adopté par l'Étrurie [3].

Quoi qu'il en soit, dans son zèle de nouveau converti, et avec cette inquiétude d'un esprit battu par la superstition qui va d'un culte à l'autre, le roi abandonna plusieurs rites nationaux pour introduire des rites étrangers [4].

Ils ne pouvaient être qu'étrusques. Du temps de Tacite, les prêtres ordonnaient encore certaines expiations, d'après la loi de Tullus Hostilius, dans le temple de Diane, sur le mont Aventin [5]; car c'était l'Aventin qu'il semble avoir choisi pour ses religions

---

[1] Pl., *Hist. nat.*, IX, 63. Macrobe (*Sat.*, I, 6) attribue, avec plus de vraisemblance, cette innovation au premier Tarquin.

[2] Tullus Attius, général des Volsques.

[3] C'est le nom que prit Mastarna quand il devint Servius Tullius; sa fille s'appelait Tullia. Tulus ou Tolus était un chef des Étrusques de Volsinii, qu'Orioli rattache à l'histoire de la tête du Capitole (caput Auli ou Toli. (*Annal. dell' Inst. arch.*, 1832, p. 54.) Cicéron se moquait de ceux qui voulaient le faire descendre des Tullii, rois étrusques Ce nom, d'origine ombrienne, fut tellement adopté par les Étrusques qu'ils le donnèrent à un héros, aïeul fabuleux de Tyrrhenos, le père de la nation tyrrhénienne. (Den. d'Hal., I, 27.)

[4] Den. d'Hal., III, 3.

[5] *Ann.*, XII, 8.

empruntées. Nous y avons constaté la présence ancienne des Sabins, et cette prédilection du roi sabin pour la colline funeste dans la tradition romaine achève de le démontrer. Numa y avait érigé le temple de Jupiter Elicius, dans lequel se pratiquait l'art d'attirer la foudre. Cet art, que Numa avait reçu des Étrusques, savants dans la science fulgurale, dut attirer l'imagination agitée du roi sabin, enclin aux choses étrusques, et il s'y livra avec un emportement aveugle qui lui coûta la vie.

Cette science des Étrusques, au moyen de laquelle[1] Numa, disait-on, avait évoqué Picus et Faunus sur l'Aventin pour apprendre d'eux l'art fulgural; cette science attribuée à Porsena, et à l'aide de laquelle les Volsiniens avaient foudroyé un monstre[2]; cette science mêlée de superstitions, et qui vivait encore au cinquième siècle de notre ère quand des prêtres offrirent aux Romains, en plein christianisme, de faire descendre le tonnerre sur Alaric[3], tandis qu'il s'avançait contre Rome; cette science à laquelle se rattachait l'usage de consacrer un lieu que la foudre avait frappé, d'y cacher, d'y enterrer la foudre, reposait sur quelques notions physiques où la théorie n'entrait pour rien, mais auxquelles l'observation n'était sans doute point étrangère. Ainsi on avait

---

[1] Ov., *Fast.*, iii, 41.
[2] Plin., *Hist. nat.*, ii, 54.
[3] Zos., v, 41.

remarqué que des flammes paraissaient à la pointe des lances, et on en tirait des oracles [1].

Tout le monde sait que les pointes métalliques attirent l'électricité et qu'elle peut y produire un jet de lumière.

On avait constaté l'existence des foudres descendantes et ascendantes, et les changements de couleur que la foudre peut produire.

Numa avait connu cet art de faire descendre à volonté la foudre; il avait, en cela seulement, précédé Franklin, et la chose est si vraie, que le vers de Turgot sur Franklin,

> Eripuit cælo fulmen sceptrumque tyrannis
> Ravit la foudre au ciel, et le sceptre au tyrans,

est presque un vers de Manilius appliqué à Numa :

> Eripuitque Jovi fulmen viresque tonandi [2],

sauf la fin du vers, qui fait allusion à une gloire de Franklin plus grande que celle d'avoir maîtrisé la foudre, la gloire d'avoir délivré son pays.

Mais cet art était plein de périls : le physicien allemand, qui a été tué en voulant répéter les expériences de Franklin, l'a trop prouvé. Ovide en parle avec terreur. « Savoir par quel art ils font descendre Jupiter

---

[1] Cic., *De Div.*, ii, 36.
[2] I, v, 101.

des régions supérieures, cela n'est pas permis à l'homme[1]. » Il fallait du moins, pour le tenter, une conscience très-pure; il fallait surtout obéir docilement aux enseignements des prêtres.

L'orgueil de Tullus Hostilius crut pouvoir se passer d'eux. Il se mit à feuilleter les livres de Numa, et y trouva quelques sacrifices mystérieux prescrits pour le succès de l'opération. Il s'enferma seul dans le temple de Jupiter Elicius, d'autres disent dans sa maison, et voulut accomplir par lui-même ce que les livres enseignaient; mais il n'avait pas la science nécessaire : les dieux, mal invoqués par le roi qui les avait longtemps dédaignés, par le roi converti, mais toujours superbe, punirent sa témérité, et il fut frappé de la foudre qu'il voulait attirer.

La fin de Tullus Hostilius résume d'une manière frappante ce double caractère que nous révèlent ses deux noms, dont l'un, Hostilius, est sabin; dont l'autre, Tullus, est étrusque; ses deux demeures, l'une sur la Velia sabine, l'autre sur le Cælius étrusque.

Il y a en lui du Sabin et de l'Étrusque, ou plutôt c'est un Sabin qui a péri pour vouloir faire l'Étrusque.

On pourrait croire que cette fin tragique attribuée au roi sabin est une vengeance de la légende albaine et que la légende sabine voulut en renvoyer aux Latins l'injure; car, selon une tradition, un roi d'Albe, que quelques-uns appelaient Romulus, pour avoir

[1] Ov., *Fast.*, III, 323.

voulu attirer le tonnerre, fut foudroyé et précipité dans le lac[1].

Une autre version de la fin de Tullus Hostilius est moins extraordinaire et pourrait bien être plus historique : Ancus Martius l'aurait tué pendant un sacrifice[2]. Ancus Martius est donné pour le petit-fils de Numa. Ce serait un pur Sabin qui aurait frappé ce Sabin dépravé par les superstitions étrangères, et qui pour elles abandonnait les rites nationaux. Ce meurtre de Tullus Hostilius eût été exécuté au milieu d'une tempête, qui aurait fait fuir ceux qui le gardaient. Ceci rappelle la mort de Romulus. Il n'y a rien de plus ordinaire dans la légende que ces redites. On la voit souvent répéter à propos d'un personnage ce qu'elle a déjà narré à propos d'un autre. Les peuples enfants sont comme les enfants : ils aiment qu'on leur raconte plusieurs fois la même histoire.

[1] Nibby, *Dint.*, i, 68.
[2] Den. d'Hal., iii, 35.

FIN DU PREMIER VOLUME.

TABLE DES MATIÈRES

PREMIÈRE PARTIE
LA ROME PRIMITIVE ET LA ROME DES ROIS.

I. — FORMATION DU SOL ROMAIN.

Formation de l'horizon romain et du sol de la campagne romaine. — Formation des collines de Rome. — Époque du grand lac qui couvrait le sol de Rome. — Le sol de Rome mis à nu par l'écoulement du grand lac. — Persistance de l'action des forces volcaniques dans l'âge historique. — Influence de la composition gologique du sol de Rome sur son histoire. 3

II. — ÉTAT PRIMITIF DU SOL ROMAIN.

Le Tibre, changement de couleur, aspect primitif et aspect actuel, débordements anciens et modernes. — Le Vatican, le Janicule, le Champ de Mars avant Rome. — Lauriers sur l'Aventin. — Pâturages sur le Palatin. — Sources taries, collines abaissées, aplanies ou disparues. — Chênes sur le Cælius, bois sur l'Esquilin. — La Subura. — Les saules du Viminal. Le Quirinal; bois sacrés, restes de la forêt primitive. — Changement de forme des collines, exhaussement du sol.

— Campagne de Rome, forêts détruites, changements dans le cours des eaux, lacs diminués ou supprimés. — Théâtre de l'histoire romaine. 19

III. — CLIMAT PRIMITIF DE ROME ET DE LA CAMPAGNE ROMAINE.

Changement du climat de Rome, plus rigoureux à l'origine. — La malaria existait dans l'antiquité. — La cause de ce fléau est inconnue. — Il est combattu par l'habitation et la culture. — La malaria antérieure à Rome. 57

IV. — PREMIERS OCCUPANTS DU SOL ROMAIN.

Peuples primitifs du Latium. — Saturne, la ville latine de Saturnia, temple de Saturne. — Les Sicules, les Ligures, le Septimontium. — Détermination de l'étendue de la ville Sicule et Ligure antérieure à Rome. 74

V. — LES ABORIGÈNES ET LES PÉLASGES.

Extension et dispersion des Pélasges. — Les Aborigènes alliés aux Pélasges. — Les Pélasges appartiennent à la race grecque. — Les Aborigènes ne sont pas les habitants primitifs du Latium. — Trace des Pélasges en Italie. — La Rome primitive, Roma Quadrata. 108

VI. — SUITE DES PÉLASGES.

Murs pélasgiques en Asie, en Grèce, en Italie, aux environs de Rome. — Murs d'Alatri. — Vestiges de la religion des Pélasges. — Pan générateur. — L'antre lupercal. — Vesta, sanctuaire de Vesta. — Autres sanctuaires fondés par les Pélasges aux environs du Palatin. — Le mauvais œil. 124

VII. — TRADITIONS POÉTIQUES, ÉVANDRE, HERCULE.

Traditions poétiques *localisées* à Rome. — Évandre sur le Palatin. — Idylle à rejeter. — Ce qu'il y a de vrai dans cette fable et dans des fables analogues : la venue des Pélasges. — Hercule aux bords du

Tibre. — Cacus dérobe les bœufs d'Hercule. Ce que contient cette tradition : une histoire de brigand, idées mythologiques qui s'y sont mêlées. — Souvenirs de Cacus au moyen âge. — Autel et temple d'Hercule. Une légende païenne. — L'Hercule du Capitole. — Caractère pélasgique et durée du culte d'Hercule. — Extension de la ville pélasgique sur les sept collines. 152

VIII. — SUITE DES TRADITIONS POÉTIQUES. — ÉNÉE
ET LES TROYENS.

Fable des origines troyennes de Rome. — Sens historique de cette fable. — Ce qu'il y a de vrai dans le récit poétique de Virgile. — État ancien et moderne de la plage d'Ostie. — Fidélité historique et anachronismes de Virgile. — Traits de mœurs et de costume encore reconnaissables chez les habitants de la montagne. — La Rome d'Évandre — Souvenirs qu'a laissés la tradition poétique. . 187

IX. — SABINS ET ÉTRUSQUES, A ROME, AVANT ROMULUS.

Pélasges et Sabins Aborigènes. — Sabins sur le Palatin. — Nom mystérieux de Rome. — Sabins sur le Janicule, sur l'Aventin et au pied de l'Aventin. — Le Terentum, légende sabine. — Autel de Consus très-anciennement déterré. — Les Sabins au Quirinal avant Romulus. — Latins et Sabins, caractère de ces deux peuples et de leurs dieux, Saturne et Janus. — Famille des peuples sabelliques. — La Sabine est venue jusqu'à Rome. — Résultats de la cohabitation des Sabins et des Pélasges. — Traces d'un ancien établissement étrusque sur le Capitole. — Résumé de ce qui précède. Neuf Romes avant Rome. 219

X. — ROMULUS.

De la légende historique et de la vérité qu'elle peut contenir. — Exposition de Romulus et de Rémus au bord du Vélabre. — La louve, louve du Capitole, époque des loups. — Romulus est un berger des rois d'Albe. — L'asile, antérieur à Romulus. — Un reste des murs de Romulus existe encore. — L'enceinte sacrée de Rome tracée selon le rite étrusque. — Où étaient les portes de la Rome du Palatin. — Présages consultés par les deux frères selon le rite étrusque. — Les vautours sont des faucons. — Romuria, forteresse pélasge devenue latine. — Romulus tue Rémus, double sens de la légende. — Prétendu tombeau de Rémus. 264

XI. — SUITE DE ROMULUS.

La vérité sur l'enlèvement des Sabines. — Guerres de quelques villes voisines de Rome contre Romulus; ce que peut être son triomphe. — Temple de Jupiter Feretrius. — Guerre de Tatius et de Romulus; le chef étrusque son allié. — Tarpéia. — Miracle, porte et temple de Janus; légende mal comprise. — Combat dans le Forum — Mettus Curtius, lac de Curtius. — Retraite de Romulus, temple de Jupiter Stator. — Supplication des Sabines. — La paix jurée entre les deux rois; en quel endroit. — Comitium, lieu d'assemblée des Sabins. — Vulcanal. — Ce que n'a pas fait Romulus. — Mort de Tatius. — Mort de Romulus. — Variantes de la tradition à ce sujet; explication. — Tombeau et reliques de Romulus. — Chant du Vélabre.. 302

XII. — NUMA POMPILIUS.

Ascendant définitif des Sabins. — Culte et temple de Vesta. — La porte Stercoraria. — Cloître des Vestales, et demeure de Numa. — Caractère guerrier des cultes institués par Numa. — Les Saliens, les Féciaux, la colonne de la guerre et le temple de Janus. — Le temple de la Bonne foi. — Le roman d'Égérie, fontaine d'Égérie à Rome, grotte d'Égérie près du lac de Némi. — Influence de l'Etrurie sur Rome, par l'intermédiaire des Sabins. — Divinités étrusques apportées à Rome par les Sabins et importation par eux des arts étrusques à Rome. — Sépulture de Numa. 353

XIII. — PROMENADE HISTORIQUE DANS LA ROME SABINE AU TEMPS DE NUMA.

La Rome sabine sur toutes les hauteurs excepté le Palatin et le Cælius. — Restes des Sabins aborigènes sur ces deux collines. — Cultes sabins et familles sabines sur le Quirinal. — Les Sabins sur le Viminal et l'Esquilin. — Le champ de Mars occupé par les Sabins; Mars n'est pas un dieu romain. — Mars introduit par les Sabins dans la légende de Romulus. — Le Capitole sabin. — Les Sabins dans le Forum, les danses des Saliens. — Origine des étrennes. — Les Sabins tout autour du Palatin et sur l'Aventin; dans l'espace qui sépare du Tibre l'Aventin et le Capitole. — Junon, Minerve, Diane, divinités sabines. — Les Sabins dans l'île Tiberine, dans le Trastevère. — Conclusion historique; séparation et inégalité de la ville romaine et de la ville sabine. — Infériorité et dépendance de la première. — Grand rôle des Sabins dans l'histoire romaine. 391

XIV. — TULLUS HOSTILIUS.

Tullus Hostilius est un roi sabin. — Guerre d'Albe. — Le combat des Horaces et des Curiaces, les uns et les autres Sabins; leurs tombeaux. — Meurtre d'Horatia. — Jugement de Marcus Horatius, Pila Horatia. — La poutre de la Sœur, lieu de l'habitation de la famille Horatia. — Bataille contre les Véiens et les Fidénates. — Destruction d'Albe. — Les Albains sur le Cælius. — César est Latin. — La Curia Hostilia, origine sabine des curies. — Guerre contre les Sabins expliquée. — Tullus Hostilius d'impie devient dévot. — Il veut attirer la foudre et périt. — Autre version de sa mort. . . . 448

FIN DE LA TABLE DU PREMIER VOLUME.

ERRATA DU PREMIER VOLUME

Page 52, ligne 10, *supprimez* : par contre.
— 54, — 13, diminuer, *lisez* : dessécher.
— 65, — 22, Exquilis, *lisez* : Exquiliis.
— 70, — 20, par, *ajoutez* : Marquardt.
— 82, — 12, l'égalité, *ajoutez* : absolue.
— 90, — 27, les Cæcili, *lisez* : les Cæcilii.
— 120, — 3, au sud, *lisez* : au sud-est.
— 123, — 3, quand, *lisez* : lorsque.
— 180, — 24, *supprimez* : avec Denys d'Halicarnasse.
— 188, — 11, dix-huit cents ans, *lisez* : huit cents ans.
— 224, — 17, nord-est, *lisez* : nord-ouest.
— 230, — 19, *supprimez* : (vers le palais de Venise).
— 244, — 25, navia, *lisez* : navis.
— 244, — 32, Théogon, *lisez* : Theogon.
— 245, — 23, sur les districts, *lisez* : sur les dialectes.
— 249, — 22, les fesciaux, *lisez* : les fétiaux.
— 267, — 22, dans ce qu'elle rapporte, *lisez* : dans ce qu'elles rapportent.
— 291, — 31, au nord-est, *lisez* : au nord.
— 303, — 5, Correse, à douze lieues de Rome, *lisez* : Corese à huit lieues.
— 318, — 25, elle leur fut livrée, *lisez* : elle fut livrée.
— 329, — 7, le Comitium fut, *ajoutez* : dans l'origine.
— 330, — 27, sacrifices humaines, *lisez* : humains.
— 350, — 12, il est bless, *lisez* : il est blessé.
— 411, — 11, Pompâ, *lisez* : Pompa.
— 461, — 24, le caractère d'une Romaine du temps d'Horace que, lisez, et.
— 469, — 20, *supprimez* : je l'ai dit.
— 477, — 11, l'église de Sainte-Martine, *lisez* : de Saint-Adrien.

INDICATIONS DE LIEUX ET DE MONUMENTS

PREMIER VOLUME

Autel de Saturne.	Les huit colonnes au pied du Capitole.
Bois des Camènes.	L'église de Saint-Grégoire.
Cœliolus.	Villa Wolskonska.
Capitole (vieux).	Palais Rospigliosi.
Chapelle des Lares.	Arc de Titus.
Carines.	Torre dei Conti et lieux environnants.
Citadelle du Capitole.	Monte Caprino.
Citadelle du Janicule.	Fontaine Pauline.
Cirque (grand).	Rue des Cerchi.
Cloître des Vestales.	Église de Sainte-Marie-Libératrice (près de là le temple de Vesta et la Regia.)
Comitium.	Partie nord-ouest du Campo Vaccino.
Curie.	Église de Saint-Adrien.
Fagutal.	Église de San Martino ai Monti.
Forum.	Campo Vaccino.
Marché aux Bœufs.	Place de Bocca della Verità.
Oppius.	Église de San Pietro in Vincoli.
Palatium.	Ruines du palais des Césars.
Porte Capène.	Église de Saint-Grégoire.
Porte Carmentale.	Église de Santa Galla.
Porte Ratumena.	Tombeau de Bibulus.
Porte Salutaire.	Les quatre fontaines.
Roma quadrata.	Entre la villa Mills et le bord sud-ouest du Palatin.
Sanctuaire des Dioscures.	Les trois colonnes au sud-est du Forum.
Source d'Égérie.	Église de Saint-Grégoire.
Subura.	Place Subura et lieux environnants.
Temple de Jupiter Capitolin.	Église d'Araceli.
Temple de Jupiter Stator.	Arc de Titus.
Velia (sommet de la).	Arc de Titus.
Vicus Cyprius (bonne rue) ou V. Sceleratus.	Via Urbana.
Vicus Jugarius.	Via della Consolazione.
Vicus Patricius.	Via di Santa Pudenziana.
Vicus Tuscus.	Via dei Fenili.
Vicus Urbius.	Via di Santa Maria Maggiore.
Vulcanal.	Plate-forme derrière l'Arc de Septime Sévère.

Nota. Ces indications sont les unes précises, les autres très-approximatives, elles fournissent des points de repère qui rendront facile la détermination des lieux et des monuments notés dans le plan topographique et auxquels ne correspond dans la Rome actuelle aucun point saillant.

www.ingramcontent.com/pod-product-compliance
Lightning Source LLC
Chambersburg PA
CBHW060756230426
43667CB00010B/1596